Thinking,
Fast and Slow

思考，
快与慢

Daniel Kahneman
[美]丹尼尔·卡尼曼 著
江生 于华 译　赵佳颖 审校

中信出版集团｜北京

图书在版编目（CIP）数据

思考，快与慢 /（美）丹尼尔·卡尼曼著；江生，
于华译 . -- 2 版 . -- 北京：中信出版社，2025.4.（2025.7重印）
ISBN 978-7-5217-6691-2

Ⅰ. F069.9-49

中国国家版本馆 CIP 数据核字第 2024HH3243 号

Thinking, Fast and Slow by Daniel Kahneman
Copyright © 2011 by Daniel Kahneman
Simplified Chinese translation edition © 2025 by CITIC Press Corporation
ALL RIGHTS RESERVED.
本书仅限于中国大陆地区发行销售

思考，快与慢

著者：　　［美］丹尼尔·卡尼曼
译者：　　江生　于华
审校：　　赵佳颖
出版发行：中信出版集团股份有限公司
　　　　　（北京市朝阳区东三环北路 27 号嘉铭中心　邮编 100020）
承印者：　北京通州皇家印刷厂

开本：787mm×1092mm 1/16　　印张：29　　字数：475 千字
版次：2025 年 4 月第 2 版　　　　印次：2025 年 7 月第 2 次印刷
京权图字：01-2011-6340　　　　　书号：ISBN 978-7-5217-6691-2
定价：98.00 元

版权所有·侵权必究
如有印刷、装订问题，本公司负责调换。
服务热线：400-600-8099
投稿邮箱：author@citicpub.com

谨以此书纪念阿莫斯·特沃斯基

目 录

序 言　　　　　　　　　　　　　　　　　　　　V

第一部分　两个系统

第1章　故事中的角色　　　　　　　　　　　　003
第2章　注意力与努力　　　　　　　　　　　　014
第3章　懒惰的掌控者　　　　　　　　　　　　021
第4章　关联机器　　　　　　　　　　　　　　031
第5章　认知轻松　　　　　　　　　　　　　　039
第6章　常态、意外及原因　　　　　　　　　　050
第7章　妄下结论的机器　　　　　　　　　　　057
第8章　判断是如何发生的　　　　　　　　　　066
第9章　回答一个更简单的问题　　　　　　　　074

第二部分　启发式与偏差

第10章	小数定律	085
第11章	锚定	094
第12章	可得性的科学	103
第13章	可得性、情感和风险	110
第14章	汤姆的专业	118
第15章	琳达问题：少即是多	127
第16章	原因胜过统计	137
第17章	回归均值	145
第18章	驯服直觉性预测	154

第三部分　过度自信

第19章	理解的错觉	167
第20章	有效性错觉	176
第21章	直觉与公式	187
第22章	专家直觉何时可信？	197
第23章	外部视角	207
第24章	资本主义的引擎	216

第四部分　选择

第25章　伯努利的错误　　　　　　　　　229
第26章　前景理论　　　　　　　　　　　238
第27章　禀赋效应　　　　　　　　　　　249
第28章　负面事件　　　　　　　　　　　259
第29章　四重模式　　　　　　　　　　　268
第30章　罕见事件　　　　　　　　　　　279
第31章　风险政策　　　　　　　　　　　291
第32章　记分　　　　　　　　　　　　　298
第33章　逆转　　　　　　　　　　　　　308
第34章　框架与现实　　　　　　　　　　317

第五部分　两个自我

第35章　两个自我　　　　　　　　　　　331
第36章　人生是个故事　　　　　　　　　339
第37章　体验幸福　　　　　　　　　　　344
第38章　思考人生　　　　　　　　　　　350

结　论	359
附录A　不确定状况下的判断	369
附录B　选择、价值与框架	387
注　释	407
致　谢	443

序　言

　　我想，每位作者都幻想过一个场景，在此场景下，读者能从其作品中获益良多。我为自己这本书幻想的场景是办公室饮水机旁的闲谈，人们聚在这儿交流思想，谈天说地。我希望读者在谈论他人的判断与选择、公司的新政策或同事的投资决策时，能因为阅读了本书而拥有更丰富的谈资。为什么要重视闲谈？因为人们在闲谈时能发现并指出别人的错误，这可比正视自己的错误容易得多，也有趣得多。春风得意时，我们很难质疑自己的信念和需求。越是在最需要自我质疑的时候，我们往往越难做到。但是我们可以从别人见多识广的意见中获益。我们会自发性地预料朋友和同事会怎样评价我们的选择。因而，预判的质量和内容至关重要。对有见地的闲谈抱有预期是一种强大的动力，促使人们进行严肃的自我批评，其作用胜过新年计划，更有利于提高我们在工作和生活中的决策能力。

　　要成为经验丰富的诊断专家，医生必须熟悉大量的疾病术语。每套术语都与诊断相关，包括疾病的名称和症状、可能的先兆及病因、病情的进展与后果，以及为治疗或缓解疾病采取的可能的干预措施。学医包括学习医学用语。同理，为了更深入地了解判断和选择，我们也需要掌握比日常语言更丰富的词汇。在见多识广的闲谈中，我们有望发现各种独特的犯错模式。系统误差被称为偏差。人们可以预测，在特定情况下这些偏差会反复出现。例如，一名帅气自信的演讲者走上台时，我们就能预测，观众会就其言论提出名不副实的赞赏。这种偏差即光环效应，其"诊断术语"广为人知，因而更易被预测、识别和理解。

倘若有人问你正在想什么，你一般能给出答案。你自以为了解你的思维过程，觉得它不过是按部就班地从一个有意识的念头导向另一个。但这并非思维运作的唯一方式，也不是典型方式。大多数印象和想法都来自有意识的体验，但你并不了解其产生过程。你确信眼前的桌子上有一盏灯，你能从电话那端伴侣的声音中听出一丝恼怒，或者下意识地避开路上的危险，但这一切是如何做到的，你无从知晓。形成印象、直觉和大量决策的脑力活动在悄无声息地进行着。

本书探讨的大部分内容涉及直觉偏差。关注错误并不意味着贬低人类智慧，就像医学教材关注疾病并不意味着否定健康。通常情况下，大多数人都处于健康状态，所做的决策、采取的行动往往也是恰当的。日常生活中，我们常跟着印象和感觉走，相信自己的直觉信念和偏好，这种信心通常合乎情理。但情况并非总是如此。有时我们犯了错，却依然信心满满。客观的观察者比我们自己更有可能发现错误。

我研究"饮水机旁交谈"的目的是：提供更丰富、更精准的语言来探讨自己及他人的判断失误与选择错误，提高识别和理解这些错误的能力。至少在某些情况下，正确的诊断能提示我们进行干预，降低由判断失误和选择错误造成的危害。

源起

本书介绍了目前我对判断和决策的理解，它受到心理学近几十年来研究成果的影响。然而，本书的中心思想可以追溯到1969年那个幸运日。当时我在耶路撒冷希伯来大学心理学系任教。那天，我邀请一位同事担任研讨会的嘉宾，他就是决策研究领域的后起之秀阿莫斯·特沃斯基。事实上，他无论做什么都出类拔萃。我知道我们的相处会擦出火花。认识阿莫斯的人大多认为他的聪慧无人能及。他才华横溢，能说会道，魅力非凡。他还有个天赋，记得住各种有趣的笑话，并能利用它们来阐明观点。和他相处你永远不会觉得无聊。那年他32岁，我35岁。

在研讨会上，阿莫斯谈到密歇根大学正在进行的一个研究项目，该研究要回答的问题是：人类是高明的直觉性统计学家吗？我们已经知道，人类是优秀的直觉性语法学家：4岁的孩子并不知道语法规则的存在，说话时却能毫不费力地遵守语法规则。人类对统计学的基本原理也有类似的直觉吗？阿莫斯的答案是有限度的是。我们在研讨会上进行了激烈的讨论，最终得出结论：更好的答案是有限度的否。

我和阿莫斯都喜欢这种交流活动，认为直觉性统计是个有趣的话题，若是能携手共同探索它，将其乐无穷。那个周五，我们在耶路撒冷的里蒙咖啡馆共进午餐，那儿是波希米亚人和教授们最喜欢去的地方。我们打算对经验丰富的研究人员进行统计直觉研究。在研讨会上我们得出的结论是，我们俩的直觉都有缺陷。尽管多年来我们一直在教授和运用统计学，但尚未培养出一种直觉，用以判断从小样本中观察到的统计结果是否可靠。我们的主观判断存在偏差：容易一厢情愿地相信在证据不足的基础上获得的研究结果。并且，我们容易在自己的研究中采集非常少的观测数据。[1] 我们的研究目的是考察其他研究人员是否也被同样的缺陷困扰。

我们准备了一份调查问卷，其中有多个现实情景，反映了研究中出现的统计问题。在数学心理学协会的某次会议上，阿莫斯收集了与会专家的答案，专家中还有两本统计学教科书的作者。不出所料，我们发现那些专家与我们一样，过分夸大了在小样本中成功复制实验原始结果的可能性。针对观测数据的收集量问题，他们给我们虚构出的一名研究生提供的建议也很糟糕。看来，即使是统计学家，其统计直觉也并不高明。

撰写调查报告时，我和阿莫斯发现彼此都很享受合作的时光。阿莫斯向来诙谐幽默，我耳濡目染，也变得风趣起来，我们经常在愉悦的氛围中连续工作好几个小时。愉快的合作也让我们对工作更有耐心。我们在兴致盎然时更容易追求完美。也许最重要的一点是，我们从一开始就摒弃了挑剔的态度。我和阿莫斯都热衷于批判和辩论，他甚至比我还要热衷，但在合作的这些年里，我们都不曾鲁莽地反驳过对方一句。事实上，我在合作中体验到的一大乐趣是，阿莫斯总能更清晰地发现我模糊观点的意义所在。他是逻辑性较强的思想家，具备理论意识和可靠的方向感。相比之下，我的直觉较强，深谙知觉心理学，我们从知觉心理学中借鉴了许多理念。我们有不少相似之处，很容易互相理解，同时又各具特色，足以给对方带来惊喜。我们养成了在工作日长时间共事的习惯，经常边走边聊。在之后的14年里，合作成为我们生活的重心，这期间的研究成果达到了我们单打独斗时无法企及的巅峰。

我们很快形成了一种坚持多年的工作模式，那就是以对话的形式展开研究——先提出问题，再一起检验我们的直觉性答案。每个问题都是一个小实验，每天我们都会进行许多实验。我们提出统计问题，主要目的不是寻找正确答案，而是识别和分析直觉性答案，即最先想到的、明知是错也会给出的答案。我们认为，我俩的直觉反应在人群中具有普遍性（事实也的确如此），要证明它对判断的影响是件容易的事。

我们认识几个孩子，曾对他们的职业做出同样错误的预判，意识到这一点挺让我们开心。我们预测善辩的3岁孩子将来会是律师，看起来有点儿书呆子气的孩子将来会是教授，具有同情心但有一点儿侵犯性的孩子将来会是心理治疗师。当然，这些预测并不合理，但我们仍觉得它们很有吸引力。同样显而易见的是，我们对孩子的直觉判断，受其性格特点与某一职业给人的刻板印象相似性的影响。这种有趣的练习让我们的思想生根发芽，促使我们创建出一个新理论，该理论涉及相似性在预测中的作用。随后，我们在数十项实验中检验和阐述了该理论，下面就是其中一例。

思考以下问题时，请假设史蒂夫是从代表性样本中随机挑选的人物。

邻居这样描述史蒂夫："他非常腼腆，少言寡语，乐于助人，但对他人或现实世界没什么兴趣。他性情温和，干净利落，做事井然有序，关注细节。"请问，史蒂夫更有可能是图书管理员还是农民？

人们的第一反应是，史蒂夫的性格与典型的图书管理员形象相似，却忽视了同样相关的统计学因素。你是否想过，在美国的男性人口中，农民与图书管理员的数量之比超过20∶1？农民的数量要多得多。因此，几乎可以肯定的是，更多"性情温和，干净利落"的人在开拖拉机，而不是坐在图书馆咨询台后面。然而，我们发现，受试者忽略了相关统计事实，完全依赖相似性做出判断。我们认为，在做复杂判断时，人们会将相似性当作一种简化的

"启发式"（heuristic，又译作"捷思法"，相当于经验法则）。对启发式的依赖导致预测中出现可预见的偏差，即系统误差。

还有一次，我和阿莫斯想了解我们学校教授的离婚率。我们注意到，该问题促使我们在记忆中搜索，回想认识的那些离婚教授，并根据容易想到的事例来判断其类别的大小。我们将这种人们做判断时依赖记忆搜索便利性的现象称为可得性启发式（又称为可得性捷思法）。在一项研究中，我们让受试者回答一个英语文本中常见的与单词有关的简单问题：

想一下字母K。
K更可能是单词的首字母还是第三个字母？[2]

玩拼字游戏的人都知道，想出以某个字母开头的单词，要比想出该字母位于第三位的单词容易得多。这一规律适用于字母表中的所有字母。因此我们预计，受试者会夸大字母出现在单词首位的频率，即使有些字母（如K、L、N、R、V）出现在第三位的频率更高。这再次证明，在判断中依赖启发式会产生可预见的偏差。举个例子，我一度认为，政客比医生或律师更容易发生婚外性行为。我甚至对这一"事实"做出了各种解释，比如权力的催情作用，以及出门在外易受诱惑等。但我逐渐开始质疑这个判断。最终我意识到，事实上只是相比律师和医生，政客的出轨行为更易被媒体曝光而已。我的直觉印象完全来自记者的选题，也与对可得性启发式的依赖有关。

我和阿莫斯花了几年时间研究和记录各种任务中直觉思维的偏差，这些任务包括为事件的概率赋值、预测未来、评估假设和估计频率等。在合作的第五年，我们在《科学》杂志上发表了关键性研究成果，该杂志的读者涉及众多领域的学者。这篇题为《不确定状况下的判断》（本书附录有全文转载）的论文描述了直觉思维的简化捷径，解释了约20种偏差，它们都是启发式的表现形式，也是启发式在判断中发挥作用的证明。

科学史学家经常指出，无论何时，特定领域的学者倾向于认同其学科的基本假设。社会科学家也不例外，他们认为，有关人类具体行为的大部分讨论都可纳入人性的背景，这一观点几乎从未受到质疑。20世纪70年代，大多数社会科学家认同两种人性观。其一，人是理性的，人的想法通常也是合理的。其二，人的非理性行为在大多数情况下可由恐惧、爱恨等情绪来解释。我们的论文并没有直接探讨这两种假设，但对此提出了质疑。我们记录了正常人思维中的系统误差，认为这些错误源自认知机制的设计，而非情感对思维的侵扰。

这篇论文受到的关注远远超出我们的预期，至今仍是社会科学领域中被引量最高的论文之一（2010年有300多篇学术论文引用了它）。其他领域的学者也认识到它的价值，启发式与偏差的概念已被有效应用于众多领域，包括医学诊断、法律判决、情报分析、哲学、金融、统计学和军事战略。

例如，政策研究者就曾注意到，可得性启发式有助于解释为什么某些问题能引起公众的高度关注，而另一些问题却被忽略了。人们往往根据记忆中最易提取的问题来评估事情的重要性，而这在很大程度上取决于媒体的报道热度。媒体上常见的话题占据了我们的思维，其他问题则从我们的意识中溜走了。反过来，媒体追踪公众近期的关注热点，这些热点又成了报道的主题。专制政体对独立媒体施加巨大的压力，这并非偶然。戏剧性事件和名人最易激发公众的兴趣，媒体的疯狂炒作因此屡见不鲜。例如，在迈克尔·杰克逊去世后的几周，你几乎找不到报道其他话题的电视频道。相比之下，那些不起眼的、无法激发公众情绪的重要问题，比如教育标准的江河日下，或对临终病人投入过多的医疗资源等，媒体就很少报道。（写到这里，我发现我选择的"很少报道"的例子也受制于可得性启发式。这些例子是常被提及的话题，不常被提及但同样重要的事情我往往想不到。）

"启发式与偏差"在心理学领域之外获得了广泛关注，有一个关键原因是我们当时并未充分意识到的，那就是我们不经意间形成的工作特色：我们的论文总是涵盖了我们向自己以及受试者提出的所有问题。这些问题为读者提供了范例，使其认识到自己的思维如何受制于认知偏差。在读到"史蒂夫是图书管理员还是农民"的问题时，我希望你能有这种感受。如此设计是为了帮助你理解"相似性作为概率线索"的威力，了解人们有多么容易忽视相关的统计事实。

演示法的使用为不同领域的学者（尤其是哲学家和经济学家）提供了独特的机会，来观察自己思维中可能存在的缺陷。在了解自身缺陷之后，他们更有可能质疑风靡一时的教条式的假设，即人类的思维是理性且合乎逻辑的。方法的选择至关重要：如果我们的论文只是报告传统实验的结果，其反响就不会这么大，也不会给人留下如此深刻的印象。此外，有质疑精神的读者会将判断错误归咎于本科生（心理学研究的受试者大多是本科生）常见的草率行为，因而对实验结果不以为然。当然，我们没有采用标准实验，而选择演示法，并不是为了影响哲学家和经济学家，而是因为演示法更有趣。我们在方法选择及研究的其他方面都很幸运。本书反复出现的主题是：运气在每个成功案例中扮演着重要角色。人们很容易发现，一个小变动就可能使丰功伟绩沦为平庸的结果。我们的故事也不例外。

我们的研究收到的反馈并不都是正向的。有批评的声音说，我们关注偏差，这是一种不公正的、负面的思维观。[3] 一些研究者完善了我们的观点，还有些研究者提出了看似合理的替代观点，[4] 这都是科学的常态。但总的来说，人们已普遍接受了这一观点，即我们的思维易受系统误差的影响。判断研究对社会科学产生的影响，远远超出了我们当时的预判。

在完成判断研究之后，我们立即将目光投向不确定状况下的决策过程。我们的目标是创建一种心理学理论，阐明人们在简单赌博中如何做决策。例如，如果硬币正面朝上，你会得到 130 美元，反面朝上则损失 100 美元，你愿意打这个赌吗？很久以来，这些简单选择一直被用于决策问题的研究，例如，面对确定的事物和不确定的结果，人们会赋予它们怎样的权重。我们的方法没变：花好几天时间设计有关选择的问题，然后检验我们的直觉偏好是否符合选择逻辑。与判断问题类似，我们再次通过自己的决策发现了系统偏差，即总是违反理性选择规则的直觉偏好。在《科学》杂志上发表论文的 5 年后，我们发表了《前景理论：风险下的决策分析》一文。作为一种选择理论，其影响力在某些方面超过了判断研究，成为行为经济学的理论基础。

我和阿莫斯的运气极好，合作产生的思想超越了个体所能达到的高度。我们的工作因友情的加持而其乐融融、卓有成效。后来我们两地分离，合作就很难再继续了。2002 年，我获得了诺贝尔经济学奖[5]，那要归功于我们在判断和决策问题上的研究。阿莫斯于 1996 年去世，享年 59 岁。如果他仍健在，这个奖应该由我们共享。

研究现状

写作本书并非为了阐述我和阿莫斯的早期研究。过去的几年，很多作者已出色地完成了这项工作。本书的主要目标是利用认知心理学和社会心理学的最新成果，解释大脑的运作机制。如今，我们对直觉思维的优势和劣势都已有所了解，这是较为重要的研究进展。

我和阿莫斯并没有探讨如何获得准确的直觉，只是说关于判断的启发式"非常有用，但有时会导致严重的系统误差"。我们关注偏差的原因有两个，一是我们认为研究偏差很有趣，二是它们为启发式判断提供了证据。我们没有自问，是否所有不确定状况下的直觉判断都来自我们研究的启发式。如今看来，显然不是。专家精准的直觉更有可能来自长期实践，[6]而非启发式。现在，我们可以绘制一幅更全面、和谐的图像来说明，直觉判断和选择要么来自技能，要么来自启发式。

心理学家加里·克莱因讲过一个故事。[7]一所房子的厨房着火了，消防队冲进去用水龙带灭火，此时，队长下意识地大喊："马上撤离！"消防员刚撤离，地板就塌陷了。事后，队长才意识到火灾现场安静得出奇，他的双耳莫名发热，这些异常迹象向他发出预警，也就是他所说的"对危险的第六感"。他并不知道出了什么问题，但就是感觉大事不妙。后来发现，火源不在厨房，而在消防员脚下的地下室。

我们都听过有关专家直觉的奇闻逸事。比如，街边有人在下国际象棋，一位大师路过，边走边说"三步之内，白方将杀"；医生只需看一眼病人，就能做出复杂的诊断。专家的直觉让我们感到不可思议，但那并非神奇的魔法。事实上，在普通人的日常生活中，这种凭专业知识做出的直觉判断每天都会多次上演。大多数人接电话时，对方一张口就能听出他是否有怒气；刚走进房间，我们就能意识到人们在谈论自己；我们能觉察到旁边车道的司机有危险，并迅速对这种微妙的感觉做出反应。相比经验丰富的消防员或医生，我们处理日常事务时的直觉能力并不逊色，只不过处理的是更常见的事。

有关精准直觉的心理学并不神奇。伟大的学者赫伯特·西蒙[8]曾一语道破天机。他对国际象棋大师进行了研究，发现经过数千小时的练习，他们对棋盘上的棋子有着与众不同的感知。西蒙写道："情境提供了线索，促使专家提取记忆中的信息，而这些信息提供了答案。直觉不过是一种识别，仅此而已。"[9]从中我们可以感觉到，西蒙对神化专家直觉的做法不屑一顾。

两岁的孩子看到一只狗会说"狗狗"，没人对此大惊小怪。对于孩子识别并命名事物的"奇迹"，我们早就习以为常。西蒙的观点是，貌似神奇的专家直觉有着同样的特点。专家在新情境下学会识别熟悉的元素，并做出与情境协调的行动，有效的直觉就建立起来了。精准的直觉判断在大脑中迅速闪现，就像两岁的孩子脱口喊出"狗狗"一样。

遗憾的是，专业人士的直觉并不都来自真正的专业知识。多年前，我拜访过一家大型金融公司的首席投资官，他告诉我，他刚购入福特汽车公司数千万美元的股票。我问他这个决策是怎么做出的，他说，他刚参加了一个车展，感觉很棒。"伙计，在汽车制造方面，福特公司真的很在行！"这就是他的解释。他相信自己的直觉，自鸣得意，为自己的决策沾沾自喜。我惊讶地发现，他并没有考虑经济学家眼中的相关问题：福特的股票现价低于其市场价值吗？相反，他听从了自己的直觉。他喜欢福特汽车和福特公司，对持有福特公司股票的想法很感兴趣。基于理性选股的知识，我们有理由认为，他根本不知道自己在做什么。

运用我和阿莫斯研究的具体的启发式，很难理解这位高管为何会投资福特股票。但现在有了一个更宽泛的概念，可以很好地解释上述现象。相比过去，人们在理解直觉判断和决策时更多地考虑了情感因素，这是一个重大进步。如今，这位高管的决策可以被视为情感启发式[10]的案例。所谓情感启发式，是指判断和决策直接受情感好恶的影响，基本上未经深思熟虑或推理。

遇到问题时（比如下一步棋怎么走，或是否购买某只股票），直觉思维机器开始高效运转。倘若具备相关专业知识，就能审时度势，那么提出的直觉性解决方案也就很可能是正确的。国际象棋大师面对复杂的棋局，会立即想到几着妙棋。当问题难度较大且没有成熟的解决方案时，直觉仍会发挥作用：答案可能招之即来，但它并非最初问题的答案。那位高管面对的问题很难（我应该购买福特的股票吗？），但他头脑中闪现的答案来自一个较简单的相关问题（我喜欢福特汽车吗？），该答案让他做出了投资决策。这就是直觉性启发式的本质：面对难题时，我们回答的是较简单的问题，而且意识不到问题被替代了。[11]

  自动寻找直觉性解决方案的做法有时会失败——既想不出专家的解决方案，也无法获得启发式答案。此时，我们经常发现自己会转向另一种思考方式，其速度更慢，过程更慎重，也更费脑力，这就是书名中提到的慢思考。快思考包括直觉思维的两种形式——专家思维和启发式思维，以及知觉和记忆等完全自动的大脑活动，这些活动让你确定桌上有一盏灯，或想起俄罗斯的首都叫什么。

  过去的25年，许多心理学家研究了快思考和慢思考的区别。为了进行更全面的解释，我将在下一章中通过两个主体（系统1和系统2）来描述思维活动，它们分别产生快思考和慢思考。直觉思考和谨慎思考的特征，就好像你头脑中两个角色的人格特质。研究表明，直觉主导的系统1比你认为的更具影响力，你所做的许多选择和判断都出自这个幕后写手。本书的大部分内容涉及系统1的运作原理，以及其与系统2的相互影响。

本书架构

  本书分为5个部分。第一部分介绍了判断和决策双系统法的基本原理，阐述了系统1的自动运作和系统2的受控运作之间的区别。系统1的核心是关联记忆，它不停地对所发生的一切进行合乎逻辑的解释。第一部分还说明了关联记忆的运作过程。我想让读者了解到，直觉思考背后自动的、潜意识的过程有多么纷繁复杂，以及这些自动过程如何解释启发式判断。这一部分的目的是创造一种语言，用以思考和表达我们的思维。

  第二部分介绍了启发式判断最新的研究成果，探讨了一个大难题：为什么很难从统计学角度去思考？我们的思考很容易涉及联想、比喻和因果关系，但统计思维需要同时考虑很多事情，这并非系统1的设计意图。

  第三部分重点介绍统计思维的困难，描述人类思维的一种费解的局限：我们对自认为已知的事物深信不疑；无法充分认识到自己的无知和世界的不确定性；往往高估自己对世界的了解，却低估偶然性在事件中的作用。后见之明带来虚假的确定性，助长了我们的自负心态。在此问题上，我的观点受

《黑天鹅》作者纳西姆·塔勒布的影响。我希望饮水机旁的闲谈在提供前车之鉴的同时，能帮你抵御后见之明和确定性错觉的诱惑。

第四部分围绕决策的本质和"经济主体是理性的"这一假设，展开经济学层面的对话。在双系统模型的基础上，我介绍了有关前景理论关键概念的新见解。前景理论是我和阿莫斯于1979年提出的选择模型。后面的章节探讨了人们违背理性规则的几种选择方式。我所分析的不良倾向包括孤立地看待问题，以及受框架效应的影响，也就是说关注选择问题中无关紧要的细节，并据此做出决策。这些观察结果很容易用系统1的特征来解释，是向标准经济学青睐的理性假设发起的有力挑战。

第五部分介绍了本书写作时的近期研究内容，即两个自我（体验自我和记忆自我）的区别，二者的益处是不一样的。例如，我们让受试者体验两种痛苦，其中一种体验时间较长，因而比另一种体验更痛苦。但记忆的自动形成（系统1的特点）有其规则，我们可以利用这些规则，让较痛苦的经历留下较美好的记忆。在第一次体验之后，要求受试者选择再次体验哪种情境，他们会很自然地受记忆自我的引导，让自己（体验自我）身处不必要的痛苦之中。在利用两个自我的差异来测量幸福感时，我们再次发现：让体验自我感到愉悦的事，不一定能让记忆自我感到满足。同一个身体里有两个自我，如何追求幸福，这是个体以及将人民安康视为政策目标的社会共同面对的难题。

最后一章以倒序的形式考察了书中提到的三组差异的影响：体验自我与记忆自我的差异；古典经济学与行为经济学对主体的理解（借鉴了心理学理论）差异；自动运行的系统1和费力的系统2的差异。最后，我重申了有见地的闲谈带来的好处，以及组织可以采取哪些措施提高判断和决策的质量。

我和阿莫斯合作的两篇论文放在本书的附录中。第一篇与不确定状况下的判断有关，前面已经提到。第二篇发表于1984年，总结了前景理论以及我们对框架效应的研究成果。诺贝尔奖委员会在考虑我们的贡献时，提到了这两篇论文。你可能惊讶于它们的简单。读完这两篇论文，你将了解我们早期的知识量，以及最近几十年来的进步。

第一部分
两个系统

第1章
故事中的角色

想观察自动模式下的思维,请看图 1-1。

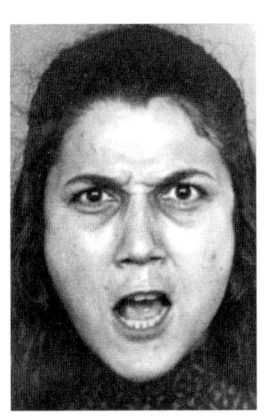

图1-1

看到这个女人的面孔时,你同时体验了两个过程,即我们通常所说的观看和直觉思维。你一眼就看出她在生气,就像一眼看出她的头发是黑色的。此外,你看到的情景还能延伸到未来。你感觉一些刻薄的话马上要从她的口中涌出,声音可能很大、很刺耳。对她行为的预感在你的脑海中自动浮现,不费吹灰之力。你并不想揣度她的情绪,也不想预测她的举动,你对这张照片的反应并不涉及你的行为引发的感觉。它就这样产生了。这是快思考的一个例子。

现在来看下面的问题：

$$17 \times 24$$

你立即意识到这是个乘法题，还可能知道，如果有纸和笔，就能算出结果。凭着模糊的直觉，你知道答案的大概范围。你能迅速判断结果不可能是12 609 或 123。但是，倘若不花点儿时间，你是无法确定 568 并非正确答案的。你无法立即想出正确答案，你觉得自己可以选择是否要算一下。如果你还没开始行动，那么现在最好算一下，哪怕完成一部分也好。

一步步进行计算时，你经历的是慢思考。先从记忆中提取在学校学过的乘法认知程序，然后执行该程序。计算耗费脑力。你得记住当前算到哪一步了，下一步要算什么，还不能忘了两步之间算出的结果。记忆内容太多，你感到了负担。计算过程是脑力活动，需要审慎细致、付出努力、有序推进——它是慢思考的原型。计算不仅在大脑中进行，身体也参与其中。你会出现肌肉紧张、血压升高、心率加快的生理反应。当你做题时，仔细观察你的眼睛，会发现瞳孔放大了。一旦算出结果（顺便提一下，答案是 408）或放弃计算，瞳孔就会恢复到正常大小。

两个系统

愤怒的女性照片和乘法题引发了两种思维模式。几十年来，心理学家一直对这两种模式很感兴趣，给它们起了很多名字。[1] 我采用由心理学家基思·斯坦诺维奇和理查德·韦斯特首创的术语，将大脑中的两个系统称为系统 1 和系统 2。

- 系统 1 自动且快速地运行，基本无须费力，或者毫不费力，不会有主动控制的感觉。
- 系统 2 将注意力分配给所需的烧脑活动，比如复杂的计算。系统 2 的运作通常与主体、选择和专注的主观体验有关。[2]

系统 1 和系统 2 的称谓广泛应用于心理学领域，但在本书中，我别出心裁地将其塑造成两个角色，你可以将本书当作一部心理剧来看。

我们想到自己时，认同的是系统 2，即有意识的、有推断力的自我，是怀有信念、做出自主选择、决定自己的思想和行为的自我。尽管系统 2 认为它是焦点，但自动运作的系统 1 才是本书的主角。在我的笔下，系统 1 能毫不费力地产生印象和感受，这些印象和感受是系统 2 明确的信念和审慎选择的主要来源。系统 1 自动运作产生复杂的思维模式，但只有速度较慢的系统 2 能通过有序的步骤构建思想。我还描述了在什么情况下系统 2 会接管思维，否决系统 1 随心所欲的冲动和联想。你可以将这两个系统看成两个主体，它们有着不同的能力、局限和功能。

以下是系统 1 自动运作的例子（大致按复杂程度排序）：

- 感觉某一物体比另一物体离得更远。
- 转向突发声音的来源。
- 将"面包和……"这个短语补充完整。
- 看到恐怖图片，露出厌恶的表情。
- 从声音中觉察敌意。
- 回答 2+2= ？
- 读大型广告牌上的字。
- 在空旷的路上开车。
- 想到一着妙棋（假设你是国际象棋大师）。
- 理解简单的句子。
- 认识到"性情温和、干净利落、关注细节"与某一职业的刻板印象相似。

上述思维活动与看到愤怒女人照片的反应一样，都是自发的，运作起来不费什么力气，或者说毫不费力。系统 1 的能力包括人和动物共有的某些先天技能。感知周围的世界、辨识物体、定向注意力、规避损失、害怕蜘蛛是人类的本能。其他思维活动因长期练习变得快速且自动化。系统 1 学会了将概念联系起来（法国首都是哪里？），还掌握了一些技能，比如解读和理解社交场合的精微玄妙。有些技能只有专家才具备，例如发现一着妙棋。另一些技能则是普通人都有的。觉察到性格特点与某一职业的刻板印象相似，需要丰富的语言和文化知识，这是大多数人都具备的。这些知识存储在我们的记忆中，在不经意间就能轻松获取。

上述列表中的某些思维活动完全是无意识的，你无法抑制它们。比如，用母语理解简单的句子，转向突发巨响的声源，知道2+2=4，或者提到法国首都时想到巴黎。有些活动易受自控，但通常是自动执行，比如咀嚼。对注意力的控制由两个系统共同完成。转向发出巨响的位置通常是系统1无意识的运作，它会立即调动系统2有意识的注意力。在拥挤的聚会上听到粗鲁的高声评论时，你可能会有意克制自己，不转头朝向那个位置。但即便如此，你的注意力还是一下子就被它吸引了，至少在短时间内是这样。但是，你也可以将注意力从不想关注的事物上移开，只需关注别的目标就可以了。

系统2的运作五花八门，但有一个共同特点：都需要集中注意力，注意力一旦分散，运作就随之中断。下面是一些例子：

- 起跑时，注意裁判的鸣枪。
- 将注意力集中在马戏团的小丑身上。
- 在拥挤嘈杂的房间里，注意某人的声音。
- 寻找某位白发女人。
- 搜索记忆，判断令人惊讶的声音是什么。
- 保持比平常更快的步行速度。
- 在社交场合监控自己的行为是否得体。
- 数一下某页中字母a出现的次数。
- 告诉别人你的电话号码。
- 在狭窄的空间里停车（适用于车库服务员之外的大多数人）。
- 比较两款洗衣机的综合价值。
- 填写纳税申报表。
- 检验某个复杂的逻辑论证的有效性。

在上述情境中，你必须集中注意力。你如果没做好准备，或者注意力分散，就会表现欠佳，或者根本没法执行任务。通过对注意力和记忆自动功能的预设，系统2可以改变系统1的运作方式。例如，在熙熙攘攘的火车站等待亲戚时，你可以刻意寻找白发老太太，或留胡子的男人，从而提高在远处发现亲戚的可能性。你可以设定记忆，寻找以字母N开头的首都，或法国存在主义小说。当你在伦敦希思罗机场租车时，地勤人员可能会提醒你"车辆靠左行驶"。在这些例子中，你要做的都是些无法自然而然地完成的事。你会发现，保持设定的状态需要付出持续的努力。

"集中注意力"这一常用语说得没错：你能够分配给活动的注意力是一笔有限的预算，如果超出预算，你就会失败。费劲的活动有一个特点：不同活动之间相互干扰。这就是人们很难或无法一心多用的原因。在开车左转进入拥挤的道路时，你无法计算 17×24 的结果，当然也不该尝试这么做。你可以同时做几件事，前提是这些事简单且容易。在空旷的高速公路上开车时，与乘客交谈可能是安全的。许多父母发现（或许带着一丝内疚），他们可以一边给孩子读故事，一边想着别的事。

人们或多或少都意识到注意力是有限的，我们在社交互动中也会考虑到这些局限。例如，司机在窄路上超越大卡车时，成年乘客会明智地闭嘴。他们知道，此时分散司机的注意力可不是什么好事。而且，司机还可能暂时失聪，听不到他们的话。

当一个人过于专注于某项任务时，就会对周边"视而不见"，即使是平时能吸引其注意力的刺激物也不例外。在《看不见的大猩猩》一书中，克里斯托弗·查布里斯和丹尼尔·西蒙斯做了一个最具戏剧性的演示。他们拍了一部短片，两支球队在传球，一队穿白色球衣，另一队穿黑色球衣。他们要求观众去数白队的传球次数，不必理会黑队。这项任务是困难的，需要聚精会神。短片播到一半，一个身穿大猩猩套装的女人出现了，她穿过球场，拍打胸部，然后继续向前走。大猩猩出现了9秒。成千上万的人看过这段视频，大约一半人没注意到任何异常。计数任务（尤其是忽略其中一队的要求）造成了他们的盲视。如果没有这项任务，观众应该都会注意到大猩猩。观看和定位是系统1的自动功能，但执行时需要将一些注意力分配到相关的刺激物上。作者指出，这项研究最显著的观察结果是，人们对实验结果感到震惊。事实上，没看到大猩猩的观众最初确信它并不在场——他们无法想象，自己竟然错过了如此惹眼的事物。该研究说明了思维的两个重要事实：我们会对显而易见的事物视而不见，也可能意识不到自己对显而易见的事物的忽视。

剧情提要

两个系统的相互作用是本书中反复出现的主题，因此有必要简单介绍一下剧情。在我即将讲述的故事中，系统 1 和系统 2 在人们清醒时都处于活跃状态。系统 1 自动运行，系统 2 通常处于舒适的轻松模式，只有一小部分资源被占用。系统 1 不断为系统 2 提供有关印象、直觉、意图和感受的建议。如果得到系统 2 的认可，印象和直觉就会变成信念，冲动就会变成自主行动。当一切顺利时（大多数情况下如此），系统 2 会采纳系统 1 的建议，有时略做调整，有时甚至照单全收。你通常相信自己的印象，按照自己的想法行事。一般情况下，这么做挺好的。

系统 1 遇到困难时，会寻求系统 2 的支持，要求它提供更详细、明确的处理过程，以解决眼前的问题。当系统 1 无法回答的问题出现时，系统 2 就被调动起来。碰到 17×24 这道乘法题时，就是这种情况。当你感到惊讶时，你也能觉察到有意识的注意力瞬间提升了。系统 1 维护着一个世界模型，在那个世界里，灯不会跳，猫不会汪汪叫，大猩猩不会穿过篮球场。一旦觉察到某一事件违反这个世界模型，系统 2 就被激活了。大猩猩的实验表明，要觉察到出乎意料的刺激物，就得投入一定的注意力。惊讶会激活并引导你的注意力：你会睁大双眼去看，在记忆中搜索，寻找一个故事来弄明白奇异事件。系统 2 还负责持续监控你的行为——这种控制会让你在愤怒时保持礼貌，在夜间开车时保持警惕。当觉察到将要出错时，系统 2 会激发你做出更大的努力。回想一下，一句冒犯的话就要脱口而出，把它咽下去有多难。总之，你（你的系统 2）的大部分思想和行为都源于你的系统 1，但当事情变得困难时，系统 2 会接管思维活动，并拥有最终的决策权。

系统 1 和系统 2 的分工非常高效，这种分工可以使其以最小的努力获得最佳表现。在大多数情况下，这种安排运作得很顺畅，因为系统 1 通常很称职：在熟悉的情境下，其模型是正确的，短期预测通常也是精准的，它对挑战的即时反应快速且适当。然而，系统 1 存在偏差，在特定情况下易出现系统误差。我们将看到，系统 1 有时回答的是更简单的问题，而非被问到的问题，而且它对逻辑和统计几乎一无所知。系统 1 还有一个更大的局限——我们无法关闭它。你如果在屏幕上看到一个认识的字，就会去读——除非你的注意力完全不在这上面。[3]

冲突

图 1-2 是造成两个系统冲突的经典实验变体。[4] 在继续阅读之前，你应该先做一下这个练习。

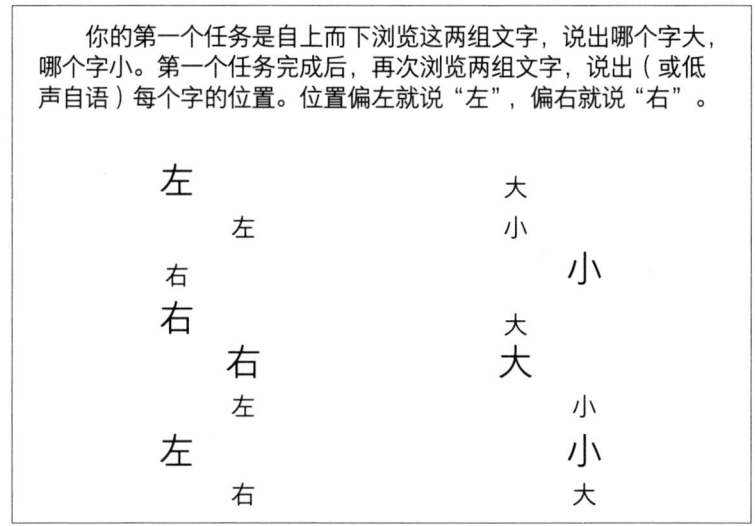

图1-2

几乎可以肯定，你能圆满完成这两项任务，而且你会发现每项任务的某部分相对容易得多。在识别字的大小时，左边这一组容易，而右边这一组会让你放慢速度，答案说得结结巴巴。在确定字的位置时，左边这一组很难，右边这一组则容易得多。

这些任务涉及系统2，因为平时你浏览阅读时，并不需要指出文字的"大/小"或"左/右"。为完成任务，你对记忆进行了预设，以便相关词语（与第一项任务相关的词语是"大"和"小"）能脱口而出。浏览左边这一组时，预设选词是有效的，这么做有利于抵制阅读其他词的诱惑。但右边这一组的情况不同，它本身就包含了你预设的词，你不能忽视它们。你大体上能给出正确的答案，但克服竞争反应带来了负担，让你不得不放慢速度。自动反应干扰了要执行的任务，你体验到了二者的冲突。

自动反应与控制它的意图之间存在冲突，这种现象在生活中很常见。我们都熟悉这样的经历——在餐厅就餐时，尽量忍住不去看邻桌穿奇装异服的情侣；阅读时不断回看前文没读懂的地方，强迫自己将注意力放在无聊的书上；在严寒地区，许多司机都知道，当车在冰面上失控打滑时，遵循反复默记的、违背自然做法的指令（"车子打滑时，无论做什么，都不要踩刹车！"）有多难。每个人都有过克制自己不爆粗口的经历。所以，系统2的任务之一就是抑制系统1的冲动。换句话说，系统2掌管自控。

错觉

要了解系统1的自动化以及印象和信念之间的区别，请仔细观察图1-3。

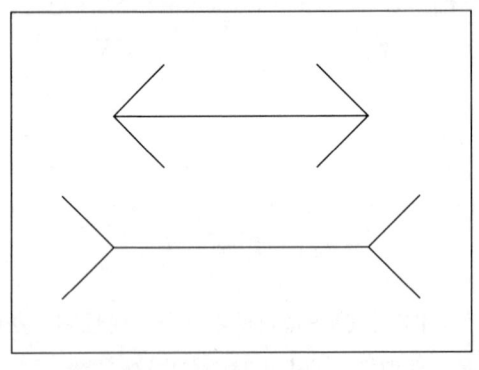

图1-3

这幅图没什么特别：两条不同长度的水平线，两端有指向不同方向的鳍状标志。下面那条线显然比上面的长。这就是我们看到的，我们当然相信所见的事物。但是，如果你以前见过这幅图，就知道它是著名的穆勒－莱尔错觉。只需用尺子量一下，你就知道两条水平线实际上是等长的。

你已经测量了这两条线，因此你（你的系统2，你称之为"我"的有意识的存在）有了一个新的信念，你知道它们长度相同。如果有人问这个长度问题，你会说出你知道的事实。但你仍然看到下面那条线更长。你选择相信测量结果，但无法阻止系统1的运作。你不能决定将两条线看成等长的，尽管你知道它们确实是等长的。要抵制这种错觉，你唯一能做的是：当线的两端附有鳍状标志时，你必须学会不去相信自己对其长度的印象。要运用这个规则，你必须能识别虚幻的模式，回忆起你所知道的事实。只要做到这一点，你就不会再被穆勒－莱尔错觉蒙蔽。但你仍会看到一条线比另一条线长。

并非所有的错觉都是视觉错觉。有些错觉发生在思维层面，我们称之为认知错觉。读研期间，我学习了"心理治疗的艺术和科学"课程。在一堂课上，老师传授了一些临床经验。他告诉我们："你会不时地遇到一些患者，跟你讲述他之前遭遇的误诊。他看过的几位心理医生都让他失望。这位患者可以清楚地描述那些医生对他的误解，但他很快发现你与众不同。你跟他有同感，相信自己能够理解他，能为他排忧解难。"这时，老师提高了声音说："不要有收治他的念头！把他赶出办公室！他很可能是个精神变态，你帮不了他。"

多年后我才明白，老师是在提醒我们抵制变态人格的诱惑，精神病研究领域的权威证实了老师的建议是正确的。[5]这类似于穆勒－莱尔错觉。老师不是在教我们如何感受患者。他当然知道，我们会不由自主地同情患者，这种现象是由系统1造成的。老师也不是在教我们怀疑自己对患者的感受，而是要我们知道，对有多次失败治疗史的患者产生强烈的兴趣是一个危险信号——就像平行线上的鳍状标志一样。这是一种错觉，一种认知错觉，老师告诉我（我的系统2）如何识别它，并提出建议：不要相信错觉，不要被它牵着鼻子走。

关于认知错觉，常见的问题是，我们是否可以克服它。上述两个事例传递的信息并不乐观。系统1是自动运行的，不能随意关闭，直觉思维的错误通常很难预防。偏差在所难免，因为系统2可能觉察不到错误。即使可能犯错的线索摆在那儿，也必须通过系统2的强化监控和刻意努力才能避免。然而，作为一种生活方式，时刻保持警惕并不见得是好事，而且也不切实际。总是质疑自己的想法实在令人厌烦，而且系统2的运行速度太慢，效率太低，在日常决策中无法代替系统1。最好的解决办法就是妥协：学会识别可能出错的情况，在高赌注面前，付出更多努力，避免铸成大错。本书的前提是，相比发现自己的错误，发现别人的错误更容易。

有用的虚构

请将这两个系统视为你头脑中的不同主体，它们有着自己的个性、能力和局限。我常使用以"系统"作主语的句子，比如"系统2计算乘积"。

在我所处的专业圈子里，使用这种语言被认为是一种罪过，因为它似乎是用某人头脑中的小人儿[6]来解释其思想和行为。上述关于系统2的句子，在语法层面类似于"管家偷了小钱"。我的同行会说，管家的行为本身就是失窃的原因。因此，他们理所当然地质疑"系统2计算乘积"是否解释了乘积的计算过程。我的回答是，这个简短的主动句体现出计算活动是由系统2完成的，目的是描述，而非解释。只有在了解系统2的前提下，这个句子才有意义。它是以下句子的简写："心算是需要付出努力的自主活动，不应在开车左转时进行。人在心算时瞳孔会放大，心跳会加速。"

同样，"通常情况下，在高速公路上开车由系统1完成"，这句话的意思是，开车绕过弯道是自动行为，不费什么力气。这也是在暗示，在空旷的高速公路上，经验丰富的司机可以边开车边聊天。"系统2阻止詹姆斯对侮辱做出愚蠢的反应"，这句话是说，如果他的自控力遭到破坏（比如，喝醉了），其反应就会更具攻击性。

系统1和系统2是本书故事的核心。我必须明确说明，它们是虚构的角色，不是标准意义上具有交互层面（或部分）的实体。大脑中没有哪个部位是它们的"家"。你可能会问：在一本严肃的书中介绍两个名字难听的虚构角色，有什么意义？答案是，我们的思想有一些怪癖，这两个角色能派上用场。相比描述某个事物的属性和性质，描述主体（系统2）的行为更容易被理解。换句话说,"系统2"比"心算"更适合作句子的主语。活跃的主体拥有不同的个性、习惯和能力。人类的大脑,尤其是系统1,似乎有一种独特的天赋,会构建和解释有关主体的故事。对监守自盗的管家,你会迅速给予负面评价,预测他会做出更多不良行为,你还会记住他一阵子。两个系统的语言能实现的这种效果,正是我期待的。

为什么称它们为系统1和系统2,而不是更具描述性的"自动系统"和"耗力系统"?原因很简单:与"系统1"相比,我们对"自动系统"的反应时间更长,因此它会占用我们更多的工作记忆空间。[7]这一点很重要,因为任何占用工作记忆的内容都会降低人的思考能力。你应该将"系统1"和"系统2"看作一种昵称(就像鲍勃和乔一样),用以识别你在阅读本书的过程中将要认识的角色。有了这两个虚构的系统,在思考判断和选择问题时,我会更轻松,你也会更容易理解我的话。

谈谈系统1和系统2

"他有印象,但其中某些印象是错觉。"

"这纯粹是系统1的反应。她在意识到威胁之前就做出了反应。"

"这是你的系统1在说话。放慢速度,让你的系统2来掌控。"

第 2 章
注意力与努力[1]

本书要是能改编成电影（虽然可能性不大），自视为主角的系统 2 只能充当配角。在这个故事中，系统 2 的典型特征是其运作需要付出努力，但懒惰是它的一大特质——除非必要，不愿多费一点儿力气。因此，尽管系统 2 认为是自己选择了思想和行动，实际上却常受故事主角系统 1 的引导。然而，有些重要任务只有系统 2 才能执行，因为这些任务需要付出努力，必须通过自控行为来完成。在此过程中，系统 1 的直觉和冲动受到了抑制。

脑力劳动

如果你想体验系统 2 全力运作的感受，请做以下练习。它会让你在 5 秒内达到认知能力的极限。首先，想出几个不同的四位数数字，将它们分别写在索引卡上。在上面放一张空白卡片。你要执行的任务叫"加 1"。具体要求如下。

设一个稳定的节奏（最好将节拍器设为每秒 1 拍）。移开空白卡片，大声读出四位数数字。两拍之后，说出一个新数字，其中每位数字都在原始数字上加 1。比如，卡片上的数字是 5294，正确答案是 6305。跟上节奏很重要。

能在"加1"任务中处理超过四位数的人寥寥无几。如果你想挑战更难的任务,那就试试"加3"。

你如果想知道你的身体在大脑高速运转时经历了什么,可以这么做:在一张结实的桌子上放两堆书,将摄像机放在一堆书上,将下巴靠在另一堆书上。打开摄像机,在做"加1"或"加3"练习时盯着摄像机镜头。你会发现,瞳孔大小的改变忠实记录了你的努力程度。

我曾长期致力于"加1"任务的研究。职业生涯早期,我以访问学者的身份在密歇根大学的催眠实验室工作了一年。为寻找有价值的课题,我经常翻阅《科学美国人》杂志。我在上面发现了一篇论文,论文中心理学家埃克哈特·赫斯将瞳孔称为心灵之窗。后来,我重读这篇论文,仍然深受鼓舞。赫斯在论文开篇说,他妻子注意到,他在观看美丽的自然风景图片时,瞳孔变大了。论文结尾附有同一位美女的两张照片,但其中一张看起来更动人。二者的唯一区别是:在更动人的照片中,美女的瞳孔是放大的,另一张的瞳孔则是收缩的。赫斯还提到了颠茄,它能放大瞳孔,曾被当作化妆品。他还说,有些人去集市采购时会戴上墨镜,目的是掩饰自己对商品的兴趣。

赫斯的一个发现让我特别感兴趣。他注意到,瞳孔是敏感的脑力劳动指示器——人们在做两位数的乘法运算时,瞳孔明显放大。[2] 问题越难,瞳孔越大。他的观察表明,由脑力劳动引发的反应与由情绪激发的反应不同。赫斯的论文与催眠没什么关系,但我认为,脑力劳动的可视标志是一个值得研究的课题。实验室的一名研究生杰克逊·比提对此也很感兴趣,于是我们便开始进行研究。

我和比提设计了一个类似验光仪的装置。受试者[3] 把头放在可固定下巴和前额的支架上,眼睛盯着照相机,一边听预先录制的信息,一边跟随节拍器的节拍回答问题。节拍每秒会触发一次红外线闪光灯,拍出一张照片。每次实验结束后,我们都会立即冲洗胶卷,将瞳孔的影像投在屏幕上,然后用尺子测量其大小。这种方法非常适合缺乏耐心的年轻研究者:我们很快就能得到结果,这些结果总能清晰地说明问题。

我和比提专注于"加1"这类有节奏的任务,在这些任务中,我们可以准确了解受试者大脑每一刻的活动状态。我们按照节拍器的节奏录制了一串数字,要求受试者以同一节奏依次重复或转换数字。我们很快发现,随着任务难度的改变，瞳孔的大小每秒都在变化，其规律呈倒V形。正如你在"加1"或"加3"任务中经历的那样，随着听到的数字位数逐渐增加，付出的脑力劳动会越来越多，直至难以承受的极限。它发生在暂停期间和暂停结束后的瞬间，因为你要迅速说出转换的数字。在"卸下"短期记忆后，你会逐渐放松。瞳孔大小的数据与主观体验完全一致：数字位数越多，瞳孔放得越大。转换数字的任务使脑力消耗剧增，瞳孔扩散到最大时，正是付出最大努力的一刻。相比七位数的瞬间记忆，四位数的"加1"任务会使瞳孔扩散得更大。"加3"任务要难得多，是我观察到的要求最高的任务。仅在5秒之内，瞳孔就扩大了约50%，心率每分钟增加了约7次。[4]这是人们所能承受的极限——如果提出更高的要求，他们就会放弃。当我们给受试者提供的数字位数超出其记忆上限时，他们的瞳孔就不会再放大，反而会缩小。

我们在地下室一间宽敞的房间里工作了几个月。我们建立了一个闭路系统，将受试者瞳孔的图像投影在走廊的屏幕上，此外，我们还能听到实验室里的声音。投影的瞳孔直径约为一英尺。①观察受试者的瞳孔变化很有趣，实验室的来访者无不被深深吸引。我们通过预测受试者何时放弃任务来自娱自乐，我们的预测能力也给来访者留下了深刻的印象。在做乘法心算时，受试者的瞳孔通常在几秒钟内放大，并在计算过程中保持放大状态。一旦算出答案或放弃计算，就立即收缩。在走廊上观察投影时，我们有时会问"刚才你为什么放弃了"，这让受试者和来访者感到惊讶。实验室里传来的声音通常是："你是怎么知道的？"我们回答："我们有一扇通往你灵魂的窗。"

有时，在走廊上随意观察获得的信息与通过正式实验获得的信息一样丰富。有一次，在两个任务的间隙，我漫不经心地观察一位女性的瞳孔，获得了重大发现。她的下巴一直固定在支架上，因此，她与实验人员聊天时，我能看到她眼睛的图像。我惊讶地发现，她说话和聆听时，瞳孔没有明显放大，仍然很小。日常对话与我们研究的任务不同，只需付出少许努力，或者根本不需要努力——比记住两位或三位数还轻松。这是一个顿悟的时刻：我意识到，我们为研究选择的任务太费脑力了。我想到了一个比喻：精神生活（现在，我称之为系统2的生活）大多以舒适的步调运行，有时会被慢跑打

---

① 1英尺≈0.30米。——编者注

断,极少数情况下才会出现猛烈的百米冲刺。"加1"和"加3"练习就像百米冲刺,闲聊则像散步。

我们发现,人们在进行脑力冲刺时,真的会变得对周围视而不见。通过让观察者专注于传球计数,《看不见的大猩猩》的作者让大猩猩"隐形"了。我们报告了在"加1"任务中出现的没那么夸张的忽视某些显而易见的事物的现象。在执行任务时,受试者会看到一组快速闪现的字母。[5] 我们要求他们优先完成"加1"任务,但任务结束时要说出字母K是否出现过。该实验的主要发现是,人们察觉和报告目标字母的能力在10秒内发生了变化。在"加1"任务开始或快结束时,受试者几乎不会漏掉一个K,但在任务的中间阶段,脑力达到极限时,即使盯着字母看,也依然会错过。与瞳孔放大的规律一样,察觉失败的结果也呈倒V形。这种相似性让人确信:动脑伴随着生理激发,瞳孔是判断生理激发的有效尺度。我们可以继续推进该研究,以此了解大脑的运作方式。

瞳孔就像你屋外的电表,反映你当前的大脑能耗率。[6] 这个类比可以有更深入的解释。你的用电量取决于你的行为选择,是开灯照亮房间还是烤面包。开灯或开启面包机,会消耗所需的电量,但不会多消耗。同样,我们能决定做什么事,但做这件事要付出多少努力,我们的控制权却很有限。假设有人给你看一个四位数,比如9462,要求你记住它10秒,否则性命不保。无论求生欲有多强,你在这项任务中付出的努力,都不会像在完成9462"加3"任务时那么多。

系统2与你家电路一样,容量是有限的,但它们对过载威胁的反应不同。用电量超负荷时,断路器会跳闸,这条电路上的所有设备会断电。相比之下,脑力过载的反应是选择性的、明确的:系统2保护最重要的活动,让它获得所需的注意力;"剩余容量"则慢慢分配给其他任务。在我们的"大猩猩实验"版本中,我们要求受试者优先执行数字任务。我们知道他们按照要求做了,因为观看视觉目标并没有对主要任务产生影响。如果目标字母在大脑负荷过重时出现,受试者就会对其视而不见。当转换任务要求较低时,他们能更好地发现目标字母。

大脑分配注意力的精密功能,是在漫长的进化中逐渐形成的。对重大威胁或最佳机遇的快速定位和反应,提高了生存的可能性。当然,这种能力不限于人类。在紧急情况下，系统1会接管任务，将自我保护行动置于绝对优先地位，即使现代人也是如此。想象一下，路上有一摊油，你开车经过，车子突然打滑。你会发现，在完全意识到危险之前，你已经做出了反应。

我和比提只合作了一年，但我们的合作对彼此的职业生涯产生了重大影响。他最终成为"认知瞳孔测量法"的权威。我则写了一本书，名为《注意力与努力》(*Attention and Effort*)，这本书在很大程度上基于我们的合作成果，以及我第二年在哈佛大学的后续研究。通过在各种任务中测量瞳孔的变化，我们对运作中的大脑（如今，我所说的系统2）有了更多了解。

当你对某项任务驾轻就熟时，其能耗就会降低。大脑研究表明，与行为相关的活动模式会随技能的提高而改变，涉及的大脑区域会随之减少。[7] 天赋也起到类似的作用。通过观察瞳孔变化和大脑活动，我们发现，高智商的人在解决同样的问题时付出的努力更少。[8] "最省力法则"[9] 适用于体力消耗，也适用于认知。该法则认为，如果实现同一目标的方法很多，人们最终会选择最省力的行动方案。在行为经济中，努力是一种成本，获取技能背后的动力是实现收益与成本的平衡。[10] 懒惰是人类根深蒂固的天性。

我们研究了各种不同的任务，它们对瞳孔的影响差异很大。受试者在实验开始时是清醒的、有意识的，并且做好了参与任务的准备——其激发和认知准备水平可能比平时更高。记住一两个数字，或学会将某个词与数字联系起来（例如，3=门），有助于瞬间激发基线之上的反应，但其影响甚微，只有5%的瞳孔放大与"加3"任务有关。区分两个音调的音高能使瞳孔明显放大。有研究表明，克制自己不去读干扰性词语（如图1-2所示），也会引发中等程度的努力。[11] 六、七位数的短期记忆测试所需的努力更大。正如你所体验的，回想并大声说出你的电话号码或伴侣的生日，会让你在瞬间付出相当大的努力，因为在组织答案时，必须记住整串数字。两位数的乘法心算和"加3"任务已经接近大多数人的极限。

某些认知任务比其他任务更费力，原因何在？我们用注意力这种货币能买什么？哪些事情是系统1无能为力，而系统2能做的？如今，这些问题都有了初步答案。

同时记住需要分别行动的多个想法，或同时记住需要根据规则组合的想法，就得付出努力——比如，走进超市时，默记你的购物清单；在餐厅点菜时，选择吃鱼还是小牛肉；将出乎意料的调查结果与从小样本中获得的信息结合起来。唯有系统2能做到遵循规则、根据属性比较物体、在两个选项间做出慎重的选择。自动化的系统1不具备这些能力。系统1能察觉简单的关系（"它们都一样""儿子比父亲高得多"），擅长整合某件事的信息，但它不能同时处理多个不同的主题，也不擅长使用纯统计学信息。系统1会发现，一个被描述为"性情温和，干净利落，做事井然有序，关注细节"的人很像是图书管理员，但只有系统2能将这种直觉与"图书管理员人数很少"的认识结合起来——如果系统2知道怎么做的话（这是极少数人的优势）。

系统2的一个重要功能是接受"任务设置"：它可以预设记忆，使其执行违背习惯性反应的指令。请思考以下内容：统计本页"一"字出现的次数。你以前没做过这个任务，对此并不熟练，但你的系统2可以应对。尽管练习肯定会提高你的水平，但接受并执行它仍需付出努力。心理学家用"执行控制"来描述任务设置的接受和终止，神经科学家已确定大脑中服务于执行功能的主要区域。当面对必须解决的某个冲突时，其中某个脑区就会活跃起来。另一个相关脑区是前额叶，人类的前额叶比其他灵长类动物的发达，它与我们的智力活动有关。[12]

现在假设本页末尾还有一条指令：统计下一页所有逗号的数量。这项任务难度更大，因为刚才你将注意力集中在"一"字上，现在必须克服这个倾向。近几十年来，认知心理学家的一个重大发现是，从一项任务切换到另一项任务时是需要费力的，尤其是在时间紧迫的情况下。[13]"加3"任务和心算乘法题难度大的原因之一是需要快速切换。要执行"加3"任务，你必须同时在工作记忆[14]中储存多个数字，并将每个数字与特定的操作关联起来：一些数字正排着队等待转换，某个数字正在转换，记住已经转换的数字，并为之后报出全部数字做好准备。关于工作记忆的现代测试要求受试者在两项费力的任务之间反复切换，在记住一项任务结果的同时执行另一项任务。在此类测试中表现出色的人，其综合智力测试的成绩也很好。[15]控制注意力的能力不仅是衡量智力的一个标准，有关注意力控制效率的测量结果，还可以预测空中交通管制员和以色列空军飞行员的表现，[16]其效度要高于智力测验。

时间压力是费心劳神的另一个因素。在做"加3"练习时，紧迫感部分来自节拍器，部分来自记忆负荷。就像抛接球的杂耍演员，有好几个球抛在空中，根本没法慢下来，你遗忘的速度很快，它促使你快马加鞭，在彻底忘记之前反复记忆和回顾信息。需要同时记住多个想法的任务都有紧迫的特点。除非你有幸拥有强大的工作记忆，否则就会感到很吃力。最费力的慢思考，来自那种要求你快速思考的任务。

你肯定注意到了，在执行"加3"任务时，大脑开足了马力，与日常状态迥然不同。"加3"任务或立即记住六位数数字很烧脑，即使你是脑力劳动者，也很少接触到类似强度的工作。为避免大脑超负荷，我们通常会将任务分成多个简单的步骤，将中间结果存入长期记忆或写下来，而不是存入容易过载的工作记忆。付出时间，我们就能跨越千山万水；用好最省力法则，我们就能享受精神生活。

谈谈注意力和努力

"我不会在开车时尝试解决这个问题。这是一个会使瞳孔放大的任务，要费脑力！"

"他在运用最省力法则，能不思考就不思考。"

"她没忘记开会的事。会议开始时，她专注于别的事情，没听到你的话。"

"我不假思索想到的内容来自系统1的直觉。我必须从头开始，仔细回忆一番。"

第 3 章
懒惰的掌控者

我每年都会到伯克利住上几个月,在那儿生活最大的乐趣是每天在山路上散步 4 英里[①],沿途欣赏旧金山湾的美景。通常,我会记录散步所用的时间,由此对努力有了不少了解。我找到了合适的速度,用大约 17 分钟就可以走完 1 英里。与坐在躺椅上相比,散步的确消耗了体力,燃烧了更多热量,但我不觉得累,没有心理冲突,也不需要勉强自己。在这样的速度下,我能边走路边思考和工作。我觉得散步能唤醒身体,让思维更加敏锐。

系统 2 也有自然的运作速度。即使你没思考什么问题,随意的念头以及留意周围的事也会消耗一部分脑力,但不会带来多少压力。除非你的处境需要你提高警惕或增强自我意识,否则留意周围的事或内心想法几乎毫不费力。开车时做出许多小决定,读报时获取一些信息,平时和爱人或同事寒暄,这些活动就像散步一样不费吹灰之力。

边走路边思考既轻松又愉快,但在极端情况下,这么做似乎是在争夺系统 2 有限的资源。你可以通过简单的实验来证实这一说法。和朋友散步时,让他快速心算 23×78。他大概会停下脚步。我的经验是,我可以边散步边思考,但无法思考那些会给短期记忆带来重负的问题。如果必须在规定的时间内构建复杂的论点,我会停下来,坐着思考,而不是站着。当然,不是所有的慢思考都需要聚精会神、绞尽脑汁的计算——与阿莫斯悠闲地散步时,

---

① 1 英里 ≈ 1.61 千米。——编者注

我体验到了人生中最好的思考状态。

加快速度完全改变了我的散步体验，因为它极大地削弱了我连贯思考的能力。加速时，我的注意力更多地放在行走体验和刻意保持的速度上，想出好点子的能力就下降了。我在山路上步行，最快用14分钟就可以走完1英里。在这种状态下，我根本不会尝试思考任何事情。快走不仅消耗体力，还会消耗用以自控的脑力，以抵制减速的冲动。自控和深思熟虑显然会争夺有限的脑力预算。

通常情况下，大多数人的连贯思考以及偶尔的冥思苦想也需要自控。虽然没有做过系统的调查，但我认为，频繁地切换任务、提高大脑运作速度并不是什么愉快的事，人们会尽可能避免这么做。这就是最省力法则的由来。即使没有时间限制，保持思绪的连贯性也需要自律。观察我在一小时的写作过程中查看电子邮件或打开冰箱的次数，就能合理地推断出我想逃避写作的次数，还能得出一个结论：专注于写作所需的自控力比我乐意付出的要多。

好在认知工作并不总令人厌恶，有时人们能长时间做耗费脑力的事，却无须付出意志力。心理学家米哈里·契克森米哈赖对这种轻松注意的状态进行了大量研究，迄今无人能及。他将其命名为"心流"，这个词已成为一个心理学术语。体验过心流的人将其描述为"一种毫不费力却高度专注的状态，你沉醉其中，时间、自我和麻烦事好像都不存在了"。心流状态充满喜悦，他们的描述令人神往，契克森米哈赖称之为"最优体验"。[1]能引发心流的活动很多，比如绘画、摩托车比赛。我认识一些幸运的作家，他们经常在写作中获得最优体验。心流有效区分了两种努力形式，一种专注在任务之中，另一种则需要刻意控制注意力。以每小时150英里的速度骑摩托车，与旗鼓相当的对手下一盘国际象棋，这些活动当然都要耗费脑力。然而，将注意力集中在令人沉浸的活动上则无须施加自我控制，因而能腾出大脑资源，将其用于手头的任务。

忙碌且精疲力竭的系统2

人们一致认为，自我控制和认知努力都属于脑力劳动。一些心理学研究表明，当认知任务和诱惑同时出现时，人们更有可能屈服于诱惑。想象一下，有人要求你记住一组七位数数字，并在大脑里保留一两分钟。他告诉你，首要任务是记忆数字。当你专心致志地记数字时，他端上两种甜点，让你选择一种：罪恶的巧克力蛋糕，或道德的水果沙拉。有证据表明，当脑子里塞满数字时，你更有可能选择诱人的巧克力蛋糕。系统 2 忙碌时，系统 1 对行为的影响更大，而且偏爱甜食。[2]

人们忙于认知活动时，更有可能做出自私的选择，说出带有性别歧视的话，在社交场合妄下断语。[3]记忆和重复数字让系统 2 放松了对行为的控制。当然，认知负荷并非自控力下降的唯一原因。喝了几杯酒或一夜无眠都会削弱自控力。习惯早起的人到了晚上自控力会变差；夜猫子的情况则正好相反。过分在意任务中的表现，会引发毫无意义的焦虑，[4]增加短期记忆的负担，结果适得其反。结论很简单：自控离不开注意力和努力。换句话说，控制思想和行为是系统 2 的任务之一。

心理学家罗伊·鲍迈斯特及其同事进行了一系列出人意料的实验。实验结果表明，各种自主性努力，无论是认知、情感还是身体的自主努力，都或多或少消耗了脑力。他们的实验涉及连续进行的任务，而不是同时进行的任务。

鲍迈斯特的团队多次发现，动用意志力或自控力会让人疲惫；你如果被迫做某事，当下一个挑战来临时，就不太愿意自控，或较难做到自控。这种现象被称为"自我损耗"。在一次典型示范中，受试者被要求观看感人的电影，但要压抑自己的情绪。在随后的身体耐力测验中，他们的表现很差。耐力测验是让受试者握紧测力计，看看他们在不适感不断增强的情况下能坚持多久。肌肉的持续收缩带来痛苦，实验第一阶段抑制情绪的努力降低了他们对痛苦的耐受力，因此，自我损耗的人更容易放弃。在另一项实验中，先要求受试者完成消耗意志力的任务——吃小萝卜和芹菜等健康食物，同时抵制巧克力和饼干的诱惑，随后让他们执行有难度的认知任务，结果他们放弃的速度比正常情况下更快。

消耗自控力的情况和任务数量庞大、种类繁多。它们都涉及冲突，需要抑制自然倾向，包括：

- 不去想白熊。
- 抑制对激动人心的电影产生的情绪反应。
- 做出一些自相矛盾的选择。
- 想给他人留下深刻印象。
- 对伴侣的不良行为做出友好的回应。
- 与其他种族的人打交道（适用于有种族偏见的人）。

损耗的迹象也多种多样：

- 偏离一个人的饮食习惯。
- 过度消费在冲动性物品上。
- 对挑衅做出过激反应。
- 在抓握任务中坚持的时间较短。
- 在认知任务和逻辑决策中表现不佳。

证据是有说服力的：对系统2要求高的活动需要自控，而自控会消耗精力、令人不快。[5]与认知负荷不同，自我损耗至少会让人丧失一部分动力。你如果在一项任务中消耗了自控力，就会不愿在另一项任务中投入努力，尽管不得已时也能做到。一些实验表明，如果给予有力的激励，人们就能抵抗自我损耗的影响。[6]相反，如果你必须一边执行任务，一边记忆六位数，那么即使付出再多努力也无济于事。自我损耗与认知忙碌是不同的思维状态。

鲍迈斯特指出，"心理能量"的概念不仅仅是一个隐喻。[7]这也是其团队最出人意料的发现。相比其他身体部位，神经系统消耗的葡萄糖更多。如果葡萄糖是一种货币，那么耗费脑力似乎是一种价格昂贵的活动。当专注于有难度的认知推理或执行需要自控的任务时，你的血糖水平会下降，就像短跑时会消耗储存在肌肉中的葡萄糖。这个观点显然在暗指：摄入葡萄糖可以消除自我损耗的影响。[8]鲍迈斯特及其同事通过一些实验证实了这一假设。

他们的一项研究是让受试者观看一部无声短片。短片中，一位女士在接受采访。他们要求受试者解读女士的肢体语言。在执行任务时，屏幕上慢速滑过一串单词。他们叮嘱受试者忽略这些词，一旦发现自己转移了注意力，就必须立刻将注意力重新集中在女士的行为上。众所周知，这种自控行为会导致自我损耗。在参与第二项任务之前，所有受试者都喝了柠檬水。其中一半人喝的是加了葡萄糖的柠檬水，另一半人喝的是加了代糖的柠檬水。然后，给所有人分配同样的任务，这项任务需要克服直觉反应才能得到正确答案。自我损耗的人更容易犯直觉性错误，喝代糖柠檬水的人表现出预期的损耗效应，喝葡萄糖柠檬水的人却没有。恢复大脑中的葡萄糖水平，可以阻止表现下滑的趋势。消耗葡萄糖的任务是否也会引发短暂的身体反应，比如瞳孔放大、心率加快？要证实这一猜想，还需要更多的时间和更深入的研究。

《美国国家科学院院刊》曾发表了一篇令人不安的论文，证明了判决中的损耗效应。[9] 受试者是 8 位以色列假释官，他们并不知道自己参与了实验。他们每天都要审查假释申请。案件按随机顺序排列，假释官在每起案件上花的时间很少，平均 6 分钟一起。（默认的判决是拒绝假释，只有 35% 的申请获批。假释官每次做出判决的精确时间会被记录下来，他们早、中、晚的用餐、休息时间也会被记录。）该研究的设计者绘制了上次用餐后申请获批的比例与时间的关系图，发现获批比例在餐后飙升（大约 65% 的申请得到了批准），在下一餐餐前的两个小时左右逐渐下降，到就餐前几乎降为 0。如你所料，人们不满意这个结果，研究者仔细检验了许多其他解释。对数据最合理的解释带来了一个坏消息：疲惫和饥饿让假释官更容易回到默认的立场，即驳回假释请求。疲惫和饥饿都可能发挥了作用。

懒惰的系统 2

系统 1 对想法和行动提出"建议"，系统 2 的主要功能之一是监控这些建议，让某些建议直接表现为行动，对另一些建议予以抑制或修正。

例如下面这道简单的题。不要解题，只需听从你的直觉：

球拍和球共 1.10 美元。
球拍比球贵 1 美元。
球多少钱？

你会马上想到一个数字,这个数字当然是 10,即 10 美分。这道简单题的独特之处在于,它唤起的是直觉性的、令人信服却错误的答案。计算一下,你就知道了。如果球的价格是 10 美分,那么总价会是 1.20 美元(球 10 美分,球拍 1.10 美元),而不是 1.10 美元。正确答案是 5 美分。可以肯定的是,最终得出正确答案的人也会想到直觉性答案——他们只是设法抵制了直觉。

我和肖恩·弗雷德里克共同研究了基于两个系统的判断理论,他用"球拍和球"问题来研究一个核心问题:系统 2 对系统 1 所提建议的监控有多严密?他的推理是,对于那些说 10 美分的人,我们知道一个重要事实:他们没有认真检查答案是否正确,其系统 2 认可了直觉性答案。其实,只需稍微动脑想一下,他们就会否定这个答案。此外,我们还知道,他们忽略了一个明显的社会性线索。他们应该想一下,为什么有人会将一道答案如此明显的题放在问卷中。不检查答案的做法值得关注,因为检查的成本很低:只需动用几秒钟的脑力(这个问题难度适中),经受轻度的肌肉紧张和瞳孔放大,就可以避免尴尬的错误。给出 10 美分答案的人似乎是最省力法则忠实的追随者。避开这个陷阱的人思维似乎更活跃。

成千上万的大学生回答了这个问题,结果令人震惊。哈佛大学、麻省理工学院和普林斯顿大学 50% 以上的学生给出了直觉性的错误答案。[10] 在申请难度较低的大学,超过 80% 的学生未经检查就说出答案。"球拍和球"问题是我们有关判断理论研究的第一个问题,其观察结果反映了本书中反复出现的主题:很多人过于自信,过于相信自己的直觉。显然,他们觉得认知努力让人不自在,会尽可能地避免。

现在,我向你们展示一个逻辑论证,包括两个前提和一个结论。请尽快确定该论证在逻辑上是否有效,判断其结论是不是从给出的前提中得出的。

所有的玫瑰都是花。
有些花凋谢得很快。
因此,有些玫瑰凋谢得很快。

大多数大学生认为这个三段论有效。[11] 事实上,这个论证是有缺陷的,因为快速凋谢的花里可能不包括玫瑰。就像在回答"球拍和球"问题时一样，大脑立即闪现出一个貌似合理的答案。否定这个答案需要付出努力——如果坚信它真实有效，就很难着手进行逻辑验证。大多数人都缺乏认真思考问题的耐心。

该实验暗示了人们在日常生活中的推理状况不容乐观。它表明，当人们相信某个结论是正确的时候，他们很可能也会相信看似支持该结论的论据，即使这些论据是不合理的。如果系统1参与进来，人们就会先下结论，再找论据。

接下来，请思考并快速回答以下问题：

密歇根州一年内发生了多少起谋杀案？

这个问题也是肖恩·弗雷德里克设计的，它再次对系统2提出了挑战。回答这个问题的"诀窍"在于记得高犯罪率的城市底特律就在密歇根州。在我写作本书时，美国大学生都知道这一事实，也能准确地指出底特律此时是密歇根州最大的城市。但是我们对事实的认识可能并不全面。我们并不总能在需要时想起已知的事实。相比没想起底特律位于密歇根州的人，那些想起来的人对该州谋杀率的估计会更高，但弗雷德里克的大多数受试者在被问及密歇根州时，根本没想到底特律。事实上，相比被问及底特律的谋杀率，同一群受试者在被问及密歇根州的谋杀率时，平均猜测结果要更低。

没能想到底特律，系统1和系统2都有责任。提到密歇根州，能否想到底特律，在一定程度上取决于记忆的自动功能。这方面每个人的表现不一样。有些人对密歇根州的状况如数家珍：相比外地人，该州居民更有可能记起有关它的大量事实；相比精通棒球统计数据的人，地理爱好者能记起更多相关信息；高智商的人对大部分事情的表述比普通人更全面。智力不仅仅指推理能力，还包括在记忆中找到相关信息，并在需要时调动注意力的能力。记忆功能是系统1的属性。然而，每个人都可以选择放慢速度，主动搜索记忆中所有可能相关的事实——就像放慢速度来检查"球拍和球"问题的直觉性答案一样。刻意检查和搜索是系统2的特点，其程度因人而异。

"球拍和球"问题、关于花儿的三段论以及密歇根/底特律问题有共同之处。至少在某种程度上，回答错误与动机不足、努力不够有关。名牌大学的学生肯定都能对前两个问题进行推理，也能思考密歇根州的情况，想起该州的大城市及其犯罪问题。他们只要不受诱惑，拒绝接受立即想到的、看似合理的答案，就能解决更难的问题。他们满足于轻松的状态，停止了思考，这着实令人担忧。用"懒惰"来评判这些年轻人的自我监控及其系统2，未免有些严厉，但也不失公正。那些避免犯智力懒惰之罪的人可以被称为"投入者"。他们思维更敏锐，更愿意动脑，不愿满足于貌似有吸引力的答案，对自己的直觉常持怀疑态度。心理学家基思·斯坦诺维奇认为他们更理性。[12]

智力、控制和理性

研究人员曾运用多种方法来研究思维和自控之间的联系。有些研究者提出了一个相关性的问题：如果根据自控力和认知能力对人们进行排名，那么同一个人的这两个排名位置会接近吗？

沃尔特·米歇尔及其学生进行了一项实验，让4岁的孩子面临一个残酷的困境。[13]这项实验成为心理学史上最著名的实验之一。他们为孩子们提供了两种选择：随时得到一个小奖励（一块奥利奥饼干），或在充满考验的环境里等待15分钟，得到更大的奖励（两块饼干）。孩子会独自待在房间里，面前的桌子上有一块饼干和一个电铃，他们可以随时按铃叫来研究人员，得到一块饼干。实验是这样描述的："房间里没有玩具、书、图片或其他可能分散注意力的物品。研究人员离开房间，15分钟后返回。如果出现以下情况也会返回：孩子按铃、吃了饼干、站起来或表现出痛苦的样子。"[14]

研究人员通过一面单向镜观察孩子。记录孩子等待行为的影片总能让人捧腹大笑。大约一半的孩子完成了等待15分钟的壮举，主要方式是将注意力从诱人的奖励上移开。10年或15年后，那些成功抵制诱惑的人和未能抵制诱惑的人之间出现了巨大的差距。前者在认知任务中的自控力更强，其有效地重新分配注意力的能力尤为突出。作为年轻人，他们吸毒的可能性很小。两类人的智力也出现了显著差异：4岁时表现出较强自控力的孩子，智力测试的得分要高得多。[15]

俄勒冈大学的某个研究团队以不同的方式探索了认知控制与智力之间的联系，其中一种方式是通过提高注意力控制水平来提高智力。实验分5个时段，每段40分钟。他们让4~6岁的儿童玩各种电子游戏，这些游戏是为检验注意力和自控力专门设计的。玩其中一个游戏时，孩子要用操纵杆追踪一只卡通猫，将其移到草地上，同时避开泥泞的区域。草地面积逐渐缩小，泥泞的区域逐渐扩大，对控制的精准度要求也随之越来越高。测试人员发现，注意力训练不仅能提高人的执行控制力，也能提高非语言类智力测试的成绩，效果可以持续几个月。[16] 团队的其他研究确定了与注意力控制有关的特定基因，表明家庭教育方法也会对此产生影响。研究还证明，孩子的注意力控制能力与情绪控制能力密切相关。

肖恩·弗雷德里克设计了一个"认知反思测试"，该测试由"球拍和球"问题及另外两个问题组成。选择另外两个问题的原因是，它们也会带来令人信服却错误的直觉性答案（见第5章）。在这项测试中得分很低，说明系统2的监督功能很弱。肖恩继续研究了低分学生的特征，发现他们倾向于给出立即想到的答案，不愿投入必要的精力验证自己的直觉。不加批判地遵循直觉的人也会经常接受系统1的其他建议。他们特别容易冲动、缺乏耐心、渴望得到即时满足。例如，63%的直觉型受试者表示，他们会选择在本月得到3 400美元，而不是下个月得到3 800美元。在三道题全答对的人中，只有37%的人有同样的短视偏好——希望立即得到较少的钱。当被问及会支付多少钱让订购的书次日送达时，认知反思测试中的低分者愿意支付的金额是高分者的两倍。弗雷德里克的研究结果表明，我们心理剧中的两个角色有着不同的人格特质。系统1是冲动的、直觉性的；系统2具备推理能力，且小心谨慎，但对一些人来说，它也是懒惰的。我们发现个体之间存在相关差异：有些人更像系统2，另一些人则更像系统1。这个简单的测试可以更准确地预测人们的惰性思维。

基思·斯坦诺维奇及其长期合作者理查德·韦斯特首先引入了系统1和系统2这两个术语（他们现在更喜欢称之为第1类过程和第2类过程）。在处理本书所涉及的问题时，人们的表现各异，斯坦诺维奇及其同事用了几十年的时间研究这种差异。他们以不同的方式提出了一个基本问题：为什么有些人更易受判断偏差的影响？在《理性与反思性思维》（*Rationality and* the Reflective Mind）一书中，斯坦诺维奇发表了他的结论，其结论为本章的主题提供了大胆而独特的方法。他明确区分了系统2的两个部分——这两部分的差异很大，他称之为两种不同的思维。其中一种（他称之为算法）主要处理慢思考和费力的计算。对于这类脑力任务，有些人完成得比其他人更好——他们在智力测验中表现优异，能够快速有效地从一项任务切换到另一项任务。然而，斯坦诺维奇认为，高智商并不能使人们免受偏差的影响。避免偏差还需要另一种能力，他称之为理性。斯坦诺维奇对理性人的定义类似于我前面提到的"投入者"。其核心观点是，应该将理性与智力区分开来。在他看来，肤浅或"懒惰"的思考是反思性思维的缺陷，是理性的失败。其观点很有吸引力，且发人深省。在验证这个观点的过程中，斯坦诺维奇及其同事发现，相比智商测试等传统的智力测量方法[17]，"球拍和球"问题及类似问题更能反映我们受认知错误影响的程度。智力和理性的区分能否带来新发现，时间会告诉我们答案。

谈谈控制

"她连续工作数小时也不觉得累。她处于心流状态。"

"开了一天的会，他的自我已经消耗殆尽。于是，他只是按照标准的操作流程做事，没有去思考问题。"

"他懒得检验自己的话是否有理。是因为他的系统2懒惰，还是因为他非常疲惫？"

"很遗憾，她经常想什么说什么。她可能也很难延迟满足。好脆弱的系统2。"

第4章
关联机器[1]

在探索系统1出人意料的运作方式之前,请先看以下两个词:

香蕉　呕吐

在刚才的一两秒里,你经历了很多。你的大脑浮现出一些不愉快的画面和回忆。你的面部有些扭曲,露出厌恶的表情,还可能在不知不觉中把书推开。你的心率加快,手臂上的汗毛微微竖起,汗腺也被激活了。简言之,你在看见讨厌的词时的反应与碰到真实情况时的反应相差无几。这些反应完全是自动的,不受你的控制。[2]

尽管没有什么特别的理由,大脑还是会自动假设"香蕉"和"呕吐"之间的时间顺序和因果关系,形成"香蕉导致疾病"的剧情梗概。因此,你对香蕉产生了短暂的厌恶感(别担心,这种感觉会消失)。你的记忆状态已经发生了变化:你现在很容易识别与"呕吐"相关的物体和概念,并对其产生反应,如呕吐物、臭味或恶心;你也很容易识别与"香蕉"有关的词,如黄色和水果,或许还有苹果和浆果。

呕吐通常发生在特定的情况下,比如宿醉和消化不良。你会以不同寻常的方式识别导致呕吐的其他相关词汇。此外,你的系统1注意到,"香蕉"和"呕吐"很少并列出现。你以前从未遇到过,因而有些惊讶。

这一系列复杂的反应快速、自动且毫不费力地发生了。你并不想让它发生,但也无法阻挡它。这是系统1在运作。看到两个词而产生反应,中间经历了所谓的"关联激活"过程:在大脑一连串的活动中,被唤起的想法引发了许多其他想法。这组复杂心理事件的本质特征是连贯性。每个元素都有联系,它们互相支持,互相强化。词唤起了记忆,记忆又唤起情绪,情绪进而唤起面部表情和其他反应,如全身紧张和回避倾向。面部表情和回避行为强化了与其相关的感觉,感觉反过来又强化了类似的想法。这一切在同一时刻迅速发生,产生了一种自我强化的认知、情绪和身体反应模式,这种模式既多元又统一,可用"关联连贯性"来形容。

在一秒左右的时间里,你自动地、下意识地完成了一件了不起的事。"香蕉"和"呕吐"并列出现完全出乎预料,你的系统1通过在因果故事中关联两个词,将这一怪象合理化了;它评估了潜在的威胁(轻度到中度),并为可能性突增的事件做好了准备,以此为将来的发展创建情境;它还通过评估其意外程度,为当前事件创建情境。最终,你了解了过去,也最大限度地为将来做好了准备。

刚才发生的事情有一个奇怪的特征:你的系统1将这两个词的并列出现视为现实的表现形式。你做出了与发生真实情况时减弱的身体反应,并且情绪反应和身体退缩是一部分你对事件的理解。正如认知科学家近些年所强调的,认知是有身体表现的;思考不仅伴随着大脑活动,也伴随着身体活动。[3]

人们很早就知道,引发这些心理事件的机制是关联。从经验中我们了解到,想法以一种有序的方式依次出现在意识里。17世纪和18世纪的英国哲学家对解释这种顺序的规则进行了探索。在1748年出版的《人类理智研究》中,苏格兰哲学家大卫·休谟将关联的原则简化为三个:类似性、时空的连续性以及因果关系。自休谟时代以来,关联的概念发生了根本性的变化,但他的三大原则仍是个良好的开端。

关于"想法"的概念,我接受广义的观点。它可以是具体的,也可以是抽象的,它可以用多种方式表达:以动词、名词、形容词来表达,或以紧握的拳头来表达。心理学家将想法视为一个庞大网络中的节点,该网络被称为"关联记忆"(associative memory,又译作联想记忆)。其中,每个想法都与许多其他想法链接在一起。链接的类型有很多,比如因果链接(病毒→感冒)、属性链接(柠檬→绿色)和类别链接(香蕉→水果)。我们比休谟更胜一筹的是，不再认为有意识的想法是依次出现在大脑里的。关于关联记忆的运作方式，目前的观点是，很多想法同时出现。一个被激活的想法不仅会唤起另一个想法，还会激活许多想法，这些想法又激活了其他想法。此外，只有少数被激活的想法会进入意识；大部分关联思考都是无声的，有意识的自我无法觉察。我们对大脑运作的了解有限，该观点与经验相悖，人们很难接受，但它却是真的。我们对自身的了解远比我们以为的要少。

促发的奇迹

正如科学中常见的那样，测量方法的改进是理解关联机制的首个重大突破。几十年前，研究关联的唯一方法是询问人们："听到'白天'，你首先想到的是哪个词？"研究人员统计了答案的出现频率，比如"夜晚"、"晴朗"或"长"。20世纪80年代，心理学家发现，接触到一个词后，许多相关的词会被唤起，这是立即发生的、可测量的变化。如果你刚刚看到或听到EAT（吃）这个词，你就会以SOUP（汤）而不是SOAP（肥皂）来完成SO_P的填空。当然，如果你刚刚看到的是WASH（洗），情况就会相反。我们将这种现象称为"促发效应"（priming effect，又译作启动效应），也就是说，想到EAT促发了SOUP，想到WASH促发了SOAP。[4]

促发效应有很多形式。你如果现在想到"吃"（无论是否意识到），就会更快地在低语或模糊的字体中识别出"汤"。当然，你促发的不仅仅是"汤"，还有许多与食物相关的词，包括叉子、饥饿、肥胖、节食和饼干。如果你刚在餐厅吃完饭，餐桌是摇晃的，你也会促发"摇晃"这个词。此外，被促发的想法也能激发其他想法，尽管其能力更弱。相互关联的思想是一个庞大的网络，促发从其中的一小部分向周边扩散，就像池塘中的涟漪一样。绘制这些涟漪图是心理学研究中最激动人心的目标之一。

我们对记忆的理解还有一个重大进展，那就是发现促发效应并不局限于概念和单词。当然，你无法通过有意识的体验了解到这一点，但必须接受一个陌生的观点，即你的行为和情绪可能会被不曾意识到的事件触发。在一项经典实验中，心理学家约翰·巴奇及其合作者要求纽约大学的学生（年龄大多在18岁到22岁之间）从5个单词中（例如，"发现、他、它、黄色、立刻"）挑4个来造句。[5]他们给一组学生呈现的打乱的句子中，有一半是与老年有关的单词，如佛罗里达州、健忘的、秃的、灰色的或皱纹。[6]完成任务后，学生被派往走廊另一端的办公室做另一项实验。那段短距离的行走就是实验目的。研究人员暗中测量了学生从走廊一端到另一端所花费的时间。正如巴奇所预测的，以老人主题的单词造句的年轻人，穿过走廊的速度比其他人慢得多。

"佛罗里达效应"包括两个促发阶段。首先，这组词激发了有关老年的想法，尽管"老"这个词从未被提及。其次，这些想法促发了缓慢行走的行为，这种行为与老年有关。所有这些都是在潜意识中发生的。随后，学生回答了研究者的询问，他们都说没注意到这些词语有一个共同的主题，而且都坚称，第一次实验后的行为不可能受词语的影响。有关老年的想法并没有进入意识，但他们的行为却改变了。这种不寻常的促发现象（想法对某个行动的影响）被称为"意念动作效应"。阅读这段话也促发了你，虽然你并未意识到。如果你要站起来喝水，你从椅子上起身的速度就会比平时稍慢——除非你不喜欢老年人。如果是这样，研究表明，你的起身速度会比平时稍快！

意念动作链接也可以是反向的。德国一所大学进行了一项研究，与巴奇及其同事在纽约进行的早期实验的顺序相反。实验人员要求学生以每分钟30步的速度在房间里走5分钟，这大约是他们正常速度的1/3。短暂的体验之后，他们能更快识别出与老年相关的词，如"健忘"、"年老"和"孤独"。相互促发效应往往会产生连贯的反应：一旦促发了与老年相关的想法，你的行为就会像老年人，而行为像老年人又会强化你有关老年的想法。

相互链接在关联网络中很常见。例如，感到愉悦会让你微笑，而微笑会让你感到愉悦。拿一支铅笔，把它放在齿间几秒钟，有橡皮的一端朝右，笔尖朝左。现在，咬住有橡皮的一端，使笔尖对准你的正前方。你可能没有意识到，其中一个动作使你皱起眉头，另一个动作使你微笑。研究人员让大学生咬着铅笔的同时，为加里·拉森的漫画《远方》的幽默感评分。[7]相比"皱眉"的学生，"微笑"的学生（没有意识到自己在微笑）觉得漫画更有趣。在另一项实验中，皱眉的人报告说，他们在看到令人不适的图片时，如饥饿的孩子、争吵的人、事故致残者，情绪反应更强了。[8]

简单、常见的动作也会在不知不觉中影响思想和感受。在一项实验中，受试者按要求用新耳机收听信息。[9]研究人员告诉他们，实验目的是测试耳机的质量，要不断晃动脑袋，以检查声音是否失真。他们要求一半的受试者上下点头，另一半左右摇头。受试者听到的是电台的社论。点头（表示同意的动作）的人倾向于认同其观点，摇头的人则倾向于不认同。意识并没有参与其中，人们只是习惯性地将拒绝或接受的态度与常见的肢体表达联系起来。有句谚言说得好，无论感觉如何，都要心平气和。现在，你可以理解其中的奥妙了：只有真正做到心平气和，才有可能获得回报。

发挥引导作用的促发

我们以为自己是有意识、自主地做出判断和选择的，促发效应的研究结果则威胁了这种自我形象。例如，大多数人认为，投票是一种经过深思熟虑的行为，反映了我们的价值观和对政策的评估，不受无关因素的影响——比方说，投票不应受投票站位置的影响，但事实并非如此。2000年，对亚利桑那州选区投票模式的研究表明，当投票站设在校园内时，选民对增加学校经费提案的支持率明显高于投票站位于学校附近时的支持率。[10]另一项实验表明，让选民经常看到教室和学校储物柜的图片，也会提高对学校提案的支持率。这些图片引起的差异，大于父母和其他选民之间的差异！促发研究在一定程度上源于最初的论证，即提醒人们想到老年会让他们走得更慢。现在，我们知道，促发的影响可以渗透到生活的每个角落。

对金钱的提醒会产生令人不安的效果。[11]在一项实验中，研究人员向受试者展示了5个单词，要求他们从中选择4个，组成以金钱为主题的短语（"高、一份、薪资、工作、桌子"可以组成"一份高薪资工作"）。其他促发则更微妙，包括背景中出现与金钱无关的物品，比如桌上的一堆《大富翁》游戏币，或者电脑屏保显示的浮在水面的美钞。

被金钱促发后，受试者的独立性比没被促发时更强。在解决非常困难的问题时，他们坚持了几乎两倍的时间才向研究人员求助。这显然表明，他们的自立能力增强了。被金钱促发的人也更自私：面对假装不理解实验任务的学生，他们更不愿花时间提供帮助。当研究人员笨拙地将一把铅笔散落在地时,(潜意识)想着钱的受试者捡起的铅笔更少。在该系列的另一项实验中,受试者被告知,他们马上要见一个人,双方将通过交谈相互了解。研究人员去接人时,他们要摆放两把椅子。被金钱促发的受试者摆放的椅子间隔118厘米,未被金钱促发的受试者摆放的椅子间隔80厘米。被金钱促发的大学生也表现出更强的独处意愿。

上述发现有一个共同主题,即钱的概念会促发个人主义:不愿与人交往,不愿依赖他人,不愿答应他人的要求。心理学家凯瑟琳·福斯完成了这项非同寻常的研究。值得赞赏的是,她没有讨论其研究成果的意义,而是将这个任务留给了读者。她的实验影响深远——其发现表明,身处在一个到处是钱的提醒物的文化环境中,可能会在冥冥之中影响我们的行为和态度,对此我们或许并不引以为傲。

促发研究的证据表明,提醒人们终将一死会增强独裁思想的吸引力。[12] 在死亡恐惧的映衬下,独裁思想会让人感到心安。对于符号和隐喻在潜意识关联中的作用,弗洛伊德提出了自己的看法。一些实验证实了他的观点。例如,思考一下,这两个语义模糊的单词W_ _H和S_ _P是什么。被要求回想自己羞耻行为的人更有可能写成WASH和SOAP("洗"和"香皂"),而不太可能写成WISH和SOUP("希望"和"汤")。此外,仅仅想到自己在背后中伤同事的行为,人们就更倾向于购买香皂、消毒剂或清洁剂,而不是电池、果汁或糖果。灵魂被玷污的感觉,似乎会引起清洗身体的欲望,这种冲动被称为"麦克白夫人效应"。[13]

人们会特别清洗与罪恶有关的身体部位。一项实验要求受试者在电话或电子邮件中对一个假想人"撒谎",随后,测试他们对不同产品的需求。在电话中撒谎的人更想要漱口水,而不是香皂;在电子邮件中撒谎的人更想要香皂,而不是漱口水。[14]

当我向观众描述促发研究时,他们的反应是难以置信。这并不奇怪:系统2认为自己是掌控者,还认为它知道做出选择的原因。或许你也会想到这个问题:对情境如此细微的操控,怎么可能产生如此大的影响?这些实验是否表明,我们无时无刻不受制于环境中的促发效应?当然不是。促发效应的影响力虽然坚固,但影响力并不大。如果投票站位于学校而不是教堂,100名选民中只有少数意向未定的人会在学校议题上做出不同的选择,但几个百分点就足以颠覆选举结果。

然而，你要注意的是，不应对促发效应持怀疑态度。这些结果不是凭空捏造的，也不是统计学上的意外。研究的主要结论是正确的，你别无选择，只能接受。更重要的是，你必须接受这样的事实，即结论也适用于你。如果你经常看到漂浮着美钞的屏保，也可能不太愿意帮助陌生人捡起地上的铅笔。你不相信这些结果适用于你，因为这与你的主观体验不符。但主观体验主要来自系统 2 对事件的描述。促发现象由系统 1 引发，你无法意识到。

现在，以一个完美的促发效应实验来结束本章内容。该实验是在英国某大学办公室的茶水间进行的。[15] 多年来，茶水间消费的支付方式一直是员工自己把钱投进"诚实箱"。墙上贴着茶和咖啡的建议价。某天，价目表上方出现一张横幅海报，海报上没有任何警告或说明。在 10 周的时间里，每周都会贴出一张新海报，海报上有时是鲜花，有时是一双眼睛，那双眼睛仿佛在直视着看它的人。没有人对此发表评论，但"诚实箱"里的钱数发生了很大变化。图 4-1 显示了海报内容以及人们投入箱里的钱数（相当于消费额）。它值得仔细研究一下。

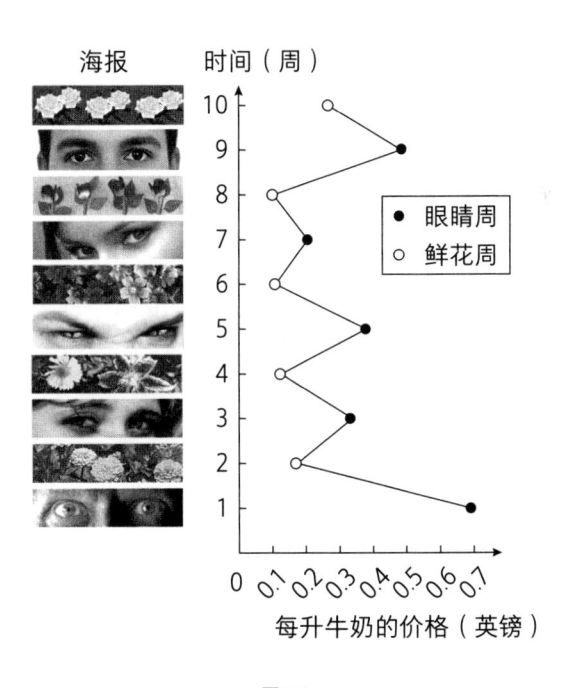

图4-1

第 4 章　关联机器

实验的第一周，海报（见图4-1左侧底部）上一双睁大的眼睛盯着喝咖啡或喝茶的人，人们投入的平均金额为每升牛奶70便士。第二周的海报上是鲜花，平均金额降至15便士左右。这一趋势还在继续。平均而言，茶水间用户在"眼睛周"投入的金额几乎是"鲜花周"的3倍。显然，仅仅是象征性的监视符号就会让人们的行为更得体。正如我们所预期的，这种影响是潜移默化的。现在，你认为自己也会陷入同样的模式吗？

几年前，心理学家提摩西·威尔逊写了一本书，书名令人回味——《最熟悉的陌生人》。现在，你已经认识了内心那个"陌生人"，尽管你很少看见它，但它可能控制着你的大部分行为。[16] 系统1产生的印象往往会转化为信念，它也是冲动的根源，那些冲动又会成为你的选择和行动。它将现在、不久之前以及近期的期望联系起来，对你和周围发生的事情做出默契的解释。它包含一个世界模型，可以立即将事件评估为正常或意外。它是快速而准确的直觉判断的来源。大多数情况下，系统1的运作是在潜意识中完成的。系统1也是直觉中许多系统误差的根源，我们将在下一章深入了解这一点。

谈谈促发效应

"看到这些穿制服的人，无法促发创造力。"

"这个世界没有你想象的那么合乎情理。连贯性主要来自你的思维方式。"

"他们被促发去找错，而这正是他们的发现。"

"他的系统1构建了一个故事，他的系统2相信了。每个人都会经历这种情况。"

"我让自己微笑，这么做真的感觉好多了！"

第 5 章
认知轻松

人们处于有意识状态（甚至无意识状态）时，大脑一直都在对一些重要问题进行大量计算，以保持和更新当前的答案。这些问题包括：有新情况吗？有威胁吗？事情进展得顺利吗？我该转移注意力吗？这项任务需要更多努力吗？你可以将大脑想象成飞机驾驶舱，里面有一组仪表盘，上面显示着重要变量的当前值。系统 1 会自动进行评估，其功能之一就是确定是否需要系统 2 的额外努力。

其中一个仪表盘测量的是认知轻松程度，测量范围在"轻松"与"压力"之间。[1] 轻松是事情进展顺利的标志，说明现在没有威胁，没有重大新闻，没必要转移注意力或投入更多精力。压力表示有问题存在，需要系统 2 再加把劲儿。此时，你体验的是相反的感觉——"认知压力"。认知压力受两个因素影响：当前的努力程度和未被满足的需求。出人意料的是，测量认知轻松度的仪表盘与一个庞大的网络连接，该网络包含各种输入和输出。[2] 详见图 5-1。

图 5-1 表明，如果一个句子印刷清晰、重复过多次，或被促发过多次，人们就会处于认知轻松状态，能流利地解读它。当人们心情愉悦，甚至因为横在齿间的铅笔而做出"微笑"的表情时，听到的内容就会带来认知轻松。相反，在阅读字体模糊、措辞复杂的说明书时，或者心情低落、眉头紧皱时，人们会感到认知压力。

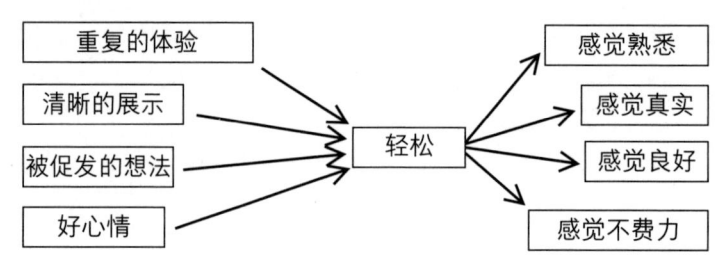

图5-1 认知轻松的原因和结果

造成轻松或压力的各种原因之间会相互作用。认知轻松时，你可能心情愉悦，看什么都顺眼，听什么都顺耳。你相信自己的直觉，觉得当前情况有种令人舒适的熟悉感。此时，你的想法可能比较随意、肤浅。当感到压力时，你更有可能警惕和多疑，会投入更多精力在手头的事上，不那么舒适，较少犯错，但你也不像平时那样直觉敏锐、富有创造力。

记忆错觉

提起"错觉"，人们会想到视觉错觉，因为我们都熟悉那些误导视觉的图片。但错觉不仅限于视觉领域，记忆也容易有错觉，思维更是如此。

戴维·斯坦比尔、莫妮卡·比古斯基和莎娜·迪拉娜都是我杜撰的名字。你如果在接下来的几分钟内看见它们，很可能记得它们曾在这里出现过。你知道，它们都不是名人的名字，短期内也会记住这一点。但假设几天后，给你展示一长串人名，包括名人的名字和你从未听过的新名字，要求你从中找出名人的名字，你很有可能会选戴维·斯坦比尔，尽管你记不清是在电影、体育还是政治圈听过这个名字。心理学家拉里·雅各比在实验室中首次证明了记忆错觉，他的论文题为《一夜成名》。[3] 记忆错觉是怎样发生的？首先问问自己，你是怎么知道某人是否出名的。对于阿尔伯特·爱因斯坦、波诺或希拉里·克林顿这类真正的名人，或者你关注的圈内名人，你的脑海里存有他们丰富的信息档案。但是，你如果在几天后看到戴维·斯坦比尔这个名字，脑海里并没有他的信息档案，有的只是一种熟悉感——这个名字似曾相识。

雅各比巧妙地阐述了这个问题："熟悉的体验有一种简单却强大的'过去感'，这种感觉似乎在暗示，它是对过往体验的直接反映。"[4]这种过去感是一种错觉。正如雅各比及其众多支持者所表明的，戴维·斯坦比尔这个名字之所以眼熟，是因为你更容易认出它。见过的单词更容易被再次看见——当它们一闪而过，或被噪声干扰时，你识别它们的成功率比其他单词更高，读取速度也更快（大概快几百分之一秒）。简言之，在感知见过的单词时，你的认知更加轻松，正是这种放松感让你觉得它熟悉。[5]

图 5-1 提示了一种测试该观点的方法。选一个新词，让它更容易被看见，它就更可能有"过去感"。事实上，如果某个新词在测试前不经意间显示了几毫秒，或者这个词比列表中其他单词更清晰，那么它更有可能被识别为熟悉的单词。链接也可以反向运行。想象一下，你看到的单词列表不太清晰，不同的单词模糊程度不同，你的任务是识别比较清晰的单词。结果是，相比陌生单词，最近见过的单词显得更清晰。如图 5-1 所示，导致认知轻松或压力的方式是可互换的。你可能不知道造成认知轻松或压力的确切原因。熟悉的错觉就是这样产生的。

真相错觉

"纽约是美国的大城市。""月亮绕着地球公转。""鸡有 4 条腿。"读这些句子时，你快速提取到大量相关信息，几乎所有信息都有特定的指向。读过之后，你立即发现前两句是正确的，最后一句是错的。请注意，"鸡有 3 条腿"比"鸡有 4 条腿"的错误更明显。关联机制告诉你，许多动物都有 4 条腿，又或许超市常见的鸡腿包装是 4 个一袋，因而，你对最后一句话的判断速度放慢了。系统 2 负责筛选信息，它可能会提出疑问：关于纽约的问题是不是太容易了？系统 2 还会检查"公转"的含义。

想想你上次考驾照是什么时候。驾驶重量超过 3 吨的车需要特殊驾照吗？也许你认真备考了，能记住答案在哪一页，还记得答案背后的逻辑。但我搬到其他州之后，考驾照用的可不是这种方式。我的做法是，快速浏览一遍交规，然后期待考试通过。我有多年的驾驶经验，能答对一些问题。但有些问题的答案记不起来,只能发挥认知轻松的作用。如果答案似曾相识,我便认为它可能是正确的。如果答案看起来陌生(或太极端),我便排除它。熟悉感来自系统1,系统2根据熟悉感做出正确与否的判断。

图5-1告诉我们的是,如果判断是基于认知轻松或认知压力,一定会产生可预测的错觉。让关联机器运行得过于顺畅的事物,也会使信念产生偏差。让人们相信谎言的可靠方法是经常重复,因为区分熟悉与真相并不容易。对此,专制机构和营销人员一直心知肚明。但心理学家发现,你无须重复完整的事件或观点,就能让它看起来是真实的。经常接触"鸡的体温"这一短语,人们就会更容易接受"鸡的体温是62摄氏度"(或其他任意数字)的说法。[6] 熟悉某个短语,会让人觉得整句话都很熟悉,从而认为它是真的。你如果记不起某一说法的出处,也无法将其与已知的事情联系起来,那就别无选择,只能跟随认知轻松感的指引了。

怎样写出令人信服的信息

假设你必须写一条让接收者相信的信息。当然,这条信息是真实的,但对方未必相信。此时,你可以利用认知轻松来帮助自己。有关真相错觉的研究提供了具体建议,有助于实现这一目标。

总的原则是,所有缓解认知压力的做法都是有益的。首先,尽可能提高字迹的清晰度。比较下面两句话:

阿道夫·希特勒出生于1892年。

阿道夫·希特勒出生于1887年。

上述说法都是错的(希特勒生于1889年),但实验表明,人们会更相信第一句。其他建议包括:如果信息需要打印,使用优质纸张,最大限度地提高文字与背景的对比度;如果要使用彩色字体,亮蓝或大红会比绿、黄或淡蓝等中间色调更容易让人相信文本的真实性。

如果你想显得聪明可靠,表达应尽量简明扼要,别用复杂的语言。在本科生中流行一种错误的写作观，那就是要使用能给教授留下深刻印象的词汇。我在普林斯顿大学的同事丹尼·奥本海默写了一篇文章，驳斥了这种观念，文章题为《舞文弄墨的后果：滥用长单词的问题》。他表示，用做作虚夸的语言表达熟悉的观念，是愚蠢和可信度低的表现。[7]

除了行文简洁，还要尽可能让信息难忘。如果可以，用韵文的形式表达思想，人们会更容易相信。在一项被大量引用的实验中，受试者读了几十句短语，例如：

同舟共济。
水滴石穿。
知错就改。

其他受试者读的是意思相同但稍显拗口的版本：

一舟共济。
水滴石破。
知错改正。

受试者认为，相比之下，前面的版本更富有洞见力。[8]

最后的建议是，如果你要引用某个消息来源，选择名字朗朗上口的那个。在一项实验中，受试者被要求根据两家经纪公司的报告，对虚构的土耳其企业的前景进行评估。[9]每家企业都有两份报告，一份来自名字顺口的经纪公司（例如，阿尔坦），另一份来自名字拗口的经纪公司（例如，塔胡特）。两份报告有不一致的地方。对受试者来说，最好是综合考虑，但他们并没有这么做。相比塔胡特公司的报告，他们更重视阿尔坦公司的报告。记住，系统2是懒惰的、不愿费劲的。只要有可能，信息接收者会避开任何费力的事，包括名字拗口的信息源。

以上建议都很有用，但要警惕过犹不及。如果你的信息很荒谬，或者与受众已知的事实相矛盾，那么优质的纸张、明亮的颜色、押韵或质朴的语言都起不到多大作用。做这些实验的心理学家并不认为人们愚蠢或容易上当受骗。心理学家相信的是，人们的大部分生活受系统1感觉的引导，而我们往往不知道这些感觉的来源。你怎么知道一句话是真的？如果它通过逻辑或联想，与你的其他信念或偏好产生密切的关联，或是来自你信任、喜爱的信息源，你就会感到认知轻松。问题是，有轻松感可能还有其他原因（包括字体清晰和韵律优美），你很难找到感受的来源。这就是图5-1传达的信息：出现轻松感或压力感有多种原因，很难将它们区分开来。区分有困难，但并非不可能。人们在强烈的动机驱使下，能克服导致真相错觉的外在因素。然而，在大多数情况下，懒惰的系统2会采纳系统1的建议，继续运作下去。

压力与努力

在讨论"关联连贯性"时，关联联系的对称性是最重要的主题。正如我们之前了解到的，通过咬铅笔或在眉间夹球来"微笑"或"皱眉"的人，容易体验到平时微笑和皱眉所表达的情绪。这种自我强化的相互作用，在认知轻松研究中也有发现。一方面，当系统2努力运作时，人们会感到认知压力。另一方面，无论什么原因造成了认知压力，系统2都会被调动起来，改变人们处理问题的方式，从随意的直觉模式转变为专注力、分析力更强的模式。[10]

前面提到的"球拍和球"问题测试人们不经检查、不假思索地回答问题的倾向。肖恩·弗雷德里克设计的认知反思测试（CRT）除了这个问题，还包括另外两个问题，它们都能唤起错误的直觉性答案。这两个问题是：

如果5台机器制作5个小部件需要5分钟，那么100台机器制作100个小部件需要多长时间？

100分钟还是5分钟？

湖里有一片睡莲叶。叶子以每天增长一倍的速度扩散。如果覆盖整个湖面需要48天，那么覆盖半个湖面需要多少天？

24天还是47天？

问题的正确答案在本页脚注中。*研究人员招募了40名普林斯顿大学的学生进行认知反思测试。其中一半人看到的试题是以浅灰色小字体打印的。他们看得清题目，但小字体带来了认知压力。研究结果显示：看到正常字体的学生，有90%的人至少答错了一道题，但字体模糊时，这一比例降至35%。你没看错：字体不清晰，人们的表现反而更好。无论什么原因造成了认知压力，都会调动系统2，因而更有可能否决系统1建议的直觉性答案。

认知轻松的乐趣

一篇题为《心若自在，春风满面》的论文描述了一项实验。在实验中，受试者要快速浏览物体的图片。[11] 其中一些图片更容易识别，因为在完整物体展现之前，其轮廓以难以察觉的速度一闪而过。情绪反应是通过记录受试者面部肌肉的电脉冲来测量的，它能显示出观察者无法察觉的微小而短暂的表情变化。果不其然，当图片更容易识别时，人们的微表情是微笑和眉头舒展。认知轻松与良好的感觉有关，这似乎是系统1的特点。

不出所料，朗朗上口的词会引发人们的好感。在股票发行后的第一周，名字易读的公司比其他公司的业绩更好，虽然这一效应会随时间的推移而消失。顺口的股票代码（如KAR或LUNMOO）业绩优于拗口的股票代码（如PXG或RDO），并且能在一段时间内保持这种小优势。[12] 在瑞士进行的一项研究发现，投资者相信，相比Geberit和Ypsomed等名字拗口的股票，投资Emmi、Swissfirst和Comet等名字顺口的股票获得的回报更高。[13]

我们在图5-1中看到，重复会引起认知轻松感和令人舒适的熟悉感。在职业生涯的大部分时间里，著名心理学家罗伯特·扎伊翁茨致力于研究任意刺激的重复与人们对其生发的好感之间的联系。扎伊翁茨称之为曝光效应。[14] 在密歇根大学和密歇根州立大学的校报上所做的实验是我最喜欢的实验之一。[15] 在几周的时间里，报纸头版都会出现一个类似广告栏的版块，里面会有一个土耳其语单词（或念起来像土耳其语），分别是：kadirga、saricik、

---

* 答案为5分钟和47天。

biwonjni、nansoma 和 iktitaf。单词重复的频率各不相同：其中一个单词只出现过一次，其他单词分别出现过 2 次、5 次、10 次、25 次。（在 A 校校报中出现频率最高的单词，在 B 校校报出现的频率最低。）对于这一做法，校报没做任何解释。面对读者的询问，只是回答"该版块的购买者不愿透露姓名"。

这组神秘的广告结束后，调查人员向大学社区发放问卷，询问他们这些单词的含义是"好"还是"坏"。结果出人意料：相比只出现过一两次的单词，受试者对出现频率较高的单词更有好感。这一发现已在许多实验中得到证实，实验中使用了汉字、人脸和随机形状的多边形等。

曝光效应并不依赖于有意识的熟悉感。事实上，它完全与意识无关：即使重复的单词或图片一闪而过，观察者从未意识到自己见过它们，曝光效应也会发生。[16] 出现次数较多的单词或图片最终仍会更受青睐。现在，真相大白了，系统 1 会对系统 2 意识不到的事件印象做出反应。事实上，当人们完全没意识到自己见过刺激物时，曝光效应会更强。

扎伊翁茨认为，重复对喜好的影响是极其重要的生物学事实，适用于所有动物。要在危机四伏的世界中生存下去，生物体对新刺激的反应必须谨慎，表现出退缩和恐惧。对新奇事物不设防的动物，生存概率很低。但是，倘若刺激是安全的，就该逐渐卸下防备。扎伊翁茨说，曝光效应的存在是因为不断接受刺激之后没产生什么危害，这类刺激最终会成为一个安全信号，而安全是有利的。显然，这种解释并不限于人类。为了证明这一点，扎伊翁茨的一名助手给两组可孵化的鸡蛋播放不同的音乐。小鸡出壳后，听到在蛋壳里听过的音乐时，发出的哀鸣更少。[17]

扎伊翁茨对其研究做出了精辟的总结：

反复接触的结果有利于生物体辨别当前有生命和无生命的环境，使其能分辨物体和栖息地是否安全，这也是社会依附的最原始来源。[18] 因此，反复接触成为社会组织和凝聚力的基础，是心理稳定和社会稳定的根源。

积极情绪和系统 1 认知轻松之间的联系是漫长进化的结果。

轻松、情绪和直觉

1960年前后，年轻的心理学家萨尔诺夫·梅德尼克认为他发现了创造力的本质。他的观点简洁而有力：创造力是发挥到极致的关联记忆。他设计了一个测验，名为"远隔关联测验"（RAT）。如今，该测验仍经常用于创造力研究。

举个简单的例子，思考以下三个词：

村舍　瑞士人　蛋糕

你能想到某个词，与这三个词都有关联吗？你想到的可能是奶酪。现在试试这个：

下落　光　火箭

这个问题要难得多，但它有唯一正确的答案，识字的人都能认出这个词，尽管只有不到20%的受试者在15秒内找到了答案。答案是天空。当然，并不是任意三元组单词都有相关联的答案。例如，"梦想""球""书"就没有一个公认合理的关联答案。

近年来，研究过远隔关联测验的德国心理学家团队在认知轻松方面有了重大发现。其中一个团队提出了两个问题：人们在知道答案之前，能判断出三元组单词是否有关联答案吗？[19]情绪如何影响人们在这项任务中的表现？为了找到答案，他们首先让受试者花几分钟回忆开心或难过的事，触发愉悦或悲伤的情绪。然后，向受试者展示一系列三元组单词，其中一半有关联（例如下落、光、火箭），另一半无关联（例如梦想、球、书），要求他们快速按下两个键中的一个，表明是否有关联。猜测的时间是2秒，任何人都无法在如此短的时间内想到真正的答案。

第一个出人意料的发现是，人们回答的正确率比随机猜测要高。对此，我很震惊。认知轻松感显然来自关联机器发出的极微弱的信号，它早在关联信息被提取之前就"知道"这三个词是相干的（有共同关联）。[20]另一个德国团队通过实验证实了认知轻松在判断中的作用：促进认知轻松的操作

（促发、清晰的字体、预先接触到单词）能让受试者更容易将单词视为有关联的。[21]

另一个重要发现是，情绪对直觉性表现的影响非常大。研究人员计算了一个"直觉指数"来测量准确性。他们发现，让受试者在测试前想高兴的事，准确率提高了一倍多。[22] 更引人注目的发现是，不快乐的受试者完全无法准确完成直觉任务；他们的猜测准确率与随机答案相差无几。情绪显然会影响系统1的运行：当我们不舒服和不开心时，直觉就不灵了。

这些发现进一步证明，好心情、直觉、创造力、轻信和对系统1的依赖组成了一个集群。[23] 在另一端，悲伤、警惕、怀疑、分析方法和更加努力聚集在一起。快乐的心情放松了系统2对行为的掌控：心情大好时，人们的直觉和创造力更强，但也会降低警惕，更容易出现逻辑错误。就像曝光效应一样，这种联系在生物学上是说得通的。好心情是一个信号，表明事情总体上进展顺利，环境是安全的，可以放松警惕。心情不好表示事情进展不太顺利，可能存在威胁，需要保持警惕。认知轻松既是愉悦感的原因，也是其结果。

关于认知轻松和积极情绪之间的联系，远隔关联测验为我们提供了更多的信息。快速思考以下两组单词：

睡眠 邮件 开关
盐 深 泡沫

你不可能知道，读到第二组单词时，你的脸上浮现出浅浅的微笑。对你面部肌肉电流活动的测量结果可以证明这一点。这是因为第二组单词是连贯的（答案是大海）。连贯性带来的微笑反应出现在受试者身上，他们对共同关联一无所知，只是看到了两组单词，并被要求在阅读后按下空格键。[24] 连贯的三元组带来认知轻松感，这种感觉本身就令人愉悦。

虽然证据证明，好心情、认知轻松和连贯性直觉之间是相关的（用科学术语来说），但不一定是因果关系。认知轻松和微笑同时出现，但好心情真的能引发连贯性直觉吗？答案是肯定的。证据来自一种巧妙的实验方法，这种方法越来越受欢迎。研究人员为受试者的好心情找了一个借口。他们告诉受试者:"之前的研究发现,耳机里播放的音乐会影响人的情绪反应。"[25] 这个说法完全消除了连贯性直觉。研究结果表明,三元组单词出现后的短暂情绪反应(单词连贯,则愉快;不连贯,则不愉快)的确是判断连贯性的依据。系统 1 的影响无处不在。现在,受试者的情绪变化是可以预料的。正因为情绪变化在预料之中,所以它们与单词之间没有因果关系。

该实验的技术结合与最终结果既稳健又出人意料,堪称心理学研究的巅峰之作。在过去的几十年里,我们获得了关于系统 1 自动运作的大量知识。其中很多知识在我写作本书的三四十年前听起来像科幻小说的内容。难以辨认的字体会影响对真相的判断,还会提高认知表现;对三元组单词的认知轻松引发的情绪反应会唤起连贯性感觉。这些都超出了我们的想象。心理学已经取得了长足进展。

谈谈认知轻松

"不要因为字体难辨就否定他们的商业计划。"
"它经常被重复,我们肯定倾向于相信它。还是要仔细斟酌一番。"
"熟悉会引发好感。这就是曝光效应。"
"我今天心情很好,系统 2 比平常要弱,应该格外小心。"

第 6 章
常态、意外及原因

前面介绍了系统 1 和系统 2 的主要特征和功能，对系统 1 的探讨更详细些。用隐喻来说，我们的大脑就像一台功能强大的计算机，按传统的硬件标准来看，它不够快，但它能在庞大的思想网络中建立相互关联的链接，从而展现世界的结构。关联机器的激活扩散是自发的，但我们（系统 2）有一定的能力控制记忆的搜索活动，并对其进行预设。如此一来，注意力就会被觉察到的事件所吸引。接下来，我们将更详细地介绍系统 1 的奇妙之处和局限所在。

评估常态

系统 1 的主要功能是维护和更新个人世界的模式。模式呈现的是常态下的思维，由关联构建而成，即将情境、事件、行动与伴随一定规律出现的结果联系起来。关联要么即时发生，要么在短时间内发生。随着联系的形成和增强，关联思想的模式开始等同于生活中的事件结构，决定你对现在的解释，以及对未来的期望。

感到意外的能力是我们心理活动的一个重要方面。出乎意料本身就是最敏感的标志，表明我们如何理解世界，以及希望从中获得什么。意外主要有两种形式。有些期望是主动的、有意识的——你知道自己在等待某件事的发生。孩子放学快回来了，你可能会期待开门声；门开了，你期待听到熟悉的声音。如果主动期待的事没有发生，你会感到意外。但还有很多事属于被动期待：你不会等待它们的发生，但它们发生时，你并不觉得意外。尽管这些事可能不是你主动期待的，但在某种情境下，它们的发生很正常。

某件事的发生可能会让它的再次发生变得不那么出乎意料。几年前，我和妻子去澳大利亚大堡礁的一座小岛度假。岛上只有 40 间客房。吃饭时，我们竟遇到了一位熟人——心理学家乔恩。我们热情地打招呼，都觉得很巧。第二天，乔恩离开了小岛。大约两周后，我们到伦敦的剧院看戏。熄灯后，一位迟来的人坐到我旁边。中场休息时，灯亮了，我发现邻座竟然是乔恩。后来，我和妻子谈论起这件事，我们都意识到两个事实：首先，这次碰面比第一次更巧；其次，与第一次相比，我们第二次遇见乔恩时没第一次那么惊讶。显然，第一次巧遇改变了我们对乔恩的看法。他现在是"我们出国旅行就会遇到的心理学家"。我们（系统 2）知道这想法很荒谬，但系统 1 让大脑认为，在陌生的地方见到乔恩似乎很正常。我们如果在伦敦剧院遇到的是其他熟人，会更惊讶。无论用哪种概率测度，在剧院遇到乔恩的概率都比遇到我们数百个熟人中任何一个的概率小得多——但我们却觉得遇到乔恩更正常。

我们在另一个巧合中发现，被动期待在某些情况下很快会变成主动期待。几年前，某个周日晚上，我们驱车从纽约前往普林斯顿。这是很久以来我们每周日的例行行程。那天，我们看到了不寻常的景象：路边有一辆车着火了。第二个周日，经过同一路段时，我们又看到一辆车在燃烧。我们再次发现，我们第二次看到车着火时没有第一次那么惊讶。现在，这里成了"车着火的地方"。由于事件再次发生的情境相同，第二起事件足以引发主动期待：事件发生后的几个月，甚至是几年内，每次经过那条路，我们都会想到着火的汽车，并做好了再次遇见的准备（当然，我们再也没遇见过）。

我和心理学家戴尔·米勒写了一篇论文，解释人们如何认定某件事是否正常。以下是我们描述"常态理论"时用的一个例子，不过现在我对它的解释略有不同。

在一家高级餐厅，一位观察者漫不经心地观察邻桌的顾客。[1] 他注意到第一位品汤的顾客皱起眉头，好像很痛苦。后续很多事的常态将因这件事而改变。这位顾客被服务员碰到，吓了一跳，这情景变得不足为奇。另一位顾客喝了同一种汤，强忍着没叫出声，这也不足为奇。在别的情况下，这些事件和其他事件本应是异常的，现在却显得正常，原因不一定是它们证实了预期，而是因为它们让人想起最初的事件，与其结合在一起来看，后面的事件看起来很正常。

想象一下，你就是那位观察者。第一位顾客喝汤的异常反应出乎你的意料。顾客被服务员碰到，吓了一跳，这也让你觉得意外。但是，看到第二个异常事件会让你从记忆中提取第一个异常事件，二者结合起来就都合乎情理了。这两件事可纳入一种模式，即顾客非常紧张。另一方面，如果第一位喝汤的顾客露出厌恶的表情，此后，另一位顾客拒绝喝汤，那么这两件异常的事就会被联系在一起，让你确定汤不好喝。

"摩西将多少种动物带上了方舟？"发现这个问题有误的人很少，这种现象被称为"摩西错觉"。摩西没有把动物带上方舟，那个人是诺亚。与眉头紧皱的品汤人事件一样，摩西错觉很容易用常态理论来解释。想到动物被带上方舟，大脑就设置了《圣经》的背景，摩西在这一背景下并不反常。尽管你对他没有主动期待，但提到他的名字你不会感到惊讶。况且，摩西和诺亚有相同的元音，音节数也相同。就像带来认知轻松的三元组单词一样，你会在潜意识中觉察到"摩西"和"方舟"之间的关联连贯性，于是，很快接受了这个问题。如果将摩西换成乔治·W.布什，会创造出蹩脚的政治笑话，但不会让人产生错觉。

当某水泥不适合当前激活的想法时，系统会察觉异常。就像你刚刚体验的，你不知道"某"后面会跟什么词，但当"水泥"出现时，你知道这句话不正常。有关大脑反应的研究表明，大脑会以惊人的速度和微妙的方式觉察到反常现象。在最近的一项实验中，受试者会听到"地球每年绕着麻烦转"这句话。在听到"麻烦"这个奇怪字眼的 0.2 秒内，大脑活动就出现了独特的模式。更值得注意的是，当听到一个男声说"我觉得我怀孕了，因为我每天早上都想吐"，或听到一个上流社会的声音说"我的后背有一大片文身"时，大脑会以同样的速度做出同样的反应。[2] 要识别这种不协调，必须能立即调用大量的社会知识：要能分辨出那句英文发音属于上流社会；要能觉察到，上流社会的人有大片文身是罕见的。

我们能够相互交流，是因为对世界有着共同的认识，使用相同的语言规则。当我提到"桌子"时，无须进一步说明，你一定知道我指的是一张正常的桌子。你确定桌面大致是平的，桌腿远少于 25 条。常态的类别很多，这些常态提供了背景知识，让我们能立即觉察到异常（如怀孕的男人、有文身的上流社会人士）。

要理解常态在沟通中的作用，请看这句话——"大大的老鼠爬过小小的大象的鼻子"。我敢肯定，你知道老鼠和大象的正常体型，你的标准跟我的差不多。常态规定了动物的典型或平均体型，还包含了该类别的范围或变异性信息。我们的脑海中不太可能出现这样的画面：比大象大的老鼠从比老鼠小的大象身上迈过。相反，我们都会想象，比鞋还小的老鼠从比沙发还大的大象身上爬过。系统 1 理解语言，了解类别的标准，这些标准指定了合理值的范围以及最典型的情况。

看到原因和意图

"弗雷德的父母迟到了。宴会承办人很快就到了。弗雷德很生气。"你知道弗雷德生气的原因，并不是宴会承办人马上就要到了。在你的关联网络中，愤怒和不守时被关联为某种结果和可能的原因，但愤怒和即将到来的宴会承办人之间没有这种联系。在解读事件时，大脑立即构建起一个前后一致的故事，于是你立即知道弗雷德为什么生气。找到这种因果关系是了解故事的一部分，也是系统 1 的自动运作。系统 2，即意识自我，接受了系统 1 提供的因果解释。

纳西姆·塔勒布在《黑天鹅》中讲了一个故事，说明了自动搜索因果关系的现象。他说，萨达姆·侯赛因在伊拉克的藏身之处被捕当天，债券价格上涨。那天上午，投资者显然在寻求更安全的资产。彭博社发布的头条是：《美国国债上涨；侯赛因被捕或许无法遏制恐怖主义》。半小时后，债券价格回落，头条变成：《美国国债下跌；侯赛因被捕增强了风险资产的吸引力》。

显然，侯赛因的被捕是当天的大事件，自动寻根溯源影响了我们的思维，这一事件注定成为当天市场变动的原因。两个头条表面上看像是对市场行情的解释，但同一说法解释了两个互相矛盾的结果，实际上等于什么都没解释。它们确实满足了我们对连贯性的需求：重大事件应该有结果，而结果需要原因来解释。我们对一天中发生的事情认知有限，系统1擅于将掌握的信息碎片联系起来，形成一个合乎逻辑的因果故事。

请读以下句子：

简在拥挤的纽约街道上逛了一天，在饱览怡人的风景之后发现钱包不见了。

读完这句话，受试者接受了一次出乎意料的回忆测试。结果发现，"扒手"这个词与故事的联系比"风景"更紧密，尽管后者出现在了句子中，而前者没有。[3] 关联连贯性的规则告诉我们发生了什么。丢钱包可能让我们想到很多原因：钱包从口袋里掉出来，落在餐馆里，等等。然而，当"丢钱包"、"纽约"和"拥挤"放在一起时，就激发了"钱包被扒手偷了"的解释。在前面那个喝汤的故事中，无论是第一位顾客对服务员的触碰表现出过激反应，还是第二位顾客喝汤时露出厌恶的表情，这些结果都让人对最初发生的意外事件做出关联连贯性的解释，由此让一个貌似合理的故事能自圆其说。

1945年，比利时贵族心理学家阿尔伯特·米乔特出版了一本书（1963年被译成英文），推翻了几百年来有关因果关系的思考模式，该模式至少可以追溯到休谟对思想关联的探索。过去，人们普遍接受的观点是，我们通过反复观察事件之间的相关性来推断自然性因果关系。我们经常看到一个运动的物体碰到另一个物体，后者通常立即朝同一方向移动（也有例外）。主球击中另一个台球时，或者我们在做家务碰到花瓶时也会出现这种情况。米乔特有不同的看法：他认为我们就像看颜色一样直接看到因果关系。为了说明自己的观点，他创作了一个动画情节：画在纸上的黑色方块看起来在动，它碰到另一个方块，后者立即开始移动。观察者知道它们没有发生真正的物理接触，但仍产生了强烈的"因果错觉"。如果第二个物体立即移动，他们会认为是第一个物体"促发"的。实验表明，6个月大的婴儿会将事件的顺序视为因果关系，当顺序改变时，他们会表现出惊讶。[4] 显然，我们对因果关系的感觉是与生俱来的，它并不依赖对因果关系模式的推理，而是系统 1 运作的结果。

1944 年，米乔特发表了他对物理性因果关系的证明。几乎同一时期，心理学家弗里茨·海德和玛丽·安·西梅尔使用了与米乔特类似的方法证明了他们对意向性因果关系的看法。他们拍了一部 1 分 40 秒的短片，短片中有一个大三角形、一个小三角形和一个圆形，它们围着一个开着门的房子的示意图移动。观众看到咄咄逼人的大三角形欺负小三角形，圆形吓坏了。圆形和小三角形联手反抗霸凌者。观众还看到门周围发生了许多互动，最后出现了一个惊人结局。[5] 对意向和情感的感知是不可抗拒的，只有孤独症患者无法体验到。当然，所有这些都是你的所思所想。大脑已经做好准备，甚至是迫不及待地识别主体，赋予它们人格特质和特定的意图，并将其行为视为个人倾向的表达。证据再次表明，我们的天性是做出意向性归因：不足一岁的婴儿能识别霸凌者和受害者，并认为追捕者会抄最近的路去追捕目标。[6]

按自由意志行事的体验与物理性因果关系完全不同。尽管拿起盐罐的是你的手，但你不会从物理性因果关系的角度来看待这件事。你认为是你的心灵做出了决定——你想在食物中加盐，才有了这个举动。许多人很自然地将心灵视为行为的根源和起因。心理学家保罗·布鲁姆在 2005 年的《大西洋月刊》上发表了一篇颇具争议的论文，认为区分物理性因果关系和意向性因果关系是我们的本能，这解释了宗教信仰普遍存在的原因。他说："我们对物质世界的感知与精神世界不同，这使我们可以想象没有灵魂的躯体和没有躯体的灵魂。"两种因果关系的感知模式使我们很自然地接受了宗教的两个主要信念：无形的上帝是物质世界终极的因，不朽的灵魂在我们有生之年暂时控制着身体，我们死后，灵魂就会离身体而去。[7] 布鲁姆认为，因果关系的两个概念是在进化中分别形成的，他将宗教的起源融入系统 1 的结构中。

因果直觉的重要性是本书中反复强调的主题，因为人们会不恰当地将因果思维应用于需要统计推理的情况中。统计思维是从范畴和集合的性质中得出关于个案的结论。遗憾的是，系统 1 没有能力进行统计推理；系统 2 可以学习统计思维，但很少有人接受必要的培训。

我用主体的比喻来描述心理过程，依据的是因果关系心理学，基本上没考虑一致性。有时我将系统1称为具有某些性格特征和偏好的主体，有时又将它称为通过复杂的链接模式来表示现实的关联机器。系统和机器都是虚构的，之所以使用这种比喻，是因为它们符合我们思考原因的方式。海德的三角形和圆形并非真正的主体——只不过以这种方式思考非常轻松、自然。这么做能节省脑力。我想，对于发生的事情，有时用个性和意图（即两个系统）来描述，有时用刻板的规律性（即关联机器）来描述，你将和我一样发现，思考思维的过程变得更容易了。我并不想让你相信这两个系统是真实存在的，正如海德无意让你相信大三角形真的是霸凌者。

谈谈常态与原因

"看到第二位申请者也是我的老友时，我并没有那么惊讶。只需重复几次，新体验就会感觉正常！"

"调查这些产品的反馈时，不要只关注平均值。我们应该考虑所有的常态反应。"

"她无法接受不走运的事实，她需要一个因果故事。她会认定有人故意破坏她的工作。"

第 7 章
妄下结论的机器

伟大的喜剧演员丹尼·凯说过一句话，这句话我从青少年时期一直记到现在。他这样形容某个他讨厌的女士："她最拥护的立场是站在自己这边，她最热衷的活动是妄下结论。"我记得第一次与阿莫斯·特沃斯基讨论统计直觉的理性时，这句话就浮现在脑海，现在我认为它恰当地描述了系统 1 的功能。如果结论可能是正确的，偶尔犯错的代价是可承受的，而且快速下结论能节省大量时间和精力，那么这样做效率很高。但是，在不了解局势、风险很高、没有时间收集更多信息的情况下，妄下结论是危险之举。此时很容易出现直觉性错误，这些错误可以通过系统 2 的刻意干预来预防。

忽视模棱两可与抑制怀疑

请看图 7-1。

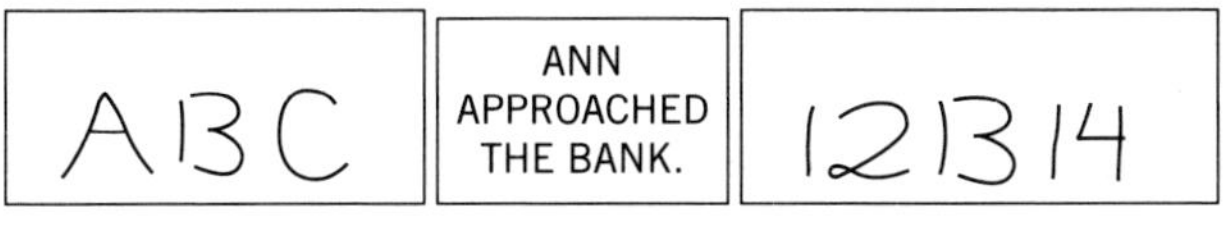

| A B C | ANN APPROACHED THE BANK. | 12 13 14 |

图7-1

图 7-1 中的三幅图有什么共同点？答案是它们都是模棱两可的。你几

乎可以确定，左图读作"ABC"，右图读作"12 13 14"，但两幅图中间的字符其实是一样的。你本可以把它们读成"A 13 C"或"12 B 14"，但你没有。为什么？因为相同的形状在字母环境中会被解读为字母，在数字环境中会被解读为数字。整体环境有助于你理解每个元素。形状有歧义，但你能快速确定其身份，在不知不觉中消解了歧义。

对于中间这幅图的内容，你可能会想象一个满脑子是钱的女人安（Ann），正朝一栋有出纳员和保险库的大楼走去。这个解释看似合理，却不是唯一可能的解释。这个句子有歧义。如果这句话前面的话是"他们缓缓地顺流而下"，你会想象出一个完全不同的场景。想到河流时，"bank"这个词就与金钱无关了。（"bank"既可表示"银行"，又可表示"河岸"。）在没有明确语境的情况下，系统1自己生成了可能的语境。我们知道这是系统1在运作，因为你没有意识到存在另一种解释的选项或可能性。除非你最近在划独木舟，否则你去银行的时间可能比在河上漂流的时间长，你根据这一事实消解了歧义。在不确定的情况下，系统1会根据经验赌一个答案。下注的规则是明智的：在决定如何解释时，权重最大的是最近发生的事和当前的环境。想不起最近的事件时，更远的记忆会占据主导地位。我们童年时最难忘的经历是唱"ABC"，而不是"A 13 C"。

对于这两个例子，最重要的一点是，你做出了明确的选择，但并没有意识到。你只想到了一种解释，没有意识到其中的歧义。系统1没有注意到被否决的替代方案，甚至没有注意到替代方案的存在。有意识的怀疑需要在大脑中同时持有互相矛盾的解释，这会消耗脑力，不属于系统1的能力范畴。不确定性和怀疑是系统2的功能。

一个要相信和确认的偏差

心理学家丹尼尔·吉尔伯特因著有《哈佛幸福课》而广为人知。他曾写过一篇论文，题为《心智系统如何相信》。在这篇论文中，他沿着17世纪哲学家巴鲁赫·斯宾诺莎的思路，创建了相信与不相信理论。吉尔伯特认为，理解一个说法的起点是尝试相信它：你必须首先知道，如果这个说法是正确的，它表达的是什么意思。只有这样，你才能决定是否"不相信"它。在初始阶段尝试相信，是系统1的自动运作，构想出对情况最合理的解释。吉尔伯特认为，即使是一句荒谬的话，也会唤起最初的信任。看一下他举的例子："白鱼吃糖果。"当关联记忆自动寻找鱼和糖果之间有意义的联系时，你或许就对它们产生了模糊的印象。

吉尔伯特认为"不相信"属于系统2的活动。他以一个巧妙的实验来证明其观点。[1]受试者看到了一些荒谬的断言，比如"丁卡是一团火"，几秒钟后出现"对"或"错"的字样。随后，受试者接受记忆测试，回忆自己给哪些句子标记了"对"。实验还有一个条件，即受试者要在执行任务时记住几个数字。对系统2的干扰产生了选择效应：它使人很难"不相信"错误的句子。在后续的记忆测试中，精疲力竭的受试者认为许多错句都是正确的。该实验寓意深远：当系统2忙于他事、分身乏术时，我们几乎无所不信。系统1容易上当受骗，倾向于相信，系统2负责怀疑和不信任，但它有时很忙，而且经常偷懒。有证据表明，人们在疲劳或精力耗尽时，更有可能受空洞却有说服力的信息影响，比如广告。

关联记忆导致普遍的确认偏差。面对两个问句——"山姆友善吗？"和"山姆不友善吗？"，你想到的有关山姆行为的例子是不一样的。刻意寻找确证，被称为"正向检验策略"，这也是系统2检验假设的方式。科学哲学家建议通过反驳来检验假设，但人们（包括科学家）经常反其道而行之，寻找可能支持其现有信念的数据。系统1的确认偏差倾向于不加批判地接受建议，夸大极端事件和小概率事件的可能性。如果有人问你，未来30年内加州发生海啸的可能性，你的反应可能会类似于看到吉尔伯特提出的荒诞例子——"白鱼吃糖果"时的反应。你脑海中浮现的很可能是海啸的画面，你会高估灾难发生的概率。

夸张的情感连贯性——光环效应

你如果支持总统的政见，可能也会喜欢他的声音和外貌。喜欢（或讨厌）某人，就会喜欢（或讨厌）这个人的全部（包括你没注意到的方面），这一倾向被称为光环效应。这个词在心理学领域已使用了一个世纪，却没有成为日常用语。这很遗憾，因为它表达了一种常见的偏差，这种偏差在塑造我们对人和形势的看法方面起着重要作用。光环效应是系统1产生的用来表现世界的方式之一，这种表现比现实更简单、更连贯。

你在聚会上遇到一位名叫琼的女士，发现她风度翩翩，还很健谈。现在，你一想到她的名字，就觉得她可能是慈善事业潜在的捐助者。你知道琼有多慷慨？事实是，你对此一无所知。几乎没有理由相信，在社交场合表现友善的人也是慷慨的捐助者。但你喜欢琼，想起她时，对她的好感就涌上心头。你也欣赏慷慨的气度，喜欢大方的人。通过联想，你倾向于相信琼是慷慨的。现在，你认为琼很慷慨，你可能比以前更喜欢她，因为你在她友善的品质中又增加了慷慨。

认为琼是慷慨的，这一结论没有真实的证据。你通过猜测填补证据的空白，这种猜测与你对她的情感反应一致。在其他情况下，证据是逐渐积累的，人们做出的解释由第一印象附带的情感决定。在一项经典心理学实验中，所罗门·阿希描述了两个人的特质，要求受试者对他们进行评价。[2] 你认为艾伦和本是怎样的人？

艾伦：聪明—勤奋—冲动—挑剔—固执—嫉妒
本：嫉妒—固执—挑剔—冲动—勤奋—聪明

如果你的评价与大多数人一致，你会觉得艾伦比本好很多。前几项特征会改变后面出现的特征的含义。人们认为，聪明的人有理由固执，可能还会因此受到尊重，但嫉妒、固执的人还很聪明，就更加危险。光环效应也是歧义被抑制的一个例子：就像单词bank一样，形容词"固执"也是有歧义的，人们会让它与语境相契合，以此解释其含义。

围绕这个研究主题，人们进行了很多不同的实验。在一项研究中，研究人员先让受试者考虑描述艾伦的前3个形容词，然后再考虑最后3个。他们被告知，后3个特质属于另一个人。当受试者想象出这两个人时，研究人员问他们，用这6个形容词描述同一个人是否合理，大多数受试者认为不合理！[3]

我们对某人特征的观察顺序往往是随机的。然而，顺序很重要，因为光环效应加大了第一印象的重要性，有时甚至让人对后续信息视而不见。我刚任教授时，用传统方法给学生的期末论文打分。我会翻开某个学生的论文册，一篇接一篇打分，然后计算出总分，再为下一个学生打分。最终我注意到，对每本册子的不同论文，我给出的评分非常接近。我开始怀疑我的评分也存在光环效应，给第一篇论文的分数对总成绩产生了极大的影响。机制很简单：如果我给第一篇论文打了高分，那么即使后面的论文出现模糊或有歧义的陈述，我也会网开一面。这种做法貌似合理。第一篇论文写得这么好，这样的学生肯定不会在第二篇论文中犯低级错误！但我的评分方法存在一个严重的问题。如果某个学生写了两篇论文，一篇质量好，一篇质量差，我给出的期末成绩取决于先读的是哪篇。我曾告诉学生，两篇论文的分量一样，但事实并非如此：第一篇论文对期末成绩的影响比第二篇大得多。这是不可接受的错误。

后来，我采用了一种新流程。我没有按顺序阅读论文册的论文，而是先给所有学生的第一篇论文打分，然后给他们的第二篇论文打分。我将分数都写在册子末页，这样读第二篇论文时就不会有偏差（这种偏差甚至是无意识的）。改用新方法后不久，我发现我对评分质量的自信大幅下降，这令我感到不安。我经常体验到一种前所未有的不适感。当我对某个学生的第二篇论文感到失望，翻开册子末页准备给个低分时，我却发现我给他的第一篇论文打了高分。我还注意到，我想通过改变尚未写下的分数来缩小二者的差距，而且很难抵制这种诱惑。对同一个学生的不同论文，我经常给出差异很大的评分。缺乏连贯性让我感到沮丧和不确定。

相比以前，现在我对自己的评分质量不那么满意，也不那么自信，但我意识到这是一个好兆头，说明新流程更可靠。我之前享受的一致性是虚假的，它让我产生了认知轻松感，我的系统2在偷懒，欣然接受了最终成绩。之前，在评估后续论文时，第一篇论文带给我强烈的影响，这让我努力避免产生一种不和谐感，即发现同一个学生的不同论文质量差异很大。当我改用新流程时，令人不舒服的不一致性是真实存在的。它反映了两个问题：其一，以单一论题去衡量学生的学识，这种方法有缺陷；其二，我的评分不可靠。

我为克服光环效应采用的评分流程符合一个普遍原理：消除错误的关联！为了理解这一原理的运作方式，想象一下，向很多观察者展示几个装有硬币的玻璃罐，要求他们估计每个罐子中的硬币数量。詹姆斯·索罗维基在其畅销书《群体的智慧》中解释说，在这项任务中，个体判断的准确性很低，但群体判断的准确性非常高。[4]一些人的估计远远超过真实数量，另一些人则低估了它，但是，对所有人估计的数量进行平均时，均值往往很准确。这种机制很简单：所有人看到的是同一个罐子，所有判断都有共同的基础。另一方面，不同个体的估计错误互不相关，在没有系统偏差的情况下，错误的均值趋于0。然而，只有当观测结果互相独立且错误不相关时，降低错误的魔法才能很好地发挥作用。如果观察者有共同的偏差，判断的聚合就不会减少偏差。允许观察者相互影响，实际上减少了样本量，从而降低了群体估计的精确性。

要从多个证据来源中获得最有用的信息，应设法让信息源相互独立。这条规则是警察执法程序的一部分。当某个事件有多个目击证人时，在录口供之前，警方是不允许他们在一起讨论的。其目的不仅是防止不怀好意的证人相互串通，也在于避免公正的证人之间相互影响。互相交流的目击者往往会在做证时犯类似的错误，这会使他们所提供的信息的整体价值降低。消除信息源的冗余总归是个好办法。

公司高管在会议上耗费了大量时间，独立判断原则（以及"消除错误的关联"）也适用于会议的组织。一条简单的规则就能奏效：在讨论某个问题之前，先让与会者写一份简短的摘要，表明自己的立场。该流程充分利用了群体中各种知识和观点的价值。公开讨论的标准流程有一个弊端，那就是过度重视率先发言者或胸有成竹者的意见，导致其他人只能随声附和。

所见即一切（WYSIATI）

早年与阿莫斯合作时，最令我难忘的是他经常表演的一个滑稽段子。他惟妙惟肖地模仿他读本科时的一位哲学教授，用带着浓重德国口音的希伯来语吼道："永远不要忘记'Primat of the Is'。"我到现在也没搞懂这句话的确切含义（或许阿莫斯也是），但他的笑话总能一语中的。面对可用信息和未知信息，大脑的处理方式明显不同。每当遇到这种情况，他就会想起这句老话（后来这也成了我的习惯）。

关联机器的一个基本设计特征是，它呈现的只是被激活的想法。无法从记忆中提取（这甚至是无意识的）的信息就好像不存在一样。系统1擅长结合当前被激活的想法构建最有可能发生的故事，但它不会（也无法）考虑没掌握的信息。

衡量系统1是否取胜的标准是它所创造的故事的连贯性，故事所依据的数据数量和质量基本上无关紧要。在信息匮乏的常态下，系统1就像一台妄下结论的机器。思考以下问题："明迪克会是好领导吗？她聪明又坚强……"你很快就想出了肯定的答案。你根据极少的信息选择了最合理的答案，但此时下结论为时尚早。如果接下来的两个形容词是"腐败"和"残忍"，你的答案又会是什么呢？

在匆忙认定明迪克是怎样的领导时，请注意你没做的事。你没有自问："在判断某人的领导素质之前，我需要了解什么？"系统1从第一个形容词出现后就自顾自地运作起来：聪明是好特质，聪明又坚强就更好了。这是由两个形容词构建的最合理的故事。在认知非常轻松的状态下，系统1创建了这个故事。如果出现新信息（比如明迪克是腐败分子），故事就会被改写，但系统1不等待，不制造主观不适感，且看重第一印象。

寻求连贯性的系统1和懒惰的系统2结合在一起，意味着系统2将接受许多直觉性信念，这些信念反映了系统1生成的印象。当然，系统2也能更系统、更仔细地处理证据，在做决定之前会对照检查清单——想想买房这件事，你会刻意寻找未掌握的信息。然而，再谨慎的决策也会受系统1的影响。它每时每刻都在提供建议。

根据有限的证据妄下结论是理解直觉性思维的重要因素，本书经常提到这种情况。我会用一个冗长的缩写WYSIATI来表示"所见即一切"。对产生印象和直觉的信息质量和数量，系统1极不敏感。

阿莫斯和他在斯坦福大学带的两名研究生做了一项有关WYSIATI的研究，观察那些得到片面证据并对此心知肚明的人的反应。[5]他们报告了研究结果。受试者身处的都是法律场景，以下便是其中一例。

原告戴维·桑顿，43岁，工会界代表，于9月3日到168号平价大药房进行例行访问。到店不足 10 分钟，药房经理向他抗议说，不能继续在店内与工会员工交谈，必须等到休息时间，在后间交谈。这个要求符合与平价大药房签订的工会合同，但此前从未执行过。桑顿拒绝了。经理告诉他，要么遵守要求，离开药店，要么自己就报警，让警察逮捕他。此时，桑顿对经理说，只要不影响生意，他与员工 10 分钟的交谈一直是被允许的，他宁愿被捕也不愿改变例行访问的程序。经理随后报警，并以非法侵入罪将桑顿铐在店里。桑顿做了笔录，在拘留室待了一会儿。之后，所有指控都被撤销了。桑顿先生以非法拘留罪起诉平价大药房。

所有受试者都阅读了这一背景材料，除此之外，不同的小组还听取了控方或辩方律师的陈述。很自然，工会方的律师将此次逮捕描述为恐吓行为，而药店方的律师则辩称，在店里谈话扰乱经营秩序，经理的行为是恰当的。有些受试者，比如陪审团成员，听取了双方律师的陈述。双方律师并没有添加任何无法从背景故事中推断出的有用信息。

受试者完全了解其中的套路，那些只听到一面之词的人很容易想到对方的观点。然而，片面的证据对判断产生了重大影响。此外，相比看到双方证据的受试者，看到片面证据的受试者对自己的判断更有信心。这正说明，人们的信心取决于从现有信息中构建的故事的连贯性。一个好故事最重要的是信息一致，而不是信息完整。你经常会发现，知之甚少更容易让你将所知的一切融入逻辑连贯的模式。

"所见即一切"有助于获得连贯性和认知轻松，使我们相信某个说法是正确的。它解释了我们为何会快速思考，以及我们如何在复杂的世界中理解部分信息。很多时候，我们拼凑的连贯故事与现实很接近，足以支持合理的行动。然而，我还是会用"所见即一切"来解释各种判断和选择偏差。以下是其中的几种。

- 过度自信：正如"所见即一切"定律暗示的那样，在主观自信中，证据的数量和质量都不重要。人们根据自己的见闻构建故事，对信念的信心主要取决于故事的质量，即使所知甚少。我们经常忽视这种可能性，即我们并未掌握对判断起关键作用的证据，总是认为所见即一切。此外，我们的关联系统倾向于促发连贯的激活模式，抑制怀疑和歧义。
- 框架效应：以不同方式呈现同一信息往往会引发不同的情绪。"术后一个月的存活率为90%"的说法比"术后一个月的死亡率为10%"的说法更让人安心。同样，"脱脂率90%"的冷切肉比"脂肪率10%"的冷切肉更有吸引力。显然，两种说法的意思完全一样，但人们通常只看到一种表达方法，并认为所见即一切。
- 忽视基础比率：回想一下史蒂夫，这个性格温和、干净利落的人常被认为是图书管理员。个性描述鲜明而生动，尽管你知道，在男性人口中，农民比图书管理员多，但你第一次思考这个问题时，肯定没想到这个统计事实。所见即一切。

谈谈妄下结论

"她根本不了解此人的管理能力。她的判断只来自一次精彩报告产生的光环效应。"

"在进行任何讨论之前，先以独立判断来消除错误的关联。我们将从独立评估中获得更多信息。"

"他们做出的这一重大决定，依据的是某顾问的精彩报告。所见即一切。他们并没有意识到自己掌握的信息极少。"

"他们不想获得有可能毁掉故事的更多信息。所见即一切。"

第 8 章
判断是如何发生的

你可以回答的问题数量是无限的，无论问题是别人提出的，还是你问自己的。你可以评估的属性数量也是无限的。你能算出本页有多少个"的"字，能比较你家和街对面人家窗户的高度，能用量表（从光明到惨淡）评估参议员的政治前途。这些问题都由系统 2 来解决，它会引导注意力，搜索记忆以找到答案。系统 1 的运作方式与之不同。它不断监测大脑内外发生的事情，不断对形势的各个方面进行评估。其运作没有具体意图，几乎不费什么力气，或者说毫不费力。这些基础评估在直觉判断中发挥着重要作用，因为人们很容易用它们来代替较难的问题——这是启发式与偏差方法的基本理念。系统 1 的另外两个特征也支持判断之间的替换。其一是跨维度的数值转换能力。"如果山姆的身高跟他的智商一样，他有多高？"这是一个大多数人都觉得很简单的问题。回答它时，你就在运用这个能力。另一个是思维霰弹枪。系统 2 回答特定问题或评估情况的特定属性，这种意向会自动触发其他评价程序，包括一些基础评估。

基础评估

系统 1 是进化的结果，它持续评估生物体生存必须解决的重要问题。比如，事情进展如何？是否存在威胁或良机？一切正常吗？我应该靠近还是逃避？相比大草原上的羚羊，这些问题对都市人来说可能没那么紧迫，但我们继承的神经机制持续对威胁进行评估，这是无法关闭的。我们不断用"有利"或"不利"来评估形势，做出逃跑或靠近的判断。好心情和认知轻松就是人类对安全性和熟悉度的评估。

一眼区分敌友的能力就是基础评估的一个具体例子，这种能力提高了人在危险世界中生存的概率，并且在实践中不断被增强。我在普林斯顿大学的同事亚历克斯·托多罗夫探索了这一能力的生物学根源。[1] 他表示，我们有一种天赋，只需要看一眼陌生人的脸，就可以评估关于此人的潜在的几个关键事实：他有多强势（潜在的威胁），可信度有多少，以及他的目的更有可能是善意的还是敌意的。[2] 脸型为评估一个人的强势程度提供了线索，比如"硬朗的"方下巴就是强势的信号。面部表情（微笑或皱眉）为评估陌生人的意图提供了线索。方下巴配以下垂的嘴角可能预示着会有麻烦。[3] 人脸解读的准确性并不高：圆下巴并非温顺的可靠标志，微笑（在某种程度上）也可以是伪装的。尽管如此，评估陌生人的能力仍给我们带来了生存优势。

在现代社会，这种古老的机制有了新用途：它会在一定程度上影响投票方式。托多罗夫向学生展示了一些男性的面部照片，有时照片只出现0.1秒。他要求学生根据各种特征（包括好感度和能力）对其进行评估。学生的评估非常一致。托多罗夫展示的面孔不是随机选择的，而是政治家的竞选照片。学生不了解这些人的政治背景，依据的只是一闪而过的照片。托多罗夫将选举结果与学生的评估进行了比较。在约70%的参议员、国会议员和州长竞选中，获胜者正是照片评估中得分较高的候选人。这一惊人的结果很快在各种选举中得到了证实，包括芬兰的全国大选、英国的区委会选举以及澳大利亚、德国和墨西哥的选举。[4] 出乎意料的是（至少对我来说），相比好感度评估，托多罗夫研究中的能力评估对投票结果的预测更准确。

托多罗夫发现，人们通过强势和可信度来判断能力。干练的面孔表现为硬朗的下巴和自信的微笑。没有证据表明这些面部特征可以预测执政能力。科研人员研究了大脑对竞选获胜者和失败者的反应，结果表明，对那些缺乏我们所看重的特质的候选人，我们会本能地排斥——在这项研究中，失败者唤起了较强的负面情绪反应。这是启发式判断的一个例子，我将在后续章节中提到。选民想要对候选人的任期表现形成印象，依靠的却是一种较简单的评估，这种评估速度很快，自动执行，并在系统2必须做决策时发挥作用。

政治学家跟进了托多罗夫最初的研究。他们识别出一类选民，其系统1的自动偏好更有可能发挥重要作用。这类选民不了解政治、花大量时间看电视。不出所料，他们往往通过面部特征判断候选人的能力，这一效应对投票的影响大约是消息较灵通、较少看电视的选民的三倍。[5] 显然，系统1在投票决策中的相对重要性因人而异。在后面，我们还会遇到体现个体差异的其他例子。

系统1当然能理解语言，而理解取决于例行的基础评估，这种判断是感知事件、理解信息的一部分，包括对相似性和代表性的计算、对因果关系的归因以及对关联和样本可用性的评估。尽管评估目的是满足任务的要求，但即使没有具体任务，系统1也会进行评估。[6]

基础评估的内容很多，但并非所有可能的属性都得到了评估。请看图 8-1。

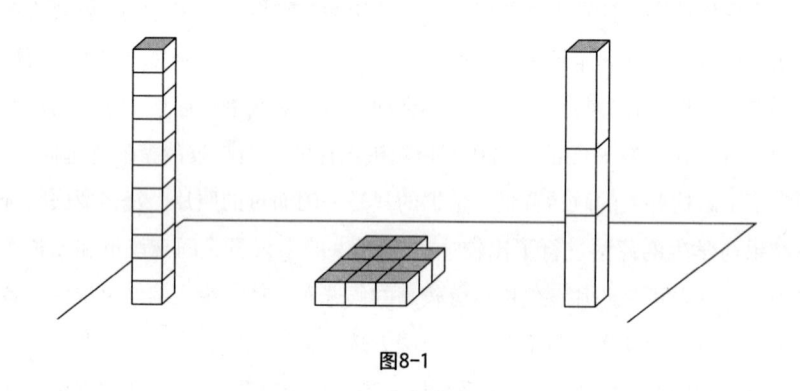

图8-1

只需一眼，你就能对该图的很多特征产生直接印象。你知道，左右两堆积木一样高，其相似度大于左边与中间积木的相似度。但你不会马上知道左边的方块数量与中间的方块数量相同，你也想不出用这些方块搭起的物体有多高。要确认方块数量是否相同，你需要分别数一下，再对比结果。这项任务只有系统2才能执行。

集合与原型

再举一个例子。思考以下问题：图 8-2 中线条的平均长度是多长？

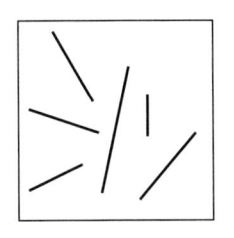

图8-2

这个问题很简单，系统 1 无须提示就能回答。实验表明，人们只需不到 1 秒就能精确地说出平均长度。此外，判断的准确性不会因观察者的认知忙碌（比如执行记忆任务）而降低。他们不一定能说出平均长度是多少英寸[①]或厘米，但能非常准确地调整另一条线的长度以匹配平均值。对平均长度的印象不需要系统 2 的参与，系统 1 会自动而轻松地完成，这个过程就像注意到线条的颜色，以及它们不平行的事实一样自然。我们还可以对众多物品的数量形成直接印象——数量少于 4 个，印象就精准；数量多于 4 个，印象就模糊。

现在来看另一个问题：图 8-2 中线条的总长度是多少？这是一种不同的体验，因为系统 1 无法提供任何建议。要回答这个问题，唯一的方法是激活系统 2，它会费力地估计长度均值，估计出或数出线条的数量，再将二者相乘。

系统 1 无法一眼算出一组线的总长度，这是显而易见的。你从未奢望自己能做到这一点。事实上，这个例子说明了系统 1 的重大局限。因为系统 1 通过一个原型或一组范例来表示类别，所以它擅长估计平均值，但在估计总和方面表现很差。在判断被我称为"求和变量"的内容时，类别的规模，即包含的事例数量，往往会被忽视。

埃克森公司的"瓦尔德斯"号油轮原油泄漏事故的诉讼案引发了众多实

---

① 1 英寸 = 2.54 厘米。——编者注

验，其中一项实验的受试者被问及是否愿意支付保护网的费用，以覆盖导致候鸟丧生的漏油区域。[7]受试者按自愿拯救的候鸟数量分组，分别是2 000只、20 000只和200 000只。如果拯救候鸟是一种经济商品，那么它应该是一种求和变量：拯救200 000只鸟应该比拯救2 000只鸟的价值高得多。事实上，三组的平均捐款分别为80美元、78美元和88美元。鸟的数量差别对捐款额的影响很小。三组受试者只对同一个原型做出反应，那是一幅可怕画面：一只无助的鸟儿溺水了，羽毛浸在黏稠的原油中。在这种情感环境中，人们几乎完全忽视了数量。这一结论已被多次实验所证实。

强度的匹配

关于你的幸福感、总统的受欢迎程度、对金融罪犯的合理惩罚以及政治家的未来前途，这些问题都有一个重要特征：它们都涉及强度或数量，可以用"更"来描述，如更幸福、更受欢迎、更严厉或更有影响力（对政治家来说）。例如，对候选人政治前途的评估，可以从最低级的"她将在初选中被淘汰"到最高级的"有朝一日，她将成为美国总统"。

此时，我们见识了系统1的一种新能力。强度的基本等级可以在不同维度上进行匹配。如果用颜色来表示罪行，那么谋杀是比盗窃更深的红色。如果用音乐来表达罪行，那么大屠杀是最强音，屡次逃交停车费则是最弱音。当然，我们对惩罚的强度也有类似感受。在一项经典实验中，部分受试者根据罪行的轻重调整音量，其他受试者根据法律制裁的轻重调整音量。如果你听到两个音，一个代表罪行，另一个代表惩罚，当一个声音比另一个高很多时，你会感到不公平。[8]

思考以下例子。后文会再次提到这个例子。

朱莉4岁时就能流利地阅读。

现在将朱莉作为儿童的阅读能力与以下句子中提到的强度等级相匹配：

某人的身高可与朱莉的早慧程度媲美,他有多高?

你觉得 6 英尺合适吗?显然太矮了。7 英尺呢?可能太高了。你在寻找一个与 4 岁儿童优秀的阅读能力相匹配的身高——很出色,但算不上异乎寻常。15 个月大就能阅读才算异乎寻常,就像某人身高 7.8 英尺一样。

你的工作收入达到什么水平才能与朱莉的阅读能力相匹配?
哪种罪行的严重程度可与朱莉的早慧相匹配?
常春藤盟校的多少 GPA(平均学分绩点)可与朱莉的阅读能力相匹配?

这些问题不太难,是吧?另外,你尽可以放心,与你处于同一文化环境中的人也会给出类似的答案。我们将了解到,当被要求根据朱莉学会阅读的年龄来预测她的 GPA 时,人们的解决方法是转换范畴,选择与阅读等级相匹配的 GPA。对系统 1 来说,通过匹配进行预测完全是自然而然的事。而且,除了统计学家,大多数人的系统 2 也接受这种模式。我们将了解到,从统计学的角度看,这种模式为何是错的。

思维霰弹枪

系统 1 每时每刻都在进行大量计算,有些是持续进行的例行评估。只要眼睛是睁着的,大脑就会计算视野中物体的三维表征,包括形状、空间位置及其特性。这种计算活动或对意外的持续监控无须刻意触发。与常规评估不同,其他计算只在需要时才进行:你不会持续评估自己有多幸福或多富有;即使热衷政治,你也不会持续评估总统的前途。系统 1 很少主动判断,只在有意向时才会那么做。

你不会自动计算读到的每个单词的音节数,但你如果愿意,就可以这样做。然而,我们对刻意计算的控制很不精准:计算量常比我们想要或需要的多。我将这种过度计算称为思维霰弹枪。用霰弹枪瞄准一个点是不可能的,因为它发射的子弹会散开。瞄准的难度堪比系统 1 的自控难度——对于系统

2的指示，系统1很难不画蛇添足。很久之前我读到的两个实验报告说明了这一点。

在一项实验中，受试者听到几组成对的单词，研究人员要求他们在发现单词押韵时立即按键。[9]下面两对单词是押韵的：

VOTE—NOTE

VOTE—GOAT

因为你看到了这两对单词，所以会觉得区别很明显。VOTE和GOAT押韵，但拼写不同。受试者只能听到单词，但他们也受到拼写的影响。如果拼写不一致，他们识别单词押韵的速度会明显放慢。尽管只需要比较单词的发音，但受试者也会比较单词的拼写，无关维度的不匹配减慢了他们的识别速度。回答一个问题的意图唤起了另一个问题，这不仅多此一举，还不利于主要任务的执行。

在另一项研究中，受试者听到几句话，研究人员要求他们在识别句子对错后尽快按下两个不同的按键。[10]对以下句子的正确反应是什么？

有些路是蛇。

有些工作是蛇。

有些工作是监狱。

这三句话在字面意义上都是错的。然而，你可能注意到，第二句比另外两句错得更离谱——实验中收集的反应时间证实了这一显著差异。造成差异的原因是，从比喻的角度来看，第一句和第三句是对的。我们再次看到，执行一个计算的意图唤起了另一个计算。正确答案在冲突中再次占了上风，但与无关答案的对抗干扰了任务的执行。为什么我们对许多所知甚少的事情做出直觉性判断？在下一章我们将了解到，思维霰弹枪与强度匹配相结合就是原因所在。

谈谈判断

"评估某人是否有吸引力属于基础评估。无论你是否愿意,评估都会自动进行。这会对你产生影响。"

"大脑中有一些回路,可以通过脸型评估此人是否强势。他看起来就像个领导。"

"惩罚的力度与罪行要匹配,否则我们就会觉得不公平。就像可以将音量大小与光线强弱相匹配一样。"

"这个例子可以明确说明思维霰弹枪。有人问他这家公司的财务状况是否良好,他想到的却是自己喜欢该公司的产品。"

第9章
回答一个更简单的问题

心理活动最突出的特点是，很少会被问题难住。没错，你偶尔会遇到无法立即想出答案的问题，比如 $17 \times 24 = ?$ 但这种愣住的时刻很少见。在正常的心智状态下，你对遇到的一切都有直觉和看法。你是否喜欢某人，早在深入了解他之前就已确定；你会莫名地信任或警惕陌生人；你未经分析，就认定某公司会成功。无论是否说出口，面对自己不完全理解的问题，你经常根据无法解释和辩护的证据给出答案。

替代问题

面对复杂的问题，我们如何产生直觉性意见？我建议简单解释一下这个过程。如果无法快速找到某个难题的满意答案，系统 1 就会找一个更简单的相关问题，并予以回答。我将这种回答另一个问题的操作称为替代。我还认可以下说法：

目标问题是你想要做出的评估。
启发式问题是你回答的更简单的问题。

启发式的专业性定义是：它是一个简单的过程，有助于找到难题的答案，这个答案往往说得过去，却并不完美。Heuristic（启发式）与希腊语eureka（有办法了！）是同根词。

我与阿莫斯在合作早期就想到了"替代"的概念，它是启发式与偏差研究方法的核心。我们自问，在不了解概率的年代，人们是如何估算它的。我们的结论是，人们肯定以某种方式简化了这项不可能完成的任务。我们开始研究这个过程。答案是，在需要估算概率时，人们实际估算的是其他事情，并相信自己做出了关于概率的判断。面对有难度的目标问题，如果很容易想出某个相关且较简单的启发式问题的答案，系统1通常会这么做。

用一个问题替代另一个问题可能是解决难题的好策略。G.波利亚在其经典著作《怎样解题》中提到了替代："如果某个问题你无法解决，那么一定有个更简单的问题是你能解决的，找到这个问题。"波利亚的启发式是系统2刻意执行的战略程序。但我在本章中讨论的启发式并非刻意的选择，而是思维霰弹枪的结果，即对问题回答的控制不精准所导致的结果。

思考表9-1左列中的问题。它们都很难，在给出合理答案之前，你必须解决其他难题。幸福的含义是什么？未来半年有怎样的政治动向？其他金融犯罪的标准量刑是什么？候选人的竞争有多激烈？还应考虑哪些环境因素或起因？认真思考这些问题非常不切实际，但你不会受限于完全合理的答案。启发式可以替代谨慎的推理，它有时有效，有时会导致重大错误。

表9-1

目标问题	启发式问题
为拯救某个濒危物种你会捐多少钱？	想到垂死的海豚，我的情绪起伏有多大？
最近你的生活有多幸福？	我现在的心情如何？
6个月后总统的受欢迎程度如何？	总统现在有多受欢迎？
欺骗老人的财务顾问应受到怎样的惩罚？	想到金融骗子，我有多愤怒？
这位女士正在参加初选。她的政治前途如何？	这位女士看起来像政治赢家吗？

思维霰弹枪让我们能快速回答难题，不会给懒惰的系统2增加负担。左

列的问题很可能唤起右列容易回答的问题。你对海豚和金融诈骗犯的感觉、你目前的心情、你对初选候选人政治技巧的印象,或者总统目前的声望,都很容易出现在脑海中。启发式问题为所有目标难题提供了现成答案。

　　上述说法仍有所欠缺,它没有指出:答案应该切合最初的问题。例如,我对垂死的海豚的感受必须用金钱来表达。解决该问题依靠的是系统1的另一种能力——强度匹配。情感和捐款额都有强度等级。我对海豚的情感或强或弱,捐款额可以与我的情感相匹配。所有问题都可以进行类似的强度匹配。例如,候选人的政治技巧等级可以从拙劣到超凡,政治成功程度可以从最低级的"她将在初选中被淘汰"到最高级的"有朝一日,她会成为美国总统"。

　　思维霰弹枪和强度匹配的自动过程,通常会为目标问题的替代问题提供一个或多个答案。在某些情况下,启发式答案会得到系统2的认可。当然,系统2可以拒绝这个直觉性答案,或者通过整合其他信息来修改答案。然而,懒惰的系统2往往遵循最省力法则,没有仔细检查是否合理就认可了启发式的答案。你不会被难住,也不必绞尽脑汁,你甚至没注意到自己答非所问。此外,你可能没意识到目标问题很难,因为直觉性答案一下子就能冒出来。[1]

三维启发式

　　观察图9-1,回答以下问题。

图9-1

右边的人比左边的人高大吗？

显而易见的答案很快从脑子里冒出来：右边的人体型较大。然而，如果用尺子量一下，你会发现两人体型完全相同。强大的错觉影响了你对其体型的印象，这巧妙地说明了替代过程。

三人身处的走廊是以透视画法绘制的，似乎在向平面深处延伸。你的知觉系统自动将图片解释为三维场景，而不是印在平面上。在三维解释中，右边的人比左边的人离你更远，体型更高大。大多数人都无法抗拒这种三维尺寸的印象。只有视觉艺术家和经验丰富的摄影师才能将画作视为页面上的对象。其他人会进行替换：对三维尺寸的强烈印象决定了对二维尺寸的判断。这种错觉源于三维启发式。

这是一种真实的错觉，不是对问题的误解。你知道问的是图中人物的大小，即印在纸上的大小。如果有人要求你估计人物的体型，你从经验中得知，答案的单位应该是英寸，而不是英尺。你不会混淆问题，但你的答案会受到没被问到的问题（"这三个人有多高？"）的影响。

启发式的关键步骤（用三维尺寸代替二维尺寸）自动产生了。图中包含了三维解释的线索。当下的任务是判断人物体型的大小，而这些线索与任务无关，你本应忽视它们，但你做不到。与启发式相关的偏差是，看起来离得更远的人好像更高大。如该例所示，基于替代的判断必然会以可预测的方式产生偏差。这种偏差来自深层知觉系统，你根本无法控制它。

对幸福的情感启发式

关于替代最生动的例子来自对德国学生的一项调查。[2] 年轻的受试者要回答以下两个问题：

你最近觉得幸福吗？
上个月你约会了几次？

研究人员对这两个答案之间的相关性很感兴趣。约会次数多的学生会认为他们比约会次数少的学生更幸福吗？令人惊讶的是，不会——答案之间的相关系数几乎为0。显然，在评估自己的幸福感时，学生首先想到的并非约会。另一组学生看到的两个问题相同，但顺序相反：

上个月你约会了几次？
你最近觉得幸福吗？

这次的结果完全不同。在这种顺序下，约会次数和幸福感之间的相关性很高，几乎达到两种心理测量能达到的最高相关性。[3] 这是怎么回事？

原因很容易解释，这是替代的典型例子。约会显然不是这些学生的生活中心（在第一次调查中，幸福感和约会不相关），但学生在被要求思考自己的爱情生活时，无疑产生了情绪反应。多次约会的学生会想起生活中快乐的一面，没有约会的学生则想到孤独和被拒绝的感觉。关于幸福的问题出现时，约会问题引发的情绪仍萦绕在他们的脑海。

其中的心理特征与图9-1的体型错觉类似。评估"最近的幸福感"，这个任务既不常见也不简单。合理的答案需要大量的思考。然而，刚被问及约会情况的学生不需要认真思考，因为他们心中已经有了一个相关问题的答案，即他们的爱情生活有多幸福。他们用有现成答案的问题替代了被问到的问题。

我们可以采用分析错觉的方法，问一下：学生是否混淆了问题？他们真的认为这两个问题（被问到的问题和他们回答的问题）是相同的吗？当然不是。学生不会突然分不清爱情生活和日常生活的区别。如果被问及这两个概念，他们会说二者是不同的。但他们被问及的问题并非二者是否不同，而是他们有多幸福，系统1对此已有现成的答案。

约会并不是唯一的例子。如果先问学生与父母的关系或财务状况如何，接着问其总体的幸福感，也会出现同样的模式。在这两种情况下，特定领域的满意度影响了学生对幸福感的报告。[4] 任何可以改变情绪的重要问题都会产生同样的效果。所见即一切。当人们评价自己的幸福感时，当下的心态显得非常重要。[5]

情感启发式

涉及情感时，结论对论点的主导作用最为明显。心理学家保罗·斯洛维奇提出了"情感启发式"的概念，即人们以自己的好恶决定对世界的信念。你的政治偏好决定了你认为哪些论点有说服力。如果你支持目前的医疗政策，你会相信其益处很大，相信其成本比其他政策的成本更易控制。你如果对其他国家持鹰派态度，可能会认为它们比较软弱，会服从贵国的意愿。你如果是鸽派，可能会认为它们很强大，不会轻易屈服。你对辐照食品、红肉、核能、文身或摩托车等事物的情感态度会促使你相信其益处和风险。你如果不喜欢这些事物，可能会认为它们的风险很高，益处非常小。

结论的首要性并不意味着你的思想完全封闭，也不意味着你的观点完全不受信息和合理推理的影响。当你得知自己不喜欢的活动风险比想象中小时，你的信念甚至情绪态度都可能发生改变（至少略有改变）。但是，较低风险的信息也会改变你对益处的看法（益处更大），即使你接收的信息中并没有提到益处。[6]

在此，我们看到了系统2的新"个性"。到目前为止，我在大多数情况下将其描述为默许的监控者，它为系统1提供了很大的自由空间。我还介绍了系统2在主动搜索记忆、进行复杂计算、比较、计划和选择时的表现。在"球拍和球"问题以及两个系统互动的许多其他例子中，系统2似乎是最终的决策者，有能力抵制系统1的建议，放慢运作速度，进行逻辑分析。自我批评是系统2的功能之一。然而，涉及态度时，系统2更像是系统1情绪的辩护者，而不是批评者。也就是说，它是背书人而非强制执行者。它对信息和论据的搜索大多限于与现有信念一致的范围，并没有抱着审查信息的目的。活跃的、寻求连贯性的系统1为要求不高的系统2提供了解决方案。

谈谈替代和启发式

"还记得我们要回答的问题吗？我们用更简单的问题替代它了吗？"

"我们的问题是这位候选人能否胜出，我们回答的问题似乎是她接受采访时是否表现得好。请不要替换问题。"

"他对这个项目情有独钟，所以认为它成本低、收益高。这是情感启发式的好例子。"

"我们用去年的业绩来预测公司几年后的价值，这种启发式能解决问题吗？我们还需要什么信息？"

下面列出了系统 1 的特征和活动。我用主动句替代陈述句，从专业上讲更准确，但也更难理解，大意是心理事件会自动、快速地发生。我希望这些特征能帮助你对系统 1 的"个性"产生直觉性认识。你将培养出一种直觉，能预测系统 1 在不同情况下会做什么，就像能预测你认识的其他角色一样，而且你的大多数直觉都是准确的。

系统 1 的特点

- 产生印象、感受和倾向；获得系统 2 的认可后，它们就变成信念、态度和意图。
- 自动、快速地运作，几乎不费力，或毫不费力，也不会使人有主动控制的感觉。
- 可由系统 2 预先设计，以便在察觉或搜索到特定模式时调动注意力。
- 经过充分训练后，能做出熟练的反应，并产生熟练的直觉。
- 在关联记忆中，创造出被激活想法的连贯模式。
- 将认知轻松感与真相错觉、愉悦感和放松警惕联系起来。
- 区分意外与常态。
- 推断、编造原因与意图。
- 忽视含混不清，抑制怀疑。
- 偏向于相信和确定。
- 夸大情绪的一致性（光环效应）。
- 关注现有证据，忽视缺失证据（所见即一切）。
- 生成一些有限的基础评估。
- 通过规范和原型表示集合，不做整合。
- 在不同尺度之间进行强度匹配（例如，将尺寸与音量相匹配）。
- 超额计算（思维霰弹枪）。
- 有时用更简单的问题替代困难的问题（启发式）。
- 对变化比对状态更敏感（前景理论）*。

- 过度加权小概率*。
- 对数量的敏感度减弱（心理物理学）*。
- 相比收益，对损失的反应更强烈（损失厌恶）*。
- 狭隘地界定决策问题，使之彼此孤立。

* 第四部分会详细介绍带 * 的特征。

第二部分

启发式与偏差

第10章
小数定律

一项有关肾癌发病率的研究发现了一种非同寻常的模式，该研究涉及美国3 141个郡。研究结果表明，肾癌发病率最低的郡大多在人口稀少的农村，位于中西部、南部和西部支持共和党的州。对此你怎么看？

在过去的几秒里，你的思维非常活跃，主要是系统2在运作。你刻意搜索记忆并提出假设。你付出了一些脑力，瞳孔放大，心率明显加快。但系统1也没闲着，因为系统2的运作依赖系统1从关联记忆中提取到的事实和建议。你可能否决了共和党提供肾癌防治措施的想法，最终很可能关注的事实是：癌症发病率低的郡大多是农村。这个例子是诙谐的统计学家霍华德·魏纳和哈里斯·泽维林告诉我的。他们说："人们很容易推断，癌症低发病率的直接原因是农村健康干净的生活方式——没有空气污染和水污染，能吃到不含添加剂的新鲜食物。"[1] 这听起来很有道理。

现在来看一下肾癌发病率最高的郡。它们大多还是在人口稀少的农村，并且位于中西部、南部和西部支持共和党的州。魏纳和泽维林以玩笑的口吻说："人们很容易推断，癌症高发病率的直接原因是农村贫困的生活方式——医疗条件差、高脂饮食、酗酒和吸烟。"这个说法当然有问题。农村生活方式不可能同时解释肾癌的高发病率和低发病率。

关键因素并非这些郡在农村，或属于共和党阵营，而是农村人口很少。我们从这个例子中学到的不是流行病学知识，而是思维和统计数据之间不协调的关系。系统1对一种思维形式驾轻就熟——它可以自动而轻松地识别事件之间的因果关系。有时，这种关系站不住脚，系统1却照做不误。当你得知存在癌症高发区时，你就会立刻认定这些郡与其他郡不同是有原因的，一定有个理由可以解释这种差异。然而，我们将了解到，系统1在"纯粹的统计"事实面前不胜其任。统计事实改变了结果出现的概率，但并非结果出现的原因。

根据定义，随机事件并不适合做出解释，但一组随机事件确实会表现得非常有规律。想象一个装满弹珠的大罐子，其中一半弹珠是红色的，一半是白色的。然后，想象一个非常有耐心的人（或机器人），从罐子里随意取4颗弹珠，记下红色弹珠的数量，然后将弹珠放回罐子，这样重复多次。总结结果，你会发现"2红2白"的频率为"4红"或"4白"的6倍（几乎精准）。这种关系是数学事实。你可以自信地预测从罐子中重复抽样的结果，就像自信地预测用锤子砸鸡蛋的结果一样。你无法预测蛋壳破碎的具体细节，但可以确定大致结果。二者的不同之处在于：想到用锤子砸鸡蛋时，你会感受到明确的因果关系，但想到从罐子里取样时，却没有这种感觉。

一个相关的统计事实与癌症的例子有关。两个耐心的计数员轮流从同一个罐子里取样。杰克每次取4颗弹珠，吉尔取7颗。每次取到同色弹珠，即全白或全红，他们都会记录下来。如果持续的时间足够长，杰克取到同色弹珠的次数会比吉尔多——二者的比例为8∶1（期望概率分别为12.5%和1.56%）。这与锤子和因果关系无关，只是一个数学事实：相比每次取7颗弹珠，每次取4颗弹珠会更频繁地产生极端结果。

现在，将美国人口想象成大罐子里的弹珠。有些弹珠标记着肾癌的缩写KC。从罐子里依次取样，为各郡输入数据。农村样本比其他样本小。就像杰克和吉尔的实验一样，极端结果（非常高和/或非常低的癌症发病率）最有可能出现在人口稀少的郡。这就是原因所在。

我们的探讨始于一个需要原因的真实案例：不同的郡癌症发病率差异很大，而且差异是系统化的。我给出的是统计学解释：极端结果（高或低发病率）更可能在小样本而不是大样本中出现。这不是因果解释。某郡的人口很少，这既不会引发癌症也不会避免癌症，只会使其癌症的发病率比人口多的郡更高（或更低）。更深层的真相是，这一事实没什么可解释的。人口较少的郡，癌症的发病率并非真的比正常水平低或高，我们只是在特定年份得到了某个抽样结果而已。如果下一年重复这种分析方法，仍将在小样本中观察到同样的极端模式，但去年癌症高发的郡，今年的发病率不一定高。如果是这样的话，各郡人口密集度的差异不能算作真相，而是科学家所说的假象。观察结果完全是由研究方法造成的——在该例中，是由样本量的差异造成的。

上述说法可能会令你惊讶，但这并非启示。你早就知道，相比小样本，大样本的结果更值得信赖。即使不懂统计学的人也听说过大数定律。但是"知道"并非一个"是否"问题，你可能会发现以下说法也适用于你。

- 阅读流行病学报道时，你并没有立即想到"人口稀少"这个特点是相关因素。
- 面对4个样本和7个样本之间的结果差异，你有些吃惊。
- 即使现在，你也需要费些脑力，才能明白以下两种说法的意思完全相同：
  （1）大样本比小样本更精确；
  （2）小样本比大样本更易产生极端结果。

第一句是事实，但只有当第二句成为你的直觉时，你才算真正理解了第一句。

结论是：你确实知道大样本的结果更精确，但现在你可能意识到自己的理解仍然有限。不仅你一人如此。我和阿莫斯合作的第一项研究表明，即使是经验丰富的研究人员对抽样效应也缺乏直觉，理解得也不透彻。

小数定律

20世纪70年代初，我与阿莫斯的合作始于一场讨论。讨论的话题是：未受过统计学训练的人是优秀的"直觉性统计学家"。这个话题是在我组织的研讨会上，他向密歇根大学的研究人员谈起的，这些研究人员对直觉性统计思维都持乐观态度。对此我有不同的看法：那段时间，我发现自己不是一个优秀的直觉性统计学家,而且我不认为别人比我好到哪里去。

对于研究型心理学家来说,抽样变异性并不新奇,它是一个麻烦,一个代价高昂的障碍,让所有研究项目变成一场赌博。假设你想证明,平均而言,6岁女孩的词汇量大于同龄男孩。该假设在总体中是成立的,女孩的平均词汇量确实较大。然而,女孩和男孩的差异很大。运气使然,你选择的样本差异不明显,甚至男孩的词汇量更大。如果你是研究人员,那么这个结果的代价太高了,因为你浪费了时间和精力,却无法证实一个正确的假设。使用足够大的样本是降低风险的唯一方法。选择小样本的研究人员只能任由抽样运气摆布。

一个很简单的步骤就能估计任何给定样本量的误差风险。但依照惯例,心理学家不使用计算来确定样本量,而是凭自己的判断。这么做往往是错的。在与阿莫斯辩论前不久,我读到一篇论文,论文通过一个引人注目的观察结果展示了研究者犯的错(他们现在仍在犯这种错)。论文作者指出,心理学家选择的样本通常太小,以至于有50%的风险无法证实其正确假设![2] 任何一个理性的研究者都不会接受这样的风险。合理的解释是,心理学家对样本量的选择,反映出人们对样本变异程度普遍的直觉性误解。

这篇论文让我震惊,因为它解释了我在自己的研究中遇到的问题。与大多数研究型心理学家一样,我选择的样本量通常太小,导致实验结果毫无意义。现在,我知道原因了:这些奇怪的结果实际上是我的研究方法造成的人为现象。我的错误尤其令人尴尬,因为我教过统计学,知道怎样计算样本量,以便将失败的风险降到可接受的水平,但我从未通过计算来确定样本量。和我的同事一样,我在做实验计划时相信传统方法和直觉,从未认真思考过这个问题。阿莫斯参加研讨会时,我已经意识到我的直觉是有缺陷的。在研讨会召开的过程中,我们很快达成共识——密歇根大学的乐观主义者是错的。

为了检验我是不是唯一做蠢事的人,我和阿莫斯开始测试作为数学专家的研究人员是否会犯类似的错误。我们设计了一份问卷,描述了各种真实的研究情境,包括一些成功实验的复制情境。我们要求研究人员选择样本量,评估其决定带来的失败风险,并为做研究计划的虚拟研究生提供建议。在数学心理学协会的某次会议上,阿莫斯收集了这些专家的答案,专家中包括两本统计学教材的作者。结果一目了然：我并非唯一做蠢事的人。大多数调查对象都犯了我所犯的错误。显然，即使是专家也没有充分重视样本量。

我和阿莫斯将合写的第一篇论文命名为《盲信小数定律》。[3] 我们开玩笑地说，"对随机抽样的直觉似乎符合小数定律原则，即断定大数定律也适用于小数量的情形"。我们还强烈建议研究人员，"适度怀疑统计直觉，尽可能用计算取代印象"。[4]

自信甚于质疑的偏见

一项针对 300 位老年人的电话民调显示，60% 的受访者支持总统。

如果只能用三个词总结这句话，你会怎么说？你很可能会说"老年人支持总统"。这三个词似乎抓住了重点。但该项电话民调的样本量为 300，这些细节被忽视了，人们对此不感兴趣，也很少注意到它们提供的背景信息。即使样本量发生变化，你的总结依然如故。当然，完全荒谬的数字肯定会引起你的注意（比如"一项针对 6 名或 6 000 万名老年选民的电话民调显示……"），但除非你是专业人士，否则无论样本量是 150 还是 3 000，你的反应都不会有太大差异。这就是"人们对样本量不够敏感"的含义。

有关民调的消息包含两类信息：故事本身和故事来源。很自然地，你会关注故事而非结果的可靠性。然而，当可靠性明显较低时，消息就会失去可信度。比如，有人告诉你"某党派团体进行了一项漏洞百出、带有偏差的民调，以表明老年人支持总统……"，你当然不会接受民调的结果，也不会信以为真。相反，党派民调及其虚假结果将成为有关政治谎言的新故事。在显而易见的情形面前，你可以选择拒绝相信某则消息。但倘若有人告诉你"我在《纽约时报》上读到的……""我在饮水机旁听到的……"，你能敏锐地辨别二者的不同吗？你的系统 1 能区分它们的信念度吗？"所见即一切"原则表明，系统 1 做不到。

如前所述，系统 1 不擅长质疑。它会抑制歧义，自发地创建尽可能自圆其说的故事。除非消息被立即辟谣，否则联想的内容就会像真事儿一样扩散开来。系统 2 擅长质疑,因为它允许互相矛盾的多种可能性同时存在。然而,相较于倾向确定性,保持质疑的难度更大。小数定律体现出一种普遍偏见,它倾向于确定性而非质疑。在接下来的章节中,我们将看到这种偏见的多种表现形式。

人们有一种强烈的偏见,就是相信小样本近似于抽样总体。这种偏见包含在一个更严重的问题之中:我们倾向于夸大所见事物的一致性与连贯性。研究人员过分相信从少量观察中可以学到一些东西,这一现象与光环效应密切相关。光环效应是指我们自以为对某人知根知底,实际上却知之甚少。在事实发生之前,系统 1 就根据零星证据构建出丰富的意象。妄下结论的机器,运作起来像是对小数定律深信不疑。更普遍地说,系统 1 会制造出过分自洽的现实表征。

原因与概率

关联机器寻找原因。掌握统计规律的困难在于,需要运用不同的方法。统计学思维关注的不是当前事件是如何发生的,而是本来可能发生什么。这件事的发生没有什么特殊原因——它是各种可能结果中的一个偶然。

在评估随机事件的随机性时,对因果思维的偏好会铸成大错。以在医院依次出生的 6 个婴儿的性别为例,男女出生顺序显然是随机的,这些事件相互独立,前几个小时出生的男婴和女婴数量并不会影响之后出生的婴儿性别。现在考虑三组可能的序列:

男男男女女女
女女女女女女
男女男男女男

它们出现的概率相同吗?直觉性答案是"当然不同",但这个答案是错的。由于事件是独立的,而且男女的出生可能性(大致)相等,因此任何一组 6 个婴儿的性别序列都有与其他序列相同的概率。即使现在你知道这个结论为真，它仍然违反直觉，因为只有第三组序列看起来是随机的。不出所料，人们判断第三组序列出现的概率比其他两组更大。我们寻求规律，相信世界是连贯有序的，认为规律（比如6个女婴的序列）的出现并非偶然，而是机械的因果关系或人为的结果。我们并不期待在随机过程中看到规律。觉察到某个可能的规则时，我们很快就会推翻"过程是随机的"这一想法。随机过程产生了许多序列，让人们相信过程完全不是随机的。人们假定因果关系是存在的，这可能具有进化优势，你可以理解其中的原因——它是我们从祖先那里继承的某种警觉性。我们会在潜意识中留意环境变化的可能性。平原上随时可能有狮子出没，注意到狮子出没率的明显增长并做出反应会让我们更安全，即使这种增长不过是随机过程波动的结果。

对随机性的普遍误解有时会产生严重的后果。在我和阿莫斯的一篇代表性论文中，引用了统计学家威廉·费勒的观点，他举了一个例子，说明人们很容易看到并不存在的模式。第二次世界大战期间，伦敦遭到猛烈轰炸。人们普遍认为，轰炸不可能是随机的，因为地图显示轰炸点之间有明显的距离。有人怀疑德国间谍潜伏在未被轰炸的地区。[5] 一项严谨的统计分析表明，轰炸点的分布是典型的随机分布，但它让人产生了强烈的非随机印象。费勒说："在未受过统计训练的人眼中，随机性看起来就像规律或者聚集倾向。"

我很快就有机会运用从费勒那儿学到的知识。1973年，赎罪日战争爆发。我对战争只做过一次重大贡献，那就是建议以色列空军的高级军官停止一项调查。战争初期，由于埃及地对空导弹的高效打击，以色列空军损失惨重，而且损失分布不均。有人告诉我，从同一基地起飞的两个空军中队，其中一队损失了4架飞机，另一队一架也没损失。调查小组想了解这个不幸的中队有什么过失。事前，没有证据表明哪个中队的作战能力更强，也没有发现操作上的差异。当然，飞行员的生活在许多方面有所不同，包括他们在任务间歇回家探亲的频率，以及汇报任务的方式。我的建议是，指挥部应该承认不同的结果是运气使然，停止对飞行员的调查。我推断，运气是最可能的答案，盲目寻找不确定的原因无济于事。而且，接连受挫的飞行员不需要背负额外的负担，为自己和阵亡的战友感到愧疚。

几年后，阿莫斯及其学生汤姆·吉洛维奇、罗伯特·瓦隆对篮球运动中的随机性误解进行了研究，引发了轰动。[6] 球员、教练和球迷都认同一个事实,那就是球员偶尔会出现"热手"现象。这个推论是不可抗拒的:如果球员连续投进三四个球,你会忍不住形成一种因果判断,即该球员现在手气很好,得分率会增加。两支球队的球员都会根据这一判断做出调整——队友更有可能将球传给得分高手,而对方球员更有可能对其进行双人防守。然而,对数千次投篮序列进行分析之后,结论令人失望:在职业篮球比赛中,无论是接球投篮还是罚球投篮,都不存在"热手"现象。当然,有些球员投篮准确率高于其他球员,但投中和失误的顺序符合所有随机性检验。"热手"现象完全是旁观者的自以为是,他们的判断总是过快,无法在随机性中发现秩序和因果关系。这是一种严重而普遍的认知错觉。

　　公众对这项研究的反应是新闻报道的一部分。媒体之所以报道,是因为研究结论出人意料,大多数人的反应是难以置信。听到吉洛维奇的名字及其研究时,著名的波士顿凯尔特人队教练瑞德·奥尔巴赫说:"这家伙是谁?他是做了研究,但我根本不在乎。"在随机性中发现规律的倾向是无法抗拒的——相比之下,这项研究给人的印象当然微不足道了。

　　不只是在篮球场,规律错觉在很多方面影响着我们的生活。要经过几年的考验才能确定投资顾问技高一筹?首席执行官要完成多少次成功收购,董事会才能相信他在这方面天赋异禀?这些问题的答案是,你如果遵循直觉,往往会将随机事件错误地归为系统性事件。生活中见到的很多事都是随机的,但我们倾向于否认这种信念。

　　本章开头以美国的癌症发病率为例展开探讨。这个例子在一本统计学教师用书中出现过,但我是从之前引用的一篇有趣的论文中了解到的,作者是统计学家霍华德·魏纳和哈里斯·泽维林。论文关注的是一笔约17亿美元的巨额投资,这笔投资是盖茨基金会赞助的,目的是跟进关于最成功学校特征的调研结果。很多研究人员都在探索成功教育的秘诀,他们找出最成功的学校,希望发现其独特之处。其中一个研究结论是,一般而言,最成功的学校规模都很小。例如,在对宾夕法尼亚州1 662所学校进行的一项调查中,排名前50的学校中有6所规模较小,这一比例是正常情况的4倍。数据鼓励盖茨基金会大量投资兴建小学校,或者将大学校拆分为小学校。至少有6家知名机构加入了这项行动,包括安纳伯格基金会和皮尤慈善信托基金会。美国教育部还启动了"小型学习社区计划"。

你的直觉可能认为这么做有道理。人们很容易构建一个因果故事，来解释小学校为何能提供优质的教育，比如，给学生更多的关注和鼓励，将他们培养为成绩斐然的学者。遗憾的是，这种因果分析毫无意义，因为事实上，它是错的。向盖茨基金会报告的统计学家如果问及最差的学校有什么特征，他们会发现，差学校的规模往往也比平均水平小。事实是，小学校的教育水平并不比平均水平高，它们只是变异性较大。魏纳和泽维林说，反而是大学校会取得更好的成绩，它们为高年级学生提供很多种类的课程。

认知心理学的最新进展让我们清楚地了解到：在有关大脑运作的两大故事中，小数定律只占一部分。我和阿莫斯当年对此只略知一二。

- 过分相信小样本是诸多错觉之一——我们更关注信息的内容，而不是可靠性，这使我们对世界的看法比数据所证明的更简单、更连贯。相比在现实世界，在想象的世界里妄下结论更安全。
- 统计数据产生了许多似乎需要因果解释的观察结果，但它们其实不适于因果解释。世界上的许多事都是偶然的，包括抽样意外。对偶然事件的因果解释必然是错的。

谈谈小数定律

"是的，自从新任首席执行官上任后，电影公司已经拍了三部优秀电影。但现在说他热手还为时过早。"

"在咨询统计学家之前，我不会认为这位交易新手是个天才，统计学家可以估计其成功是偶然事件的可能性。"

"观测样本太小，无法做出任何推断。我们不要遵循小数定律。"

"在有足够大的样本之前，我想对实验结果保密。否则，我们将应对过早下结论的压力。"

第 11 章
锚定

我和阿莫斯曾操纵过一个幸运轮盘。轮盘有从 0 到 100 的标记，但我们对其进行了改造，使指针只能停在 10 或 65。我们招募了俄勒冈大学的学生来做这项实验。我或他会站在学生面前，转动轮盘，请他们记下最终数字（当然，数字不是 10 就是 65）。然后提出两个问题：

在联合国成员国中，非洲国家的比例大于还是小于你刚才写下的数字？
你认为非洲国家在联合国的占比是多少？

即使未经改造，幸运轮盘也不可能提供任何有用的信息，受试者应该忽视它才对。但他们没有。看到数字 10 和 65 的人估计的平均比例分别为 25% 和 45%。

我们研究的现象在日常生活中很普遍，也很重要。你应该知道这个术语：锚定效应，即人们在估计未知量之前，会考虑一个特定值来做比较。估计值接近人们考虑的数字，因此我们用"锚"来比喻它。这是实验心理学中最可靠、最稳健的结果之一。如果有人问你，甘地去世时是否超过 114 岁，你对他死亡年龄的估计要比锚定年龄是 35 岁时高得多。在考虑某栋房子的购买价时，你会受到要价的影响。如果挂牌价格高，即使你刻意抵制高价的影响，这栋房子也会显得比挂牌价低时更有价值。锚定效应的例子不一而足。对于任何预估问题，任何你被要求考虑的、可能成为答案的数字都会引发锚定效应。

我们并非最早观察到锚定效应的人，但我们的实验首次证明了其荒谬性：一个没有任何信息价值的数字会影响人们的判断。无论如何，幸运轮盘的锚定效应都不能说是合理的。我和阿莫斯在《科学》杂志上发表了这项实验，这是我们在该期刊上发表的最著名的论文。

但存在一个问题：我和阿莫斯对锚定效应的心理学解释并不完全一致。我们各执一词，从未找到解决分歧的方法。几十年后，在众多研究者的努力下，这个问题终于解决了。现在看来，我和阿莫斯都是正确的。两种不同的机制产生了锚定效应——每个系统对应一种机制。一种锚定发生在经过深思熟虑的调整过程中，这是系统 2 的运作。另一种锚定由促发效应引发，这是系统 1 的自动表现。

用锚定来调整

阿莫斯偏爱的观点是，人们将"调整–锚定启发式"作为估计不确定值的策略，即以锚定数字为起点评估估计值是过高还是过低，并通过在心中"移动"锚，逐步调整估计值。调整通常会提前结束，因为人们在不确定是否该继续时就会停止。在我们产生分歧的几十年后，也就是阿莫斯去世数年后，两位心理学家独立提出了解释锚定过程的有力证据。他们就是在职业生涯早期与阿莫斯密切合作过的埃尔德·莎菲尔和汤姆·吉洛维奇，参与研究的还有他们的学生——阿莫斯脑力思想的徒孙们！

要明白这个观点，请拿出一张纸，不用尺子，从页面底部向上画一条 2.5 英寸的线。然后再拿出一张纸，从页面顶部向下画一条线，在距离底部 2.5 英寸处停住。比较这两个 "2.5 英寸" 的长度。你第一次估计的 2.5 英寸很可能比第二次估计的短，因为你不知道这条线到底是怎样的，有各种不确定性。从页面底部向上画时，你的不确定区域会停在底部附近；从页面顶部向下画时，不确定区域会停在顶部附近。罗宾·勒伯夫和莎菲尔在日常经历中发现了许多类似的例子。当从高速公路驶入市区时，你通常会开得过快，尤其是边开车边与人聊天时。原因何在？调整不足很好地解释了这一现象。调整不足也是亲子关系紧张的原因。处于青春期的孩子在房间里听音乐，声音很大，惹得父母发火。勒伯夫和莎菲尔指出："孩子好意调低音量，以达到父母要求的'合理音量'，但他的锚定值很高，结果调整不足，他可能会觉得父母没有看到自己为妥协所做的真诚努力。"[1]司机和孩子都刻意将数值向下调整了，但调整得都不够充分。

现在思考以下问题：

乔治·华盛顿是在哪一年当上总统的？
在珠穆朗玛峰峰顶，水的沸点是多少？

思考这两个问题时，最先发生的事是，你的大脑中出现一个锚定值，你知道它是错的，也知道正确答案的方向。你能立即判断乔治·华盛顿是在1776年之后就任总统的，你也知道珠峰峰顶上水的沸点低于100摄氏度。你必须寻找论据，远离锚定值，朝适当的方向调整。就像前面提到的画线的例子，当你不再确定是否该继续调整时，很可能会在不确定区域的边境停下来。

尼克·埃普利和汤姆·吉洛维奇发现，有证据表明，调整是一种寻找理由摆脱锚定的刻意尝试。人们按照研究人员的要求，在听到锚定描述时摇头，表现出拒绝的样子，其调整的结果就会离锚定值较远。按照要求点头的人则表现出较强的锚定效应。[2]埃普利和吉洛维奇也证实了调整是耗费脑力的活动。当大脑资源消耗殆尽时，人们做出的调整较少（离锚点更近），原因要么是记忆过载，要么是有些醉意。[3]调整不足是意志力薄弱或懒惰的系统2失职的表现。

现在我们知道，阿莫斯关于锚定的观点至少在某些情况下是正确的，即系统2从锚点出发，刻意向特定方向调整。

锚定的促发效应

与阿莫斯讨论锚定时，我承认调整有时会发生，但仍感到不确定。调整是一种审慎且有意识的活动，但在有关锚定的大多数事例中，没有相应的主观体验。思考以下两个问题：

甘地去世时大于还是小于144岁？

甘地去世时多少岁？

你会从144岁向下调整吗？可能不会，但这个高得离谱的数字仍然影响了你的估计。我的直觉是，锚定是一种暗示。当有人把它带入我们的脑海，让我们去看、去听或者去感觉时，我们就会用"锚定"来描述这种情况。例如，"你现在觉得左腿有点儿麻吗？"这个问题总能让很多人回答说，他们确实感觉左腿有点儿异样。

阿莫斯对直觉的态度比我保守。他正确地指出，将锚定视为一种暗示并不能帮助我们理解它，因为我们不知道如何解释暗示。我必须承认，他是对的，但我不认为调整不足是锚定效应的唯一原因。为了理解锚定，我们进行了许多尚无定论的实验，结果都失败了，最终我们放弃了进一步阐述锚定的想法。

打败我们的难题现在已经解决了，因为暗示的概念不再晦涩难懂：暗示是一种促发效应，它选择性地唤起可匹配的证据。你根本不信甘地活到了144岁，但你的关联机器肯定会产生耄耋老人的印象。系统1理解句子的方式是相信它是真实的，而一致性想法的选择性激活会产生一系列系统误差，使我们容易上当受骗，或倾向于坚信我们信以为真的事情。当年，我和阿莫斯都没意识到锚定有两种类型，现在明白其原因了：我们需要的研究技术和理论思想当时尚未出现，它们是多年后由其他研究者创建的。在许多情况下，类似暗示的过程确实发挥着作用：系统1竭尽全力构建一个将锚定值视为真实数字的世界。这是我在本书第一部分描述的关联连贯性的一种表现。[4]

关于关联连贯性在锚定中的作用，最有力的证明来自德国心理学家托马斯·穆斯维勒和弗里茨·斯特拉克。在一项实验中，他们提出了关于气温的锚定问题："德国的年平均气温高于还是低于20摄氏度？""德国的年平均气温高于还是低于5摄氏度？"

研究人员向受试者快速展示了要求识别的单词，结果发现，20摄氏度使人们更容易识别与夏天有关的单词（如太阳和海滩），5摄氏度则有助于人们识别与冬天有关的单词（如霜冻和滑雪）。兼容记忆的选择性激活解释了锚定的发生：大数字和小数字激活了记忆中不同的想法组合。对年平均气温的估计基于有偏差的想法样本，因此估计结果也存在偏差。在另一项同样巧妙的实验中，受试者被问及德国汽车的平均价格。高锚定价让人想到奢华品牌（比如梅赛德斯、奥迪），低锚定价则让人想到大众品牌（比如大众）。之前，我们了解到，任何促发都会唤起与其相匹配的信息。暗示和锚定都可以通过系统1的自动运作来解释。尽管当时我不知道如何证实，但我认为锚定和暗示之间存在联系。这一直觉是对的。

锚定指数

许多心理现象可以通过实验来证明，但能真正测量的却很少。锚定效应是一个例外。它可以被测量，而且影响非常大。研究人员向旧金山探索馆的游客提出以下两个问题[5]：

最高的红杉高于还是低于1 200英尺？
你认为最高的红杉有多高？

这个实验中的"高锚定值"是1 200英尺。问其他受试者的第一个问题用了180英尺的"低锚定值"。二者相差1 020英尺。

不出所料，两组的平均估值差距很大，分别为844英尺和282英尺，相差562英尺。锚定指数是两组的估值差（562）与锚定值差（1020）的百分比：55%。就个体而言，盲目将锚定值作为估值的人，锚定指数是100%；完全无视锚定值的人，锚定指数为0。该例中的55%是典型的锚定值。在许多其他问题中研究者也观察到类似的值。

锚定效应并不是只会出现在实验室里，它在现实世界中也同样强大。几年前研究人员进行了一项实验，要求房地产经纪人评估市场上某栋房屋的价值。他们参观了这栋房子，研究了标有房价的综合信息册。一半经纪人看到的要价远高于挂牌价，另一半经纪人看到的要价远低于挂牌价。[6]每个经纪人都给出了合理的购买价及最低售价（假设他们自己是房主）。然后，研究人员问经纪人影响他们判断的因素是什么。值得注意的是，经纪人认为要价并不是其中的因素，他们为自己能够忽视要价而自豪。他们坚称，要价不影响其决策，但他们错了：锚定指数为41%。不具备房地产经验的商学院学生的锚定指数为48%。事实上，专业人士几乎跟他们一样，容易受到锚定效应的影响。二者唯一的区别是，学生承认自己受到锚定的影响，专业人士则否认其影响。

强大的锚定效应也出现在与金钱有关的决策中，比如决定为一项慈善事业捐多少钱。为了证明锚定效应的影响，我们告诉探索馆的受访者，油轮在太平洋造成了环境破坏，询问他们愿意每年捐多少钱"让50 000只太平洋海鸟免受石油泄漏的影响，直到找到防止泄漏的方法，或要求油轮所有者支付这笔费用"。这个问题需要进行强度匹配：受访者要找到愿意捐献的金额，与他们对海鸟困境的情感强度相匹配。对一些受访者，我们会先问锚定问题，比如，"你愿意支付5美元……"，然后再问他们愿意捐多少钱。

探索馆的大部分游客都关注环境。没有提到锚定时，他们的平均支付意愿为64美元。当锚定值只有5美元时，他们的平均支付意愿为20美元。当锚定值为400美元时，其平均支付意愿上升到143美元。

高锚定组和低锚定组的支付差额为123美元。锚定指数超过30%，表明将最初的请求增加100美元，平均支付金额就会增加30美元。

在关于估值和支付意愿的大量研究中，都出现过类似甚至更强的锚定效应。例如，研究人员问生活在法国马赛重度污染区的居民，如果能搬到污染程度较轻的地区，生活成本增加多少是可接受的。在该研究中，锚定指数超过50%。在网上交易中很容易观察到锚定效应，因为同一件商品有不同的"立即购买"价格。艺术品拍卖中的"估价"就是影响首次出价的锚。

在某些情况下，锚定的存在似乎是合理的。毕竟，人们被问及难题时，抓住救命稻草并不奇怪，而锚定值似乎就是可信的稻草。如果你不了解加州的树木，有人问你红杉的高度能否超过1 200英尺，你可能会推断这个数字与事实相差不大。因为这个问题是了解红杉高度的人想出来的，所以，锚定值可能是有价值的暗示。然而，锚定研究的重要发现是，明显随机的锚定与包含潜在信息的锚定同样有效。当我们用幸运轮盘来锚定非洲国家在联合国的比例估计时，锚定指数为44%，这完全在研究者观察到的锚定影响范围内，其中锚定可被视为一种暗示。多项实验也观察到类似规模的锚定效应。在某项实验中，受试者社会保障号码的后几位数被用作锚定值（例如，用于估计所在城市的医生数量）。结论很明确：锚定效应的产生并非因为人们相信锚定值提供了有用的信息。

随机锚定的影响力会以令人不安的方式表现出来。一项实验的受试者是平均从业超过15年的德国法官。研究人员先让他们阅读一个案例，案例文字描述的是一名女子在商店行窃时被抓的情形，然后让他们掷两个骰子。[7] 骰子是经过改造的，每次投掷的结果要么是3，要么是9。骰子一停，研究人员就问法官，该女子的刑期（以月为单位）大于还是小于骰子显示的结果。最后，要求法官说出判处的具体刑期。平均而言，掷出9的法官表示，会判她8个月；掷出3的法官表示，会判她5个月。锚定指数为50%。

锚定的使用与滥用

现在，你应该相信锚定效应无处不在了。其产生有时是因为促发效应，有时是因为调整不足。产生锚定的心理机制让我们比预想中更易受到暗示。当然，很多人有意图和能力利用我们轻信的弱点。

锚定效应解释了为什么限购是一种有效的营销策略。几年前，艾奥瓦州苏城的超市购物者赶上了坎贝尔汤罐头的促销活动，价格比正常售价低10%左右。有几天，货架上的标牌上标明"每人限购12罐"，另外几天则标明"购买数量不限"。消费者在限购时平均购买7罐，是不限购时的2倍。[8] 锚定并非唯一解释。定量配给也暗示商品紧俏，消费者应该赶紧囤货。但我们也知道，将12罐作为可能的购买量会产生锚定效应，即使这个数量是通过轮盘产生的。

我们在房价谈判中看到了同样的策略，卖家通过设定标价来采取第一步行动。与许多博弈一样，在单议题谈判中（比如，价格是买卖双方唯一需要解决的问题），先行动是一种优势。正如你在集市上第一次砍价所体验到的，最初的锚定价具有强大的效应。在教学生谈判时，我的建议是，如果你认为对方的要价太离谱，你不应给出一个同样离谱的还价，为进一步谈判制造难以弥合的差距。相反，你应该虚张声势，怒气冲冲地掉头就走，或威胁要离开，并（向自己和对方）明确表示，你不会在这个要价基础上继续谈判。

心理学家亚当·加林斯基和托马斯·穆斯维勒提出了更巧妙的方法抵制谈判中的锚定效应。[9]他们要求谈判者集中注意力，在记忆中寻找抵制锚定的论据。这种激活系统2的做法是有效的。例如，当还价者将注意力集中在对方能接受的最低报价上，或集中在对方交易失败的成本上时，锚定效应就会减弱或消除。通常来说，刻意"换位思考"可能是抵制锚定效应的有效策略，因为它使产生锚定效应的思想偏差无法发挥作用。

最后，让我们尝试发现锚定对公共政策问题的影响，即人身伤害案件的损害赔偿裁定。损害赔偿的数目有时很大，医院和化工公司等组织经常成为此类诉讼的被告。它们发起游说，要求设定赔偿上限。在阅读本章之前，你可能会认为这么做对潜在的被告肯定有好处，但现在你没那么确定了。思考一下，100万美元的赔偿上限会产生怎样的影响。它能免除更大金额的赔偿，但锚定也会提高许多案件的赔偿额度，如果没有这条规则，那些赔偿金额会小得多。[10]几乎可以肯定的是，如果设定赔偿上限，重犯和大公司的获利要比小公司大得多。

锚定与双系统

随机锚定的影响可以揭示系统1和系统2之间的关系。人们一直在判断和选择任务中研究锚定效应，这些任务最终是由系统2完成的。然而，系统2处理的是从记忆中提取的数据，那是系统1无意识的自动运作。锚定使某些信息更容易被提取到，因此，系统2容易受到有偏差的锚定影响。此外，系统2无法控制也意识不到锚定效应。受试者看到随机或荒谬的锚定值（例如，甘地去世时144岁）之后，坚决否认明显无用的信息会影响其估计。但他们错了。

我们在讨论小数定律时了解到，除非一则消息被立即辟谣，否则无论其可靠性如何，都会对关联系统产生同样的影响。消息的主旨是故事，它基于任何可用的信息，即使信息量很小、质量很差也无所谓。这就是"所见即一切"。当你读到一个营救受伤登山者的英勇故事时，无论它是在新闻报道中还是在电影简介中，它对你的关联记忆产生的影响基本相同。锚定是关联激活的结果。故事是否真实可信无关紧要。强大的随机锚定效应是极端例子，因为随机锚定显然不提供任何信息。

我在前文中探讨了各种令人困惑的促发效应。你的思想和行为可能会受到某些刺激的影响，对此你根本没注意到，或者完全没意识到。促发研究的主要寓意是，我们的思想和行为受到当时环境的影响，其影响力远远超出我们的认知或预期。很多人发现促发的结果令人难以置信，因为它们与其主观体验不符。还有很多人觉得促发的结果令人不安，因为它们威胁到主体的主观意识和自主性。如果一台与己无关的电脑的屏保会在潜意识中影响你的助人意愿，你的自由度有多大？锚定效应也同样具有威胁性。你对锚定一直保持警觉，甚至刻意关注，但你并不了解它如何引导和约束你的思维，因为你无法想象，如果有不同的锚定（或没有锚定），你会怎么想。然而，你应该假设任何公开的数字都对你产生了锚定作用，如果事关重大，你应该调动自我（你的系统2）来对抗它。

谈谈锚定

"我们想收购的公司将其商业计划和期望收入发送过来了。我们不应该让这个数字影响思路。先把它放在一边。"

"计划描述的是最佳状况。在预测实际结果时，不要锚定在计划上。对策之一是思考计划可能出错的方式。"

"谈判的目的是将他们锚定在这个数字上。"

"明确一下，如果这是他们的提议，谈判就此结束。我们不想从那儿起步。"

"被告律师提出了一个低得离谱的损害赔偿金建议，他们将法官锚定在那个数字上了！"[11]

第 12 章
可得性的科学

1971—1972 年是我和阿莫斯的合作最富成效的一年。那年，我们住在俄勒冈州的尤金市，是俄勒冈研究院的访问学者，研究领域是判断、决策和直觉性预测。研究院有几位这方面的后起之秀。我们的东道主是保罗·斯洛维奇，他是阿莫斯在安阿伯市读书时的同学，也是阿莫斯一生的朋友。当时，保罗已在风险研究领域奋斗了几十年，获得了很多荣誉，即将成为该领域的一流心理学家。他和妻子洛兹向我们介绍了在尤金的生活。很快，我们就与当地人一样，爱上了慢跑、烧烤，经常带孩子去看篮球赛。我们工作非常努力，做了很多实验，撰写了关于启发式判断的论文。晚上，我埋头写作《注意力与努力》一书。那是忙碌的一年。

我们有个项目研究的是可得性启发式。我们自问，人们在估计某类别的频率时是怎么做的（比如"60 岁后离婚的人"或"危险的植物"）。这个问题让我们想到了启发式。答案很简单：人们从记忆中提取该类别的事例，如果提取过程轻松流畅，则判断该类别较大。我们将可得性启发式定义为"以想到事例的容易程度"来判断频率的过程。[1] 该定义在确定时就很清晰，但"可得性"的概念从那时起不断完善。当时，双系统法尚未创建。启发式是解决问题的策略，还是一种自动运作，我们也无意下定论。现在我们知道，两个系统都参与其中。

我们早期思考的问题是，需要想起多少事例才算是轻松的提取。现在我们知道了答案：一个都不需要。例如，思考以下两组字母可以构成的单词量。

XUZONLCJM
TAPCERHOB

你几乎无须想起任何例子就知道，其中一组提供了更多的可能性，构成的单词量大概是另一组的10倍或更多。同样，你无须回忆特定的新闻报道，就知道去年不同国家（比如，比利时、中国、法国、刚果、尼加拉瓜、罗马尼亚等）出现在新闻中的相对频率。

与其他关于判断的启发式一样，可得性启发式也是用一个问题替代另一个问题：你想估算类别大小或事件频率，回答的却是容易想到的事例。替代问题必然产生系统误差。你可以发现，启发式是如何通过一个简单的过程导致偏差的：有些因素让你很容易想到相关事例，你列出的是这些因素而非频率。你列举的每个因素都可能是偏差的来源。以下是几个例子：

- 一个显著的事件很容易从记忆中提取出来。好莱坞名人的离婚事件、政客的性丑闻事件备受关注，人们很容易想到这些例子。因此，你可能会夸大好莱坞名人的离婚率和政客性丑闻的发生率。
- 戏剧性事件会暂时提高该类事件的可得性。媒体的飞机失事报道会暂时改变你的乘机安全感。目睹路边着火的车辆，会让你在一段时间内容易想到事故。那段时期，世界变得更加危险。
- 自己的经历、照片和生动的事例比别人的经历、单纯的文字或统计数据更容易回想起来。一次影响你个人的司法误判会比你从报纸上读到的类似事件更严重地打击你对司法系统的信心。

抑制这大批量潜在的可能性偏差是有可能的，但会令人厌倦。你必须重审自己的印象和直觉，提出这样的问题："我们认为青少年盗窃是重大问题，是因为社区最近发生了几起青少年盗窃案吗？""我觉得没必要接种流感疫苗，是不是因为去年我的熟人都没患流感？"对偏差保持警惕是件苦差事，但可以避免代价高昂的错误，因而是值得的。

一项最著名的可得性研究表明，意识到自己的偏差有助于婚姻的稳定和谐，也可能有利于其他合作项目。研究人员询问几对夫妻："在保持家庭整洁方面，你的贡献占比是多少？"受试者还回答了类似的问题，比如"倒垃圾""组织社交活动"相关的问题。夫妻自我评估的贡献合计是100%、更多还是更少？不出所料，自我评估的贡献加起来超过了100%。[2]可得性偏差可以解释这种现象：夫妻对自己的努力和贡献记得比对方的更清楚，可得性差异导致频率判断的差异。偏差不一定代表为自己谋利：受试者也高估了自己引发争吵的频率，尽管这一比例低于产生积极结果的自评比例。在团队中也可以观察到可得性偏差，很多团队成员觉得自己做的比分内工作多，个人贡献没有得到他人的充分重视。

对于个体控制偏差的可能性，我的态度通常不乐观，但这次是个例外。我们可以成功消除偏差，因为功劳分配问题很容易识别。如果好几个人都觉得自己的努力没有得到充分认可，往往会出现紧张局势，此时就更容易发现问题了。有时，仅仅观察到大家的功劳合计经常超过100%，就足以让人释怀。不管如何，大家都记住这一点总是有好处的。你偶尔会做一些分外工作，但其他团队成员也有同感。

可得性心理学

20世纪90年代初，对可得性启发式的理解取得了重大进展。[3]以诺伯特·施瓦茨为首的德国心理学家提出了一个有趣的问题：要求列出指定数量的例子，会如何影响人们对某类事件发生频率的印象？想象自己是该实验的受试者：

首先，列出6个自己行事果断的例子。
接下来，评估你的果断程度。

假如要求你列出12个自己行事果断的例子（大多数人觉得很难列出这么多），你对自己果断程度的判断会有所不同吗？

施瓦茨及其同事观察到，该任务可能通过两种不同方式增强你所判断的自己的果断程度：

- 想到的事例数量。
- 想到这些事例的容易程度。

列出 12 例的要求使这两个决定性因素相互排斥。一方面，你刚提取到一些行事果断的例子。另一方面，想到前三四个例子可能很容易，但想到 12 例中的最后几例很难，回忆不再流畅。哪个更重要？提取数量还是提取的轻松度和流畅性？

两个因素对抗的结果显而易见：列出 12 例的人判断自己的果断程度比列出 6 例的人低。此外，被要求列出 12 例优柔寡断行为的受试者，最终却认为自己很果断！如果你很难想到优柔寡断的例子，很可能会得出这样的结论：你一点儿也不优柔寡断。容易想到的例子影响了自我评价。提取速度快比提取数量多带来的体验更好。

团队中其他心理学家更直接地证明了流畅性的作用。[4] 所有受试者都按要求列出 6 例果断（或优柔寡断）行为，同时保持特定的面部表情。"微笑者"要收缩颧肌，露出浅浅的微笑；"皱眉者"要皱起眉头。如你所知，皱眉通常伴随着认知压力，其影响是相互的：在执行任务时被要求皱眉，人们会更加努力，感受到更大的认知压力。研究人员预测，皱眉者更难提取到果断行为的例子，因此会认为自己优柔寡断。结果的确如此。

心理学家喜欢能产生矛盾结果的实验，他们兴致勃勃地运用施瓦茨的发现。例如，人们：

- 在回忆多次（而不是少次）骑自行车的经历后，认为自己骑自行车的次数反而少了。
- 被要求用更多论据支持选择时，对选择的信心降低了。
- 列出更多防范措施后，对事件的可规避性更不自信了。
- 列出某部车的诸多优点后，对其好感度降低了。

加州大学洛杉矶分校的某位教授发现了一个利用可得性偏差的妙招。他要求不同组别的学生列出课程改进方法，各组所列方法的数量不同。不出所料，列出更多改进方法的学生对课程的评价更高！

在这项自相矛盾的研究中，最有趣的发现或许是，人们并不总能发现矛盾：有时，人们的判断会受提取内容而非提取轻松度的影响。真正理解某种行为规律的证据是，知道如何逆转它。施瓦茨及其同事接受了这一挑战，发现了逆转的条件。

在任务执行过程中，受试者想起果断例子的容易程度是不断变化的。想到前几个例子很容易，但提取难度很快就开始加大。当然，受试者预料到回忆的流畅性会逐渐下降，但在 6~12 例之间，流畅性下降的幅度似乎比他们预期的更大。研究结果表明，受试者做出这样的推论：如果我在回忆果断例子时遇到的困难远远超过预期，那么我就不是一个当机立断的人。请注意，该推论的基础是"意外"——流畅性比预期的要差。受试者运用的可得性启发式被称为"无法解释的不可得性"启发式更合适。

施瓦茨及其同事推断，向受试者解释回忆的流畅性可扰乱这种启发式。他们告诉受试者，回忆时会听到背景音乐，音乐会影响记忆任务的表现。一组受试者被告知音乐有助于增强记忆的流畅性，另一组则被告知音乐会降低回忆的流畅性。不出所料，第一组受试者没有再受流畅性的影响，第二组受试者无论提取了 12 例还是 6 例，判断的果断程度都一样。以其他借口进行的实验也得到了同样的结果：用伪造因素来解释受试者的流畅体验时，他们的判断不再受提取轻松度的影响。无关因素包括文本框是曲线或直线、屏幕的背景颜色，以及研究人员虚构出的其他因素。[5]

正如我前面所说的，根据可得性进行判断的过程似乎涉及一个复杂的推理链。受试者在提取事件时，会感到流畅性下降。他们对下降速度有预期，但预期是错的：想出新例子的难度增速超出了预期。被要求列举 12 例的受试者说自己不够果断，原因正是这种出乎意料的低流畅性。意外消除之后，低流畅性就不再影响判断。这个过程似乎包含一系列复杂的推断。自动化的系统 1 能应对吗？

答案是，根本不需要复杂的推理。系统 1 有一个基本特征，那就是它能够设定期望，期望被违背时会感到意外。系统 1 还会提取意外的可能原因，通常在最近发生的意外中寻找。此外，系统 2 可以快速重置系统 1 的期望，使意外事件变得正常。假设有人告诉你，隔壁的 3 岁男孩坐婴儿车时经常戴礼帽。真的目睹这一幕时，你的惊讶程度会比不知情的情况下小得多。在施瓦茨的实验中，研究人员告诉受试者，背景音乐是例子提取困难的可能原因。提取 12 例的困难不再出乎意料，因此它不太可能由判断果断的任务引起。

施瓦茨及其同事发现，受试者的判断更有可能受其记忆中相关事件提取数量而非流畅性的影响。他们招募了两组学生进行心脏健康风险研究。一半学生有心脏病家族史，另一半学生没有，预计前者会更认真地对待这项任务。他们要求所有受试者回想日常生活中可能影响心脏健康的 3 种或 8 种行为（按照要求，一些人回想风险行为，另一些人回想预防行为）。[6] 没有心脏病家族史的学生对这项任务的态度很随意，遵循了可得性启发式。那些很难找到 8 例风险行为的学生觉得自己相对安全，而那些很难找到安全的预防行为事例的学生则觉得自己有患病风险。有心脏病家族史的学生表现出相反的模式——当能回忆起很多安全的预防行为的事例时，他们感到更安全；回忆起很多风险行为时，他们感到更危险。他们也更有可能认为，自己未来的行为会受到风险评估的影响。

结论是，回忆事例时的轻松度体现了系统 1 的启发作用，当系统 2 更多地参与其中时，人们就开始关注内容，而不是回忆的轻松度。各种证据都支持这一结论：相比警惕性较高的人，跟随系统 1 引导的人更易受可得性偏差的影响。在某些情况下，人们会"跟着感觉走"，更易受提取轻松度而非提取内容的影响。以下是这些情况发生的条件：

- 同时执行其他耗费脑力的任务。[7]
- 刚回忆起人生中某段快乐的往事，心情愉悦的时候。[8]
- 抑郁量表得分较低。[9]
- 对任务的主题来说，与真正的专家[10]相比，只是有学问的新手。[11]
- 直觉信念量表得分很高。[12]
- 如果他们（或让他们感觉）很强大。[13]

我觉得最后一个发现特别有趣。论文作者在前言中引用了乔治·W. 布什 2002 年 11 月的一句名言："我不会浪费大量时间满世界做民调，来告诉自己我的想法是正确的。我只需要知道我的感受就好。"作者进一步表明，依赖直觉只是人格特质的一部分。只要提醒人们回想自己拥有权力的时刻，就能让他们更加相信自己的直觉。

谈谈可得性

"由于上个月有两架飞机坠毁，她现在更愿意坐火车。这真是愚蠢。风险并没有真正改变，这是可得性的偏差。"

"他低估了室内污染的风险，因为媒体很少报道。这是可得性效应。他应该看看统计数据。"

"她最近看了太多间谍电影，所以感觉阴谋无处不在。"

"这位首席执行官连续数次成功，因而不容易想到失败。可得性偏差使她过于自信。"

第13章
可得性、情感和风险

风险研究者很快发现，可得性牵涉他们的研究。在我们的研究发表之前，经济学家霍华德·昆鲁斯就注意到，可得性效应有助于解释人们在灾后购买保险并采取防护行动的规律。（那时，他刚开始研究风险和保险，正处于事业起步阶段。）灾难发生后，受害者和潜在受害者忧心忡忡。每次大地震后的一段时间内，加州居民都会积极地购买保险，并采取措施保护自身安全、减少损失。他们固定好热水炉以减轻地震造成的破坏，密封地下室的门以抵御洪水，并确保应急物资储备就绪。然而，随着时间的推移，对灾难的记忆越来越模糊，担忧和防灾积极性也日渐减退。灾难、担忧以及松懈自满反复循环，这是大规模突发事件的研究者熟悉的现象，记忆动态可以解释其原因。

昆鲁斯还观察到，无论是个人还是政府的保护措施，通常是根据其经历的最严重的灾难设计的。早在埃及法老时代，人们就关注周期性洪水留下的高水位线，并据此做好相应的防护，显然是认为洪水不会超过那个警戒线。更严重的灾难画面很难浮现在脑海中。

可得性与情感

关于可得性偏差最具影响力的研究，是由我们在尤金的朋友保罗·斯洛维奇、他的长期合作者萨拉·利希滕斯坦及我们以前的学生巴鲁克·费什霍夫合作完成的。这项开创性研究的目标是公众对风险的看法，其中的一项调查已成为可得性偏差的标准范例。他们要求受试者考虑两组死因（糖尿病和支气管哮喘，脑卒中和意外事故），指出各组中哪一个是常见死因，并估计它们发生频率的比例。他们将判断结果与当时的医疗统计数据进行了比较。以下是部分调查结果：

- 脑卒中造成的死亡人数几乎是所有意外死亡人数总和的 2 倍，但 80% 的受试者认为，意外死亡的可能性更大。
- 受试者认为龙卷风比支气管哮喘更易导致死亡，尽管后者的死亡人数是前者的 20 倍。
- 受试者认为，被闪电击中死亡的可能性比肉毒中毒死亡的可能性低，尽管前者造成死亡的频率是后者的 52 倍。
- 病死的可能性是意外死亡的 18 倍，但受试者却认为二者的可能性大致相等。
- 受试者认为意外死亡的可能性是患糖尿病死亡的 300 多倍，但实际比例为 1∶4。

教训一目了然：媒体的报道扭曲了人们对死因的估计。媒体报道本身就倾向于新奇、惨痛的事件。媒体不仅塑造了公众的兴趣，也受到公众兴趣的影响。公众希望媒体广泛报道某些话题和观点，编辑不能忽视这些要求。异常事件（如肉毒中毒）会格外引人注意，因此人们认为它比实际情况更常见。大脑中的世界并不能准确反映现实，我们对事件发生频率的预期会受到接触信息的流行程度和情感强度的影响。

对死因的估计几乎是关联记忆中想法激活的直接表现，也是替代的好例子。但斯洛维奇及同事有更深刻的见解：他们发现，人们想到各种风险的容易程度与对这些风险的情感反应密不可分。可怕的念头和画面特别容易出现在脑海，那些栩栩如生的危险念头会加剧我们的恐惧。

如前所述，斯洛维奇最终提出了情感启发式的概念，即人们在做判断和决策时诉诸自己的情感：我喜欢它吗？我讨厌它吗？我对它的感觉有多强烈？斯洛维奇说，在生活的许多领域，人们的观点和选择直接表达了内心感情，以及靠近或回避的基本倾向，并且往往意识不到自己在这么做。情感启发式是一种替换，它将简单问题（我对它有什么感觉？）的答案当作较难问题（我对它有什么看法？）的答案。斯洛维奇及其同事将他们的观点与神经科学家安东尼奥·达马西奥的研究成果联系起来。达马西奥认为，人们对结果的情感评估、身体状况以及与之相关的靠近或回避倾向，都在决策中发挥着重要作用。达马西奥及其同事观察到，那些在做决定前没有表露出适当情感的人（有时是因为大脑损伤）无法做出正确的决定。[1]无法接受对不良后果"健康恐惧"的指引，是一种灾难性缺陷。

在一次令人信服的情感启发式论证中，斯洛维奇的研究团队调查了人们对各种技术的看法，包括饮用水氟化、化工厂、食品防腐剂和汽车。他们要求受试者列出每项技术的益处和风险。[2]他们观察到，受试者做出的两个估计（技术带来的益处和风险）之间存在着极高的负相关性。当对某项技术有好感时，人们会认为其益处很大，风险很小；当不喜欢某项技术时，人们只能想到它的缺点，很少想到其优点。技术是从好到坏排列的，所以受试者无须面对痛苦的权衡。人们在时间压力下对风险和益处进行评估时，对二者的估计会更加接近。值得注意的是，英国毒理学会的会员也做出了类似反应：对自认为有风险的物质或技术，他们的评价是几乎毫无益处，反之亦然。[3]情感一致性是我所说的关联连贯性的核心要素。

接下来是实验最精彩的部分。完成初步调查后，受试者阅读了几段文字，它们讲的是对各种技术的支持。第一组阅读的内容强调技术的诸多益处，第二组阅读的内容强调技术的低风险性。这些信息有效改变了受试者对技术的情感态度。出乎意料的发现是，第一组也改变了对技术风险的看法。尽管没看到相关证据，但他们对这项技术的好感增强了，认为其风险较小。同样，第二组也更看好技术的益处。言外之意很明确：正如心理学家乔纳森·海特在某个语境中提到的，"情感的尾巴摇动着理性的狗"。[4]情感启发式创造了一个比现实更井然有序的世界，从而简化了我们的生活。在想象的世界中，好技术几乎没有代价，坏技术则毫无益处，所有的决策都能轻而易举地做出。当然，在现实世界中，我们经常面对痛苦的利弊权衡。

公众与专家

关于人类做风险判断时的特点，没有人比保罗·斯洛维奇了解得更全面。他的研究展示了并不讨喜的普通人形象：受情感而非理性的引导，容易被细枝末节左右，对低概率与可忽略的极低概率之间的差异不够敏感。斯洛维奇还研究过擅长处理数字和数量的专家，他们与普通人一样，有各种偏见，只不过没那么强烈。但他们对风险的判断和偏好往往与众不同。

专家和公众的判断差异，有一部分可以用外行的偏见来解释，但斯洛维奇提醒人们关注那些反映价值观冲突的差异。他指出，专家通常以死亡人数（或寿命）来衡量风险，而公众则会做出更细的区分，例如"善终"和"非善终"，或随机意外死亡和自主活动中的死亡（如滑雪）。统计数据只统计事件，经常忽视这些合理的差异。斯洛维奇通过观察得出结论，公众对风险的理解比专家更全面。因此，他强烈反对的观点是：将决策权交给专家；当专家的意见和愿望与公众发生冲突时，应不加质疑地全盘接受专家意见。他说，专家和公众对优先事项存在分歧时，"双方都应尊重对方的见解和智慧"。

斯洛维奇想打破专家在风险决策方面一手遮天的局面。他对专家的理论基础（风险是客观的）发起了挑战。

"风险"不能脱离人类的思想和文化而独立存在，它不是等着我们去测量的"外物"。[5] 人类创造"风险"的概念，是为了更好地理解和应对生活中的危险和不确定性。尽管危险是真实存在的，但"真正的风险"或"客观风险"并不存在。

为了阐明自己的观点，斯洛维奇以向空气中释放有毒物质导致的死亡风险为例，列出了 9 种界定方法，比如"每百万人的死亡人数""每生产 100 万美元产品的死亡人数"。他的观点是，风险评估结果取决于所选择的测量方法——显然，测量方法的选择受人们对某一结果的偏好的影响。他得出结论，"界定风险是行使权力"。你可能想不到，有人会将判断心理学的实验研究与如此棘手的政策问题联系起来！然而，政策归根结底与人有关，与人的需要和利益最大化有关。每个政策问题都涉及对人性的假设，尤其与人们可能做出的选择，以及这些选择给自己和社会造成的影响有关。

我敬仰的另一位学者和朋友卡斯·桑斯坦强烈反对斯洛维奇在专家与公众问题上的看法，认为专家是抵御"民粹主义"泛滥的屏障。桑斯坦是美国最著名的法律学者，与法律界的其他领军人物一样，他有着知识分子大无畏的精神。他知道自己可以快速、全面地掌握任何知识，他学习了包括判断和决策心理学在内的大量知识，了解了监管和风险政策问题。他的观点是，美国现有的监管体系在设定优先事项方面表现得很差劲，只是在应对公众的压力，没有做出谨慎客观的分析。他认为，为降低风险而采取的监管和政府干预措施，应以成本和收益的理性权衡为指导，分析单位应该是拯救的人数（或者是延长的寿命——将更大的权重赋予拯救年轻人）和经济成本。监管不力会浪费生命和钱财，这两项都可以客观测量。斯洛维奇认为风险及风险测量是主观的，桑斯坦无法苟同。风险评估在许多方面都值得商榷，但桑斯坦相信，运用科学和专业知识，慎重思考可以使风险评估保持客观。

桑斯坦认为，公共政策中优先事项的设置之所以不稳定、不恰当，对风险的偏见反应是重要原因。立法者和监管机构可能对公众的非理性担忧反应过度，因为他们具备政治敏感性，也因为他们与公众一样，容易产生认知偏差。

桑斯坦及其合作者、法学家蒂穆尔·库兰为偏见影响政策的机制创造了一个术语：可得性层叠（也称作"效用层叠"）。[6]他们说，在社会情境中，"所有启发式都是平等的，但可得性比其他启发式更平等"。他们考虑的是启发式的广义概念，可得性不只为频率提供启发，也为判断提供启发。要特别指出的是，想法的重要性通常取决于想到它时的流畅性（和情感负荷）。

可得性层叠是自我维持的连锁事件。刚开始，媒体报道了一起小事件，导致公众恐慌和大规模的政府行动。在某些情况下，媒体对风险的报道抓住了公众的部分注意力，自此，事件开始发酵并引发担忧。这种情绪反应本身就是故事，促使媒体跟进报道，引发更多关注和参与。有时，"可得性企业家"、个人或组织兴风作浪，令人担忧的消息因而绵延不绝，加快了恶性循环的周期。媒体争相报道引人注目的头条新闻，危险也随之愈演愈烈。科学家及其他有识之士试图抑制日益增长的恐惧和厌恶情绪，指出危险被夸大了，却没有得到多少关注。大多数反馈都充满敌意，说他们有"令人发指地掩盖"之嫌。萦绕在每个人心头的问题成了重要的政治议题，而政治体系会根据公众情绪的强烈程度做出反应。此时，可得性层叠已重置了问题的优先级。在这种背景下，其他风险和有利于公共利益的其他资源分配方式仿佛都消失不见了。

库兰和桑斯坦重点讨论了两个案例，它们至今仍存在争议，那就是拉夫运河事件和所谓的艾拉恐慌。1979年的雨季，掩埋在拉夫运河里的有毒垃圾浮出水面，水污染程度严重超标，还散发出阵阵恶臭。社区居民既愤怒又害怕。一位叫洛伊斯·吉布斯的居民煽风点火，鼓动人们持续关注该事件。于是，可得性层叠按照标准剧本展开了。在炒作最热的时期，每天都有关于拉夫运河的报道。有些科学家说危险被夸大了，但他们的说法要么没人理会，要么被抗议声淹没。美国广播公司（ABC）播出了一档名为《杀戮场》的节目。节目中，人们抬着空的婴儿棺材在立法机构门前游行。众多居民由政府出资迁往外地，有毒垃圾成为20世纪80年代的重大环境问题。政府出台了强制清理有毒场所的法规，即《综合环境反应、赔偿和责任法》（CERCLA，又称《超级基金法》）。法律规定设立超级基金，该举措被认为是环境立法的一项重大成就。它的成本也非常高，有人说，如果将这笔钱用于其他优先事项，本可以挽救更多生命。人们对拉夫运河事件的看法仍存在重大分歧，有毒垃圾会对健康造成实际损害的说法似乎没有得到证实。在库兰和桑斯坦的笔下，拉夫运河事件可谓伪事件，而环保主义者仍将其称为"拉夫运河灾难"。

库兰和桑斯坦用来说明可得性层叠概念的第二个例子是艾拉事件。人们对此也存在意见分歧，环境问题的批评者称之为1989年的"艾拉恐慌"。艾拉是喷洒在苹果上的化学物质，可调节苹果的生长周期，改善其外观。有报道称，大量摄入艾拉会导致老鼠患上癌症，这自然引发了公众的恐慌，恐慌又促使媒体加大报道力度，这正是可得性层叠的基本机制。该话题占据新闻头条，引发了戏剧性的媒体事件，比如女演员梅丽尔·斯特里普在国会前做证。人们担心苹果及苹果产品的安全性，苹果产业因此蒙受了巨大损失。一位市民打电话咨询"把苹果汁倒进下水道，或扔到有毒废物垃圾场，哪种做法更安全"。库兰和桑斯坦在论文中引用了这句话。苹果产品被生产商撤回，美国食品药品监督管理局也对其颁布了禁令。随后的研究证实，艾拉可能是致癌物，但风险很小。艾拉事件无疑是对小问题的过度反应。这起事件对公众健康的最终影响可能是有害的，因为人们连好苹果也很少吃了。

艾拉事件说明大脑处理小风险事件的基本局限：要么完全忽视，要么过于重视，没有中间地带。[7] 十几岁的女儿参加派对迟迟未归，熬夜等待的家长非常熟悉这种感觉。你可能知道，（几乎）无须担心，但大脑仍会不由自主地浮现不幸的画面。正如斯洛维奇所说，焦虑程度对伤害发生的概率不够敏感，你想象的是分子（新闻报道的悲惨故事）而不是分母。桑斯坦创造了"概率忽视"这一短语来描述这种模式。概率忽视与可得性层叠的社会机制相结合，必然导致对小威胁的夸大，有时会造成严重的后果。

当今世界，将可得性层叠发挥到极致的是恐怖分子。除了"9·11"这样的恐怖袭击事件，与其他死因相比，恐怖袭击造成的伤亡人数非常少。在我写作本书时，即使在以色列等恐怖活动猖獗的国家，恐怖袭击每周造成的死亡人数也比交通意外造成的死亡人数要少。区别在于这两种风险的可得性，以及它们出现在脑海中的容易程度和频率。恐怖画面在媒体上不断重复，搞得人心惶惶。根据我的经验，在这种情况下很难用理性说服自己，达到完全平静的状态。恐怖主义会直接针对系统1。

对于两位朋友的争论，我的观点是怎样的？可得性层叠是真实现象，无疑扰乱了公共资源分配的优先顺序。卡斯·桑斯坦想寻找某种机制，使决策者避开公众压力，让公正的专家决定资源分配，这些专家能以宏观视角看待所有风险以及降低风险的资源。相比桑斯坦，保罗·斯洛维奇更不信任专家，更相信大众。他指出，将专家与公众的情感隔离，制定的政策会遭到公众的抵制——这种情况在民主国家是不可能存在的。双方的观点都非常有道理，我赞同他们的看法。

我和桑斯坦一样，对风险领域中的非理性恐惧以及可得性层叠对公共政策的影响感到不安。然而，我也赞同斯洛维奇的观点，即使普遍存在的恐惧不合理，政策制定者也不应忽视它们。无论是否理性，恐惧都是痛苦的，会让人身心衰弱，政策制定者必须努力保护公众免受恐惧的侵扰，而不仅仅是防范真正的危险。

斯洛维奇强调，公众抵制那些未经选举的、不负责任的专家做出的决策。在这方面他是正确的。此外，可得性层叠可能会引起人们对危险等级的关注，加大降低风险的预算规模，从而获得长远利益。拉夫运河事件可能使过多的资源投入有毒垃圾的治理上，但也提高了人们的环保意识。民主难免引发混乱，部分原因是引导大众信仰、态度的可得性和情感启发式存在偏差，即使它们在通常情况下指引的方向是正确的。心理学应该为风险政策的设计出谋划策，将专家知识与公众的情绪和直觉有效结合起来。

谈谈可得性层叠

"她对一项创意赞不绝口，说它益处大，零成本。我认为这就是情感启发式。"

"媒体和公众大肆宣扬一件虚张之事。结果，电视频道都在播报此事，它成了所有人的话题。这是可得性层叠的例子。"

第 14 章
汤姆的专业

来看一下这个简单的问题：

汤姆是你所在州主要大学的研究生。请预测汤姆学习以下 9 个专业的可能性，并进行排序。1 表示可能性最大，9 表示可能性最小。

工商管理
计算机科学
工程学
人文与教育
法学
医学
图书馆学
物理与生命科学
社会科学与社会工作

这个问题很简单。你立即就知道，不同专业的招生规模是解题关键。你知道，汤姆是从研究生中随机挑选出来的，就像从罐子里取出的一颗弹珠。要确定弹珠是红色还是绿色，你需要知道罐子里两种颜色的弹珠各有多少。某类弹珠的比例称为基础比率。同样，在这个问题上，人文与教育专业的基础比率就是该专业的研究生人数在所有研究生中的比例。在不知道汤姆具体信息的情况下，你会根据基础比率猜测，他就读的专业更有可能是人文与教育，而不是计算机科学或图书馆学，因为人文与教育专业的学生人数比那两个专业多。在没有其他信息的情况下，自然要利用基础比率信息做预测。

接下来的任务与基础比率无关。

汤姆在高中最后一年时进行了一次心理测试，测试的效度不确定。以下是心理学家根据测试结果对其进行的性格描述：

汤姆缺乏真正的创造力，但智商很高。他讲究秩序、思路清晰，追求整洁有序，所有物品摆放得井井有条。他的文章枯燥乏味，老套的双关语和科幻想象力偶尔会让人眼前一亮。他有很强的上进心，似乎对人缺乏同理心和同情心，不喜欢与人交往。尽管以自我为中心，但他的道德感很强。

现在，请拿出一张纸，根据汤姆的性格与各专业研究生的相似度，对前文提到的9个专业进行排序。1表示可能性最大，9表示可能性最小。

你如果快速做一下这道题，就能从本章中汲取更多知识。要做出判断，有必要阅读一下关于汤姆的报告。

这个问题也很简单。它要求你提取或构建不同专业研究生的刻板印象。20世纪70年代早期，该实验首次进行时，受试者的平均排序如下。你的答案可能与此相差不大：

（1）计算机科学
（2）工程学
（3）工商管理
（4）物理与生命科学
（5）图书馆学
（6）法学
（7）医学
（8）人文与教育
（9）社会科学与社会工作

你可能把计算机科学列为首位，因为性格描述中有关于书呆子气的暗示

第 14 章　汤姆的专业

（"老套的双关语"）。事实上，对汤姆的描述正是为了符合这种刻板印象。排名靠前的另一个专业是工程学（"整洁有序"）。你可能认为汤姆不太符合你对社会科学与社会工作专业的印象（"对人缺乏同理心和同情心"）。在我设计该描述之后的近40年来，人们对专业的刻板印象似乎没有什么变化。

为9个专业排序是一项复杂的任务，需要自制力和按次序进行组织安排，只有系统2才能做到。然而，描述中的各种暗示（老套的双关语和其他描述）旨在激活与刻板印象的关联，这是系统1的自动活动。

这项任务要求受试者将对于汤姆的描述与各专业的刻板印象进行比较。就任务而言，描述的准确性（它是不是汤姆的真实写照）无关紧要。你对各专业基础比率的了解也无关紧要。个体与群体刻板印象的相似性不受群体规模的影响。事实上，你可以将汤姆与图书馆学研究生的形象进行比较，不管大学里有没有这个专业。

你如果再次分析汤姆的性格，会发现他很符合小众专业（计算机科学、图书馆学、工程学）而非大众专业（人文与教育、社会科学与社会工作）学生的刻板印象。事实上，受试者总是将这两个人数最多的专业排在最后。我刻意将汤姆的性格设计成"反基础比率的类型"，让其适合冷门而非热门专业。

通过代表性来预测

该实验的第三项任务是按照汤姆就读这9个专业的概率排序。这项任务很重要，是由心理学研究生完成的。他们了解相关统计事实：知道不同专业的基础比率，也知道有关汤姆描述的信息来源不太可靠。然而，我们预期他们只关注描述与刻板印象的相似性（我们称之为代表性），会忽视基础比率和对描述真实性的怀疑。他们会将计算机科学这一小众专业排在第一位，因为它的代表性得分最高。

我和阿莫斯在尤金的这一年，工作非常努力，有时我会在办公室通宵达旦地工作。很多时候，我加班加点是为了设计某种人格描述，使代表性和基础比率相互冲突。我在凌晨完成了对汤姆的描述。那天早上，第一个来上班的是我们的同事兼好友罗宾·道斯，他是经验丰富的统计学家，对直觉判断的有效性持怀疑态度。如果有人了解基础比率的相关性，那人一定是罗宾。我把罗宾叫过来，给他看了我刚打印的问题，让他猜测汤姆的专业。我还记得他试探着回答时露出的狡黠微笑："计算机专业？"那一刻真开心！连专家都落入了陷阱。当然，我一提到"基础比率"，罗宾就立即意识到自己的错误，但他并没有自然而然地想到这一点。尽管他比别人更清楚基础比率在预测中的作用，但看到个性描述时，仍忽视了基础比率。不出所料，他预测的是代表性，以此替代了要回答的概率估计。

我和阿莫斯收集了3所主要大学114名心理学研究生的答案，他们都上过几门统计学课程。结果没有让我们失望。他们对9个专业的概率排序与刻板印象相似性的排序一致。在这个案例中，替代不折不扣地发生了：没有迹象表明，受试者除了预测代表性之外，做了其他事情。关于概率（可能性）的问题很难回答，但关于相似性的问题比较简单，于是人们就回答了简单的问题。这是一个严重的错误，因为相似性判断和概率判断遵循的是不同的逻辑规则。相似性判断不受基础比率和描述错误的影响，但在概率估计中，忽视基础比率和证据质量的人注定会犯错。

"汤姆就读于计算机科学专业的概率"并非简单的概念。逻辑学家和统计学家对其意义有不同的看法，也有人说它根本没有意义。对许多专家来说，概率是对主观信念度的测量。有些事你确定无疑。比如，今天早晨太阳升起了。有些事你认为不可能发生，比如太平洋突然全部冻结。还有很多事你将信将疑，比如邻居是计算机科学家。这就是你所认为的事件发生概率。

逻辑学家和统计学家争相确立概率的定义，所有定义都非常精确。然而，对外行来说，概率（在日常用语中，其同义词是"可能性"）是一个模糊的概念，与不确定性、倾向性、可信性和出乎意料等词汇有关。模糊性并非概率所特有的，也不会让人感觉特别麻烦。在使用"民主"或"美丽"这类词时，我们或多或少知道自己的意思，谈话对象也或多或少理解我们要表达什么。多年来，我向人们提出有关事件概率的问题，从没有人举手问我："先生，你说的概率是什么意思？"但如果我让他们评估一个陌生的概念，比如"全球性"，他们肯定会举手发问。每个人都貌似知道怎样回答我的问题，尽管我们都明白，要求他们解释概率的含义是不公平的。

被要求预测概率的人不会被难倒，他们不会以统计学家和哲学家使用概率的方式来判断概率。关于概率或可能性的问题会激活思维霰弹枪，让人们想到某个更简单问题的答案。其中一个简单的答案是自动评估代表性——这是理解语言的一贯做法。"猫王的父母希望他成为一名牙医"，这个（杜撰的）说法有点儿好笑，因为人们会自动想到猫王和牙医的形象差异。系统1会在无意中产生相似的印象。当有人说"她会赢得竞选，你将看到她获胜"或"他不会成为学者，他的文身太多了"时，就涉及代表性启发式。我们根据候选人下巴的轮廓或演讲的自信程度来判断其潜在领导能力时，依赖的就是代表性。

尽管通过代表性进行预测很普遍，但这并不是统计学上的最优选择。迈克尔·刘易斯的畅销书《点球成金》讲述了这种预测模式的低效。职业棒球星探通常根据球员的体格和外貌预测他能否成功。书中的主角比利·比恩是"奥克兰运动家"棒球队的经理，他做出了一个另类的决定——不采纳星探的做法，而是根据历史表现的统计数据来挑选球员。该队选择的球员成本都不高，因为他们的外表不符合要求，被别的球队拒之门外。但这支球队很快以低廉的成本创造出非凡的战绩。

代表性之罪

用代表性来判断概率有一大优势：它产生的直觉印象通常比靠运气猜测的更准确。

- 在大多数情况下，表现友善的人实际上就是友善的。
- 又高又瘦的职业运动员更可能是打篮球的，而不是踢足球的。
- 拥有博士学位的人比只读了高中的人更有可能订阅《纽约时报》。
- 小伙子比老妇人更有可能飙车。

除了上述情况，在许多情况下，代表性判断所依赖的刻板印象也都不无道理，遵循这种启发式做出的预测很可能是正确的。但在某些情况下，刻板印象是错的，代表性启发式会造成误导，让人忽视做出其他判断的基础比率信息。即使启发式有一定的效用，只靠它做预测也是违反统计学逻辑的重大错误。

代表性的第一宗罪是，倾向于预测不太可能发生的（低基础比率）事件。举个例子：你在纽约地铁里看到某人在阅读《纽约时报》。以下哪种描述更适合这个陌生人？

她有博士学位。
她没有大学文凭。

代表性告诉你选第一个，但这个选择并不一定明智。你应该认真考虑第二个，因为在乘坐纽约地铁的人群中，没有大学文凭的人远多于有博士学位的人。一位女士被描述为"羞涩的诗歌爱好者"，如果让你猜测她的专业是中国文学还是工商管理，你应该选择后者。[1] 即使中国文学专业的女生都很腼腆，也都喜欢诗歌，但几乎可以肯定的是，在热门的工商管理专业中，有更多羞涩的诗歌爱好者。

在某些条件下，未受过统计学训练的人也会使用基础比率进行预测。汤姆问题的第一版没有描述其性格特点，所有人都清楚，他就读某专业的概率只是该专业注册人数的基础比率。然而，在得知汤姆的个性后，人们就不考虑基础比率了。

根据早期证据，我和阿莫斯最初认为，人们在获得具体信息后，总是会忽视基础比率信息，但这个结论太偏激了。心理学家进行了许多实验，将基础比率信息作为问题的一部分呈现出来，尽管个体信息的权重总是大于单纯的统计数据，许多受试者还是会考虑基础比率。[2] 诺伯特·施瓦茨及其同事表明，引导人们"像统计学家一样思考"可以促使他们更多地使用基础比率信息，而引导人们"像临床医生一样思考"则会起到相反的作用。[3]

几年前，在哈佛大学本科生中进行了一项实验，结果令我惊讶：系统2的强化激活提高了汤姆问题的预测准确性。该实验将老问题与认知流畅性的现代版本相结合。要求一半学生在执行任务时鼓腮帮，另一半学生皱眉头。[4] 我们知道，皱眉通常会提高系统2的警惕性，降低过度自信和对直觉的依赖。鼓腮帮（情绪中立的表情）的学生复制了最初的结果：他们完全依赖代表性，忽视了基础比率。然而，正如作者预测的那样，皱眉者确实对基础比率较为敏感。这一发现很有启发性。

直觉判断出了错，系统1和系统2都有责任。系统1给出了错误的直觉性建议，系统2采纳了，并据此做出判断。然而，系统2的失败有两个可能的原因——无知或懒惰。有些人忽视基础比率，因为他们认为，既然有了个人信息，基础比率就无关紧要了。还有一些人因为不专注而犯错。如果说皱眉头对判断有影响的话，那么懒惰似乎是基础比率忽视的恰当解释，至少对哈佛大学的本科生来说是这样。即使没有明确提及基础比率，他们的系统2也"知道"答案与其相关，但应用这一知识的前提是在任务中付出努力。

代表性的第二宗罪是对证据的质量不敏感。回想一下系统1的"所见即一切"法则。在汤姆的例子中，激活关联机器的是对他的描述，这些描述的准确性并不确定。汤姆"对人缺乏同情心和同理心"，这一说法足以让你（以及大多数读者）认为，他不太可能是社会科学与社会工作专业的学生。但你被明确告知，不应该相信描述！

原则上，你当然知道，无价值的信息等于没有信息，但"所见即一切"法则使其很难付诸实践。除非你立即否定证据（例如，确定信息是从骗子那里获得的），否则系统1会自动处理可用信息，就好像它是真的一样。当你质疑证据的质量时，你可以这么做：让你的概率判断接近基础比率。别期望这种训练能轻而易举地完成——它需要你付出巨大的努力进行自我监控和自我控制。

汤姆难题的正确解答方式是，你的答案应该非常接近先验信念，稍微调低热门专业（人文与教育，社会科学与社会工作）最初的高概率水平，稍微调高冷门专业（图书馆学、计算机科学）的低概率水平。你如果对汤姆一无所知，就不会有现在的看法，但你掌握的那点儿证据不足为信，所以应该让基础比率决定你的估计。

如何管教直觉

你对明天下雨的概率判断是你的主观信念，但你不应该相信头脑中的所有想法。要让想法发挥作用，那么你的信念应该受到概率逻辑的约束。所以，如果你相信明天下雨的概率是40%，那么你也必须相信明天不下雨的概率是60%。你不能相信明天早上有50%的概率会下雨。如果你相信某个候选人当选总统的可能性是30%，并且相信他首次当选后连任的可能性为80%，那么你必须相信他连任的可能性为24%。

贝叶斯统计学为汤姆问题及类似问题提供了相关法则。贝叶斯统计学以18世纪英国牧师托马斯·贝叶斯的姓氏命名，是一种有影响力的现代统计方法。贝叶斯被公认为一个重大问题的首位贡献者，这个问题是：人们根据证据改变想法时所遵循的逻辑是什么？贝叶斯法则详细说明了先验信念（在本章的例子中指的是基础比率）应如何与对证据的诊断相结合，以及它在多大程度上支持假设而不是替代方案。[5]例如，如果你相信3%的研究生就读于计算机科学专业（基础比率），同时相信，关于汤姆的描述符合计算机科学专业研究生的可能性是其他专业的4倍，那么贝叶斯法则认为，你现在必须相信汤姆就读于计算机科学专业的概率是11%。如果基础比率是80%，新的信念度就是94.1%。以此类推。

本书不涉及数学细节。关于贝叶斯推理以及我们判断出错的原因，有两点需要牢记。第一，即使在有证据的情况下，基础比率也很重要。这一点在直觉上往往并不那么显而易见。第二，证据诊断力的直觉性印象往往被夸大了。"所见即一切"与关联连贯性的结合会让我们相信自己编造的故事。贝叶斯推理的关键可以简单总结为：

- 将你的概率判断锚定在合理的基础比率上。
- 质疑你对证据的诊断力。

这两个理念很简单。我意识到从没有人教我如何运用它们，这让我震惊。即使现在，我仍觉得实践起来有些不自然。

谈谈代表性

"这家公司的草坪修剪得很齐整,接待员看起来很称职,家具也光鲜亮丽,但这并不意味着公司管理有方。我希望董事会不要依靠代表性做判断。"

"这家初创公司看起来不会倒闭,但该行业成功的基础比率极低。我们怎么知道它会不同?"

"他们一直在犯同样的错误:根据不充分的证据预测罕见事件。当证据不足时,应该以基础比率作为判断依据。"

"我知道这份报告极具毁灭性,它可能基于确凿的证据,但我们对此有多大把握?我们必须考虑到不确定性。"

第 15 章
琳达问题：少即是多

我和阿莫斯所做的一项实验涉及一个虚构人物——琳达女士。这是我们最著名也最具争议的实验。实验目的是为启发式在判断中的作用及其与逻辑的矛盾提供确凿证据。[1] 以下是我们对琳达的描述：

琳达，31 岁，单身，直言不讳，非常聪明。她主修哲学。学生时代，她非常关注歧视和社会公正问题，还参加了反核示威活动。

在 20 世纪 80 年代听过这段描述的人会笑起来，因为他们会立即知道琳达曾就读于加州大学伯克利分校，当时该校以其热衷政治的激进学生而闻名。实验中，我们向受试者列出了琳达的 8 种可能情况。与汤姆问题一样，一些人根据代表性排序，另一些人根据概率排序。琳达问题与汤姆问题相似，但略有不同。

琳达是小学教师。
琳达在书店工作，还去上瑜伽课。
琳达积极参与女权运动。
琳达是精神病学社会工作者。
琳达是女性选民联盟的成员。
琳达是银行出纳员。

琳达是保险销售员。

琳达是银行出纳员，积极参与女权运动。

该问题从几个方面暴露了年代信息。女性选民联盟不再像以前那样热门，女权"运动"听起来也过时了，这证明过去30年女性地位发生了变化。然而，即使在脸书时代，人们仍然很容易达成近乎完美的判断共识：琳达非常符合积极的女权主义者形象，也挺像在书店工作并且上瑜伽课的人，与银行出纳员或保险销售员的形象相距甚远。

现在，请注意列表中的关键项：琳达看起来更像银行出纳员，还是积极参与女权运动的银行出纳员？所有人都认为，相比银行出纳员，琳达更像是"女权主义银行出纳员"。刻板印象中的银行出纳员不是女权主义积极分子，添加细节会使故事更加连贯。

琳达问题与汤姆问题的不同之处在于对可能性的判断上，因为对琳达的两种预测存在逻辑关系。让我们借助维恩图来思考。每个女权主义银行出纳员都是银行出纳员，前者完全包含在后者的集合中。所以，琳达是女权主义银行出纳员的概率肯定低于她是银行出纳员的概率。详细说明可能的事件，只会降低它的概率。因此，该问题在代表性直觉与概率逻辑之间设置了冲突。

我们最初的实验用的是被试间设计。所有受试者看到的是7个结果，其中只有一个关键项（"银行出纳员"或"女权主义银行出纳员"）。一组受试者根据相似性排序，另一组根据可能性排序。与汤姆问题的情况一样，两组的平均排序结果一致。"女权主义银行出纳员"排在"银行出纳员"前面。

然后，我们的实验进一步深入，使用了被试内设计。我们设计了你现在看到的这份问卷，其中"银行出纳员"排在第六位，"女权主义银行出纳员"排在最后。我们确信，受试者会注意到这两个结果之间的关系，他们的排序会符合逻辑。我们对这个预测信心十足，甚至认为不值得专门进行实验。我的助理正在实验室进行另一项实验，她要求受试者在签退时填写新的琳达问卷，之后就能拿到报酬。

助理桌上的文件盒里大约有10份回收的问卷，我漫不经心地看了一眼，发现所有受试者都认为，相比"银行出纳员"，琳达更可能是"女权主义银行出纳员"。我非常惊讶。那一刻成为我的"闪光灯记忆"——灰色的金属桌，以及每个人当时所在的位置都历历在目。我兴奋地打电话给阿莫斯，告诉他我们的发现：我们让逻辑与代表性对抗，结果，代表性赢了！

用本书的语言来表达，我们观察到系统 2 的失职：我们的受试者有很好的机会察觉逻辑规则的相关性，因为这两个结果同时出现在列表中，但他们错失了这个机会。我们做了更多的实验，发现样本中 89% 的本科生违反了概率逻辑。我们确信，统计专业的受试者会有更好的表现，于是对斯坦福大学商学院决策科学项目的博士生进行了同样的问卷调查，他们都学过概率论、统计学和决策论等高阶课程。结果再次令我们惊讶：85% 的受试者认为琳达更有可能是"女权主义银行出纳员"，而不是"银行出纳员"。

为消除错误，我们做了很多尝试，然而却"越来越绝望"。我们向很多人描述琳达的特点，并提出一个简单的问题：

以下哪种情况的可能性更大？

琳达是银行出纳员。
琳达是银行出纳员，她积极参与女权运动。

这个极简版问题让琳达在某些领域小有名气，也让我们的研究多年以来争议不断。85%~90% 的主要大学本科生选择了与逻辑相悖的第二项。值得注意的是，他们似乎并不引以为耻。我有些恼怒地问大班课的本科生："你们意识到自己违反了基本的逻辑规则吗？"后排有人喊道："那又怎样？"一位犯了同样错误的研究生说："我以为你只是征求我的意见。"

通常，当人们没能运用明显相关的逻辑规则时，就会出现"谬误"。我和阿莫斯创造了"合取谬误"（conjunction fallacy，又译作结合谬误）的概念，人们判断两个合取事件（本例是银行出纳员和女权主义者）比单一事件（银行出纳员）发生的可能性更大时，就会犯合取谬误。

就像穆勒－莱尔错觉一样，即使你能识别它，它仍有极大的迷惑性。博物学家斯蒂芬·杰·古尔德描述了自己在琳达问题上的困扰。他当然知道正确答案，但他写道："我脑子里有个小矮人不停地上蹿下跳，对我大喊大叫——'她不可能只是银行出纳员，好好读一下描述'。"[2] 这个小人儿正是古尔德喋喋不休的系统1。(他写这篇文章时,两个系统的术语还没有出现。)

关于简易版的琳达问题,我们只在一个实验中获得了多数正确的答案,受试者是斯坦福大学和伯克利大学社会科学专业的研究生,64%的人判断正确,即琳达是"女权主义银行出纳员"的可能性比"银行出纳员"小。在有8个结果的原始版本中,只有15%的研究生做出了正确的选择。这种差异很有启发性。较长的版本通过一个干预项(保险销售员)将两个关键结果分开,受试者独立判断每个结果,没对二者进行比较。相比之下,简易版要求进行明确的比较,这调动了系统2,让大多数受过统计学训练的学生避免了合取谬误。遗憾的是,这个学识渊博的群体中有不少人(36%)选择错误,我们没有探究其中的原因。

在汤姆问题和琳达问题中,受试者的概率判断与代表性判断(类似于刻板印象)完全一致。代表性是一组密切相关的基础评估,这些评估可能会同时形成。最具代表性的结果与个性描述相结合,产生了最连贯的故事。这种故事不一定最有可能发生,却貌似可信。粗心大意的人很容易将连贯性、可信性和概率混为一谈。

当我们将情景当作预测工具时,不加批判地用可信性代替概率会对判断造成不利影响。研究人员将以下两种情景呈现给不同的小组,要求估计它们的概率:

明年北美某地将发生洪灾,造成1 000多人溺亡。

明年某个时候加利福尼亚州将发生地震,地震引发的洪灾造成1 000多人溺亡。

加利福尼亚州的地震情景比北美的洪灾更可信,尽管其发生概率肯定更小。不出所料,人们会违反逻辑,认为更丰富、更详细的情景发生的概率更大。这对预测者及其委托人来说是一个陷阱:在情景中添加细节会增强说服力,但它发生的可能性更小。

为了理解可信性的作用,请思考以下问题:

以下哪种描述更有可能出现?

马克有头发。

马克有一头金发。

以下哪种描述更有可能出现？

简是老师。

简是老师，她走路去上班。

这两个问题与琳达问题的逻辑结构相同，但它们不会导致谬误，因为更详细的结果只是添加了细节——它不是更可信、更连贯或更吸引人的故事。对可信性和连贯性的评估并不能为概率问题带来启发和答案。当逻辑无须与直觉对抗时，逻辑就在判断中起主导作用。

少即是多，甚至在联合评估中也如此

芝加哥大学的奚恺元让受试者为当地一家商店清仓大甩卖中的餐具定价，餐具价格通常为30~60美元。受试者分为三组。其中一组看到的是下面的全部信息，奚恺元将其标记为"联合评估"，因为他们可以对两套餐具进行比较。另外两组只看到其中一套的信息，他们做的是"单独评估"。联合评估是被试内实验，单独评估是被试间实验。

	A套：40件	B套：24件
餐盘	8件，全部完好	8件，全部完好
汤碗/沙拉碗	8件，全部完好	8件，全部完好
甜点盘	8件，全部完好	8件，全部完好
杯子	8件，2件破损	
托盘	8件，7件破损	

假设这两套餐具的质量一样，哪套更值钱？这个问题很简单。你可以看

到，A套中包含了B套，还多出了7件完好无损的餐具，A套肯定更值钱。确实，联合评估组的受试者愿意为A套支付的钱会比B套多一点儿，分别为32美元和30美元。

在单独评估中，结果发生了逆转，B套的定价远高于A套，分别是33美元和23美元。我们知道原因所在。套装（包括餐具套装）通过规范和原型表示。你可以立即感觉到，A套餐具的平均价值远低于B套，因为没有人愿意购买破损的餐具。如果将平均值作为评估的主要因素，那么B套的价格更高就不足为奇了。奚恺元将该结果的模式称为"少即是多"。从A套中去掉16件餐具（其中7件完好无损），它的价值就提升了。

实验经济学家约翰·李斯特在真实的棒球卡市场中复制了奚恺元的发现。他竞拍到一套10张高价值的棒球卡，在其中添加了3张价值不高的卡片。与餐具实验一样，在联合评估中，人们认为数量多的组合比数量少的组合更有价值，但在单独评估中，前者的价值更低。从经济学理论的角度来看，这一结果令人担忧：一套餐具或一组棒球卡的经济价值是求和变量。将正值项添加到集合中只能增加其价值。

琳达问题和餐具问题的结构完全相同。与经济价值一样，概率是一个求和变量，如下所示：

琳达是银行出纳员的概率 = 琳达是女权主义银行出纳员的概率 +
琳达是非女权主义银行出纳员的概率

就像奚恺元的餐具实验一样，对琳达问题的单独评估会产生"少即是多"的模式。系统1进行了平均而不是相加，所以当非女权主义银行出纳员从集合中删除后，主观概率会增加。但是，其变量的求和性质在概率上表现得不如金钱那么明显。因此，联合评估只消除了奚恺元实验中的错误，却无法消除琳达实验中的错误。

让人在联合评估中出错的并不只是琳达问题。在许多其他判断中，我们发现了违反逻辑的类似行为。其中一项研究要求受试者对下一届温布尔登锦标赛的4种可能结果由高到低排序。进行这项研究时，比约·博格是网球世界的霸主。4种结果如下：

A. 博格将赢得比赛。

B. 博格将输掉首局。

C. 博格将输掉首局，但最终赢得比赛。

D. 博格将赢得首局，但最终输掉比赛。

结果中的关键项是 B 和 C。B 是包含更多内容的事件，其概率必然高于它所包含的事件的概率。72% 的受试者违反了逻辑，顺应了代表性或可信性，认为 B 的概率小于 C——这又是一个在直接比较中"少即是多"的例子。合取谬误再次出现——被判断为更有可能的情况一定更接近事实，这符合人们对世界一流网球运动员的认知。

有人可能会提出反对意见，称合取谬误产生的原因是对概率的误解。为了避免这种情况，我们设计了一个需要进行概率判断的问题，但没有用语言描述事件，"概率"一词根本没有出现。我们告诉受试者，有一个标准的六面体骰子，其中四面是绿色的，两面是红色的，将骰子投掷 20 次。我们展示了三组预设的结果，要求他们选择一组。如果他们选择的那组出现，他们将（假设性地）赢得 25 美元。三组序列为：

（1）红绿红红红

（2）绿红绿红红红

（3）绿红红红红红

骰子的绿面是红面的 2 倍，所以第一组特别缺乏代表性——就像琳达是银行出纳员一样。第二组包含 6 次投掷结果，更符合我们对骰子的期望，因为绿色出现了 2 次。然而，这组序列是通过在第一组序列的开头添加一个"绿"来构建的，所以它的可能性只能比第一组小。这相当于"琳达是女权主义银行出纳员"的非语言表达。与琳达研究一样，代表性在判断中占了上风。近 2/3 的受试者更愿意在第二组上下注，而不是第一组。但是，在向受试者说明这两种选择的理由后，大多数人发现正确的理由（倾向于第一组）更有说服力。

接下来的问题带来了突破，因为我们终于找到了减少合取谬误的条件。

两组受试者看到的是同一个问题，只是版本略有不同：

有人对不列颠哥伦比亚省不同年龄和职业的成年男性进行了健康调查。请给出以下情况的最佳估值： · 在接受调查的男性中，心脏病发作过一次或多次的人占比是多少？ · 在接受调查的男性中，年龄超过55岁且有一次或多次心脏病发作史的人占比是多少？	有人对不列颠哥伦比亚省100名不同年龄和职业的成年男性进行了健康调查。请给出以下情况的最佳估值： · 在这100名男性中，有多少人曾有过一次或多次心脏病发作？ · 在这100名男性中，有多少人年龄超过55岁且有一次或多次心脏病发作？

回答左栏问题的小组，有65%的人判断错误，回答右栏问题的小组，仅有25%的人判断错误。

相比百分比问题，数量问题要容易得多，原因何在？一种可能的解释是，提到100个人会让人想到空间表征。想象一下，在一个房间里，要求人们自行分组。"名字首字母是A到L的人聚集到房间的左前方。"然后，要求他们进一步分组。现在，包含关系很明显了，你可以看到名字以C开头的人在左前方人群的子集中。在医学调查问题中，心脏病发作的人最终聚在房间一角，其中一些人不到55岁。并不是每个人都能想象出这种栩栩如生的画面，但后续的许多实验表明，"频率表示"可以让人轻松理解某一群体完全包含在另一群体中的情形。询问数量会让你想到个体，但询问百分比没有这个效果。这似乎正是问题的谜底。

从这些研究中，我们能了解到系统2的哪些运作特点？一个算不上新颖的结论是，系统2的警觉性没那么高。参与我们合取谬误研究的本科生和研究生当然知道维恩图的逻辑，但即使所有相关信息都摆在眼前，他们也不能正确运用。在奚恺元的餐具研究中，"少即是多"的荒谬性显而易见，我们很容易在数量描述中识别它，但在最初版本的琳达问题和其他类似问题中，对犯合取谬误的数千人来说，"少即是多"的荒谬性并不明显。在这些例子中，合取事件貌似可信，并且足以让系统2支持这种直觉印象。

系统2的懒惰是判断错误的原因之一。如果受试者的下一次假期取决于答案的正确与否，如果给他们无限的时间思考，告诉他们要遵循逻辑，确定答案正确之后再提交，我相信大多数受试者都会避免合取谬误。然而，他们的假期并不取决于正确答案。他们花很少的时间思考，对自己的回答心满意足，就好像这个问题只是在"征求他们的意见"。系统2的懒惰是一个重要事实，而代表性可能会阻碍人们运用显而易见的逻辑规则。这一观察结果也颇为有趣。

琳达问题的特别之处在于，它与餐具研究形成了对比。这两个问题具有相同的结构，但产生了不同的结果。当看到餐具套装中有破损的盘子时，受试者就会将它的价格定得很低，他们的行为反映了直觉法则。同时看到两套餐具的受试者则遵循了逻辑规则，即更多的餐具只会增加价值。在被试间设计条件下，直觉支配了判断；在联合评估中，逻辑规则占了上风。相反，在琳达问题中，即使在联合评估中，直觉也经常战胜逻辑，尽管我们能识别逻辑占上风的条件。

在显而易见的问题中观察到人们公然违反概率逻辑的行为，让我和阿莫斯觉得很有趣，认为值得向同行报告实验结果。我们还相信，这些结果支持了我们对判断启发式影响力的论证，会让怀疑者心服口服。但我们的想法大错特错。相反，琳达问题成了关于规范研究的一个有争议的案例。

琳达问题引发了广泛的关注，也吸引了判断启发式的批评者。一些研究人员发现，指令加暗示可以降低谬误的发生率，这与我们的实验结果一致；一些人则认为，在琳达问题的情景中，受试者将"概率"理解为"可信性"。这些论辩有时添油加醋，暗示我们的研究有误导性，让人们误以为，如果某个重大的认知错觉可以被削弱，或通过解释消除，那么其他错觉也可以。[3] 这种推理忽视了合取谬误的独特性，即它是直觉与逻辑的冲突。在被试间实验（包括对琳达问题的研究）中，我们为启发式构建的证据并没有受到质疑——没有人对证据提出意见，人们只关注合取谬误，实验的亮点被忽视了。琳达问题的最终效应是，我们的研究在公众中的知名度提高了，我们的方法在该领域学者中的可信度却略有下降。这完全不是我们所期望的。

如果观察过法庭的辩护过程，你就会发现律师主要采用两种批判方式：为推翻案件，他们会质疑最有力的论证；为诋毁证人，他们会集中攻击证词中最薄弱的部分。在政治辩论中，攻击弱点也是常态。我认为，这种做法并不适用于科学争议,但我接受了一个事实,即社会科学中的辩论并不会将政治辩论的风格拒之门外,在危急关头对重大问题的辩论尤为如此——而人类判断中普遍存在的偏差就是一个重大问题。

在我写作本书的几年前,我与拉尔夫·赫特维格进行了一次友好的交谈,他一直是琳达问题的批评者。我曾与他合作,试图化解我们之间的分歧,结果一无所获。[4] 我问他,为什么批评者只关注合取谬误,却忽视那些支持我们立场的有力证据。他笑着说:"因为这么做更有趣。"他还说,琳达问题已经引起了很大反响,我们没什么理由抱怨。

谈谈"少即是多"

"他们构建了一个非常复杂的场景,坚持认为它极有可能是真实的。事实并非如此——这只是貌似可信的故事而已。"

"他们为贵重商品附赠了一份廉价礼物,降低了交易的吸引力。这就是'少即是多'。"

"在大多数情况下,直接比较会让人们更谨慎、更有逻辑性。但并非总是如此。有时,即使正确答案就在眼前,直觉也会战胜逻辑。"

第 16 章
原因胜过统计

思考以下场景，凭直觉写下答案。

一辆出租车在夜间肇事逃逸。
该市有两家出租车公司，它们的出租车分别为绿色和蓝色。

你获得了以下数据：

- 该市 85% 的出租车是绿色的，15% 是蓝色的。
- 目击者指认肇事出租车是蓝色的。法庭在事故当晚的条件下检验了证词的可靠性，得出结论：目击者正确识别颜色的概率是 80%，错误概率是 20%。

请问，肇事出租车是蓝色的概率有多大？

这是一个标准的贝叶斯推断问题。其中有两条信息：基础比率和不完全可靠的目击者证词。如果没有目击者，肇事出租车是蓝色的概率为 15%，这是该结果的基础比率。如果两家出租车公司规模相同，那么基础比率就提供不了任何信息，只需考虑证词的可靠性，得出概率为 80% 的结论。我们通过贝叶斯法则可以将这两个信息源结合在一起。正确答案是 41%。[1] 然而，你可能会猜到人们是怎样解答这个问题的：他们忽视基础比率，完全采纳证词。最常见的答案是 80%。

因果关系的刻板印象

现在，思考同一问题的另一版本，区别只是基础比率的表示方式不同。你获得了以下数据：

- 两家公司的出租车数量相同，但 85% 的肇事出租车是绿色的。
- 目击者提供的信息与前一版本相同。

这两个版本在数学上没有区别，但在心理上却截然不同。看到第一个版本的人不知如何使用基础比率，经常忽视它。相比之下，看到第二个版本的人非常重视基础比率，他们的平均判断与运用贝叶斯法则获得的答案差不多。[2] 为什么？

在第一个版本中，蓝色出租车的基础比率是关于城市中出租车的统计事实。渴望因果故事的大脑无计可施：绿色和蓝色出租车的数量怎么会导致出租车司机肇事逃逸？

相反，在第二个版本中，绿色出租车司机造成的事故是蓝色出租车司机的 5 倍多。你立即得出结论：绿车司机一定是一群鲁莽的疯子！你现在形成了一种刻板印象，即"绿车司机很鲁莽"，它适用于该公司的所有司机。刻板印象很容易纳入因果故事，因为鲁莽与绿车司机有因果联系。在该版本中，需要结合或调和两个因果故事。一是肇事逃逸，这自然让人联想到某个鲁莽的绿车司机应该对此事负责。二是目击者证词，指认肇事出租车是蓝色的。根据这两个信息得出的关于出租车颜色的推论互相矛盾，基本上可以相互抵消。两种颜色的可能性大致相等（根据贝叶斯法则得出的结果是，肇事车是蓝色出租车的概率为 41%，说明相比目击者证词的可靠性，绿色出租车的基础比率略占上风）。

该例解释了两种类型的基础比率。统计学的基础比率是关于某案例所属总体的事实，与个案无关。因果关系基础比率会改变你对个案的看法。人们以不同的方式看待这两种类型的基础比率信息：

- 当人们掌握个案的具体信息时，往往会低估统计学的基础比率，有时甚至完全忽视。
- 人们将因果关系基础比率看作与个案有关的信息，很容易将其与其他具体案例的信息结合起来。

出租车问题的因果关系版本形成了一种刻板印象：绿车司机很危险。刻板印象是关于群体的陈述，人们（至少暂时）认为群体中的每个成员都具有某一特点。以下是两个例子：

这所市中心学校的大多数毕业生都上了大学。
法国人普遍喜欢骑自行车。

人们很容易将这两句陈述理解为群体中的个体都有某种倾向，每个人都符合因果故事。这所市中心学校的许多毕业生都想上大学，也能考上大学，大概是因为学校提供了有益的生活方式。很多法国人喜欢骑自行车，是受到法国文化和社会生活中某种力量的驱使。当想到这所学校某个毕业生上大学的可能性，或者考虑是否与刚认识的法国人谈论环法自行车赛时，你就会想起这些事实。

在我们的文化中，刻板印象是贬义词，但我将它当作中性词来用。系统1的一个基本特征是，将类别表示为规范和原型范例。想到马、冰箱和纽约警察时，我们想到的就是这些类别的原型。我们的记忆里保存了某类别中一个或多个"标准"成员的表征。类别具有社会性时，这些表征被称为刻板印象。有些刻板印象是有害性的错误，充满敌意的刻板印象会造成严重的后果，但心理事实无法避免：无论正确与否，刻板印象都是我们看待类别的方式。

你可能会注意到其中的讽刺之处。在出租车问题中，忽视基础比率信息是一种认知缺陷，是贝叶斯推理的失败，人们倾向于根据因果关系基础比率做出判断。对绿车司机的刻板印象提高了判断的准确性。然而，在其他情况下，如招聘或做评判时，社会规范和法律会强烈抵制刻板印象。这是理所应当的。在敏感的社会情境下，我们不想从群体的统计数据中得出有关个体的可能错误的结论。我们认为，将基础比率视为有关群体的统计事实，而非有关个体的假定事实，从道德角度来看是可取的。换句话说，我们抵制因果关系基础比率。

社会规范抵制刻板印象，反对一概而论，这对创造更文明、更平等的社会大有裨益。但是，我们要记住：忽视有效的刻板印象必将导致不可靠的判断。抵制刻板印象是一种值得赞赏的道德主张，但如果简单地认为抵制无须付出代价，那就错了。为构建更美好的社会，付出代价是值得的，但为获得心灵的慰藉和正确的政治立场而否认代价的存在，在科学上经不起推敲。政治辩论常依赖情感启发式。人们认为自己赞同的观点不需要付出代价，自己反对的观点毫无益处。我们应该在这方面做得更好。

涉及因果的情境

我和阿莫斯创建了不同版本的出租车问题，但"因果关系基础比率"这个有影响力的概念并非我们提出的，是从心理学家伊塞克·阿杰恩那里借来的。在一项实验中，阿杰恩向受试者描述了参加耶鲁大学考试的学生，要求他们判断每个学生通过考试的概率。阿杰恩对因果关系基础比率的操纵很简单：他告诉一组受试者，学生来自考试通过率为75%的班级；告诉另一组受试者，学生来自考试通过率仅为25%的班级。这是一个强有力的操纵，因为根据基础比率可以立即推断，通过率只有25%的考试一定非常难。考试难度当然是决定学生成绩的一个因果因素。正如预期的那样，受试者对因果关系基础比率非常敏感。他们都认为，相比高失败率班级，高通过率班级的学生更有可能通过考试。

阿杰恩用了一个巧妙的方法提出了非因果关系基础比率。他告诉受试者，他们看到的学生是从一个样本中抽取的，这个样本本身就是经过选择的，由通过考试或未通过考试的学生构建的。例如，高失败率组的信息表述如下：

研究者主要对考试失败的原因感兴趣，他们构建了一个样本，其中

75% 的人未通过考试。

请注意前后差异。这个基础比率是关于集合的纯粹的统计事实，个体是从该集合中抽取的。它与所问的问题（某个学生是否通过了考试）无关。不出所料，明确说明的基础比率对判断产生了一定影响，但影响远小于统计上等效的因果关系基础比率。系统 1 可以处理个体之间有因果关系的故事，但不擅长统计推理。当然，对于擅长用贝叶斯法则思考的人来说，这两个版本是等效的。至此，很容易认为我们已经得出一个令人满意的结论：人们使用因果关系基础比率，（或多或少）忽略了纯粹的统计事实。下一节将介绍我最喜欢的一项研究，它表明情况要复杂得多。

心理学可以教吗？

鲁莽的出租车司机和高难度的考试表明，人们从因果关系基础比率中得出两个推论：第一，个体具备刻板印象的特征；第二，显著的情境特征会影响个体的思考结果。受试者做出了正确的推断，其判断能力也有所提高。遗憾的是，事情并非总是这么顺利。接下来描述的经典实验表明，人们不会从基础比率信息中得出与信念冲突的推论。实验也支持了一个令人尴尬的结论：教授心理学基本上是在浪费时间。

该实验是多年前由密歇根大学的社会心理学家理查德·尼斯贝特及其学生尤金·博吉达进行的。[3] 他们向学生讲述了几年前在纽约大学进行的著名的"帮助实验"。研究人员将受试者带到单独的隔间，请他们对着通话设备谈论自己的生活和烦恼。受试者轮流讲述，每人大约两分钟。麦克风始终只有一个。每组有 6 名受试者，其中一人是实验助手假扮的。助手按照研究人员准备的稿子率先发言。他说自己正努力适应纽约生活，而且尴尬地承认他很容易癫痫发作，尤其在压力大的时候。随后，所有受试者依次发言。当麦克风再次交给助手时，他变得焦躁不安，语无伦次，说他感觉要癫痫发作了，希望有人来帮助他。从他那里听到的最后一句话是："快……来……呃……呃……帮……呃……帮……我（窒息声）。我……我要死了……

呃……我……要死了……我癫痫发作了……呃（窒息，然后没了动静）。"这时，下一位受试者的麦克风自动开启，受试者再也没有听到那人的声音。

你认为受试者会怎么做？他们知道，有人癫痫发作并希望得到帮助，但他们猜测别人可能会施以援手，所以继续待在自己的隔间里。结果是：15名受试者中只有4人立即对求助做出反应。6人一直待在隔间里，另外5人在"癫痫病人"明显窒息后才出来。实验表明，当知道其他人也听到求助时，人们会觉得自己身上的责任减轻了。[4]

结果让你吃惊吗？很可能。大多数人都认为自己行侠仗义，在这种情况下会立即提供帮助，还期待别人也能这样做。当然，实验是为了证明这种预期是错的。一旦期待别人去救助癫痫患者，即使是正派人也不会第一时间站出来。你也有同样的心态。

"读了帮助实验，我以为自己会立即救助癫痫患者，就像单独与他在一起时那样。我可能错了。如果发现别人有机会提供帮助，我可能不会伸出援手。他人在场会降低我的责任感，其影响比我预想的要大。"这是心理学老师希望你能学到的。你赞同吗？你是否做出了同样的推断？

描述"帮助实验"的心理学教授希望学生将低基础比率看作一种因果表示，就像虚构的耶鲁大学考试问题一样。他希望学生在两种情况下都能推断出，惊人的高失败率意味着考试非常难。学生要吸取的经验是，显著的情境特征，如责任分散，会让像他们这样的正派人表现出出乎意料的冷漠。

人们很难改变对人性的看法，更难改变对自身阴暗面的看法。尼斯贝特和博吉达认为学生会抵制这项研究，不想体验不快。当然，学生能够且愿意在考试中列举"帮助实验"的细节，甚至会复述关于责任分散的"官方"解释，但他们对人性的信念真的改变了吗？为了找到答案，尼斯贝特和博吉达向学生展示了采访视频，受访者是"帮助实验"的两名受试者。采访过程简短而平淡。受访者看起来都是善良、正派的普通人。他们讲述了自己的爱好、业余活动和未来的计划，也都是常规内容。采访视频播放完，教授要求学生猜测受访者帮助陌生人的速度有多快。

为了将贝叶斯推理应用于这项任务，你应该先问问自己，如果没有看到采访视频，你会做出怎样的猜测。回答这个问题可以参考基础比率。我们知道，实验中15名受试者，只有4人一听到求救就立即提供帮助。因此，不明身份的受试者立即提供帮助的概率为27%。对任何未指明身份的受试者，你的先验信念应该是：他不会立即提供帮助。接下来，贝叶斯逻辑要求你根据此人的相关信息调整判断。然而，视频是精心设计过的，没有提供任何信息。没有理由认为，采访对象会比随机选择的受试者提供更多或更少的帮助。在缺乏有用的新信息时，贝叶斯解决方案是：与基础比率保持一致。

尼斯贝特和博吉达让两组学生观看视频，并预测这两个受访者的行为。第一组学生只知道"帮助实验"的程序，不知道实验结果。他们的预测反映了他们对人性的看法及其对情境的理解。如你所料，他们预测这两个人会立即伸出援手。第二组学生知道实验的程序和结果。比较两组受试者的预测，可以回答一个重要的问题：学生从"帮助实验"的结果中学到了改变思维方式的知识吗？答案很简单：他们一无所获。第二组的预测与不知道实验结果的第一组一样。尽管第二组学生知道这两个人所属群体的基础比率，但仍然相信，他们会立即帮助患病的陌生人。

对心理学老师来说，这项研究的寓意令人沮丧。老师在教授关于人类行为的"帮助实验"时，希望学生学到新知识，希望他们在特定情境下改变对人类行为的看法。尼斯贝特和博吉达的研究没有实现这一目标——没有理由认为，如果他们做了另一项出人意料的心理实验，结果会有所不同。事实上，他们在教授另一项研究时，报告了类似的结果。在该研究中，很小的社会压力导致受试者承受了较痛苦的电击，其程度超过了大多数人（以及受试者）的预期。对社会环境的影响力没有形成新认识的学生，并未从实验中学到任何有价值的东西。他们对随机选择的陌生人或自身行为的预测表明，他们并未改变原有看法。用尼斯贝特和博吉达的话来说，学生"默默地将自己"（及其朋友和熟人）从实验结论中排除了。然而，心理学老师不应该绝望，因为尼斯贝特和博吉达公布了一种方法，可以让学生理解"帮助实验"的意义。他们重新选择了一组学生，告知他们实验程序，但没有告知实验结果。他们播放了那两段视频，并简要地告诉学生，视频中的两个受试者没有帮助陌生人，然后让他们猜测受试者的整体情况。结果富有戏剧性：学生的猜测非常准确。

为了让学生掌握新的心理学知识，你必须让他们感到惊讶。但怎样的意外才会起作用呢？尼斯贝特和博吉达发现，当他们向学生展示令人惊讶的统计事实时,学生什么都没学到。但当学生对个例感到惊讶时(比如,两个没有伸出援手的好人),他们立即做了归纳,并推断助人比他们想象的要难。尼斯贝特和博吉达用一句令人难忘的话总结了实验结果:

受试者不愿从一般中推断特殊,就像他们愿意从特殊中推断一般。

这是一个非常重要的结论。得知有关人类行为出乎意料的统计事实之后,人们会留下一些印象,将其讲给朋友听,但这并不意味着他们对世界的理解发生了真正的改变。检验是否已掌握心理学知识,要看你对情境的理解是否发生了变化,而不是看你是否知道了新事实。我们对统计数据和个案的理解存在着巨大的差异。与非因果信息相比,具有因果解释的统计结果对思维的影响更大。但即使是令人信服的因果统计数据,也不会改变人们的长期信念,以及植根于个人经历的信念。另一方面,出乎意料的个案具有强大的影响力,是更有效的心理学教学工具,因为人们一定会解决个案与信念的冲突,将其纳入因果故事中。本书的一些问题是专门向读者提出的,这就是用意所在。相比了解别人令人惊讶的事实,你更可能通过发现自己的意外行为学到知识。

谈谈原因与统计数据

"我们不能假设他们从统计数据中学到知识。向他们展示一两个有代表性的个案,去影响他们的系统1。"

"不必担心这些统计信息会被忽视。相反,人们会立即用它们来加深刻板印象。"

第 17 章
回归均值

我曾为以色列空军的飞行教官讲授过高效训练的心理学课程,其间经历了职业生涯中最令人欣慰的一次顿悟。我告诉他们,技能培训的重要原则是:奖励进步比惩罚错误更有效。大量研究证据支持这一观点,研究对象包括鸽子、老鼠、人类和其他动物。

热情洋溢的课程结束后,一位最有经验的教官举手示意,谈了自己的看法。他承认奖励进步可能对鸟类有用,但认为它并不适用于飞行学员。他说:"很多时候,我会称赞学员出色的特技表现,但下次他们飞同样的动作时,通常会表现得较差。相反,学员表现不好时,我经常朝他们大吼,总体而言,他们下次的表现会较好。所以,请不要告诉我们奖励有效,惩罚无效,因为情况恰恰相反。"

我教授这则统计学原理已有多年,这一刻能从新的角度看待它,真是令人愉快。教官说得对,但同时也大错特错!他的观察敏锐而精准:在称赞学员之后,他们的表现很可能令人失望,而惩罚学员之后通常会看到他们的进步。但他对奖惩效果的推断错得离谱。他观察到的是所谓的"回归均值",是表现质量随机波动的结果。当然,他只在学员表现异常出色时才予以表扬,但学员的这次表现可能只是运气使然,因此无论是否受到表扬,学员的后续表现都可能较差。同样,只有当学员表现非常差时,教官才会朝他们发火,但由于向均值回归,无论教官做了什么,学员的表现都可能有所提升。教官是用因果关系来解释随机过程中不可避免的波动。

我得回应教官发起的挑战，但给他们讲有关预测的代数课，他们不会感兴趣。于是，我用粉笔在地上画了一个靶子。我让教官们背过身，不许回头，朝靶子连续扔两次硬币。我们测量了硬币与靶子的距离，将每个人得到的两个结果写在黑板上。然后，我们将结果按照从最佳到最差的顺序排序。很明显，大多数（但不是所有）第一次表现好的人，第二次的表现不佳，而第一次表现不佳的人，第二次的总体表现有所提高。我告诉教官，黑板上的结果与飞行员连续的特技表现类似：在没有任何奖惩的情况下，飞行员表现糟糕之后通常会有所改观，而表现出色之后则会发挥欠佳。

那天，我发现飞行教官陷入了偶然性困局之中：他们在学员表现不佳时给予惩罚，因此，当学员后续表现有所提升，他们以为惩罚起了作用，这实际上跟惩罚毫不相干。处于这种困境的不只是教官。我无意中发现了有关人类状态的一个重要事实：生活给予我们的反馈是反常的。别人合我们心意时，我们就善待他们；反之，就怠慢他们。但从统计学角度看，我们会因与人为善而受到惩罚，因与人交恶而得到回报。

天赋与运气

几年前，电子杂志《边缘》的编辑约翰·布罗克曼请一些科学家说说他们"最喜欢的公式"，以下是我的回复：

成功 = 天赋 + 好运
巨大的成功 = 稍多一点儿天赋 + 大量好运

成功往往是运气使然，这一点不足为奇。在高水平的高尔夫锦标赛头两天的比赛中，我们用它来分析选手表现，却产生了出乎意料的结果。为简单起见，假设那两天选手的平均成绩是72杆。我们关注的选手在第一天表现出色，以66杆结束了比赛。我们从中获得了什么信息？直接推论是，相比其他选手，他更有天赋。成功公式表明，另一个推论同样合理：第一天表现出色的选手，当天的运气好于平均水平。如果你承认成功离不开天赋和好运，那么认定成功的高尔夫选手是幸运的，与认定他是有天赋的一样在理。

同样，如果你关注的球员当天成绩超过标准杆 5 杆，你有理由推断他的技术很差，当天的运气也不好。当然，你知道这两个推论都是不确定的。还有一种情况也完全有可能——这位打出 77 杆的选手非常有天赋，只是今天很不走运。我们从第一天的分数中得出以下推论，尽管并不确定，该推论却是合理的，而且正确的概率比错误的概率大。

第一天得分高于平均水平 = 天赋高于平均水平 + 第一天运气好
第一天得分低于平均水平 = 天赋低于平均水平 + 第一天运气差

现在，假设你知道高尔夫选手第一天的得分，要求预测第二天的成绩。你期望选手第二天稳定发挥，所以最佳猜测是第一位选手得分"高于平均水平"，第二位选手得分"低于平均水平"。当然，运气是另一回事。由于无法预测选手第二天（或任何一天）的运气，你的最佳猜测是运气一般，既不好也不坏。这意味着在没有任何其他信息的情况下，对选手第二天得分的最佳猜测不应重复他们第一天的表现。以下是最恰当的回答：

- 第一天表现出色的选手，第二天也可能获得成功，但得分低于第一天，因为第一天的好运不太可能持续下去。
- 第一天表现不佳的选手，第二天的表现可能会低于平均水平，但会有所提升，因为坏运气不太可能持续下去。

我们也预计，第二天两位高尔夫选手的差距会缩小，尽管最佳猜测是第一位选手的表现仍比第二位选手好。

对选手第二天表现的最佳预测趋于中庸，预测结果并不基于第一天的得分，而是更接近平均水平。听到这一说法，我的学生总是感到惊讶。这种模式正是向均值回归。最初的分数越极端，我们期望的回归就大，因为很高的分数意味着运气极好。回归预测是合理的，但不能保证准确性。如果选手的运气持续走高，第一天 66 杆，第二天会表现得更好。大多数选手第二天的表现更差，因为他们的运气不再好于平均水平。

现在让时间倒转。根据选手第二天的表现，猜测他们第一天的成绩。你会发现相同的回归均值模式。选手第二天的表现最好，可能是因为当天的运气好，最佳猜测是他们第一天的运气较差，表现欠佳。根据后发事件预测先发事件，你观察到了回归现象，这应该能让你相信，回归没有什么因果解释。

回归效应无处不在，对其误导性的因果解释也比比皆是。众所周知的例子是"《体育画报》的诅咒"——运动员若是登上《体育画报》的封面，下一赛季注定表现不佳，原因是过度自信，以及人们对他期望过高，让他倍感压力。但更简单的解释是：登上《体育画报》封面的运动员在上一赛季的表现一定非常出色，可能是运气助了一臂之力，而运气是变幻莫测的。

我和阿莫斯曾写过一篇关于直觉预测的论文。写作期间，我碰巧观看了冬奥会男子跳台滑雪比赛。运动员有两次机会，两次结果合并得出最终分数。当运动员准备第二跳时，我惊讶地听到解说员如此评论："挪威队第一跳很棒，现在他一定很紧张，希望保持领先地位，第二跳可能不理想。""瑞典队第一跳很糟糕，现在他知道自己没什么可失去的了，他会放松下来，这有利于他取得好成绩。"解说员显然觉察到了回归均值现象，编造出一套没有证据的因果说辞，这种说法甚至有可能是正确的。如果每次起跳前测量运动员的脉搏，我们可能会发现，在经历了第一跳的失败后，运动员确实更放松了。当然，情况也可能相反。我们要记住的是，运动员两次成绩的变化不需要因果解释。运气在第一跳中发挥了作用，从数学角度来看，其结果是必然的。这一说法听起来不那么令人满意（我们更喜欢因果解释），但事实上只是回归均值。

理解回归

回归现象对人类思维来说是陌生的，其原因或许是未能察觉，抑或是解释错误。万有引力和微分学原理出现200年后，人们才首次发现并理解回归。19世纪，一位才华横溢的英国科学家经过艰难的探索，揭开了回归的面纱。

19 世纪末，查尔斯·达尔文的表弟、著名学者弗朗西斯·高尔顿爵士发现并提出了"回归均值"这个概念。1886 年，他发表了一篇论文，题为《遗传身高向中庸回归》。你可以从中感受到这一发现带来的惊喜。论文列出了连续数代人的身高数据，以及孩子身高与父母身高的对比数据。高尔顿这样描述他的子代研究：

这些数据得出的结果值得关注，我将其作为 1877 年 2 月 9 日皇家学会的演讲材料。从实验中可以看出，子女的身高并不像父母，但总是比他们更接近中庸水平——如果父母较高，子女就会比父母矮；如果父母较矮，子女就会比父母高……实验进一步表明，趋向中庸的平均子代回归与父代向中庸的偏离成正比。

英国皇家学院是世界上最古老的独立研究机构，高尔顿在此谈论这个"值得关注的观察结果"，显然期待学识渊博的听众为之震惊。真正值得关注的是，回归均值如我们呼吸的空气一样稀松平常，而他对这一统计规律感到惊讶。回归效应无处不在，但我们并没有看清它的本质。它们隐匿于众目睽睽之下。高尔顿进行了数年研究，才将子代的身高回归规律发展到更宽泛的概念，即当两个度量不完全相关时，回归就会不可避免地发生。他需要当时最杰出的统计学家的帮助才能得出这一结论。[1]

高尔顿必须攻克的难题是，如何测量两个不同尺度的变量（如体重和钢琴演奏水平）之间的回归。解决方法是将总体作为参考标准。想象一下，对一所小学所有年级的 100 名儿童的体重和钢琴演奏水平进行了测量，将两个结果从高到低进行排序。如果简的钢琴演奏水平排第 3 名，体重排第 27 名，那么，说她是更好钢琴演奏者比说她身材高挑要更恰当些。以下是我们的简化假设：

无论多大年龄，

- 钢琴演奏水平只取决于每周的练习时间。
- 体重只取决于冰激凌的摄入量。
- 冰激凌的摄入量与每周的钢琴练习时间不相关。

现在，使用排序（或统计学家惯用的术语标准分数）的形式，[2] 可写出以下公式：

体重＝年龄＋冰激凌摄入量

钢琴演奏水平＝年龄＋每周练习时长

你可以看到，当我们根据体重预测钢琴演奏水平时，会出现回归均值现象，反之亦然。如果只知道汤姆的体重第 12 名（远高于平均水平），你就可以根据统计数据推断，他的年龄可能大于平均年龄，而且他吃的冰激凌可能比其他孩子多。如果只知道芭芭拉的钢琴成绩是第 85 名（远低于平均水平），你就可以推断出她年龄可能很小，而且钢琴练习时间可能比大多数孩子少。

两种度量的相关系数在 0 到 1 之间变化，是它们共有因素的相对权重。例如，每个人都继承了父母一半的基因，而对于身高这种受环境因素影响较小的特征，父母和孩子之间的相关系数约为 0.50。[3] 为了理解相关性度量的含义，我们列举了一些相关系数的例子：

- 以英制单位或公制单位测量物体的尺寸，相关系数为 1。影响某度量的任意因素也会影响另一度量，二者的决定因素是 100% 共有的。
- 美国成年男性自我报告的身高和体重的相关系数为 0.41。[4] 如果将女性和儿童包括在内，相关性会高得多，因为个体的性别和年龄会影响身高和体重，从而提高共有因素的相对权重。
- SAT（学习能力倾向测验）成绩与大学 GPA 的相关系数约为 0.60。然而，研究生的能力测试与成功之间的相关性要小得多，这主要是因为该群体的能力差异很小。如果大家的能力差不多，那么能力差异就不太可能在测量成功方面发挥重要作用。
- 美国人收入和教育水平的相关系数约为 0.40。[5]
- 家庭收入与家庭电话号码后 4 位的相关系数为 0。

弗朗西斯·高尔顿花了几年时间才发现相关性和回归不是两个概念——

它们只是从不同视角阐述了同一概念。[6]一般规则很简单，但结果却出乎意料：两个变量不完全相关时，就会出现回归均值现象。为了说明高尔顿的见解，看看这个大多数人都觉得有趣的观点：

高智商的女人通常会嫁给智商比自己低的男人。

你可以在聚会上询问该现象背后的原因，以此开启一段愉快的交流，你的朋友会很乐意为你做出解释。即使是跟统计数据打交道的人也会不由自主地用因果关系来解释。有些人可能会认为，高智商女人希望避免与同样聪明的男人一争高下，或者因为聪明男人不想与聪明女人竞争，她们才被迫在择偶时做出妥协。人们在相谈甚欢的聚会上会做出更牵强的解释。现在思考下面这句话：

夫妻的智力得分不完全相关。

这句话显然是正确的，而且平淡无趣。谁会期望它完全相关呢？这没什么可解释的。但从代数角度看，有趣的说法和无趣的说法是等效的。如果配偶的智力不完全相关（并且，如果男性和女性的平均智商没有差异），那么从数学上讲，高智商女人必然会嫁给智商比她们低的男人（当然，反之亦然）。与不完全相关相比，观察到的回归均值并不会更有趣，也没有更多的解释空间。

你可能会同情高尔顿在回归概念上的艰难探索。事实上，统计学家戴维·弗里德曼曾说过，如果回归的话题出现在刑事或民事审判中，那么不得不向陪审团解释回归的一方将败诉。为什么理解回归这么难？主要原因是：我们的思维强烈偏向于因果解释，不擅长处理"纯粹的统计数据"。这也是本书反复出现的主题。我们关注某件事时，关联记忆会寻找事件发生的原因——更准确地说，促发会在潜意识中扩散，寻找存储在记忆中的所有原因。察觉到回归，因果解释就会被激活，但因果解释是错的，因为回归均值有解释，但没有原因。在高尔夫锦标赛中，第一天表现出色的选手后续表现通常不佳，这吸引了我们的注意。最好的解释是，那些选手在第一天非常幸运，但这种解释缺乏思维所偏爱的因果力。事实上，我们付给人很高的报酬，让他们对回归效应做出有趣的解释。如果一位商业评论员称"今年的生意会更好，因为去年的业绩很差"，尽管说得没错，但过不了多久他大概就会被辞退。

我们很难理解回归的概念，根源在于系统 1 和系统 2。没有受过特别训练的人，不清楚相关性和回归之间的关系，甚至接受了统计学训练的人也是如此。系统 2 发现，很难理解和认识回归，部分原因在于对因果解释的强烈需求，这是系统 1 的一个特点。

在接受能量饮料治疗的三个月内，抑郁儿童的病情明显好转。

这是我编造的新闻标题，但它报道的是真事：如果用能量饮料治疗抑郁的孩子，经过一段时间，他们的病情就会明显好转。同样，抑郁儿童每天倒立或抱猫 20 分钟，病情也会好转。这类标题的大多数读者会不由自主地推断，能量饮料或抱猫行为发挥了作用，但该结论毫无道理。抑郁儿童是极端群体，他们比大多数儿童更消沉，但随着时间的推移，极端群体会回归均值。连续的抑郁测试得分之间不完全相关，因此会回归到均值：随着时间的推移，即使抑郁的孩子不抱猫，不喝红牛，病情也会好转。为了得出能量饮料或其他治疗方法有效的结论，必须将接受治疗的患者与不接受治疗（最好是服用安慰剂）的"对照组"进行比较。预计对照组仅通过回归就能改善病情。实验目的是确定实验组的改善程度是否超过回归所能解释的程度。

对回归效应错误的因果解释并不限于大众媒体的读者，很多著名的研究者也将纯粹的相关性与因果关系混为一谈。[7]统计学家霍华德·魏纳罗列了很多犯错学者的名单。回归效应是研究中常见问题的根源，经验丰富的科学家会对无端的因果推断保持合理的警惕。

马克斯·巴泽曼写了一本书，名为《管理决策中的判断》。我最喜欢的直觉预测错误案例就是根据书中的内容改编而来的：

假设你是一家百货连锁店的销售预测员。所有连锁店的规模和商品大致相同，但由于地点、竞争和随机因素，它们的销售额不同。你得到了 2011

年的销售数据，要预测2012年的销售额。你必须接受经济学家的总体预测，即销售额增长10%。你将如何填写表17-1？

表17-1

门店	2011年	2012年
1	11 000 000美元	_____
2	23 000 000美元	_____
3	18 000 000美元	_____
4	29 000 000美元	_____
总额	61 000 000美元	67 100 000美元

读完这一章，你知道将每家店的销售额增加10%显然是错的。你希望预测符合回归效应，这需要给业绩不佳的店的销售额增加10%以上，给其他店增加较少的比例（甚至降低比例）。但如果你去问别人这个问题，他们会疑惑，你为什么要问这种显而易见的问题？高尔顿历经艰辛才发现，回归并非一目了然的概念。

谈谈回归均值

"她说经验告诉她，批评比赞扬更有效。她不明白，这一切都是回归均值的表现。"

"他的第二次面试没有第一次那么令人印象深刻，或许是因为他担心让我们失望，但更大的可能是，他第一次的表现太出色了。"

"我们的筛选程序很好，但并不完美，所以我们应该期望出现回归现象。最优秀的候选人往往达不到我们的期望，对此我们不应该感到惊讶。"

第17章　回归均值

第 18 章
驯服直觉性预测

生活中需要预测的事情很多。经济学家预测通货膨胀和失业率，金融分析师预测收入，军事专家预测伤亡人数，风险投资家预测盈利能力，出版商和制片人预测受众，承包商预测完成项目所需的时间，主厨预测菜单上菜肴的需求，工程师预测建筑需要的混凝土量，消防指挥官预测灭火所需的消防车数量。在个人生活中，我们预测配偶对搬家提议的反应，或自己适应新工作的情况。

有些预测性判断，例如工程师的判断，主要靠查找表、精确计算以及对类似情况下观察结果的详尽分析。有些预测则涉及直觉和系统 1。一些直觉主要来自技能和专业知识，它们是经验积累的结果。在《如何作出正确决策》等书中，加里·克莱因描述了国际象棋大师、消防指挥官和医生快速、自动的判断和选择，说明了技术性直觉的特点。专业人员能识别熟悉的线索，很快想到当前问题的解决方案。

有些直觉与技术性直觉在主观上无法区分，它们源于启发式运作，通常用一个简单的问题代替被问的较难的问题。即使基于对弱证据的非回归性评估，也可以产生非常自信的直觉判断。当然，很多判断，尤其是专业领域的判断，会受到分析和直觉的共同影响。

非回归性直觉

来看看我们之前认识的人：

朱莉现在是某州立大学大四的学生。她 4 岁时就能流利地阅读。她的 GPA 是多少？

熟悉美国教育制度的人很快就会想到，她的 GPA 通常在 3.7 或 3.8 左右。这个判断是怎么做出的？它涉及系统 1 的几项运作。

- 寻求证据（朱莉的阅读能力）和预测目标（她的 GPA）之间的因果关系。这种关系可以是间接的。在该例中，儿时的阅读能力和高 GPA 都是学术天赋的标志。某些关联是必要的。你（你的系统 2）可能会拒绝朱莉的无关信息，比如在钓鱼比赛中获胜，或高中时期在举重方面表现出色等。这个过程是有效的二分法。我们能够拒绝无关或虚假的信息，但系统 1 无法调整证据中的小缺陷。因此，直觉性预测对证据的实际预测质量几乎完全不敏感。一旦发现联系，比如朱莉儿时的阅读能力，"所见即一切"法则就开始发挥作用：你的关联记忆快速自动地从可用信息中构建出可能性最大的故事。
- 接下来，比照相关规范对证据进行评估。一个 4 岁就能流利阅读的孩子，其早慧程度如何？这种能力对应的相对排名或百分位数是多少？与朱莉进行比较的群体（我们称之为参照群体）并不十分明确，但这也是正常的谈话习惯：如果有人说某个大学毕业生"非常聪明"，你无须去问："当你说'非常聪明'时，想到的是哪个参照群体？"
- 下一步涉及替代和强度匹配。对朱莉儿时认知能力不可靠证据的评估，被用来回答她大学的 GPA 问题。给朱莉的 GPA 和儿时的阅读成就分配相同的百分位数的分数。
- 这个问题明确规定，答案必须是 GPA 等级，这需要另一种强度匹配。先形成对朱莉学术成就的总体印象，再寻找与她的才华证据相匹配的 GPA。最后一步是转换，将你对朱莉相对学业级别的印象转换为相应的 GPA。

通过强度匹配形成的预测与它们所依据的证据一样极端，导致人们对两个截然不同的问题给出相同的答案：

朱莉在阅读早慧方面的百分位数是多少？
朱莉的 GPA 百分位数是多少？

现在，你很容易就发现，以上活动都体现了系统 1 的特征。我将其罗列为一个有序的步骤，但关联记忆的激活扩散不是这样运作的。你需要想象一个激活扩散过程，它由证据和问题引发，可以自我反馈，最终形成最合乎逻辑的解决方案。

辅导员在访谈基础上对 8 名大一新生进行了描述。我和阿莫斯让受试者根据描述对他们做出判断。每个描述由 5 个形容词组成，例如：

聪明、自信、好学、勤奋、好奇

我们请一些受试者回答两个问题：

就学术能力而言，这一描述给你留下的印象有多深刻？
在对大一新生的描述中，你认为给你留下更深刻印象的描述的比例是多少？

要回答上述问题，你得通过比较来评估证据，比较对象是辅导员描述的内容和它们在你心中的规范。规范的存在本身就很了不起。尽管你并不知道自己是从哪里学到这些规范的，但你能明确感觉到描述所传达的热情：辅导员认为这个学生不错，但不是特别优秀。还有比聪明（才华横溢、有创造力）、好学（博学、博大精深、学识渊博）和勤奋（热情、精益求精）更高级的形容词。你的判断是：该生很有可能位于前15%，但不太可能是前3%。至少在同一种文化中，这样的判断会使人们达成鲜明的共识。

对其他受试者，我们提出了不同的问题：

你估计该生的GPA是多少？
获得更高GPA的大一新生的比例是多少？

你需要再次审题，才能发现这两组问题之间的细微差别。区别应该是显而易见的，但事实并非如此。第一组问题只需评估证据，第二组问题则不同，涉及大量的不确定性。这组问题问的是大一结束时学生的成绩。访谈后的一年里发生了什么？根据5个形容词，你预测学生大一成绩的准确性有多高？如果辅导员通过访谈来预测GPA，她的预测会非常精准吗？

本研究的目的是比较受试者的两个百分位数，其中一个通过证据评估做出判断，另一个通过预测最终结果做出判断。结果很容易描述：两个判断完全相同。尽管这是两组不同的问题（一组与描述有关，另一组与学生未来的成绩有关），但受试者将它们看作同一个问题。正如朱莉的例子，对未来的预测没有与对当前证据的评估区分开——预测与评估一致。这也许是我们所掌握的替代作用的最好证据。你请人们做出预测，他们却用评估证据来代替预测，没有注意到自己答非所问。这么做注定会产生带有系统偏差的预测结果，他们完全忽视了回归均值现象。

在以色列国防部队服役期间，我曾在某单位工作过，该单位的任务是根据面试和实地测试选拔负责军官培训的候选人。预测成功的标准是学员在军校的毕业成绩。评估的效度很差（我将在下一章中详细介绍）。多年后，我成为一名教授，与阿莫斯合作研究直觉判断，这个单位仍在。我和单位里的人关系融洽，请他们帮了一个忙。除了要求用他们的评分系统来评估候选人，我还让他们预测每个学员在军校的毕业成绩。他们收集了几百份预测资料。做预测的军官都熟悉军校的字母评级系统，也知道A、B各级的大致比例。结果令人震惊：评估中各等级的相对频率几乎与预测的毕业成绩等级的频率相同。

这些发现为替代和强度匹配提供了令人信服的例子。做预测的军官将以

第18章　驯服直觉性预测

下两项任务混为一谈：

- 他们的日常任务，即评估候选人在本单位的表现。
- 我要求他们执行的任务，即预测学员未来的成绩。

他们只是应用强度匹配，简单地将自己的评级转换到军校使用的量表上。他们没有处理预测中（极大）的不确定性，做出了完全非回归性的预测。

修正直觉性预测

回到早慧读者朱莉的例子。我们在上一节介绍过预测其 GPA 的正确方法。之前，在讨论连续的高尔夫球赛事、体重和钢琴演奏排名时，我写过相关公式。现在，我也为决定阅读年龄和大学成绩的因素写个大概的公式：

阅读年龄 = 共有因素 + 决定阅读年龄的特殊因素 = 100%
GPA = 共有因素 + 决定 GPA 的特殊因素 = 100%

共有因素包括由基因决定的天赋、家庭对学业兴趣的支持程度，以及成为早慧读者和青年才俊的其他影响因素。当然，很多因素只影响其中一个结果，对另一个结果没有影响。朱莉的父母可能望女成凤，在她很小的时候就逼她阅读；一段痛苦的恋情可能导致她的大学成绩下降；她少女时期可能发生过一次滑雪事故，导致智力轻微受损；等等。

回想一下，两个测度之间的相关性（本例中是阅读年龄和 GPA）等于共有因素在决定因素中的比例。你对这个比例的最佳猜测是什么？我最乐观的猜测是 30% 左右。假设这个估计成立，我们就有了产生无偏差预测所需的一切。通过以下 4 个简单步骤，我们可以完成无偏差预测：

（1）估计 GPA 的平均值。
（2）根据你对证据的印象，确定与其相匹配的 GPA。
（3）估计你的证据和 GPA 之间的相关性。

（4）如果相关系数为 0.30，从平均值向匹配的 GPA 移动二者之间 30% 的距离。

第一步提供了基线，即除了知道朱莉是即将毕业的大四学生，你对她一无所知时，你预测的 GPA。在缺乏信息的情况下，你的预测结果应该是平均值。（这类似于你对汤姆的预测，在对他一无所知时，应根据工商管理专业学生的基础比率预测其所选专业的概率。）第二步是你的直觉性预测，它符合你对证据的评估。第三步由基线向直觉靠拢，但移动的距离取决于你对相关性的估计。第四步得出预测结果，它受到直觉的影响，但其影响力要小得多。[1]

这种预测方法是通用的。你可以用它来预测定量变量，比如 GPA、投资利润或公司的发展。这种方法以你的直觉为基础，但会调节直觉，使它向均值回归。如果你有充分的理由相信直觉性预测的准确性，即证据和预测之间高度相关，调整的幅度就会很小。

直觉性预测需要修正，它们不是回归的，因此有偏差。假设我预测所有高尔夫球手第二天的得分与第一天相同。这一预测并未考虑到向均值回归：第一天表现很好的人，第二天的平均表现会稍差；第一天表现不佳的人，第二天大多会有所提升。将实际结果与预测进行比较时，会发现不考虑回归的预测是有偏差的。对旗开得胜者的预测通常过于乐观，对开局不利者的预测又过于悲观。这些预测和证据一样极端。同样，如果用童年的成就预测大学成绩，不将预测回归到均值，你通常会对很早学会阅读的人的学业成绩感到失望，对较晚学会阅读的人的成绩感到惊讶。修正后的直觉性预测消除了这些偏差，因此预测高估和低估真实值的可能性大致相等。即使预测没有偏差，你仍然会犯错，但错误较小，不会偏向极端结果。

为极端预测辩护？

我之前以汤姆的例子说明了如何对离散结果（如所学专业或考试成功）进行预测，这些预测通过为特定事件分配概率来表示（在汤姆的例子中，是将结果按照概率从大到小排序）。常见的离散预测偏差出现的原因包括忽视基础比率和对信息质量不敏感，我描述了避免这种偏差的步骤。

我们在预测中发现的偏差是以某种等级（如 GPA 或公司收入）来表示的，类似于判断结果概率时观察到的偏差。

二者的修正程序也类似：

- 如果你对当前案例一无所知，你就需要做基线预测。在类别案例中，基线是基础比率。在数量案例中，基线是相关类别的平均结果。
- 二者都包含直觉性预测，它表达了你头脑中想到的数字，无论是概率还是 GPA。
- 在这两种情况下，你的目标都是让预测值处于基线和直觉反应之间。
- 在缺乏有用证据的默认情况下，预测应与基线一致。
- 在其他极端情况下，你也可以坚持最初的预测。当然，条件是在审慎检查支持预测的证据之后，对最初的预测仍然有十足的把握。
- 在大多数情况下，你要找到一些理由，怀疑你的直觉判断和真相之间不完全相关，最终做出介于两者之间的预测。

该程序经过适当的统计分析，得到的是可能结果的近似值。如果成功，它将近似于无偏差的预测、合理的概率评估和适度的数值预测。两个程序都旨在避免同一种偏差：直觉性预测往往过于自信和极端。

修正直觉性预测是系统 2 的任务。找到相关参考类、估测基线并评估证据的质量需要付出极大的努力。只有当风险很高，而且你极力想避免犯错时，这种努力才合情合理。此外，你应该知道，纠正直觉可能会使你的生活复杂化。无偏差预测的一个特点是，只有在信息完整有效的前提下，才可以预测罕见或极端事件。如果你期望预测的有效性适中，那么你永远不会猜测到罕见或极端结果。如果你的预测是无偏差的，你将永远不会拥有预测到极端情况的满意体验。当你在法学院最优秀的学生成为最高法院法官时，或者当你曾经看好的初创企业大获成功时，你将永远无法说："我早就知道是这样！"考虑到证据的局限性，你永远无法预测一名优秀的高中生会成为普林斯顿大学的优等生。出于同样的原因，没有人会告诉风险投资家，初创企业起步阶段的成功概率"非常高"。

有人对协调直觉性预测的原则提出反对意见，我们必须认真对待这些意见，因为消除偏差并不总是最重要的事。如果我们对所有方向的预测误差一视同仁，那么对无偏差预测的偏好就是合理的。但在有些情况下，某类错误比另一类错误更严重。风险投资家在寻找"下一次大投资"时，相比适度投资初创公司却失败的风险，错过下一个谷歌或脸书的风险要大得多。风险资本家的目标是正确预测极端情况，即使其代价是高估了许多其他风险投资的前景。对发放大额贷款的保守银行家来说，相比拒绝几个履行义务的潜在客户的风险，某个借款人破产的风险更大。在这种情况下，使用极端语言（"前景非常好""严重的违约风险"）可能会成为安慰人的理由，即使这些判断所依据的信息有效性并不高。

对理性人来说，无偏差预测和适度预测不应该成为问题。毕竟，理性的风险投资家知道，即使是最有前途的初创企业，成功的机会也并不大。她认为自己的工作是从现有赌注中选择最有希望的赌注，没必要自我欺骗，去强调计划投资的创业公司前景大好。同样，理性人对公司收入的预测不会局限于一个数字——他们会围绕可能性最大的结果考虑不确定性的范围。如果成功的回报足够大，理性人会大量投资于最可能失败的企业，而不会在成功概率上自我欺骗。但我们并不都是理性人，有些人可能需要非客观估计的安全性来避免无能为力的状态。如果你选择接受极端预测来欺骗自己，那么你最好意识到这是一种自我沉溺。

我提出的修正步骤最有价值的贡献或许是，它们需要你思考自己掌握了多少信息。下面的例子在学术界很常见，可直接类比到生活的其他领域。大学某系想聘请一位年轻教授，希望此人拥有最强的科研能力。招聘委员会已将选择范围缩小到两名候选人：

金是刚毕业的研究生。推荐信对她的评价很高，她在面试过程中对答如流，给大家留下了深刻的印象。但她没有实质性的科研成果。

简在过去三年里一直是博士后。她的学术成果丰硕，科研成绩优异，但面试表现没有金那么精彩。

直觉倾向于选择金，因为她给人留下了更深刻的印象，而且"所见即一切"。但金的信息比简的信息少得多。我们又回到了小数定律。事实上，金的信息样本比简的信息样本小，在小样本中更容易观察到极端结果。在小样本的结果中，运气的成分更大，因此，在预测金未来的表现时，回归均值的程度应该更大。如果考虑到金可能比简回归得更多，你最终会选择简，尽管你对她的印象没那么深刻。在选择学者方面，我会投票给简，但我的直觉印象是金更有前途，要克服这个印象需付出很大的努力。跟随直觉比违背直觉更自然，也更令人愉快。

你很容易在不同情境下想象类似的问题。比如，风险投资家要在两家处于不同市场的初创企业之间做选择。一家企业有产品，可以精确估计其产品需求。另一家企业更振奋人心，凭直觉判断更有希望，但未来并不确定。考虑到不确定性，是否还会认为第二家企业成功的机会更大，这个问题值得认真思考。

回归的双系统观

做出极端预测以及自动根据不可靠的证据预测罕见事件，都是系统1的表现。关联机器很自然地将预测的极端性与所感知证据的极端性相匹配——这就是替代的运作方式。系统1很自然地产生了过度自信的判断。正如我们了解到的，自信取决于故事的连贯性，而这个故事是你从所掌握的证据中得出的最合乎逻辑的说法。请注意：直觉会产生非常极端的预测，你会过于相信它们。

回归也是系统2的问题。向均值回归的概念本身就是陌生的，很难解释和理解。高尔顿经过艰难的探索才理解回归。这个话题让许多统计学老师犯难，到头来，学生对这个关键概念也只是似懂非懂。这正说明系统2需要进行特殊训练。将预测与证据相匹配不仅是我们的直觉行为，似乎也合情合理。我们无法根据经验理解回归。即使认识到回归（就像飞行教官的例子），我们也会给出一个因果解释，而这个解释往往是错的。

谈谈直觉性预测

"这家初创公司的概念验证做得很出色,但我们不应该期望它未来的运营同样出色。这些概念离获得市场成功还差得很远,回归的空间很大。"

"我们的直觉性预测很赞同它,但可能预测得太高了。让我们考虑证据的效力,将预测回归到均值。"

"这项投资可能很好,即使最佳猜测是它会失败。不要说我们真的相信它是下一个谷歌。"

"我看到有关该品牌的一条好评。不过,这可能是偶然事件。让我们只考虑那些有大量评论的品牌,从中选择最好的那个。"

第三部分
过度自信

第 19 章
理解的错觉

纳西姆·塔勒布是商人、哲学家、统计学家，也被视为心理学家。在《黑天鹅》一书中，他引入了"叙事谬误"的概念，用来描述有缺陷的故事如何塑造我们的世界观以及对未来的期望。[1] 我们总是尝试着了解世界，于是，叙事谬误就不可避免地产生了。引人入胜的解释性故事很简单；它们是具体的，而不是抽象的；将事件的发生更多地归因于天赋、愚蠢和意图，而不是运气；关注少数已发生的显著事件，而不是无数未发生的事件。最近发生的任何一起显著事件都有可能成为因果叙事的核心。塔勒布认为，人类不断为过去编造站不住脚的解释，并且信以为真，以此来愚弄自己。

好的故事为人们的行为和意图提供了简单连贯的解释。你随时准备将行为解释成一般习性和性格特征的表现——这些原因很容易与结果相匹配。前面讨论的光环效应就是连贯性的成因，它使我们将自己对某人整体品性的看法与对其重要特质的判断相匹配。[2] 例如，我们如果认为某棒球手英俊、健壮，就可能会高估其投球能力。[3] 光环也可能是负面的：我们如果认为某球员相貌丑陋，就可能会低估其运动能力。光环效应通过夸大评价的一致性来保持解释性叙事的简单连贯：好人只会行善，坏人只会作恶。"希特勒喜欢狗，也喜欢小孩。"这话无论听多少遍都令人震惊，因为在如此邪恶的人身上，任何善意的痕迹都不符合光环效应的预期。前后矛盾削弱了想法的轻松度，扰乱了感觉的清晰度。

令人信服的叙事会产生不可避免的错觉，谷歌成为科技行业巨头的故事就是其中一例。斯坦福大学计算机科学系两个富有创造力的研究生想出了在互联网上搜索信息的优越方法。他们寻找资金、创办公司,做出了一些行之有效的决定。几年内,谷歌成为美国股市最有价值的公司之一,他们也跻身世界富豪的行列。在一个难忘的时刻,他们运气非常好,这让故事更加可信:谷歌创立一年后,他们愿意以不到100万美元的价格卖掉公司,但买家说价格太高了。[4] 运气对结果的影响方式有很多,提及单一的幸运事件实际上更易让人低估运气的作用。

翔实的历史会细述谷歌创始人的决定,但就我们的目的而言,只需说他们的选择几乎都有好结果就够了。那些被谷歌击败的公司,其行为会得到更完整的叙述。在应对压垮自己的最后一根稻草时,不幸的竞争对手显得盲目、行动迟缓且力不从心。

我故意将故事讲得平淡无奇,但你能理解其中的含义:这是一个非常精彩的故事。倘若增加更多细节,你会感觉自己认清了谷歌的成功秘诀,学到了关于企业成功的宝贵一课。遗憾的是,有充分的理由相信,你从谷歌故事里得来的理解和学到的东西在很大程度上是一种错觉。对解释的终极检验是,它是否能让这一事件被提前预测到。谷歌成功的故事无法通过检验,因为没有哪个故事能包含可能导致不同结果的无数事件。人类大脑不能很好地应对没发生的事件。事实上,许多已发生的重要事件都涉及选择,这进一步诱导你夸大技能的作用,低估运气对结果的影响。因为每个关键决策都获得了成功,所以历史记录显示出故事主角有近乎完美的先见之明,但成功路途中的每一步都有可能被厄运打乱。光环效应为其加上了最后一笔润色,使其拥有了不可战胜的气场。

就像观赏技术高超的筏夫在湍流中一次次躲过暗礁险滩,谷歌故事的展开令人振奋,因为灾难的风险一直存在。然而,这两个例子有所不同,其区别具有指导意义。老练的筏夫在湍流中穿行了几百次,已经学会了分析水流、预测障碍物,懂得了如何微调姿势以保持直立。而年轻人学习创建大公司的机会却很少,也没有多少机会学习如何避开"暗礁"(比如,竞争对手绝妙的创新)。当然,谷歌的故事中包含很多技能,但在真实事件中,运气的作用比故事中描述的更为重要。运气的成分越多,我们从故事中学到的就越少。

这是强大的"所见即一切"法则在起作用。你不由自主地处理已掌握的有限信息，好像它们就是你需要知道的全部。你根据可得信息构建最有可能的故事，如果它足够精彩，你就相信它。矛盾的是，你知道的越少，手中解题的拼图越少，越容易构建自洽的故事。我们坚信这个世界有意义，这份信心有一个稳固的基础，那就是我们有无限的能力忽视自己的无知。

我曾听很多人说"在2008年金融危机爆发之前就知道它是不可避免的"。这句话包含了一个令人极其反感的词，在讨论重大事件时，我们应该将它从词汇表中删除。这个词就是"知道"。有些人事前想到会发生危机，但他们并不知道。他们现在说自己知道，因为危机确实发生了。这是对重要概念的滥用。在日常语言中，只有当已知的内容为真，并且可以证明为真时，我们才会使用"知道"这个词。知道的必要条件是，某件事真实且可知。但那些曾认为会发生危机的人（比有后见之明的人数量要少），当时并不能用确凿的证据证明这一点。许多聪明且见多识广的人看好经济前景，不相信灾难即将来临。我从这个事实中推断，这场危机是不可知的。在这种情况下使用"知道"这个词是错的，不是说某些人的"先见之明"纯属枉担虚名，而是说这个词是在暗示，世界比实际情况更可知。它让有害的错觉持续下去。

错觉的核心是我们相信自己了解过去，这意味着未来也应该是可知的，但事实上，我们对过去的了解比自以为的要少。"知道"并非助长错觉的唯一词汇。"直觉"和"预感"也常用来暗示想法成真。"我预感这段婚姻不会长久，但我错了"，这话听起来很奇怪。一个句子如果描述的是直觉最终出了错，听起来都会让人觉得奇怪。为了清晰地思考未来，我们需要清除有关过去信念的标签化语言。

后见之明的社会成本

大脑是一个理解感知的器官，善于编造故事。当意外事件发生时，我们会立即调整对世界的看法，以适应这种意外。想象一下，你在观看一场足球比赛，两支球队以往的输赢记录相同。现在比赛结束了，分出了胜负。在你修正后的世界观模型中，获胜球队比失败球队要强大得多，你对过去和未来的看法都被这种新观念所改变。从意外中学习是合理的，但可能会产生危险的后果。

我们缺乏重建原有知识状态或已变信念的能力，这是人类思维的一种普遍局限。一旦建立新的世界观（或对世界某方面的看法发生了改变），你就会立即忘记改变之前曾相信的东西。

人们在改变想法时会发生什么？许多心理学家研究了这一课题。实验人员选择了一个尚无定论的话题（比如死刑），细致测量受试者的态度。接下来，受试者会看到或听到有说服力的正反两方面信息。然后，实验人员再次测量他们的态度。他们的态度会更接近所接触到的有说服力的信息。最后，受试者报告其原有观点。这项任务出乎意料地困难。当要求受试者重建过去的信念时，他们想到的却是现在的信念（这是有关替代的例子），许多人无法相信他们曾有过不同的想法。[5]

不能重建过去的信念必然导致低估自己对往事感到意外的程度。在耶路撒冷求学时，巴鲁克·费什霍夫首次证明了"我早就知道"效应，或后见之明偏差。1972 年，理查德·尼克松总统访问中国和苏联之前，费什霍夫与鲁斯·贝斯（我们的另一名学生）一起做了一项调查。受访者对尼克松外交倡议的 15 种可能结果做出了概率判断。比如，毛泽东会同意接见尼克松吗？美国是否会在外交上承认中国？在经历了几十年的敌对之后，美国和苏联能在重大问题上达成共识吗？[6]

尼克松访问结束后，费什霍夫和贝斯请同一批人回忆他们为 15 种可能结果分配的概率。结果一目了然。如果某事件真的发生了，人们会夸大自己之前分配给它的概率。如果可能的事件没有发生，人们会错误地回忆说，他们一直认为这件事不太可能发生。进一步的实验表明，人们不仅会高估自己预测的准确性，也会高估他人预测的准确性。在其他热门事件中也发现了类似结果，比如 O. J. 辛普森谋杀案的审判以及对比尔·克林顿总统的弹劾。根据实际发生的事件修改自己的信念史，会让人产生坚固的认知错觉。

后见之明偏差对决策者的评估会产生有害的影响，导致观察者评估决策质量的依据不是过程是否合理，而是结果是否正向。[7]在某次低风险手术中，不可预测的事故导致了患者死亡。事后，陪审团会倾向于相信手术实际上是有风险的，主刀医生对此应该更清楚。这种结果偏差使人们很难根据做决策时合理的信念进行恰当的评估。

后见之明对身为代理人的决策者尤为刻薄，比如医生、理财顾问、三垒教练、首席执行官、社工、外交官、政治家。如果决策正确但结果不好，我们就倾向于指责他们。如果正确的决策在事后显而易见，我们又会吝于对他们的赞美。这是明确的结果偏差。负面结果出现时，客户常责怪代理人没有看到墙上的笔迹——忘记了这是用隐形墨水写的，只有事后才看得清。预测时的审慎行为在事后看来可能是不负责任的疏忽。实验人员基于一个真实的法律案例询问加州大学的学生，明尼苏达州德卢斯市是否应该高薪聘请一名全职桥梁监督员，预防杂物阻塞河道的风险。一组人只看到该市做决策时的证据，24%的人认为德卢斯市应该承担聘请洪水监督员的费用。第二组被告知，杂物堵塞了河道，造成严重的洪灾，56%的受访者表示，该市本应聘请监督员，尽管实验人员已明确提醒他们不要让后见之明影响判断。[8]

后果越严重，后见之明偏差就越大。对于"9·11"恐怖袭击事件这类重大灾难，我们尤其容易相信，没能预见到灾难的官员是玩忽职守，或没掌握足够的信息。2001年7月10日，美国中央情报局获得情报，基地组织可能在策划针对美国的重大袭击。局长乔治·特尼特没有向乔治·W.布什总统汇报，而是将这些信息透露给国家安全顾问康多莉扎·赖斯。后来，事实浮出水面，《华盛顿邮报》的传奇主编本·布拉德利称："如果你掌握了即将影响历史的信息，最好直接向总统汇报。在我看来，这是最基本的做法。"但在7月10日，没人知道（也没人可能知道）这些琐碎的情报真的会影响历史走向。[9]

因为很难猜测是否遵守标准操作程序，人们会对决策进行后见之明式的评判，这迫使决策者采取官僚主义做法——极力规避风险。[10]渎职诉讼越来越普遍，医生以多种方式改变了诊疗程序：要求患者做更多的检查，将更多病例转给专家，即使收效甚微也采取保守疗法。这些行为更多的是在保护医生而不是患者，这就埋下了利益冲突的隐患。加强问责制可以说是把双刃剑。

第19章　理解的错觉

尽管后见之明和结果偏差会助长风险厌恶，但也让不负责任的冒险者获得不应有的回报，比如破釜沉舟的将军或企业家最终大获全胜。一直走运的领导人永远不会因铤而走险而受到惩罚。相反，人们认为他们高瞻远瞩，有预见成功的天赋，那些质疑他们的智者在事后被视为庸懦无能。只需赌赢几次，鲁莽的领导者就会被赋予英明果断的光环。

成功的秘诀

系统1是理解感知的机器，它使我们看到的世界比现实更简单、更整洁、更可预测，也更连贯。对过去的了解错觉助长了更大的错觉，即认为我们可以预测和控制未来。这让人感到舒适。如果我们深知生活是不确定的，这些错觉能减少我们的焦虑。"行动会产生适当的后果""成功会奖励智慧和勇气"，此类令人宽慰的信息是人们的普遍需求。于是，大量的商业图书投其所好来满足这一需求。

领导者和管理措施会影响公司的业绩吗？答案当然是肯定的。系统研究客观评估了首席执行官的特征及其决策，并将其与公司后来的业绩联系起来，从而证实了其影响。在一项研究中，研究人员根据首席执行官任命前公司执行的战略，以及任命后采用的管理规程来描述首席执行官的特征。[11]结果表明，首席执行官确实会影响公司业绩，但其影响力要比商业媒体宣传的小得多。

研究人员用相关系数来衡量关系的强度，该系数在0到1之间。我们在谈论向均值回归时提到，相关系数是指两个测度中共有因素发挥作用的程度。以非常宽松的估计标准来看，公司的成功与首席执行官才能的相关系数可能高达0.30，这表明二者有30%的重叠。为了理解这个数字的重要性，请思考以下问题：

假设有许多成对的公司。每对公司大致相似，但其中一家公司首席执行官的能力比另一家强。你发现首席执行官能力更强的那家公司更成功的频率是多少？[12]

在秩序井然、可预测的世界里，二者的相关系数是1，即完全相关。你会发现，在所有配对公司中，能力较强的首席执行官领导的公司更成功。如果相似公司的相对成功完全由首席执行官无法控制的因素（即所谓的运气）决定，你会发现，在50%的更成功的公司中，首席执行官的能力较弱。0.30的相关系数意味着，在大约60%的配对中，能力较强的首席执行官领导着实力较强的公司——这只比随机猜测高出10个百分点。对首席执行官的英雄崇拜是常见现象，但研究结果并未证实其合理性。

如果你像大多数人一样，期望更高的比例，那么你应该将其看作一个标志，即你倾向于高估世界的可预测性。毫无疑问，无论是预测赛马结果还是公司业绩，将成功概率从1∶1提高到3∶2都是很大的跃进。然而，在大多数商业作家眼中，即使公司经营得很好，对业绩几乎没有控制权的首席执行官也不会给人留下特别深刻的印象。很难想象人们会在机场书店排队购买这样一本书，书中热情洋溢地讲述了商业领袖的成功之道，而这些领袖的平均业绩只比随机表现稍好一点儿。读者渴望获知商业成败的决定因素，无论多么虚幻，他们需要的是能让他们有某种领悟的故事。

《光环效应》是瑞士商学院教授罗森维的精辟之作。[13]人们追求虚幻的确定性，该书展示了两种流行的商业写作手法如何满足这种需求。一种热衷于谈论某人和某公司的成败史（多数是成功史），另一种分析成功公司和不太成功的公司的差异。他的结论是，成败的故事总是夸大领导风格和管理措施对公司业绩的影响，因此其信息基本上毫无用处。

为了解这个过程，想象一下，请商业专家（比如某首席执行官）评论另一家公司的首席执行官。专家能敏锐地觉察到该公司处于上升期还是衰败期。正如我们从谷歌案例中了解到的，这些认识会产生光环效应。他们可能会称赞成功公司的首席执行官善于变通、有条不紊、行事果断。想象一下，一年后公司的状况变差了，同一位首席执行官又被描述为僵化昏庸、独断专行。这两种描述在当时听起来都很正确，但是，称一位成功的领导者僵化昏庸，或称一位夹缝求生的领导者善于变通、有条不紊，都是荒谬的。

事实上，光环效应非常强大。你可能发现自己会抵制一种想法，即同一个人同样的行为在事情进展顺利时显得条理分明，在事情进展不顺时则显得僵化死板。由于光环效应，我们颠倒了因果关系：我们倾向于认为，公司的失败是因为首席执行官不善变通,而事实是因为公司正在走下坡路,所以他看起来僵化死板。理解的错觉就是这样产生的。

有些书通过系统考察成功企业来总结经营之道,对读者产生了极大的吸引力。该现象可用光环效应和结果偏差来解释。在这类书中,知名度最高的是吉姆·柯林斯和杰里·波勒斯合著的《基业长青》。这本书全面分析了18对竞争公司,在每对公司中,一家比另一家更成功。作者从企业文化、战略方针和管理措施等方面评估了对比数据,并宣称,"我们认为,每位首席执行官、经理和企业家都应该读这本书",以及"你可以创建一家高瞻远瞩的公司"。[14]

《基业长青》以及类似的图书传递的基本信息是:我们可以识别有效的管理措施,落实这些措施就能取得优异的业绩。这两点都被过分夸大了。比较两家公司已有的成败,在很大程度上相当于比较其运气好坏。明白了运气的重要性之后,当成功和不太成功的公司在比较中出现高度一致的模式时,你就应该格外留意,保持怀疑态度。只要存在随机性,规律就只是一种幻象。

运气的作用很大,因此,我们无法通过观察成功,可靠地推断出领导力和管理措施的质量。即使你完全预见到首席执行官有远见卓识,且能力非凡,仍无法准确预测公司的业绩,你的预测不会比抛硬币的结果好多少。[15]平均而言,在研究发表后的一段时间里,《基业长青》提及的优秀公司和不太成功的公司之间的盈利能力和股票回报率几乎没有差异。《追求卓越》一书中提及的那些公司,平均盈利能力也在短期内骤降。[16]一项研究调查了《财富》杂志中"最受推崇的公司",结果发现,在本书写作时的过去20年,评级最差的公司获得的股票回报率远高于最受推崇的公司。[17]

你可能很想用因果关系来解释这些观察结果:也许成功的公司骄傲自满了,不太成功的公司则奋发图强。但这是错误的思考方式。平均差距肯定会缩小,因为最初的差距在很大程度上是运气使然,运气既是顶级公司成功的原因,也是其他公司业绩欠佳的原因。我们遇到的是生活中的统计学事实:向均值回归。[18]

企业兴衰的故事通过满足思维的需要引发读者的共鸣,以一条简单的胜败信息确定原因,忽视了运气的决定性作用和回归的必然性。这些故事导致并巩固了理解的错觉,传授的是几乎没有长期价值的经验,其目标群体正是那些迫切想去相信这些故事的读者。

谈谈后见之明

"这个错误显而易见，但这一观点不过是后见之明。你不可能事先知道它是错的。"

"他从这个条理清晰的成功故事中学到了太多东西。他陷入了叙事谬误。"

"她说这家公司管理不善，这纯属凭空捏造。她只知道公司股票下跌了。这是一种结果偏差，部分来自后见之明，部分来自光环效应。"

"我们不要陷入结果偏差。尽管结果很好，但这仍是一个愚蠢的决定。"

第20章
有效性错觉

系统1被设计会过早下结论，而不知道有多早。由于"所见即一切"，因而只有手头的证据才算数。又因为连贯性带来自信，所以我们对自己观点的主观置信度又反映了系统1和系统2所编故事的连贯性。证据的数量和质量并不重要，因为很少的证据也能编造出精彩的故事。我们的某些重要信念完全无凭无据，只因自己喜爱和信任的人持有这些信念。鉴于所知甚少这一事实，我们对自身信念的信心实在是荒谬——但它也是必不可少的。

有效性错觉

几十年前，我在以色列军队服役，花了大量时间在烈日下观察汗流浃背的士兵如何解决问题。当时我已获得心理学学士学位，当了一年陆军军官后，被分配到陆军的心理学部门，我的一项临时职责是协助评估军官候选人。我们用的是英军在第二次世界大战中开创的方法。

有个测试叫"无领导小组挑战"，是在障碍场上进行的。8名候选人互不相识，他们都摘掉了军衔徽章，只用编号来识别。他们的任务是抬起一根长木头，越过约6英尺高的墙。团队成员都要翻过墙，而且木头不能碰到地面或墙，任何人都不能碰到墙。如果犯规了，团队成员必须报告并重新开始。

解决方法有好几种。常见的方法是，让几个人将木头倾斜成一个角度，就像巨大的鱼竿，其他人顺着木头爬过去。或者让士兵踩着别人的肩膀跳过去。轮到最后一个人时，众人以一定的角度将木头举起，他站在木头的一端，此时木头悬在空中，此人顺着木头爬过去，安全地跳到墙的另一边。这个环节很容易失败，失败了就得从头再来。

我和一名同事负责监督，记录下谁在指挥团队，谁想领导团队却遭到拒绝，以及在为团队目标努力的过程中每个士兵的合作程度。我们观察到士兵的不同表现，比如固执、顺从、傲慢、耐心、暴躁、坚持或放弃。我们看到了恶意竞争——某人的想法被团队拒绝时，他就不再努力。我们还看到士兵在危急时刻的反应：有人会斥责导致团队失败的成员，有人在筋疲力尽的团队必须从头再来时，挺身而出担当领导者。在压力下，每个人的本性暴露无遗。我们对每位候选人性格的印象就像天空的颜色一样直接、鲜明。

在观察士兵的数次努力后，我们凭借对他们的领导和决策能力的印象做出总结，并用分数确定符合军官培训资格的人选。我们深入探讨每个案例，回顾那些印象。这项任务并不难，因为我们认为自己对所有人的领导力了然于胸。有些人像强势的领导者，有些人则像懦弱或傲慢的傻瓜，还有些人表现平庸但不算太差。不少人能力很差，我们将这些人从军官候选人名单中删除。当观察融汇成连贯的故事时，我们对自己的评估充满了信心，认为根据观察结果可以直接预测他们的未来。在艰难时刻勇于担当、带领团队完成任务的士兵就是当时的领导者。我们猜测，他在训练或战斗中也会像在测试时一样出色。任何其他预测似乎都不符合我们眼前的证据。

我们对每位士兵的表现形成了连贯、清晰的印象，因而认为正式预测也同样准确。我们想到某人的评分时基本没有疑惑，也不存在矛盾的印象。我们非常肯定地说，"这人不合格"，"那人很一般，但应该能勉强完成任务"，或者"他前途无量"。我们觉得没必要质疑、调整预测，或者将预测表述得委婉些。但我们也做好了受到质疑的心理准备，"当然，任何事情都可能发生"。这么说是因为，尽管我们对候选人的印象很明确，但我们确信预测的作用不大。

我们无法准确预测的证据非常多。每隔几个月，我们都会召开一次反馈会议，了解学员在军官训练学校的表现，并将我们的评估与训练指挥官的意见进行比较。结果千篇一律：我们几乎无法预测他们在学校的表现。那些预测只比盲目猜测稍好一点儿。

这个令人沮丧的消息让我们消沉了一阵子。但这里是军队，无论预测是否有用，学员都需要遵循常规、服从命令。第二天又来了一批候选人。我们把他们带到障碍场，他们面前仍是那面墙，他们仍要抬起木头完成任务。像之前一样，我们在几分钟内看清了他们的本性。我们的预测质量很差，但这并没有影响我们评估候选人的方式，也基本不影响我们的个人判断和对预测的信心。

这一现象不可思议。我们之前的证据完全无效，这本该动摇我们判断候选人的信心，但事实并非如此。它也应该促使我们调整预测，使之更中庸，但我们也没那么做。我们知道，我们的预测比随机猜测好不了多少，但仍觉得每一个具体预测都有效。我想到了穆勒－莱尔错觉，我们知道两条线是等长的，但仍将其视为不等长。我震惊于这个类比，于是为我们的经历创造了一个术语：有效性错觉。

我发现了自己的第一个认知错觉。

几十年后，我从那个故事中了解到有关我个人思维的许多主题，这些主题也是本书的内容。我们对士兵未来表现的期望其实是一种替代，更是代表性启发式的表现。在人为环境中，花一个小时观察士兵的行为，我们就感觉自己知道他将如何应对在军官训练和领导作战时的挑战。我们的预测完全没考虑到回归——我们从薄弱的证据中预测失败或巨大的成功，没有留任何回旋余地。这是"所见即一切"的典型案例。我们对观察到的行为产生了难以抗拒的印象，并不知道成为合格军官的决定因素，也没有什么好方式来表示这种无知。

回顾这一经历，最出乎意料的是，我们对一般规则的了解（即"我们无法预测"这一事实）并未影响我们对个案的信心。当尼斯贝特和博吉达的实验受试者被告知，大多数人不会向癫痫发作的陌生人伸出援手时，他们难以置信。现在我明白了，我们的反应与他们相似。他们当然相信看到的统计数据，但基础比率并没有影响他们的判断，他们仍认为视频中的人会帮助陌生人。正如尼斯贝特和博吉达所证明的，人们通常不愿从一般中推断特殊。

判断的主观置信度并不是对该判断正确概率的合理评估。自信是一种感觉，它反映了信息的连贯性和处理信息时的认知轻松。承认不确定性是明智的，高度自信的表述其实是在告诉你，此人构建了一个连贯的故事，这并不代表故事是真的。

选股技能错觉

1984年，我和阿莫斯以及我们的朋友理查德·塞勒访问了一家华尔街公司。接待我们的是一位高级投资经理，他邀请我们讨论判断偏差在投资中的作用。我对金融知之甚少，甚至不知道该问他什么，但我记得这段对话。我问："你卖出一只股票之后，谁买了它？"他朝窗户那边挥了挥手，意思是他认为买家是与他非常相似的人。这就奇怪了：是什么原因让一个人买入，另一个人卖出？卖家认为他们掌握了哪些买家不知道的信息？

那次交流之后，我明确提出了关于股市的一个更大的问题：在很大程度上，金融业似乎建立在技能错觉的基础上。每天有数十亿股的股票交易，每只股票都有很多人买入，同时也有很多人卖出。一天之内，某只股票的交易量超过一亿股是不足为奇的。大多数买家和卖家都知道他们掌握着相同的信息，他们交易股票主要是因为彼此意见相左。买家认为股票价格太低，可能会涨价；卖家则认为股票价格很高，可能会下跌。令人困惑的是，为什么买家和卖家都认为当前价是不对的。是什么让他们相信自己比市场更了解股价？对大多数股民来说，这种信念只是一种错觉。

大致而言，所有股民都认同股票市场运作的标准理论。在投资界，人人都读过伯顿·马尔基尔的著作《漫步华尔街》。马尔基尔的核心观点是，股票价格包含了关于公司价值的所有可用知识以及对股票走势的最佳预测。如果有人相信某只股票明天要涨，今天他们就会买入更多。这反过来又导致股价上涨。如果市场上所有资产的定价都正确，那么通过交易获利或亏损的情况就不存在了。完美的价格让聪明人无计可施，但也保护了蠢人，让其免受损失。然而，我们现在知道，该理论并不完全正确。许多散户在交易中不断亏损，还不如黑猩猩随机选择的结果好。首次证明这一惊人结论的是特里·奥登，他是加州大学伯克利分校的金融学教授，也曾是我的学生。[1]

奥登首先研究了10 000个证券账户7年内的交易记录。他分析了这些散户通过证券公司所做的每一笔交易，共近16.3万笔。数据非常丰富，奥登能看到所有案例中连续卖出买入的情况。这些行动透露了投资者（大多数是男性）对两只股票未来的看法：他预期自己买入的股票比卖出的股票业绩更好。

为了确定这些看法是否正确，奥登比较了投资者卖出和随即买入的股票在交易后一年内的收益。结果无疑是糟糕的。平均而言，散户卖出的股票比买入的要优质得多：年收益率高出3.2个百分点，远远超过高额的交易手续费。

重要的是要记住，这是指平均水平：有些人投资做得非常好，另一些人则非常差。然而，很明显，对于大多数散户来说，相比将想法付诸实践，洗个澡、什么都不做是更好的策略。奥登及其同事布拉德·巴伯后来的研究支持了这一结论。在一篇题为《交易有损财富》的论文中，他们发现，平均而言，最活跃的交易者业绩最差，而交易次数最少的投资者收益最高。在另一篇论文《男儿本色》中，他们表明，男性落实无用想法的次数比女性多，因此女性的投资收益比男性高。[2]

当然，每笔交易的对立面总有人在，他们通常是金融机构和专业投资者，时刻准备着从散户买入卖出的错误中渔利。巴伯和奥登的进一步研究揭示了这些错误。散户锁定收益的惯用做法是卖出持续升值的"优质股"，买入"垃圾股"。[3] 遗憾的是，从短期来看，优质股的业绩往往比垃圾股更好，所以他们卖错了股票，也买错了股票。散户会涌向那些因为上了新闻而引发关注的公司。专业投资者往往会有选择地对新闻做出反应。[4] 这就是金融专业人士自称为"行家里手"的原因所在。

尽管专业人士能从业余投资者那里获得大量财富，但没有多少选股者（如果有的话）具备年复一年击败市场的技能。[5] 检验技能的关键是取得持续的成就，包括基金经理在内的专业投资者都未能通过这项检验。判断是否有技能的标准是个体成就差异的一致性。逻辑很简单：如果在任意一年，个体差异完全来自运气，那么投资者和基金的排名变化将呈现不稳定状态，并且与年份的相关系数是0。然而，只要技能存在，排名就会较稳定。个体差异的持续性是我们确认高尔夫球手、汽车销售员、正畸牙医或公路收费员是否有卓越技能的标准。

经验丰富、工作勤恳的专业人士管理着共同基金,他们为客户买卖股票,以实现最佳收益。然而,从 50 多年的研究中得出的证据是确凿无疑的:对绝大多数基金经理来说,选股更像是掷骰子,而不是玩扑克牌。如果在任意一年,每三只共同基金中至少有两只业绩低于整体市场,那就更是如此了。[6]

更重要的是,共同基金业绩之间的年度相关系数很小,几乎为 0。任何一年的基金大涨基本都是运气使然,也就是掷骰子赢了。研究者普遍认为,选股者都在玩机会游戏,无论他们是否意识到(很少有人意识到)。交易者的主观体验是,他们在极不确定的情况下做出了明智的、有根据的猜测。然而,在高效的市场中,有根据的猜测并不比盲目猜测更准确。

几年前,我获得了一个不寻常的机会,可以近距离观察金融领域的技能错觉。我应邀与某公司的一群投资顾问交流。这家公司为富豪客户提供金融建议和其他服务。我请公司提供一些数据来准备我的演讲,他们给了我一个小宝物——一张电子表格,上面汇总了约 25 位匿名财富顾问连续 8 年的投资收益。顾问每年的得分是其年终奖金的主要决定因素。我要完成几个简单的任务:根据顾问每年的业绩对其进行排名;确定他们的技能是否存在持续差异;确定同一位顾问是否每年都能为客户带来较高的收益。[7]

为了回答这个问题,我计算了每两年之间的相关系数:第 1 年和第 2 年,第 1 年和第 3 年,以此类推,直到第 7 年和第 8 年。我得到 28 个相关系数。我了解相关理论,因而准备寻找技能持续的弱证据。尽管如此,我还是惊讶地发现,28 个相关系数的均值为 0.01。换句话说,就是 0。没有发现技能差异的持续相关性。结果类似于掷骰子比赛而非技能比赛。

公司中似乎没有人意识到选股者所玩游戏的性质。顾问们认为自己是颇有能力的专业人士,从事的是严肃的工作。他们的上司也认同这一点。研讨会的前一晚,我和理查德·塞勒与公司高管共进晚餐,这些高管有权决定顾问的奖金。我们让他们猜测顾问排名的年度相关性。他们像是早就猜到一样,笑着说"不是很高"或"业绩肯定会波动"。然而,很快我们就知道,他们根本没想到平均相关系数是 0。

我们向高管传达的信息是,至少在构建投资组合方面,公司的回报看似来自技能,实则来自运气。他们应该感到震惊,但事实上并没有。没有迹象

第 20 章 有效性错觉

表明他们不相信我们的结论。他们怎么可能不信呢？毕竟，我们分析的是他们自己的业绩，尽管我表达得很委婉，但他们精明老练，能理解我的意思。我们平静地吃着晚餐。我敢肯定，我们的发现及其含义很快会被遮掩，公司仍照常运行。技能错觉不仅是个人的偏差，也深深根植于金融业的文化中。质疑这类基本假设的事实威胁到人们的生计和自尊，绝不会被接受。人们不会思考并理解它。在关于业绩的统计研究中更是如此。研究提供的基础比率信息与人们从经验中获得的个人印象相冲突时，人们通常会忽略这些信息。

第二天上午，我们将调查结果告诉顾问，他们的反应同样平淡。对他们来说，自己审慎判断复杂问题的经历远比模糊的统计事实更有说服力。访问结束后，前一晚与我共进晚餐的一位高管开车送我去机场。他带着一丝戒备的语气说："我为公司创造了很好的业绩，没有人能夺走我的功劳。"我笑了笑，什么也没说。我想："今天上午我夺走了你的功劳。但如果你的成功主要靠运气，又有几分功劳是真正属于你的？"

支持技能错觉和有效性错觉的因素是什么？

认知错觉可能比视觉错觉更顽固。即使知道穆勒－莱尔错觉，你看线条的方式依旧不会改变，但它改变了你的行为。你知道，附加鳍状标志的线条给你留下的长度印象不可信。你也知道，不能相信你看到的穆勒－莱尔标准图示。被问及线条的长度时，你的答案来自可靠的信念，而非视觉错觉。相反，我和同事从军队实践中得知，领导力评估测试的效度很低，我们在理智上接受了这一事实，但它没有对我们的感受或后续行动产生影响。我们在金融公司看到的反应更极端。我确信，我和塞勒告知高管和投资经理的信息会立即被丢入记忆的死角，不会给他们带来任何伤害。

无论是业余投资者还是专业投资者，大多数人都固执地认为自己比市场更高明。技能错觉违背了他们所接受的经济理论，也与通过冷静评估个人经历获得的体验相抵触。为什么会这样？金融界的技能错觉具有普遍性和持久性，在解释其原因时，需要提及前几章的许多主题。

选股者认为自己使用了高超的技能，这是造成技能错觉最大的心理因素。他们查看经济数据和各种预测，审查损益表和资产负债表，评估高层管理的质量，估计竞争状况。这些都是需要经过大量培训才能胜任的重要工作，也是从业者运用技能的直接（有效）体验。遗憾的是，拥有评估公司商业前景的技能并不能确保股票交易的成功。关键问题是，股价中是否包含公司信息。交易者显然缺乏回答该问题的能力，但他们似乎对自己的无知一无所知。这类似于我在障碍场上观察学员时的发现。交易者的主观信心只是一种感觉，不是判断。理解了认知轻松和关联连贯性，我们可以确定，主观信心源于系统1。

最后，有效性错觉和技能错觉受到专业文化的有力支持。我们知道，志同道合的信徒群体会让人们对任何观念坚信不疑，无论它们有多荒谬。考虑到金融界的专业文化，很多投资者认为自己是天选之子就不足为怪了。

评论员错觉

人们总能轻而易举地解释过去，因而，"未来是不可预测的"这一观点每天都被错觉所颠覆。纳西姆·塔勒布在《黑天鹅》中指出，我们倾向于编造并相信连贯的故事，很难接受自己预测能力的有限性。事后看来，一切都合情合理。金融评论员每晚对当天事件进行令人信服的解释，正是利用了这个事实。我们无法抑制一种强大的直觉，即从后见之明的角度看，今天讲得通的事必然是昨天可预测的事。理解过去的错觉让我们过度相信自己预测未来的能力。

"历史的行进"这一常用比喻意味着秩序和方向。行进不同于漫步或散步，它不是随机的。我们以为，大规模的社会运动、文化技术的发展或伟人的雄才大略等应该可以解释历史进程。然而，历史大事件是由运气决定的，尽管这是可论证的事实，却仍然令人震惊。如果没有希特勒和斯大林，很难想象20世纪的历史走向，也很难想象重大社会运动的存在。但在卵子受精前的那一刻，希特勒的胚胎还有一半概率是女性。将这两个事件组合在一起，20世纪有1/4的概率不会出现这两个历史人物。而且我们不可能争辩说，如果没有他们，历史仍大致相同。这两个卵子的受精产生了重大后果，让

"长期发展是可预测的"成为一个笑话。

然而,有效预测的错觉仍岿然不动,靠预测为生的人(不只是金融专家,还有商界和政界评论员)借此牟利。电视台、广播电台和报纸都有自己的专家团队,他们的工作是评论最近发生的事,同时预测未来。观众和读者感觉自己获得了机密信息,至少是有独到见解的信息。毫无疑问,评论员及其推动者确信他们提供的正是这类信息。宾夕法尼亚大学心理学家菲利普·泰特洛克经过20年具有里程碑意义的研究,于2005年出版了《狐狸与刺猬——专家的政治判断》。他在书中解释了所谓的专家预测,为讨论该话题设定了术语。

泰特洛克采访了284名受访者,他们的工作内容是"对政治和经济趋势发表评论或提供建议"。他要求受访者评估某些事件在近期发生的概率,这些事件涉及他们的专业领域和非专业领域。比如,戈尔巴乔夫会在政变中被赶下台吗?美国会在波斯湾开战吗?哪个国家将成为下一个新兴大市场?泰特洛克共收集了80 000多份预测。他还询问这些专家是如何得出结论的;当结论被证明是错的时,他们会做何反应;他们是如何评估不支持其立场的证据的。受访者需要评估每种情况下三种替代结果的概率:在某方面(比如政治自由或经济增长)维持现状、进步、倒退。

结果令人震惊。专家的表现很糟糕,他们预测准确的概率还不如简单地平均分配三种可能结果的概率。换句话说,那些花时间研究某个特定课题、以预测为生的人,其预测准确率还不如黑猩猩的随机选择高。即使在最熟悉的领域,专家也不比外行强多少。

在预测方面,知道更多的人比知之甚少的人好不到哪里去。知识最多的人反而不那么可靠,因为他们的技能错觉更强,自信心爆棚。"靠知识预测,我们很快就达到边际效用递减的临界值,其速度快到令人不安。"泰特洛克写道,"在这个学术高度专业化的时代,没有理由认为顶级期刊的撰稿人、杰出的政治学家、领域研究专家、经济学家等,在'解读'未来走势上比《纽约时报》的记者或细心的读者更精准。"[8] 预测者名气越大,预测结果越夸张。他写道:"相比那些不受媒体重视的同事,炙手可热的专家要自信得多。"

泰特洛克还发现,专家拒绝承认错误,即使不得不认错也会找很多借口。比如,只是时机预测得不对,发生了无法预料的事件,或者预测错误情有可原。毕竟，专家也是人。他们自命不凡，讨厌犯错。泰特洛克说，专家犯错并非信念使然，而是因为思考方式有问题。以赛亚·伯林写了一篇评述托尔斯泰的文章，名为《刺猬与狐狸》。泰特洛克使用了其中的术语。刺猬"知道一件大事"，对世界有一套自己的理论，他们在合乎逻辑的框架内解释特定事件，对不按自己的方式看待事物的人感到不耐烦，对自己的预测充满信心。他们尤其不愿承认错误。对刺猬来说，错误的预测都只是"时机不对"或"近乎正确"。他们固执己见，毫不含糊，这正是电视制片人乐意在节目中看到的效果。两只意见相左的刺猬互相攻击对方愚蠢的观点，可谓一出好戏。

而狐狸是复杂的思考者。他们不相信一件大事会推动历史进程（例如，他们不太可能接受这一观点，即罗纳德·里根仅凭一己之力与苏联对抗，从而结束了冷战）。狐狸认识到，现实来自许多不同主体和力量的相互作用，其中也包括运气，往往会产生不可预测的重大结果。在泰特洛克的研究中，狐狸是胜出者，尽管其表现仍然很差。被邀请参加电视辩论的更可能是刺猬，而不是狐狸。

错不在专家——世界本就难懂

本章的重点并非强调预测未来的人会经常出错，这是不言而喻的。本章的重点在于，第一，预测错误不可避免，因为世界是不可预测的；第二，高主观置信度不能作为判定准确性的指标（低置信度可能会提供更多有用的信息）。

短期趋势可以预测，根据过去的表现可以准确预测人的行为和成就。但是，我们不应该期望根据障碍场上的行为预测军官在训练和战斗中的表现——测试和现实世界中的行为都是由特定情况下的许多因素决定的。从8名候选人中撤下一名自负的成员，其他人的个性就会与原来不同。让狙击手的子弹偏离几厘米，军官的表现就会改变。我并不否认这些测试的效度——如果一项测试预测重要结果的效度达到 0.20 或 0.30，就应该使用该测试。不过，不应该抱更大的期望。华尔街的选股者希望自己的价格预测比市场更准确，但你不该对他们抱多大期望，甚至不该有所期望。你也不该对评论员的长期预测寄予厚望——尽管他们的短期预测颇有见地。可预测的未来与不可预测的长远未来之间尚没有一条明确的界限。

谈谈技能错觉

"他知道记录表明，这种疾病的进展在很大程度上是不可预测的。他怎么能如此自信？听起来像是有效性错觉。"

"她有一个连贯的故事，解释了她所知道的一切，这种连贯性让她感觉很好。"

"是什么让他相信自己比市场更聪明？是技能错觉吗？"

"她属于刺猬型。她相信某个解释一切的理论，这给了她理解世界的错觉。"

"问题不在于这些专家是否训练有素，而在于他们的世界是否可预测。"

第 21 章
直觉与公式

保罗·米尔是位奇才，也是 20 世纪最多才多艺的心理学家之一。他曾在明尼苏达大学的多个系里任教，包括心理学系、法律系、精神病学系、神经病学系和哲学系。他的论文涉及宗教、政治学和老鼠的学习。米尔还是精通统计学的资深科研人员，强烈反对临床心理学的空谈，另外他还是一位执业心理分析师。他写的关于心理学研究的哲学基础论文发人深省，读研时我几乎能全文背诵下来。我从未见过米尔，但自从读了他的《临床与统计预测——理论分析和证据综述》(Clinical vs. Statistical Prediction: A Theoretical Analysis and a Review of the Evidence)一书，他就成了我心中的英雄。

后来，米尔将那本书称为"我那令人不安的小书"。他在书中回顾了 20 项研究成果，这些研究分析了受过训练的专业人员根据主观印象所做的临床预测是否比根据规则结合分数或评级所做的统计预测更准确。在一项典型研究中，受过训练的辅导员在期末预测了大一新生的成绩。辅导员与每个学生面谈了 45 分钟，还获得了学生的高中成绩、几次能力测试成绩和一份长达 4 页的个人陈述。统计算法只使用了其中的一小部分信息，即高中成绩和一次能力测试成绩。然而，由公式得出的预测结果比 14 名辅导员中的 11 名预测得更准确。米尔在其他各种预测中报告了类似结果，包括对是否违反假释规定、飞行员培训是否成功和刑事累犯情况等的预测。

米尔的书让临床心理学家震惊和怀疑，它引发的争议带来一系列研究，在出版 50 多年后的今天仍在继续，这不足为奇。比较临床预测和统计预测的论文已有200篇左右，但算法和人类的竞争得分没有改变。约60%的研究表明，算法的准确性明显更高。其他比较在准确性上不分胜负，但这就等于说统计规则更胜一筹，其使用成本通常比专家判断的成本低得多。关于这一点，没有任何例外得到了令人信服的证明。

预测结果的范围已扩展到医学变量，如癌症患者的寿命、住院时间、心脏病诊断以及婴儿对猝死综合征的易感性；经济指标，如新公司的成功前景、银行对信贷风险的评估以及员工未来的职业满意度；政府机构感兴趣的问题，包括评估养父母是否合适、少年犯累犯概率以及其他形式暴力行为的可能性；对各种结果的评估，比如科学报告、足球比赛的获胜方以及波尔多葡萄酒未来的价格。这些领域的每个结果都有很大程度的不确定性和不可预测性。我们称其为"低效度环境"。在所有情况下，简单算法的预测准确性都超过了专家预测，或与其不相上下。

著作出版30年后，米尔自豪地指出："在社会科学中，如此多质化的研究与该研究殊途同归，这一点毫无争议。"[1]

普林斯顿经济学家和葡萄酒爱好者奥利·阿申菲尔特提供了一个令人信服的证据，证明了简单统计数字可以超越世界知名专家。阿申菲尔特希望通过生产年份信息预测波尔多优质葡萄酒的未来价值。这个问题很重要，因为优质葡萄酒需要数年才能达到最佳质量，而出自同一葡萄园的葡萄酒在不同酿造年份的价格差异很大，相隔仅12个月的瓶装酒价值可能相差10倍或更多。[2] 预测未来价格的能力具有很大的价值，因为投资者购买葡萄酒就像购买艺术品一样，是出于升值的预期考量。

人们普遍认为，年份会产生影响只是因为葡萄生长季节的气候变化。最好的葡萄酒是在温暖干燥的夏季生产的，这使波尔多葡萄酒业成为全球变暖的受益者。湿润的春季也有利于增加葡萄酒的产量，但对质量影响不大。阿申菲尔特将传统知识转化为一个统计公式，该公式针对特定性质和特定年份，通过气候的三个特征来预测葡萄酒价格，它们分别是，夏天生长季的平均温度、收获时的降雨量和上一年冬天的总降雨量。他的公式提供了未来几年甚至几十年的准确价格预测。事实上，相比根据新酿葡萄酒的当前价格进行预测，他的公式更准确地预测了未来价格。专家观点有助于确定早期价格，这个"米尔模式"的新例子挑战了专家的能力，也挑战了经济理论，即价格应反映包括气候在内的所有可用信息。阿申菲尔特的公式非常准确——他的预测和实际价格之间的相关系数超过了 0.90。

为什么专家不如算法？米尔认为，原因之一是专家做预测时想卖弄聪明，跳出固有思维模式，考虑复杂的特征组合。复杂性可能在少数情况下起作用，但通常会降低有效性。简单的特征组合效果会更好。几项研究表明，即使人类决策者获得了公式建议的分数，他们的预测也不如预测公式有效！人们自以为掌握了更多信息就可以推翻公式，但这往往是错的。根据米尔的说法，只有在很少的情况下，用判断代替公式才是明智的。他在一个著名的思想实验中描述了一个公式，预测某人今晚是否会去看电影。他指出，如果知道此人今天摔断了腿，那就应该忽略这个公式。"断腿法则"的说法一直沿用至今。当然，关键是断腿非常罕见，但也是决定性因素。

专家判断能力低下的另一个原因是，人类在对复杂信息做出总结判断时，存在屡教不改的不一致性。当被要求对同一信息进行两次评估时，人们经常给出不同的答案。不一致的程度往往是真正令人担忧的问题。经验丰富的放射科医生在不同场合看到同一张胸部 X 光片，对"正常"或"异常"的评估有 20% 的时间会自相矛盾。[3] 一项研究要求 101 名独立审计师评估公司内部审计的可靠性，结果显示存在类似程度的不一致性。[4] 针对审计师、病理学家、心理学家、公司经理和其他专业人士的 41 项判断可靠性的独立研究综述表明，即使在几分钟内重新评估案件，这种不一致程度也很明显。[5] 对任何事情的有效预测都不能依赖不可靠的判断。

普遍的不一致性可能是由系统 1 对环境的极端依赖造成的。通过促发研究我们知道，环境中未被注意的刺激会极大地影响我们的思想和行为。这些影响每时每刻都在变动。炎热的日子里，凉风带来的一时惬意可能会让你对当时的评估更积极乐观。罪犯获得假释的可能性会在假释官两次就餐的间隔时间内发生重大变化。[6] 人们无法直接了解自己大脑中的意念起伏，因此，你永远不会知道，面对差异甚微的不同情况，自己可能做出了不同的判断或决定。公式不存在此类问题。给定相同的输入，总是得出相同的答案。当可预测性较差时（米尔及其追随者评论的大多数研究都是如此），不一致性会破坏所有预测的有效性。

这项研究提出了一个出人意料的结论：为了最大限度地提高预测准确

性，最终的决定应该交给公式去做，尤其是在低效度环境中。例如，在医学院的录取决定中，最终决定者通常是面试官。虽然证据不完整，但有充分的理由推测：如果最终由面试官做出录取决定，那么面试选拔程序的准确性可能会降低。面试官过于相信自己的直觉，因而会过于看重个人印象，不太重视其他信息源，从而降低了最终决定的有效性。[7]同样，通过评估新酿葡萄酒的质量预测未来价格的专家有一个信息源：他们可以品尝葡萄酒。这对于预测来说有害无益。当然，还有一点，即使他们了解气候对葡萄酒质量的影响，也无法像公式那样保持一致性。

继米尔的原创研究之后，该领域最重要的进展来自罗宾·道斯的著名论文《决策制定中不当线性模型的稳健之美》。[8]社会科学中的主要统计实践是通过遵循一种被称为多元回归的算法来为不同的预测因子分配权重，该算法现已内置于常规软件中。多元回归的逻辑无懈可击，因为它找到了将各种预测因子分量在一起的最佳公式。然而，道斯观察到，复杂的统计算法几乎毫无价值。选择一组对预测结果有一定效度的分数，调整这些值使其具有可比性（使用标准分数或排序法），也可以预测得很好。预测新案例时，以等权重将预测因子组合在一起的公式，可能与原始样本中最佳多元回归公式一样准确。后来的研究更为深入：为所有预测因子分配等权重的公式通常更有效，因为它们不受抽样意外的影响。[9]

等权重方案出人意料的成功具有重要的实际意义：在没有任何统计研究的情况下，我们有可能开发出实用的算法。基于现有统计数据或常识的简单等权重公式，通常是显著结果的优质预测器。在一个令人难忘的例子中，道斯给出了有效预测婚姻稳定性的公式：

做爱次数减去吵架次数。

你不希望你的结果是负数。

该研究的重要结论是，粗略构建的算法足以与最优分量公式媲美，当然也比专家的判断更精准。这种逻辑可以应用于许多领域，包括投资组合经理的选股以及医患对医疗方案的选择。

该方法的经典应用是一个简单算法，它挽救了无数婴儿的生命。一直以来，产科医生都知道，呼吸异常的婴儿在出生几分钟内有很高的脑损伤或死亡风险。医生和助产士以其临床经验来判断婴儿是否处于痛苦之中。他们关注的线索各不相同，有人观察呼吸问题，有人监测婴儿多久开始啼哭。直到1953年，麻醉师弗吉尼亚·阿普加引入了一种方法，才改变了局面。没有标准化程序，人们很容易错过危险信号，导致许多新生儿死亡。

一天早餐后，一位住院医生问阿普加医生，如何对新生儿进行系统评估。[10]阿普加说："这很简单，你可以这么做。"她写下5个变量（心率、呼吸、反射、肌肉张力和肤色）和3个分数（0、1或2，取决于每种迹象的稳健性）。阿普加意识到，这可能是适用于所有产房的重要发现，于是她在婴儿出生一分钟后根据这条规则进行评分。总分为8分或8分以上的婴儿，皮肤呈粉红色、扭动身体、啼哭、有面部表情、脉搏100或以上——表明身体状况良好。评分为4分或4分以下的婴儿，肤色偏蓝、软弱无力、被动、脉搏缓慢或微弱——表明需要立即干预。使用阿普加的评分系统，产房工作人员终于有了一致的标准来确定婴儿是否有问题，该公式在降低婴儿死亡率方面做出了重要贡献。阿普加量表至今仍应用于各个产房。阿图·葛文德在著作《清单革命》中，提供了许多关于清单益处的案例以及简单的规则。[11]

敌视算法

从一开始，临床心理学家就对米尔的观点充满敌意和怀疑。显然，他们深陷于技能错觉，以为自己具备做长期预测的能力。反思一下，你很容易明白这种错觉是如何产生的，也很容易理解临床医生为何排斥米尔的研究。

统计证据表明，临床判断是不准确的，这与临床医生对其判断质量的日常体验相抵触。与患者打交道的心理学家在每次治疗过程中都会产生很多预感，预测患者对干预的反应，猜测接下来会发生什么。许多预感得到了证实，说明临床技能是真实存在的。

问题是，正确判断来自治疗访谈背景下的短期预测，是治疗师经过多年实践而获得的技能。他们搞不定的任务通常涉及对患者未来的长期预测。这些任务要难得多，即使是最好的公式也只能达到中等程度的准确性，而且临床医生没有机会从任务中学习——与临床治疗期间的即时反馈不同，他们必须等待数年才能得到反馈。然而，临床医生的可为与不可为界限并不清晰，当然，他们也很难分辨。他们知道自己是有技能的，但不一定知道其技能的边界。因此，当有人提出这一观点，即几个变量的机械组合胜过人类微妙复杂的判断时，经验丰富的临床医生认为它是错的就不足为怪了。

关于临床预测和统计预测优点的争论始终存在道德层面的考量。米尔写道，经验丰富的临床医生批评统计方法是"机械的、不连贯的、相加的、一成不变的、人为的、不真实的、武断的、不完整的、死气沉沉的、迂腐的、分离的、琐碎的、强迫的、静态的、肤浅的、僵化的、贫瘠的、学究式的、伪科学的和盲目的"。而临床方法则被其支持者誉为"动态的、全面的、有意义的、整体的、微妙的、有同情心的、结构化的、模式化的、有组织的、丰富的、深刻的、真诚的、敏感的、复杂精妙的、真实的、有生机的、具体的、自然的、生动的和体谅的"。

这是一种我们都能识别的态度。当人类与机器竞争时，我们都同情自己的人类同胞，无论是挥舞大锤与钻机竞赛的约翰·亨利，还是与计算机"深蓝"对决的国际象棋天才加里·卡斯帕罗夫。很多人厌恶让算法做出影响人类的决策，这源于对自然而非合成或人工的强烈偏好。当被问及愿意吃有机苹果还是商业化栽培的苹果时，大多数人更喜欢"纯天然"的苹果。即使被告知它们的味道、营养价值相同，同样有益健康之后，大多数人仍偏好有机水果。[12] 连啤酒生产商都发现，标签上写有"纯天然"或"未添加防腐剂"可以提高销量。

阿申菲尔特预测波尔多葡萄酒的价格公式在欧洲葡萄酒界引发的反响，显示出人们对专业知识去神秘化的强烈抵制。阿申菲尔特的公式实现了预测愿望，你可能以为，他显著提高了人们预测葡萄酒品质的能力，世界各地的葡萄酒爱好者会因此感谢他。事实并非如此。《纽约时报》写道，法国葡萄酒界的反应"介于强烈抵制和歇斯底里之间"。阿申菲尔特说，一位葡萄酒行家称他的发现"荒唐可笑"。另一位则嘲讽道："这就像没看过电影却发表了影评。"

当决策具有重大意义时，人们对算法的偏见就会更强烈。米尔说："一些临床医生会设想，'盲目、机械'的公式对可治疗的患者进行了错误分类，导致患者无法得到及时的救治。想到这里,他们感到恐惧。我不太知道如何减轻这种恐惧。"相比之下,米尔和算法的支持者坚信,如果有一种算法可以减少错误,在重要决策中依赖直觉判断就是不道德的。他们的理性论点很有说服力,但它违背了一个根深蒂固的心理现实:对大多数人来说,错误的原因事关重大。一个孩子因为算法出错而死亡比因人为错误造成同样的悲剧更令人心酸,情感强度的差异很容易转化为道德偏好。

值得庆幸的是,随着算法在日常生活中发挥作用的领域不断扩大,人们对它的敌意可能会减弱。在寻找可能喜欢的书或音乐时,我们会感谢软件的推荐。我们会理所当然地认为,有关信贷限额的决定不受人类判断的直接干预。我们越来越多地接触到以简单算法形式呈现的指导方针,比如应尽力维持的好胆固醇和坏胆固醇水平的比例。公众现在很清楚,在体育界某些关键决策中,公式可能比人类做得更好。比如,职业球队应该为新球员支付多少薪水,或者橄榄球队何时展开第四次进攻等。第一次读到米尔那本令人不安的小书描述的结果模式时,大多数人会感到有些不适。如今,分配给算法的任务不断增多,那种不适感终会随之减轻。

向米尔取经

1955年,21岁的我作为一名以色列国防军中尉,接受了一项任务:为全军创建面试系统。你可能会疑惑,如此重任怎么会交给一个初出茅庐的年轻人。请记住,当时以色列建国只有7年,所有制度都在建设中,这些事必须有人来做。今天听起来颇为奇怪,我的心理学学士学位可能让我成为军中受训程度最高的心理学家。我的直接上司是一位出色的研究者,拥有化学学位。

我接到任务时,已经有固定的面试程序了。所有应征入伍的士兵都完成了一系列心理测试,所有作战候选士兵都接受了人格评估。我们的目标是为新兵的作战能力评出大致分数,并找到最适合其个性的兵种,比如步兵、炮兵、装甲兵等。面试官也是年轻的应征者,他们因高智商及热衷社交的特质而入选,其中大多数是不执行作战任务的女性。他们接受了几周的培训,学习如何进行15~20分钟的面试。培训者鼓励他们在面试中涵盖一些话题，由此对新兵在军中的表现形成大致的印象。

遗憾的是，后续评估表明，这种面试程序对于预测新兵未来是否成功几乎毫无用处。上级要求我设计一个实用快捷的面试程序，还要我主持新的面试，并评估其准确性。从严谨的专业角度看，我不具备完成这项任务的资格，这无异于让我建造一座横跨亚马孙河的大桥。

幸运的是，我读过保罗·米尔的"小书"，这本书在我接到这项任务的一年前刚刚出版。米尔认为，简单的统计规则优于直觉性的"临床"判断。我被他的论点说服，得出一个结论：目前面试程序失败的部分原因在于，它允许面试官随性而为，去了解被面试者精神生活的发展变化。我们应该改弦易辙，利用有限的时间，尽可能多地获取其日常生活的具体信息。我从米尔那里学到的另一个经验是，应该摒弃目前的程序，即由面试官确定招聘人员的最终评估结果。米尔在书中表达的观点是，这种评估不可信，对各种品质的单独评估所形成的统计概括有更高的效度。

我确定了一个程序，面试官要评估几个相关的人格特质，并分别打分。适合作战任务的最终分数将根据标准公式计算，面试官不需要添加更多的内容。我列出一份清单，其中涵盖与作战部门的表现有关的6项人格特质，包括"责任感"、"社交能力"和"阳刚之气"等。然后，我为每种特质匹配了入伍前个人生活的事实性问题，包括从事的工种数量、在工作或学习中有多规律和守时、与朋友互动的频率以及对运动的兴趣和参与度等。这样设置目的是尽可能客观地评估新兵各方面的表现。

我希望通过关注标准化的、事实性问题来抵制光环效应，即有利的第一印象会影响后续判断。为了进一步预防光环效应，我让面试官按照固定顺序完成6项特质的评估，在涉及下一个特质之前，用5分制对当前特质打分。我告诉面试官，不必担心新兵将来对军中生活的适应性。他们唯一的任务是发掘新兵过去的相关事实，并利用这些信息对他们的每个人格维度进行评分。"你们的职责是提供可靠的测量，"我告诉他们，"预测有效性由我来处理。"我指的是我要设计的公式会将各项具体评分结合起来。

面试官反抗的情绪一触即发。一个比他们大不了几岁的人命令他们放弃直觉，只关注无聊的事实性问题，这些聪明的年轻人可不愿照办。有人抱怨说："你把我们变成机器人了！"我找到了一个折中方案。"严格按照指示进行面试，"我告诉他们，"面试结束后，按照你的愿望去做：闭上眼睛，将新兵想象成士兵，在 1~5 的等级范围内给他打分。"

我们用这种新方法进行了数百次面试，几个月后，从所属部队的指挥官那里收集了对士兵表现的评估。结果让我们很开心。与米尔书中的结论一致，相比过去的面试程序，新程序有了很大改进。以前的面试方法是给出全面评估，相比之下，现在将 6 项评分相加能更准确地预测士兵的表现。尽管离完美还差得很远，但我们已经将面试从"完全无效"改进到"比较有效"了。

令我惊讶的是，面试官在"闭眼"时做出的直觉判断也同样精准，与 6 个具体评分之和的效果一样好。我从中学到了一个永生难忘的经验：即使在饱受诟病的选拔性面试中，直觉也是有价值的，但前提是要严谨地搜集客观信息，严谨地对不同特征进行评分。我设计了一个公式，使"闭眼"的评估权重与 6 项人格评分总和的权重相同。我从中学到的一个更普遍的经验是，不要简单地相信直觉判断，无论是自己的还是他人的，但也不要完全弃之不用。

45 年后，我获得了诺贝尔经济学奖，一时在以色列小有名气。在一次访问中，有人带我参观曾经服役的军事基地，新兵面试部门仍在那里。我被介绍给心理部门的指挥官，她向我描述了目前的面试方法，与我设计的系统差别不大。大量研究表明，这种面试方法的效果依然很好。在介绍完面试流程后，指挥官补充了一句："然后，我们告诉面试官，'闭上眼睛'。"

自我实践

本章内容也适用于军队人力决策之外的其他任务。以米尔和道斯的方法设计的面试程序比较省力，但需要更多的自我约束。我们假设你需要为你的公司招聘一名销售代表。你如果是真心求贤，就应该这么做：首先，确定在该职位上获得成功的先决条件（比如，技术熟练度、性格魅力、值得信赖等）。过犹不及——选择 6 个就够了。所选的特质应该尽可能相互独立，你应该确信，你能通过询问几个事实性问题得到对应聘者的可靠评估。接下来，列出关于每个特质的问题清单，思考你的评分方式，比如 5 分制。你应该清楚"非常弱"或"非常强"的含义。

准备工作需要耗费半小时左右，是一笔小投资，但它可以对招聘的员工质量产生重大影响。为了避免光环效应，你必须一次只收集一个特质信息，在收集下一个特质信息之前对当前特质进行评分。不要跳过步骤。将 6 个分数加起来，完成对每个候选人的评估。因为你是负责做出最终决定的人，所以你不应"闭上眼睛"。要下决心雇用最终得分最高的候选人，即使你更喜欢另一个——试着抵制通过"断腿效应"改变排名的冲动。常规程序是在无准备的情况下进入面试，通过整体的直觉判断做出选择，比如"我凝视他的眼睛，心生欢喜"。大量研究表明：相比常规程序，使用我所说的程序，你找到最佳候选人的可能性更大。

谈谈判断与公式

"无论何时，只要能用公式来代替人类判断，我们都应该考虑一下。"

"他认为自己的判断复杂而微妙，但简单地将分数加起来，结果可能会更准确。"

"让我们提前确定分配给候选人过往表现数据的权重。否则，我们会过于看重面试印象。"

第 22 章
专家直觉何时可信？

专业领域的争议会带出学者们最坏的一面。科学期刊偶尔会发表他们相互回应的内容，发端通常是某人对他人的研究展开了批评，随后是对方的回复和反驳。我一直认为，这些交流是在浪费时间。尤其是，如果最初的批评言辞犀利，回复和反驳就成了我所说的"回怼"和"讽刺升级"。对于尖锐的批评，很少见到示弱的回复。而且，几乎从未听说回复者在反驳中承认最初的批评受到了误导，或指出自己哪里有错。有几次，我回应了我认为具有严重误导性的批评，因为不回应会被解释为承认错误，但我从未发现带有敌意的交流有任何益处。为了寻找应对分歧的新方法，我进行了一些"对抗性合作"，即让存在学术分歧的学者就其分歧共同撰写论文，有时还请他们一起进行研究。在剑拔弩张的情况下，研究可由仲裁人来主持。[1]

最令我满意也最有成效的对抗性合作是与加里·克莱因进行的。他是学者和人才协会的知识领袖，他不喜欢我的研究。他自称是"自然主义决策学者"，他们大多数人所在的组织研究的是专家如何工作。他们坚决反对启发法和偏差法中对偏差的关注，批评这种模式过于关注失败，实验由人为因素驱动，没有研究那些做重要事情的真实人。他们对于用严谨的算法取代人类判断的价值深表怀疑，保罗·米尔不是他们的英雄。多年来，加里·克莱因明确阐述了这一立场。[2]

在这种基础上很难建立美好的友谊，但故事还有后续。我从不认为直觉总是被误导的。20 世纪 70 年代，克莱因写了一篇研究消防员专业技能的论文,自从第一次读到论文初稿,我就成了他的仰慕者。他的书《如何作出正确决策》给我留下了深刻印象,书中分析了经验丰富的专家是如何建立直觉技能。我邀请他共同研究直觉缺陷与直觉奇迹的界限。他对这个想法很感兴趣。我们开展了这个项目,不确定它是否能成功。我们的起点是回答一个特定问题:何时可以相信自称拥有直觉的经验丰富的专家?显然,克莱因的态度更倾向于信任,我则更倾向于怀疑。但是,对于这个一般问题的答案,我们能在原则上达成共识吗?

在七八年的时间里,我们进行了多次讨论,解决了许多分歧,好几次差点儿闹崩,写了许多论文初稿,成为彼此的朋友,最终发表了一篇合著论文,题为《直觉性专家意见的条件:分歧的失败》。事实上,我们在分歧中并没遇到实质性问题,但也没达成真正的共识。

奇迹与缺陷

我和克莱因进行项目合作时,马尔科姆·格拉德威尔的畅销书《眨眼之间》出版了。令人欣慰的是,我们对这本书的意见一致。格拉德威尔的书以一个令人难忘的故事开场———尊阔步行走的青年雕塑(据称是库罗斯雕像的典范)摆在艺术专家面前,几位专家产生了强烈的本能反应:他们凭直觉认为雕像是假的,但无法说出具体原因。[3] 数百万人读过这本书,直觉大获全胜的印象留在每位读者的心中。专家们一致认为,他们知道这尊雕塑是假的,却不知道自己是如何知道的——这正是直觉的定义。这个故事似乎在暗示,系统地寻找引导专家直觉的线索会失败,但我和克莱因都不赞同这个结论。我们认为,这类研究是有必要的,如果方法得当(克莱因了解研究方法),应该会获得成功。

库罗斯雕像的例子让很多读者相信,专家直觉近乎魔法,但格拉德威尔本人并不这么认为。在后续章节中,他描述了直觉的惨败:美国人选出了哈丁总统,他的当选仅仅因为他看起来像总统——方下巴、高个子,完全符合坚毅果敢的领导者形象。人们投票给貌似领导者的人,不去思考他是否真的坚毅果敢。用一个问题替换另一个问题,影响了对哈丁能否胜任总统的直觉预测。那本书的读者应该预料到，这种直觉会被盲目的自信绑架。

直觉是一种识别

克莱因形成直觉观的早期经验与我的截然不同。我的观点来自两方面，一是观察自己的有效性错觉，二是读了保罗·米尔的著作，了解了他对临床预测劣势的证明。而克莱因的观点来自早期对消防队指挥官（消防队队长）的研究。他跟队长一起灭火，之后对他进行采访，了解他在做决定时的想法。在我们合著的论文中，克莱因写道：

（我与合作者）调查了指挥官在没有比较选项的情况下如何做出正确决策。最初的假设是，指挥官会将其分析限制在两个选项上，但事实证明该假设是错的。其实，指挥官通常只想到一个选项，那就是他们需要的。十多年真实和虚拟的经验让他们掌握了各种模式，他们会从中确定一个合理选项，即最先想到的选项，然后通过心理模拟来评估该选项，判断它在当前情况下是否有效。如果看起来适用，就予以实施。如果存在缺陷，就进行修改。如果不易修改，就关注下一个最合理的选项，并执行相同的程序，直到找到可行方案。

克莱因将其阐述为一种决策理论，他称之为识别促发决策（RPD）模型，该模型适用于消防领域，也适用于包括国际象棋在内的其他专业领域。这个过程涉及系统1和系统2。在第一阶段，通过关联记忆的自动功能，脑海中浮现出一个初步计划——这是系统1的运作。下一步是刻意的过程，即对计划进行心理模拟，检查它是否可行——这是系统2的运作。该模型将直觉决策视为模式识别，它发展了赫伯特·西蒙之前提出的观点。在决策研究领域，西蒙可能是唯一被各大门派视为英雄和奠基人的学者。[4]我在序言中引用了赫伯特·西蒙对直觉的定义，现在复述一遍会更有意义："情境提供了线索，促使专家提取记忆中的信息，而这些信息提供了答案。直觉不过是一种识别，仅此而已。"[5]

西蒙有力的表述将直觉的魔力简化为记忆的日常体验。在燃烧的房子倒塌前，消防员凭直觉知道危险迫在眉睫，必须立即撤离，但他"不知道自己是怎么知道的"。[6]我们对这类故事感到惊讶。然而，当我们走进房间时，也不知道是如何立即认出朋友彼得的。西蒙这句话的寓意是，"不知道自己知道"的神秘性并不是直觉的特色，它只是心理活动的常态。

习得技能

支持直觉的信息是如何存储在记忆中的？有些类型的直觉是快速获得的。我们从祖先那里继承了一种强大的能力，即懂得何时应该恐惧。事实上，一次经历足以引发长期的厌恶和恐惧。很多人都曾对某道不喜欢的饭菜有肠胃记忆，这使我们不愿再次光顾那家餐馆。当靠近不祥事件发生地时，我们都会紧张起来，即使没有理由认为事件会再次发生。对我来说，不祥之地是通往旧金山机场的路。几年前，一个路怒症司机在高速公路上跟着我，摇下车窗，朝我一通污言秽语。我不知道他愤怒的原因，但每当我驱车去机场，到达那个地方时，都会想到他的声音。

我对机场事件的记忆是有意识的，它充分解释了随之而来的情绪。然而，在许多情况下，特定场所或者某人说的一些话可能会让你不舒服，但你并不记得触发事件是什么。事后看来，如果这种不安伴随着不悦的体验，你会将其称为直觉。这种情绪学习模式与巴甫洛夫著名的条件反射实验密切相关。实验中，狗学会将铃声识别为投食信号。巴甫洛夫的狗学到的是一种习得性希望。习得性恐惧更容易获得。

恐惧的习得轻而易举，不仅可以通过经验也可以通过言语习得。对危险有"第六感"的消防员肯定有很多机会讨论和思考自己未参与施救的火灾类型，并反复设想可能的线索以及应该做出的反应。我记得，毫无作战经验的年轻排长在带领部队穿过峡谷时会感到紧张，因为他学过这种地形有利于伏击。恐惧习得几乎无须重复。

情感学习可能很快，但"专业知识"的构建通常需要很长时间。在复杂任务中，比如高水平的国际象棋、职业篮球或消防作业等，专业知识的获得并非一蹴而就，因为某领域的专业知识涉及的并非单一技能，而是大量的微技能。国际象棋就是一个很好的例子。专业棋手一眼就能看懂复杂的局面，但这种水平需要数年才能培养出来。有关国际象棋大师的研究表明，要达到最高水平，至少需要 10 000 小时的刻意练习（每天训练 5 小时，大约需要 6 年）。[7] 每种棋局都由相互攻守的棋子组成。经过大量的专注练习，严肃的棋手将对成千上万种局面了如指掌。

高水平的国际象棋学习可以与阅读学习做类比。一年级学生需要努力才能识别字母，并将其组合成音节和单词，但阅读技能熟练的成年读者能从整个从句的角度感知意义。高阶读者还能将熟悉的元素组合成新模式，快速"识别"陌生单词，并准确地读出来。在国际象棋中，相互作用的棋子组成重复的模式，类似于字母的角色，棋局则犹如一个长单词或句子。

第一次看到刘易斯·卡罗尔的诗歌《贾巴沃克》时，高阶读者能抑扬顿挫地读出来，同时体验到愉悦：

是滑菱鲆在缓慢滑动

时而翻转，时而平衡；

所有的扭捏作态展示了

蠢人的早熟、懒人的平庸。

习得国际象棋专业知识比学习阅读更难、更慢，因为国际象棋"字母表"中包含更多的"字母"，而且"单词"也由更多的字母组成。但是，经过数千小时的练习，国际象棋大师能够一眼读懂局面。他们想到的走子几乎总是那么强势，有时还富有创意。他们可以处理陌生"单词"，也可以找到解读熟悉单词的新方式。

技能的环境

我和克莱因很快发现，就直觉技能的本质和获取方式而言，我们的观点一致。但我们仍需对一个关键问题达成共识：何时能相信满怀自信、自称有直觉能力的专家？

我们最终得出结论，我们的分歧部分在于各自心目中的专家是不同的。克莱因花大量时间研究真正具有专业知识的人，比如消防指挥官、临床护士和其他内行。我则用更多时间关注那些试图做出缺乏依据的长期预测的人，比如临床医生、选股者和政治学家。因此，他默认的态度是信任和尊敬，我默认的态度是怀疑。他更愿相信称自己为有直觉能力的专家，因为正如他告诉我的那样，真正的专家知道其知识的局限。我认为，许多伪专家对自己的行为毫无觉知（有效性错觉），他们通常有过强的主观信心，而且往往没有依据。

我在前几章中提过，人们对信念的信心源于两个相关印象：认知轻松和连贯性。当我们能轻而易举地想到自述的故事，且场景不存在对立和抵触时，我们是自信的。但是，轻松和连贯性并不能保证自信的信念是真的。关联机制旨在抑制怀疑，唤起与当前主导性故事一致的想法和信息。盲从"所见即一切"的大脑会因忽略未知信息而轻易获得高度自信。因此，很多人容易坚信毫无根据的直觉，这并不奇怪。我和克莱因最终都认同一项重要原则：人们对直觉的信心并非有效性的可靠向导。换句话说，无论谁（包括你自己）告诉你，应该相信其判断，都不要相信。

如果主观信心不可信，我们如何评估直觉判断的可能效度？直觉判断何时能反映出真正的专业知识？何时能体现有效性错觉？答案来自技能习得的两个基本条件：

- 足够规律的、可预测的环境
- 通过长期实践学习这些规律的机会

同时满足这两个条件，直觉就很可能是技能的体现。国际象棋是规则环境的一个极端例子，桥牌和扑克也能提供支持技能的可靠的统计规律。医生、护士、运动员和消防员同样面临复杂但基本有序的情境。专家的系统1已学会运用非常有效的线索，即使系统2还没学会如何为其命名。加里·克莱因所描述的准确的直觉就来自这些线索。相比之下，选股者和政治家是在零效度的环境中进行长期预测。他们的失败说明，他们尝试预测的事件基本上是不可预测的。

有些环境比无规律的环境更糟糕。罗宾·霍格斯描述了一种"恶劣"的环境，身处这种环境，专业人士可能会从经验中学到错误的教训。他借用了刘易斯·托马斯举的一个例子。20世纪初，一位医生经常做出直觉判断，预测患者即将感染伤寒。遗憾的是，他通过触诊病人的舌头来检验自己的直觉，触诊后不洗手就检查下一个病人。病人接二连三地生病，医生自以为其临床判断绝对正确。他的预测是准确的——但并非因为他运用了专业直觉！

米尔提及的临床医生并非无能，其失败的原因并不是缺乏才干。他们表现不佳，因为分配给他们的任务没有简单的解决方案。相比长期政治预测的零效度环境，临床医生的困境没有那么极端，但他们在低效度的情境中预测，是不可能产生高准确性的。我们之所以清楚这一事实，是因为最好的统计算法虽然比人类判断者更准确，但永远做不到精准。事实上，米尔及其追随者的研究从未找到"确凿的证据"证明，在某个案例中，非常有效的线索被临床医生完全忽视，却被算法检测到了。这种彻底的失败不可能发生，因为人类学习通常是有效率的。如果存在明确的预测线索，在合适的机会下，人类观察者就能发现它。在充满噪声的环境中，统计算法远远超过人类，原因有两个：它们比人类判断者更有可能检测到模糊的有效线索，也更有可能通过持续运用这些线索保持适度的准确性。

在不可预测的世界，责怪他人没有做出准确预测是不对的。然而，专业人士自信能成功完成一项不可能完成的任务，对其加以指责似乎是公平的。在不可预测的情况下要求获得正确的直觉，轻则属于痴心妄想，重则导致更恶劣的后果。在缺乏有效线索的情况下，直觉的"命中"要么是运气使然，要么是一种不实之词。如果你觉得这个结论出乎意料，那说明你仍相信直觉就是魔法。请记住这条规则：在缺乏稳定规律的环境中，直觉不可信。

反馈与实践

相对而言，环境中的某些规律更易被发现和应用。想想你是如何养成刹车习惯的。学习弯道技巧时，你逐渐学会何时松油门，何时踩刹车以及用多大力气踩刹车。弯道路况各不相同，你在学习过程中体验的变化让你做好了准备，在正确的时间刹车，在转弯时掌握刹车力度。这项技能的学习条件是理想的，因为每次转弯，你都会收到即时而明确的反馈：如果刹车力度适中，舒适的转弯算是对你的小奖励；如果刹车太猛或力度不够，驾驶困难算是对你的小惩罚。港口领航员操纵大型船只也是类似的情况，但由于行为和可察觉的结果之间有较长的延迟，仅靠经验很难获得技能。专业人士能否有机会掌握直觉性专业知识，主要取决于反馈的质量和速度，以及是否有足够的实践机会。

专业知识不是单一技能，而是很多技能的集合，同一位专业人士可能在其领域的某些任务中非常专业，但在其他任务中仍是新手。当棋手成为大师时，他们已"阅尽千帆"（或基本如此），但在这方面国际象棋是个例外。外科医生可能擅长做某些手术，却不擅长做其他手术。此外，无论哪类专业任务，总有某些方面相对而言更容易学习。心理治疗师有很多机会观察患者对其话语的即时反应。反馈让他们培养了直觉能力，找到适当的话语和语气，让患者平息怒火、建立信心或集中注意力。相反，治疗师没有机会确定哪种常规疗法对不同的患者最有效。他们很少从患者的长期结果中得到反馈，反馈（通常）是延迟的或不存在的，而且总是模糊不清，这使他们无法从经验中学习。

在医学专业中，麻醉师能受益于有效的反馈，因为其行为很快就会显出效果。相比之下，放射科医生很少能获得关于其诊断准确性及其未检测到的病症的相关信息。因此，麻醉师能够更好地培养有用的直觉能力。如果麻醉师说"我感觉有点儿不对劲"，手术室里的所有医护人员都应准备进入紧急状态。

当怀有主观信心时，专家可能不知道其专业知识的局限。经验丰富的心理治疗师知道，她有能力发掘患者的所思所想，对患者要表达的内容有敏锐的直觉，因而很容易得出结论。她也可以预测患者明年的状况，但这一结论并不完全合理。短期预测和长期预测是不同的任务，治疗师有大量机会学习如何进行短期预测，但没有机会学习如何进行长期预测。同样，金融专家可能在多个交易领域拥有技能，但在选股方面却没有。中东政策研究专家见多识广，但并不能预测未来。临床心理学家、选股者和专家在某些任务中确实有直觉能力，但他们还没学会识别在哪些情境和任务中直觉会出错。意识不到专业技能的局限性，可以说就是专家过于自信的原因。

评估有效性

何时可以信任自称有直觉的经验丰富的专家？我和加里·克莱因在合作结束时就此达成了一致意见。我们的结论是，在大多数情况下，可能有效的直觉和可能虚假的直觉大致是可以区分的。在判断一件艺术品的真伪时，关注其出处比关注艺术品本身更有效。如果环境的规律性足够强，判断者有机会了解规律，关联机制就会识别情境，做出快速准确的预测和决策。满足了这些条件，你就可以相信专家的直觉。

遗憾的是，关联记忆也会产生主观上令人信服的错误直觉。了解国际象棋天才少年棋手成长经历的人都知道，拥有高超的技能并非一蹴而就的事。在追求完美的路上，人们会在非常自信的状态下犯错。在评估专家直觉时，你始终应该考虑的问题是：专家是否有足够的机会认识线索，即使其所在的环境很有规律。这一点也至关重要。

在不规律或低效度的环境中，人们会调用判断启发式。系统1经常通过替代来快速回答难题，在不存在连贯性的地方创造连贯性。最终虽然还是答非所问，但答案来得很快，而且貌似可信，能通过系统2宽松的审查。例如，你想预测某公司的商业前景，并相信这就是你的判断目标，而事实上，你的评估主要取决于你对现任高管的活力和能力的印象。替代是自动发生的，所以你通常不知道（你的系统2）认可和采纳的判断来源。如果它是你唯一能想到的，那么你会主观地认为，它就是你以专家自信做出的有效判断。主观信心不是准确性的有效诊断标准，原因就在于，人们可以满怀信心地做出答非所问的判断。

你可能会问，为什么我和加里·克莱因没有立即想到通过评估环境的规律性和专家的学习经历来评估专家直觉，并且不怎么关注专家的信心？我们认为答案是什么？这些问题问得很好，因为答案的轮廓从一开始就很清晰。我们一开始就知道，消防指挥官和儿科护士位于有效直觉边界的一方，米尔研究的专家、选股者和评论者位于另一方。

我和克莱因合作了几年，进行了长时间的探讨，不断交换论文草稿，通过数百封电子邮件斟酌词句，不止一次地徘徊在放弃的边缘。这些经历很难重建。但当项目圆满结束时，总会发生这种情况：一旦得知主要结论，你就会觉得它们没什么稀奇的。

正如我们的论文标题所示，我们的分歧比预想的要小，而且我们就几乎所有实质性问题达成了共识。然而，我们也发现，我们早期的分歧不仅仅是智识上的。我们的态度、情绪和品位各不相同，多年来，这些特质几乎没有变化。这是最明显的事实，对此我们都觉得颇为有趣。提到"偏差"一词，克莱因仍会皱起眉头，他仍喜欢举一些例子，说明算法或形式上的流程导致荒谬的决策。我更愿意将算法偶尔的失败视为改进的机会。另一方面，当傲慢的专家在零效度的情境中鼓吹直觉而自食其果时，我发现自己幸灾乐祸的劲头比克莱因更大。然而，从长远看，像我们这样尽可能地发掘彼此之间的智力共识肯定比固守情感分歧更有价值。

谈谈专家直觉

"对于这项特殊任务，她具备多少专业知识？有多少实践经验？"

"他真的相信初创企业的环境很有规律，可以证明与基础比率相悖的直觉是合理的吗？"

"她对自己的决策充满信心，但主观信心并不能衡量判断的准确性。"

"他真的有机会学习吗？他收到的自我判断反馈有多快、多清晰？"

第 23 章
外部视角

与阿莫斯合作几年后，我说服了以色列教育部的一些官员，在高中开设教授判断与决策的课程。我组建了一个设计课程、编写教材的团队，成员包括几位经验丰富的老师、我的心理学专业学生，以及时任希伯来大学教育学院院长的课程开发专家西摩·福克斯。

我们每周五下午开会，这样持续了大约一年，团队制定了一份详细的教学大纲，编写了几章教材，在课堂上讲了几节示例课。我们对工作进展很满意。某天，在讨论估算不确定数量的流程时，我想到了一种练习方式。我请大家预估向教育部提交教科书初稿的时间，并将自己的估计写在纸上。我遵循了一个计划纳入课程的流程：从团队中获取信息的正确方式不是始于公开讨论，而是私下收集每个人的判断。相比公开讨论这种常见做法，该流程能更有效地利用团队成员的知识。我收集了大家的估值，将其写在黑板上。估值一般都在两年左右，最短一年半，最长两年半。

随后，我又产生了一个想法。我询问我们的课程专家西摩，能否想到与我们类似的、从零开始设计课程的团队。当时，教育学院推出了一系列教学创新（比如"新数学"），西摩说他能想到很多类似的团队。然后我问他是否了解这些团队之前的工作，他说他熟悉几个团队的情况。我请他回想一下，这些团队取得与我们同等进展时的状况，以那时为起点，他们花了多长时间完成教材编写项目？

他沉默了。当他开口说话时，我觉得他脸红了，对自己的回答感到尴尬:"我从未意识到这一点。事实上,并不是所有将工作推进到我们这个阶段的团队都完成了任务。不少团队最终功亏一篑。"

这个事实令人担忧。我们从未考虑失败的可能性。我的焦虑加剧了,我问他失败团队大约占比多少。他说:"大约40%。"此时,整个房间气氛压抑。我又问了一个明确的问题:"那些完成项目的团队花了多长时间?"他答道:"我想不出哪个团队在7年内完成了项目,也没有超过10年才完成项目的团队。"

我抓住最后一根稻草,追问道:"就技能和资源而言,与其他团队相比,你认为我们的水平怎样?我们能排在什么位置?"这次西摩没有犹豫。"我们低于平均水平,"他说,"但并没有差太多。"这话让所有人感到惊讶,包括西摩自己,他之前的估计在团队的乐观预测范围内。我提示他,之前,他并没有将其他团队的工作经历与我们的预测联系起来。

听到西摩的这番话,我们的心态并不能完全用"知道了"来描述。当然,我们都"知道",相比几分钟前写在纸上的数字,至少7年才能完成项目以及40%的失败率是对未来命运更合理的预测。但我们没有认可已知的事实。新的预测似乎仍不现实,因为我们无法想象,看起来尽在掌控的项目怎么会花这么久的时间。没有什么水晶球来告诉我们,未来会发生一些奇怪的小概率事件。我们看到的只是一个合理的计划——教材大约会在两年内出版。但有些团队没能完成任务,有些团队花费很长时间才完成任务。我们的计划与统计数据相矛盾。我们听到的是基础比率信息,本应该从中推断出一个因果故事:如果很多团队都以失败告终,如果成功的团队耗时很长,那么编写课程的难度肯定远超我们的想象。但我们的直接体验是工作进展顺利,推断与之相冲突。我们只是将西摩提供的统计数据当作基础比率记录下来,之后就不予理会了。

那天,我们本该放弃项目。大家都不愿在一个失败率为40%的项目上再投入6年时间。尽管已经觉察到坚持下去是不合理的,但这种警觉并没有立即让我们提出令人信服的放弃理由。我们东拉西扯地讨论了几分钟,决定齐心协力坚持下去,就像什么都没发生过一样。这本教材最终在8年后完稿。那时,我已不在以色列居住,也早已不是团队成员。在经历了许多不可预测的变化之后,团队终于完成了任务。教材出版时,教育部对决策课程最初的热情已消退，教材从未进入课堂。

这段尴尬的往事仍是我职业生涯中最有启发性的经历。我从中吸取了三个教训。第一个教训很明显：我在不经意间发现了两种截然不同的预测方法，我和阿莫斯后来将其称为内部视角和外部视角。[1] 第二个教训是，我们最初的预测（项目大约两年可完成）体现出一种规划谬误。我们的估计更接近于最佳状况，而不是实际。对第三个教训，我领悟得较慢，我称之为非理性坚持：我们那天没有放弃项目，是一种愚蠢的表现。面对选择，我们放弃了理性，却没有放弃那个艰难的项目。

偏好内部视角

多年前的那个周五，我们的课程专家对同一问题做出了两个判断，得出了截然不同的答案。[2] 内部视角是包括西摩在内的所有人自发采纳的，用以评估项目的未来。我们专注于团队的具体情况，从自身经历中寻找证据。我们有一个大致的计划：知道教材要写多少章，也知道我们花了多长时间才写完前两章。比较谨慎的团队成员可能会在估计中多加几个月，为差错留出宽限期。

我们的外推是错的。我们的预测基于眼前的信息——"所见即一切"，但我们完成的前两章可能比较简单，而且，那时我们对项目的责任感是最强的。主要问题是，我们没有考虑到唐纳德·拉姆斯菲尔德所说的"对未知的无知"。一系列事件会导致项目拖延很久，这是我们当时无法预见的。造成工作延迟的因素，比如离婚、疾病、与官僚机构的协调困难等，都是无法预料的。这些事件不仅会减缓工作进度，还会导致工作长期停滞或进展甚微。当然，西摩所了解的其他团队也是如此。其他团队成员也无法想象会发生什么事，让他们7年才完成之前认为胸有成竹的项目，或令项目最终以失败告终。他们和我们一样，不知道自己面临的困难。计划失败的原因有很多，大多数因素很难预料，而大项目出错的可能性很高。

我向西摩提出的第二个问题将其注意力从我们团队转移到情况相似的团队上。西摩预测了该参考类成功的基础比率：40%的失败率和7~10年的完成时间。他的非正式调查肯定不符合证据的科学标准，但它为基线预测提供了合理的基础：即除了所属分类，在对案例一无所知的前提下做出的预测。我们在前几章中了解到，基线预测应该是进一步调整的锚。如果有人要求你猜测一位女性的身高，你只知道她住在纽约市。你的基线预测，即该市女性的平均身高，就是最合理的猜测。如果你现在获得了案例的具体信息，例如，这位女士的儿子是高中篮球队的首发中锋，你会以平均值为起点，朝适当的方向调整估计值。西摩将我们团队与其他团队进行了比较，表明对我们结果的预测比基线预测稍差，这种情况已经很严峻了。

在我们的问题中，外部视角预测惊人的准确性无疑是一种侥幸，不应被视为外部视角有效性的证据。外部视角的论证应该基于一般理由：如果参考类选择得当，外部视角会给出预测的大致范围。它可能表明，内部视角的预测与其有一定的差异。在我们的案例中正是如此。

对于心理学家来说，西摩所做的两个判断之间存在巨大的差异。他拥有预测某个参考类统计数据的所有知识，但他并没有使用这些知识就做出了最初的预测。西摩通过内部视角所做的预测并不是对基线预测的调整，他并没有想到这一点。其预测是基于我们团队努力工作的特定情况。与汤姆实验的受试者一样，西摩知道相关的基础比率，但没有想过应用它。

与西摩不同的是，团队中的其他成员无法获得外部视角，也不可能做出合理的基线预测。但是，值得注意的是，我们并不认为做出预测还需要获知其他团队的信息。我要求参考外部视角的做法让大家都感到惊讶，包括我自己！这是一种常见模式：掌握个案信息的人很少觉得有必要了解案例所属类的统计数据。

最终，我们获得了外部视角，却不约而同地忽略了它。我们能识别的是亲身经历。这与尼斯贝特和博吉达的实验有相似之处，他们的实验表明心理学教学是徒劳的。当对掌握极少信息（一次简短平淡的采访）的个案进行预测时，受试者完全忽略了他们刚得知的整体结果。人们在发现"乏味"的统计信息与自己对个案的印象不一致时，通常不会使用统计信息。[3] 在与内部视角的竞争中，外部视角没有获胜的可能。

对内部视角的偏好有时带有道德暗示。我的堂兄是一位出色的律师，我曾问过他一个有关参考类的问题："在这类案件中，被告获胜的概率是多少？"他以犀利的口吻答道"每个案件都是独一无二的",说话时的表情显然认为我的问题既肤浅又不恰当。医学中对病例独特性的强调也很常见,尽管你如果循证医学的最新进展就会得出相反的观点。医学统计数据和基线预测在医患交流中出现的频率越来越高,然而,医学界仍有人担心以统计数据和检查清单为指导的程序的客观性,这体现了人们对外部视角的矛盾心态。[4]

规划谬误[5]

从外部视角的预测和最终结果来看,我们在那个周五下午做出的最初预测近乎痴心妄想。这并不奇怪:对项目结果过于乐观的预测十分常见。我和阿莫斯创造了"规划谬误"一词来描述以下两种计划和预测:

- 不切实际地接近最佳状况。
- 可以通过参考类似案例的统计数据进行改进。

规划谬误的例子在个人、政府和企业的经历中比比皆是。令人震惊的故事不胜枚举。

- 1997 年 7 月,拟建于爱丁堡的新苏格兰议会大厦预计耗资 4 000 万英镑。[6] 到 1999 年 6 月,预算追加至 1.09 亿英镑。2000 年 4 月,立法委员将"成本上限"定为 1.95 亿英镑。到 2001 年 11 月,他们要求估计"最终成本",结果估值为 2.41 亿英镑。2002 年最终成本估值上调了两次,达到 2.946 亿英镑。2003 年又上调了 3 次,到 6 月份达到 3.758 亿英镑。该建筑最终于 2004 年竣工,耗资约 4.31 亿英镑。
- 2005 年的一项研究调查了 1969 年至 1998 年间全球所有的铁路项目,规划者高估铁路乘客数量的情况超过 90%。尽管乘客不足的事实被广泛宣传,但在这 30 年里,预测的准确性并没有提高。平均而言，规划者将乘坐新铁路交通工具的人数高估了106%，平均成本超出45%。虽然证据在不断积累，但专家并没有比之前更重视证据。[7]

- 2002年，一项研究对经历过厨房改造的美国业主进行调查。[8]调查发现，业主的平均预估成本为18 658美元，事实上，他们最终的平均费用为38 769美元。

规划者和决策者的乐观态度并非超支的唯一原因。厨房改造和武器系统承包商乐意承认（尽管不是向客户承认），他们的大部分利润通常来自计划外的追加项目。这些案例的预测失败说明，客户无法想象，随着时间的推移，他们的愿望会逐步升级。结果，最终费用严重超支。如果他们制订了一个现实的计划并严格执行，就不会出现这种情况。

初期预算中的错误并不总是在无意中形成的。不切实际的计划制订者往往想获得上司或客户的批准。他们知道，项目很少会因超出预算或完成时间而终止。[9]在这种情况下，避免规划谬误的重任就落在批准计划的决策者身上。他们如果无法认识到外部视角的必要性，就会落入规划谬误的陷阱。

减轻规划谬误

自那个周五下午以来，对规划谬误的诊断和补救措施一直未变，但理念的实现已取得长足进步。现就职于牛津大学的丹麦著名规划专家傅以斌给出了一个有力的总结：

人们普遍倾向于低估或忽视分布信息，这可能是预测误差的主要原因。因此，规划者应尽可能准确地提出预测问题，以便利用所有可用的分布信息。

如何以更好的方法提高预测准确性，这条总结或许算得上最重要的建议。利用与所预测的风险项目类似的项目分布信息，即运用所谓的"外部视角",是解决规划谬误的良方。

处理规划谬误有一个专业术语,叫作参考类预测,傅以斌已将其应用于多个国家的交通运输项目中。通过使用大型数据库来获得外部视角,数据库包含世界各地数百个项目的规划和结果信息,用以预测项目的超支和超时,以及为各类项目可能的欠佳表现提供统计信息。

傅以斌使用的预测方法类似于为克服基础比率忽视而推荐的做法:

(1)确定适当的参考类(例如厨房改造、大型铁路项目等)。

(2)获取参考类的统计数据(每英里铁路成本或支出超出预算的百分比)。使用统计数据得出基线预测。

(3)如果有特殊原因预计该项目中的乐观偏差比其他同类项目更显著或更不显著,则使用有关该案例的具体信息来调整基线预测。

傅以斌的分析旨在提供类似项目超支的统计数据,以此指导公共项目的获批。决策者在做出批准提案的最终决定之前,需要对其成本和收益进行实际评估。他们还可能希望估计预算超支时所需的储备金,尽管这种预防措施往往会成为自我实现的预言。一位官员告诉傅以斌:"预算储备金对于承包商来说,就像红肉之于狮子,他们会将其吞得一干二净。"

高管为争夺资源会提出过于乐观的规划,组织面临的难题是控制这种趋势。规划者精确执行规划,运作良好的组织会给予奖励;规划者未能预见困难,没考虑到无法预见的困难(即对未知无知),组织会给予惩罚。

决策与错误

那个周五下午发生的事已过去30多年。我经常思考这个问题,在每年的讲座中多次提到它。有些朋友已经听烦了,但我不断从中吸取新的经验。在与阿莫斯首次提出规划谬误的大约15年后,我与丹·洛瓦洛重新研究了该主题。我们一起构建了一个决策理论,其中乐观偏差是冒险的重要来源。在标准的理性经济学模型中,人们是因为胜率大而甘愿冒险,即人们接受代价高昂的失败概率,是因为成功的概率足够大。我们提出了另一种看法。

在预测风险项目的结果时,高管们极易成为规划谬误的受害者。在其控制下,他们的决策是基于错觉的乐观主义,而不是基于收益、损失和概率的理性考量。他们高估收益,低估成本。他们夸大成功的场景,忽视错误和误判的可能性。因此,他们的提案按预算或按时完成的可能性很小,也不太可能实现预期回报——甚至完成的可能性都很小。

根据这种观点,人们经常(但并不总是)开展有风险的项目,因为他们过于乐观地看待自己面对的机会。我会在书中多次提到这个观点,它可能有助于解释人们提起诉讼、发动战争和创建小企业的原因。

未通过考验

多年来,我一直认为,课程编写的经历中最重要的经验是从我的朋友西摩那儿获得的:他对类似项目的了解并没有令他做出关于我们项目的未来的最佳预测。我在故事中的表现很不错,扮演了聪明的提问者和精明的心理学家的角色。很久之后我才意识到,实际上我是团队中最笨的人,也是不称职的领导者。

这个项目是我提出的,我有责任确保它有意义,并确保团队正确地讨论重大问题,但我没能通过考验。我的问题不再是规划谬误。听到西摩的统计性总结时,我就消除了规划谬误。如果有人催促,我会说我们之前的估计过于乐观。如果催得过紧,我会承认,我们在错误的前提下启动了项目,我们至少应该认真考虑一种选择——宣布项目失败,遣散团队。但没有人向我施压,我们也没有继续讨论,而是心照不宣地继续做下去,没有预测要付出多久的努力。这是顺理成章的事,因为我们一开始就没有做出这种预测。如果项目伊始就有一个合理的基线预测,我们就不会实施项目。但我们已经投入了大量精力——这是沉没成本谬误的例子,本书的第四部分会更细致地研究它。[10] 我们(尤其是我)如果在那一刻放弃,会觉得很丢脸,而且当时似乎也没有立即放弃的理由。在危机中改弦易辙比较容易,但这不是危机,只是关于我们并不了解的人的一些新事实。相比我们工作中的坏消息,外部视角更容易被忽视。我们当时的状态,用懈怠来形容是最恰当的——不愿思考已经发生的事情。所以我们继续向前走。在之后的团队合作中,我也没有进一步尝试合理的规划——对于一个致力于教授理性的团队来说，这种疏漏尤为令人不安。我希望今天的我更明智，也希望自己已经养成寻求外部视角的习惯，但这种做法永远都不会自然发生。

谈谈外部视角

"他采取的是内部视角。他应该忘记自身情况，看看在其他情况下发生了什么。"

"她是规划谬误的受害者。她假设了最佳案例情境，但计划失败的情况很多，她无法预见所有的情况。"

"假设你对这起法律案件一无所知，只知道它涉及某人对外科医生的渎职索赔。你的基线预测是什么？在法庭上，有多少这类案件获得胜诉？有多少是和解的？赔偿金是多少？相比类似的索赔案件，我们讨论的案件更重还是更轻？"

"我们正在进行额外投资，因为我们不想承认失败。这是沉没成本谬误的例子。"

第 24 章
资本主义的引擎

规划谬误只是普遍存在的乐观偏差的表现之一。大多数人眼中的世界比真实世界更美好，我们觉得自己的性情比实际情况更讨人喜欢，追求的目标也更容易实现。我们还易于夸大自己预测未来的能力，导致我们过于乐观，过度自信。就其对决策的影响而言，乐观偏差很可能是最严重的认知偏差。乐观偏差祸福相依，你如果天性乐观，应该为之感到欣慰，但同时也需要保持警惕。

乐观主义者

乐观主义是正常现象，但有些幸运儿比常人更乐观。如果你天性乐观，无须别人提醒，你就知道自己是幸运的。[1] 乐观态度在很大程度上是遗传的，在获得幸福感的性情中，乐观占有一席之地。乐观让人更容易发现事物美好的一面。[2] 如果你可以为自己的孩子许个愿，那最好是祝他（她）乐观。乐观主义者通常喜气洋洋，因此颇受欢迎。他们能快速从失败和磨难中恢复，患临床抑郁症的概率较低，免疫系统更强大，能更好地呵护自己的健康，感觉比其他人更健康，也确实更可能长寿。有些人认为自己的预期寿命高于统计预测，针对这类人的研究表明，他们的工作时间更长，对未来收入更乐观，离婚后再婚的可能性更大（典型的"希望战胜经验"[3]），更倾向于投资个股。当然，只有那些略带偏差、在"强调积极因素"的同时不忽视现实的人才能享受到乐观主义的好处。

乐观者对我们的生活产生的影响非同小可。他们的决策会带来改变。这些乐观者是发明家、企业家、政治和军事领导人，而不是普通人。他们寻求挑战、敢于冒险，最终实现了目标。他们既有天赋又很幸运，几乎可以肯定的是，他们比自己认为的还要幸运。他们的乐观可能是天生的，一项针对小企业创始人的调查得出结论，企业家的人生态度比中层管理者更乐观。[4] 他们的成功经历证实，他们对自己的判断和掌控事件的能力充满信心。他们的自信心因他人的钦佩而增强。[5] 这一推理引出一个假设：对他人生活产生重大影响的人可能处事乐观、过度自信，承担的风险超出自己能意识到的程度。[6]

证据表明，当个人或机构自愿承担重大风险时，乐观偏差就在发挥作用，有时甚至发挥的是主导作用。在多数情况下，风险承担者低估了自己面对的不利条件，投入大量精力确定胜算的大小。乐观的企业家往往会因误判风险，而以为自己是谨慎的，即使事实恰恰相反。他们坚信自己会成功，这有助于他们从别人那里获取资源，鼓舞员工的士气，提升获胜的希望。需要采取行动时，乐观主义，哪怕有轻微的妄想成分在，也可能是有益的。

企业家的妄想

美国小企业的 5 年生存率约为 35%，但个体创业者并不相信这些统计数据适用于自己。一项调查发现，美国企业家容易相信自己的生意前途光明：他们对同行成功率的平均估计是 60%，几乎是实际情况的两倍。在评估自己创业成功的可能性时，这种偏差更加明显。81% 的企业家认为自己的成功率为 70%，甚至更高。33% 的企业家表示，他们失败的概率为零。[7]

这种偏差的方向性不足为怪。如果你采访一家开业不久的意大利餐厅老板，你不会期待她低估自己的成功前景，或者低估自己作为餐馆老板的能力。但你一定想知道：如果她费点儿心思了解成功概率，或者，如果她知道成功概率（60% 的新餐厅在开业 3 年后倒闭），并且重视这些数据，她还会投入金钱和时间吗？她可能不会想到要借助外部视角。

性情乐观有一个好处，那就是在困难面前坚持不懈。但坚持可能要付出高昂的代价。托马斯·阿斯特布罗进行了一系列令人印象深刻的研究，揭示了乐观主义者收到坏消息时的情况。"发明家援助计划"是加拿大的一家机构，它收取较低的费用，为发明家创新项目的商业前景提供客观评估。托马斯从那里获得了数据。该机构的评估方式是，在 37 个标准上对每项发明进行细致的评级，包括产品需求、生产成本和需求趋势预估等。分析师用字母来确定等级，D 和 E 表示预测结果为失败——他们评估的 70% 以上的发明都属于这类。失败预测非常精确：在 411 个评级最低的项目中，只有 5 个实现了商业化，其中没有一个获得成功。[8]

在获得明确的失败预测结果后，大约一半的发明家知难而退。但即使得知自己的项目毫无希望，仍有 47% 的人选择继续开发。这些坚持不懈（或一意孤行）的人在最终放弃时，平均损失是最初的两倍。值得注意的是，在乐观人格测量中得分较高的发明家（发明家的乐观得分通常高于普通人），听到劝阻建议后通常选择继续坚持。总体而言，个人发明的回报率很低，"低于私募基金和高风险证券的投资回报率"。更普遍地说，个体经营者的经济收益一般：在同等资格条件下，靠技能为雇主工作获得的平均回报高于自主创业回报。证据表明，乐观主义很普遍，不易改变且代价高昂。[9]

心理学家已确定，大多数人确信自己的优良特质千里挑一——他们愿意在实验室里为这些信念押上一笔小钱。[10] 当然，坚定的优越感在市场上会产生重大影响。大企业的领导者有时会在高昂的并购中下大赌注，误以为自己会比当前所有者更好地管理那家公司的资产。股市通常导致收购的公司贬值，因为经验表明，兼并大公司的结局往往是失败多于成功。被误导的收购可以用"傲慢假说"来解释：收购公司的高管们根本没有他们想象的那么称职。[11]

经济学家乌尔里克·马尔门迪尔和杰弗里·塔特通过公司股份持有量来识别乐观的首席执行官。他们观察到，过于乐观的领导者承担了过高的风险。乐观的首席执行官会承担债务而不是发行股票，而且比其他人更有可能"高价收购目标公司，进行有损价值的并购"。[12] 值得注意的是，如果首席执行官的评估过于乐观，并购公司的股票在并购中会受到更大的影响。股市显然能够帮我们识别出过度自信的首席执行官。这一观察结果为他们免除了一项指控，同时也提起了另一项指控：企业领导者并非因为用别人的钱下注才做出不合理的决定。相反，他们在自己面临危机时会承担更大的风险。当商业媒体将过度自信的首席执行官捧为名人时，他们造成的危害会更严重。有证据表明，有声望的新闻机构授予首席执行官奖项，会给股东带来高昂的代价。马尔门迪尔和塔特写道："我们发现，首席执行官获奖后，公司在股票和经营业绩方面均表现不佳。与此同时，首席执行官报酬增加，会将更多时间耗费在公司外的活动上，比如写书和担任其他公司董事会成员，也更有可能参与收益管理。"[13]

多年前，我和妻子去温哥华岛度假，途中寻找入住的旅店。在森林中央一条人迹罕至的路上，我们找到了一家门可罗雀的精致汽车旅馆。店主是一对迷人的年轻夫妇，他们很坦率地聊起自己创业的故事。他们曾在艾伯塔省教书，后来决定换一种活法，用毕生积蓄买下了这家12年前建造的汽车旅馆。他们告诉我们，之所以能以低价买下它，是"因为前面的六七任业主都没能把它经营好"。他们的讲述不带嘲讽意味，完全是无意识的。他们还说，想贷款在旅馆旁建一家餐厅来提升人气。他们期望在六七任业主失败的项目上获得成功，却觉得没有必要解释其中的原因。从汽车旅馆老板到超级明星首席执行官，这些生意人的共性是大胆且乐观。

企业家的乐观冒险肯定有助于激发资本主义社会的经济活力，即使大多数冒险者都以失望告终。然而，伦敦经济学院的马尔塔·科埃略指出，当小企业创始人要求政府支持其失败概率极大的决定时，会导致棘手的政策问题。对未来几年内可能破产的企业家，政府是否应该提供贷款？相比靠自己储蓄，"自由家长主义"有助于人们提高储蓄率，这得到了很多行为经济学家的认可。但对于政府是否应该支持小企业，以及如何支持小企业，目前还没有类似的令人满意的答案。

竞争忽视

用"一厢情愿的想法"解释企业家的乐观主义很有诱惑性，但情感只是故事的一部分。认知偏差起着重要作用，尤其是系统 1 的"所见即一切"。

- 我们专注于自己的目标，以自己的计划为出发点，忽视相关的基础比率，让自己陷入规划谬误。
- 我们关注自己想做和能做的事情，忽视他人的计划和技能。
- 在解释过去和预测未来时，我们都关注技能的因果作用，忽视运气的影响，因而，容易产生控制错觉。
- 我们专注于已知，忽视未知，这让我们对自己的信念过度自信。

"90% 的司机认为自己的驾驶水平高于平均水平。"这是公认的心理学发现，已成为文化的一部分，常被作为更普遍的"高于平均水平效应"的例子。然而，近年来对这一发现的解释发生了变化，人们以前认为这是一种自我膨胀，如今则将其解释为认知偏差。[14] 请思考以下两个问题：

你是一名好司机吗？
作为一名司机，你的水平高于平均水平吗？

第一个问题很简单，答案张口即来：大多数司机都回答"是"。第二个问题的难度要大得多，大多数受访者几乎不可能给出严谨且正确的回答，因为这需要评估司机的平均水平。此时，人们用较简单的问题来替代较难的问题也就不足为奇了。人们在未考虑平均水平的情况下，将自己与平均水平进行比较。对"高于平均水平效应"的认知解释有一个证据，即当被问及在困难任务中的表现时（比如"与陌生人搭讪时，你的表现高于平均水平吗？"），人们很容易认为自己低于平均水平。结果是，对自己稍微擅长的事情，人们往往给出过于乐观的评估。

我曾多次向新成立的创新型企业的创始人及其合伙人提出一个问题：你的努力结果在多大程度上取决于你在公司所做的事情？这显然是一个简单问题，答案来得很快。在我抽取的小样本中，答案从未低于 80%。即使他们不确定自己是否会成功，这些有胆量的人也认为自己的命运几乎尽在掌握。他们当然判断错了：初创企业是否成功取决于竞争对手的成就和市场变化，也取决于自身努力。然而,"所见即一切"发挥了作用,企业家自然会关注自己最了解的事情——他们的计划和行动,以及迫在眉睫的风险和机会,比如,可周转资金。他们对竞争对手知之甚少,因此在其想象出的未来中只有很少的竞争对手。

科林·凯莫勒和丹·洛瓦洛创造了"竞争忽视"的概念,他们引用了时任迪士尼工作室总裁的一句话来解释这个概念。有人问他,为什么这么多高成本电影在同一天(如阵亡将士纪念日和独立日)上映,他回答道:

> 因为傲慢。是的,傲慢。如果只考虑自己的生意,你会想:"我有优秀的编辑部,有优秀的推广部,我们一定可以做好这些电影。"你不会想到,其他人也有同样的想法。在一年中的某个周末,有 5 部电影上映,但观众肯定没有那么多。

坦率的回答直指傲慢,但回答本身并没有表现出傲慢,也没有表现出对竞争对手的优越感。竞争没有成为决策的考虑因素,难题再次被更简单的问题所取代。需要回答的问题是:如果将竞争对手未来的行为考虑进来,我们的电影还会有多少观众?制片公司高管们考虑的问题较简单,仅仅思考他们最容易了解的情况:我们是否有卖座的电影和优秀的推广部?"所见即一切"和"替代"是系统 1 熟悉的过程,它导致了竞争忽视和"高于平均水平效应"。竞争忽视的后果是超额进入,即进入市场的竞争者超出了市场盈利能力,因此其平均结果是亏损。[15] 对市场上的典型进入者来说,超额进入的结果令人失望,但它对整个经济的影响很可能是积极的。有些创业公司虽然失败了,但向能力更强的竞争对手发出了新市场的信号,乔瓦尼·多西和丹·洛瓦洛将它们称为"乐观的殉道者"——对经济有利,但对投资者有害。

过度自信

杜克大学的教授们耗费数年进行了一项调查,他们请大公司的首席财务官估计下一年标准普尔指数的回报率。他们收集了 11 600 份预测,检验了这些预测的准确性。结论很简单：调查对象对股票市场的短期走向一无所知，其估值与真实值之间的相关系数略小于0！他们预测市场会下跌时，上涨的可能性略大。这些发现不足为奇。真正的坏消息是，首席财务官似乎并不知道其预测毫无价值。

除了预测标准普尔指数的回报率，参与者还提供了另外两个估值：一个是他们有90%的把握确信会过高的值，另一个是他们有90%的把握确信会过低的值。这两个值之间的范围被称为"80%的置信区间"，超出该区间的结果被称为"意外"。多次设置置信区间的人预计约20%的结果是意外。正如在此类预测中经常发生的那样，意外发生的比例要大得多，发生率为67%，是预期3倍多。这表明首席财务官对自己预测市场的能力过于自信。过度自信是"所见即一切"的另一种表现：我们在估计某个量时，依赖的是想到的信息，然后构建出一个估测合理、逻辑自洽的故事。人们不可能考虑到那些没有出现在脑海里的信息——原因或许是对其一无所知。

作者计算了将意外的发生率降到20%的置信区间，结果出乎意料。为了让意外的发生率保持在期望水平，首席财务官每年都应重复同样的话："明年标准普尔指数的回报率有80%的可能性在–10%和+30%之间。"正确反映首席财务官知识（更准确地说，是无知）的置信区间比他们所说的宽4倍以上。

坦率的首席财务官所能提供的答案显然是荒谬的，因而，社会心理学在此派上了用场。如果首席财务官告诉同事，"标准普尔回报率很有可能介于–10%和+30%之间"，他可能会受到嘲讽。宽泛的置信区间意味着承认无知，对靠金融知识为生的人来说，这种预测是不被社会认可的。即使高管们知道自己知之甚少，也会因为承认无知而受到惩罚。杜鲁门总统曾要求经济学家立场明确，他厌倦了经济学家不停地说："另一方面……"

组织如果相信过度自信的专家，可能会付出高昂的代价。针对首席财务官的研究表明，预测标准普尔指数时表现最自信、最乐观的人，也以同样的态度看待其公司前景，这将导致公司比其他公司承担更多的风险。正如纳西姆·塔勒布所说，对环境的不确定性缺乏足够的认识，必然导致经济主体承担本该规避的风险。然而，无论是在社会还是市场上，乐观主义都备受推崇。相比说出真相的人，那些提供危险的误导性信息的人获得了更多奖励。

造成经济大萧条的金融危机给我们的教训是,在某些时期,专家之间和组织之间的竞争会产生强大的力量,导致对风险和不确定性的集体忽视。

偏袒过度自信的专家的现象并非只存在于金融预测领域。其他专业人士必须面对的事实是:名副其实的专家被期望表现出高度的自信。菲利普·泰特洛克观察到,过度自信的专家最有可能受邀在新闻节目中卖弄学识。过度自信在医学领域似乎也很普遍。一项针对死于重症监护室患者的研究,将尸检结果与医生在死者生前的诊断结果进行了比较。医生也表现出自信。结果是:"对临终诊断'有十足把握'的临床医生,有40%的诊断是错的。"[16] 专家的过度自信受到了患者的影响:"通常而言,临床医生如果表现出不确定,患者就会认为那是懦弱无能。人们更看重信心,而非不确定性有多大,向患者透露不确定性会招致大多数人的谴责。"[17] 承认自己一无所知的专家可能会被更自信的竞争对手所取代,后者更容易获得当事人的信任。客观理解不确定性是理性的基础,但这不是人们和机构想要的。在危险的情况下,极端的不确定性会让人失去行动能力。风险很高时,承认自己只是猜测尤其不为人所接受。不懂装懂,并据此采取行动往往是首选的解决方案。

支持过度乐观的情感、认知和社会因素混合在一起,酿成令人陶醉的美酒,有时会导致人们承担不必要的风险。如果了解概率,人们本可以避免这些风险。没有证据表明,经济领域的风险承担者偏好高风险的赌博,他们只是比胆小者更缺乏风险意识。我和丹·洛瓦洛创造了"大胆预测,谨慎决定"的短语来描述风险承担的背景。[18]

过于乐观对决策的影响最多是好坏参半,但乐观肯定有利于执行。乐观主义的主要优势是面对挫折时的复原力。积极心理学创始人马丁·塞利格曼认为,"乐观的解释风格"通过捍卫自我形象来增强复原力。从本质上讲,乐观是指将成功归于自己,但很少为失败承担责任。至少在某种程度上,乐观是可以教授的,塞利格曼已证明乐观训练对多种职业的影响,这些职业的特点是失败率很高,比如保险业的电话推销(互联网时代之前的常见做法)。当推销员吃了愤怒主妇的闭门羹,在内心告诉自己"她是个粗鲁的女人"显然比"我是个无能的销售员"要好。我一直认为,乐观主义对科研领域的成功同样至关重要:我还没有遇到哪位成功的科学家,在夸大自己研究的重要性方面缺乏能力。我相信,一个人不断经历小挫败,成功的机会却寥寥无几，倘若内心没有虚幻的意义感，最终将会一蹶不振，而这正是大多数研究人员的命运。

事前分析：部分补救措施

训练能克服过度自信吗？对此我并不乐观。为克服这一倾向，很多训练采取的方式是，让人们说出反映其不精确判断的置信区间，但成功率很低。一个常被引用的例子是，荷兰皇家壳牌公司的地质学家在接受培训后，了解了一些已知结果的案例，对可能的钻井点的评估就变得不那么自负了。[19] 在其他情况下，当鼓励判断者考虑相互对立的假设时，自负就会减弱（但并没有消除）。然而，过度自信是系统 1 特征的直接结果，可以驯服，却无法征服。其主要障碍是，主观信心是由人们所构建故事的连贯性决定的，而不是由支持其信息的质量和数量决定的。

组织可能比个人更容易驯服乐观主义，也更容易纠正个人的乐观倾向。最绝妙的方法是由我的"对抗性合作者"加里·克莱因提出的，他为直觉性决策辩护，反对偏差的说法，对算法持敌对态度。他将自己的提议称为"事前分析"。流程很简单：在组织即将做出某个重要决定，但还未正式敲定时，克莱因建议召集了解该决定的人开个小会。会议的开场白是："想象一下，我们穿越到一年后，实施了目前的计划，结果一败涂地。请用 5~10 分钟的时间写下那场灾难的简史。"

加里·克莱因的"事前分析"通常会快速激发大家的热情。在某次达沃斯会议上，我随意描述了该措施，身后有人喃喃自语道："就凭这个好点子，来达沃斯开会值了！"（后来我发现，说这话的是一家跨国大公司的首席执行官。）"事前分析"有两个优点：其一，它克服了集体思维，一旦做出决定，集体思维会对很多团队产生影响；其二，它可以将有识之士的想象力引入关键方向。

当团队就某个决定达成共识，尤其是领导表明立场后，对计划行为是否明智的公开质疑会被逐渐压制，最终被视为对团队及其领导不够忠诚的证据。在一个只有决策支持者有发言权的群体中，压制质疑会导致过度自信。

"事前分析"的最大优点是使质疑合法化。此外，它还鼓励决策的支持者寻找之前没考虑到的潜在威胁。"事前分析"并非包治百病的万灵丹，也不能彻底防范负面意外，但它可以在一定程度上降低由"所见即一切"偏差和不加批判的乐观主义造成的计划危害。

> **谈谈乐观**
>
> "他们产生了控制错觉，严重低估了障碍。"
> "他们似乎遭受了'竞争对手忽视'。"
> "这是过度自信的例子。他们似乎认为自己知道的比实际的要多。"
> "我们应该召开一次'事前分析'会议。或许有人会指出被我们忽视的威胁。"

第四部分
选择

第 25 章
伯努利的错误

20 世纪 70 年代初的一天，阿莫斯递给我一篇油印的论文，作者是瑞士经济学家布鲁诺·弗雷，探讨的是经济学理论的心理学假设。我清楚地记得封面是深红色的。布鲁诺·弗雷几乎忘记自己写过这篇论文，但我仍能背诵第一句话："经济学理论的主体是理性的、自私的，其偏好不会改变。"

这句话令我震惊。我的经济学家同事就在隔壁工作，我没有意识到我们的知识世界存在巨大的差异。对于心理学家来说，人既非完全理性的，也非完全自私的，其偏好一点儿也不稳定，这些都是不言而喻的。心理学和经济学似乎在研究不同的物种，行为经济学家理查德·塞勒后来称这两门学科的研究对象为"经济人与普通人"。

与经济人不同，心理学家所认识的普通人拥有系统 1。他们对世界的看法受到特定时点可用信息的限制（"所见即一切"），因此无法像经济人那样一以贯之、合乎逻辑。他们有时慷慨大方，愿意为所属群体做出贡献。他们经常不知道自己明年甚至明天会有怎样的偏好。这是一个良机，让我可以跨学科进行有趣的对话。没想到那次交流竟然决定了我的职业生涯。

阿莫斯给我看弗雷的论文后不久，就建议我们将决策制定作为下一个研究项目。我对这个主题几乎一无所知，但阿莫斯是该领域的专家和佼佼者，他说他可以教我。读研期间，他与人合著了一本教科书——《数学心理学》（*Mathematical Psychology*），他认为其中几章是不错的入门材料，推荐我阅读。[1]

我很快认识到，我们的主题是人们对风险选择的态度。我们要回答一个特定问题：人们在不同的简单赌博之间以及在赌博和确定的事情之间做选择时，遵循什么规则？

对决策研究者来说，研究简单赌博（比如"你有40%的概率赢得300美元"）就像遗传学家研究果蝇。在简单赌博之间所做的选择提供了一个简单的模型，该模型与研究者想理解的较复杂的决策有共同的重要特征。赌博意味着选择的后果永远是不确定的，即使表面上确定的结果实际上也并不确定：签署公寓购买合同时，你不知道它日后的售价，也不知道邻居的儿子会吹起大号。我们人生中的每个重大选择都伴随着不确定性——决策研究者希望在模型情境中学到的经验适用于更有趣的日常问题，这就是研究的起因。当然，决策理论家研究简单赌博的主要原因是，其他决策理论家也是这么做的。

决策领域有一个理论，即"期望效用理论"，它是理性主体模型的基础，也是迄今为止社会科学中最重要的理论之一。期望效用理论的目的并不在于建立心理学模型，它是一种基于理性基本规则（公理）的选择逻辑。请思考以下例子：

如果你更喜欢苹果而不是香蕉，
那么
你也更愿意以10%的概率赢得苹果，而不是以10%的概率赢得香蕉。

苹果和香蕉代表任何选择对象（包括赌博），10%的概率可以被替换为任何概率。20世纪杰出的知识分子、数学家约翰·冯·诺依曼与经济学家奥斯卡·摩根斯特恩从几个公理中推导出在不同赌博之间进行理性选择的理论。经济学家采用期望效用理论，让其发挥两种作用：一是作为一种逻辑，规定应如何做决策；二是作为一种描述，表明经济人如何做选择。我和阿莫斯是心理学家，我们开始探索普通人进行风险选择的实际方式，而不对其理性做任何假设。

我们保持着每天数小时的交谈习惯，有时是在办公室，有时是在餐馆，更多时候，我们长时间漫步于美丽宁静的耶路撒冷街道。与研究判断问题时的做法一样，我们审视自己的直觉偏好，花时间设计简单的决策问题，然后问自己会如何选择。例如：

你会选择哪个选项？
A. 抛硬币。如果正面朝上，你会得到100美元；如果反面朝上，你将一无所获。
B. 确定得到46美元。

我们并不想寻找最理性或最有利的选择；我们想找到一个直觉性选择，一个能立即诱惑你做决定的选择。我们几乎总是选择相同的选项。在该例中，我们都选择确定收益，你可能也一样。当我们信心十足地就某个选择达成一致时，我们相信大多数人与我们有同样的偏好（事实证明，几乎总是如此）。于是，我们继续推进研究，仿佛已获得确凿的证据。当然，我们知道，还要在后续阶段验证我们的直觉，但将研究人员和受试者角色合二为一的做法，能让我们加快研究进程。

在研究赌博5年后，我们终于完成了一篇论文，题为《前景理论：风险下的决策分析》。我们的理论以效用理论为基础，但与其有本质的不同。最重要的是，我们的模型是纯描述性的，其目标是记录和解释在赌博选择中系统地违反理性公理的行为。我们将论文投给《计量经济学》杂志，该杂志发表的是有关经济学和决策理论的重要理论性论文。事实证明，期刊的选择很重要，如果这篇论文是在心理学杂志上发表的，可能不会对经济学产生多少影响。然而，我们投稿给《计量经济学》并非为了影响经济学，只是因为它曾发表过有关决策制定的顶级论文，我们渴望跻身其中。和其他许多选择一样，我们做出这个选择是幸运的。事实证明，前景理论是我们所做的最有意义的研究，这篇论文也成为社会科学领域被引用次数最多的论文之一。两年后，我们在《科学》杂志上发表了一篇解释框架效应的论文：偏好的巨大变化，有时是由选择问题细微的措辞差异引起的。

在研究决策问题的最初5年里，我们确定了十几个有关风险选择的事实。其中一些事实与期望效用理论完全对立。有些事实是以前观察到的，有些则是新发现的。随后，我们对期望效用理论进行了修改，创建了一个理论，以解释我们收集的观察结果，这就是前景理论。

我们解决问题的方法基于心理学的一个分支学科——"心理物理学"，它是由德国心理学家、神秘主义者古斯塔夫·费希纳（1801—1887）创立并命名的。费希纳痴迷于研究思维与物质的关系。一面是可变的物理量，比如光能、音频或钱数等。另一面是主观体验，比如亮度、音高或价值等。不可思议的是，物理量的变化会导致主观体验强度或质的变化。费希纳的课题是发现心理物理学定律，将观察者心中的主观量与物质世界中的客观量联系起来。他指出，在许多维度中，该函数是对数函数——这意味着给定因子刺激强度的提升（比如，提升1.5倍或10倍）总会在心理尺度上产生相同的增量。如果将声音的物理能量从10个单位提高到100个单位，心理强度就会增强4个单位。如果将刺激强度从100个单位提高到1 000个单位，心理强度也会增强4个单位。

伯努利的错误

费希纳很清楚，他并非第一个探索心理强度与刺激物理量之间函数关系的人。1738年，瑞士科学家丹尼尔·伯努利想到了费希纳的推理，将其应用于金钱的心理价值或可取性（现称为"效用"）与实际金额之间的关系上。他认为，将一份10达克特的礼物送给拥有100达克特的人，与将一份20达克特的礼物送给拥有200达克特的人具有相同的效用。当然，伯努利是对的。我们通常用百分比来谈论收入的变化，比如，"她的工资涨了30%"。加薪30%的说法可能会让富人和穷人产生相似的心理反应，而加薪100美元的说法却没有这种效果。[2] 根据费希纳定律，对财富变化的心理反应与初始财富量成反比，因而我们可以得出结论：效用是财富的对数函数。如果这个函数是准确的，那么10万美元与100万美元的心理差距跟1 000万美元与1亿美元的心理差距相同。[3]

伯努利借助他对财富效用的心理学见解，提出了一种全新的赌博评估方法，这是他那个时代数学家的重要课题。在伯努利之前，数学家假设赌博是根据期望值评估的：按照概率对每个结果进行分量，得出所有可能结果的加权平均值。例如，

80%的概率赢得100美元和20%的概率赢得10美元的期望值是：
82（美元）=（0.8×100+0.2×10）。

现在问问自己这个问题：你更愿意接受上述赌博还是确定的80美元？几乎所有人都偏好确定的选项。人们如果是根据期望值来评估不确定状况的前景的，就会更愿意选择赌博，因为82美元多于80美元。伯努利指出，实际上人们并不是以这种方式来评估赌博的。

伯努利观察到，大多数人厌恶风险（即获得最差结果的概率），如果让他们在赌博和期望值相同的确定收益之间做选择，他们会选择后者。事实上，规避风险的决策者选择低于期望值的确定选项，是为了避免因不确定性而支付保险费。伯努利通过心理物理学来解释风险厌恶现象，比费希纳提前了100年。他的观点很简单：人们的选择并非基于金钱价值，而是基于各种结果的心理价值，即结果的效用。因此，赌博的心理价值并非其可能结果的加权平均值，而是这些结果效用的平均值，其中每个结果都按其概率分量。

表25-1是伯努利计算的效用函数的某个版本，它展示了不同财富水平（从100万到1 000万）的效用。

表25-1

财富（百万）	1	2	3	4	5	6	7	8	9	10
效用单位	10	30	48	60	70	78	84	90	96	100

你可以看到，在100万财富基础上增加100万，会提高20个效用点，但在900万财富基础上增加100万，只会提高4个效用点。伯努利认为，财富的边际价值递减可以解释风险厌恶。风险厌恶是一种普遍偏好，即人们通常会偏好确定的事，而非等于或略高于期望值的赌博。请思考以下选择：

同等概率获得100万或700万　　　效用：（10+84）/2=47
或
确定获得400万　　　　　　　　效用：60

赌博的期望值和"确定收益"都是400万达克特，但由于财富效用递减，两种选择的心理效用不同：从 100 万增加到 400 万，效用增加 50 个单位，但从 400 万增加到 700 万，财富效用只增加 24 个单位。赌博的效用为 94/2=47（两个结果的效用，每个结果按 1/2 的概率分量）。400 万的效用是 60。60 大于 47，所以，拥有这种效用函数的人会选择确定收益。伯努利认为，当财富的边际效用递减时，决策者会厌恶风险。

伯努利的论文是大道至简的杰作。他用自创的新概念"期望效用"（他称之为"道德期望"）来计算圣彼得堡商人愿意为海运支付的保险费。商人从阿姆斯特丹购入香料，"他很清楚，每年这个时候，从阿姆斯特丹驶往圣彼得堡的 100 艘商船中，通常会有 5 艘沉入大海"。他的效用函数解释了穷人买保险、富人卖保险的原因。你在表中可以看到，对拥有 1 000 万的人来说，损失 100 万会造成 4 个效用单位的损失（从 100 到 96），而对拥有 300 万的人来说，会造成 18 个效用单位的损失（从 48 到 30）。穷人乐意支付保险费，将风险转移给富人，这就是保险的意义所在。伯努利还为"圣彼得堡悖论"提供了解决方案。"圣彼得堡悖论"是指，面对一场期望值（货币单位为达克特）无限大的赌博，人们却只愿付出少量的钱。[4] 让人印象最深的是，他从财富偏好的角度对风险态度的分析经受住了时间的考验：在近 300 年后的今天，该理论仍应用于经济分析中。

伯努利理论的经久不衰是一种奇怪的现象，因为它存在严重的缺陷。理论错误很少出现在明确的主张里，而是隐藏在它忽略或默认的假设中。以下面的情节为例：

今天，杰克和吉尔各自有 500 万财富。
昨天，杰克的财富是 100 万，吉尔的财富是 900 万。
他们的快乐程度一样吗？（他们的财富效用相同吗？）

伯努利的理论假设，人们的快乐程度取决于财富效用。杰克和吉尔拥有相同的财富，因此，该理论认为他们的快乐程度应该一样，但你无须拥有心理学学位就知道，今天杰克兴高采烈，吉尔则垂头丧气。事实上，我们知道，即使今天杰克只有 200 万，吉尔有 500 万，杰克也比吉尔开心得多。因此，伯努利的理论一定是错的。

杰克和吉尔的幸福感是由他们最近的财富变化决定的，这个变化是相对于其参考点的不同财富状态（杰克100万，吉尔900万）而言的。"参考点依赖"普遍存在于人们的感觉和感知中。同样的声音被感知为极强还是极弱，取决于它之前的声音是耳语还是吼叫。要预测关于响度的主观体验，仅仅知道它的绝对音量是不够的，还需要知道自动与之比较的参考音量。同样，在预测纸上的灰色色块是深灰还是浅灰之前，你需要知道其背景。在预测财富的效用之前，你需要知道参考点。

我们再举一个例子，说明伯努利理论的缺陷。请思考安东尼和贝蒂的状况：

安东尼目前的财富是100万。
贝蒂目前的财富是400万。

他们都有机会在赌博和确定收益之间做出选择。

赌博：最终有同等的概率拥有100万或400万。
或者
确定收益：最终肯定会拥有200万。

根据伯努利的解释，安东尼和贝蒂面对同样的选择：如果选择赌博，他们的期望财富是250万；如果选择确定收益，期望财富是200万。因此，伯努利预期安东尼和贝蒂会做出同样的选择，但这种预测是不正确的。期望效用理论再次失效，因为它没有考虑安东尼和贝蒂做选择时的不同参考点。站在安东尼和贝蒂的角度思考，你很快就会发现，当前财富非常重要。以下是他们的想法：

安东尼（目前有100万）："如果选择确定收益，我的财富肯定会翻一倍。这很有吸引力。我也可以选择赌一把，结果要么是财富翻两番，要么一无所获。"

贝蒂（目前有400万）："如果选择确定收益，我肯定会损失一半的财富,这太可怕了。我也可以选择赌一把,结果要么损失 3/4 的财富,要么毫无损失。"

你预感安东尼和贝蒂可能会做出不同的选择,因为 200 万的确定收益让安东尼开心,让贝蒂痛苦。还有一点要注意,确定的结果与赌博的最坏结果之间的差异:对安东尼来说,是财富翻一倍和一无所获的差异;对贝蒂来说,是失去一半财富和失去 3/4 财富的差异。与人们在面对极其不利的选择时一样,贝蒂更有可能去碰运气。我在讲这个故事时曾提到,安东尼和贝蒂都没有从财富状态的角度去思考:安东尼想到的是收益,贝蒂想到的是损失。虽然面对的可能的财富状态是相同的,但他们评估的心理结果截然不同。

由于伯努利的模型中没有参考点,期望效用理论无法反映一个明显的事实,即对安东尼有利的结果却对贝蒂不利。他的模型可以解释安东尼的风险厌恶,但不能解释贝蒂对赌博的风险偏好。在所有选择都很糟糕的情况下,企业家和将军的行为经常表现出风险偏好。

一切都显而易见,不是吗?我们很容易想象,伯努利自己构思出类似的例子,并创建了一个较复杂的理论对其加以解释,然而,由于某种原因,他没有这么做。我们也可以想象,在伯努利时代,他的同事不认同他的观点,或者后世学者在阅读他的论文时表示反对,但由于某种原因,这些事情也没有发生。

令人费解的是,结果效用的概念很容易被浅显的反例推翻,但它为何存续了这么久?我只能将其解释为学术思维的缺陷,我经常在自己身上发现这种缺陷,我称之为"理论致盲":一旦你接受了某个理论,并将其作为思维工具,就很难注意到它的错误。如果发现一个观察结果似乎与模型不符,你会认为,肯定有一个你不知道的完美解释。你赋予它不受质疑的权力,相信接受这一理论的专家群体。许多学者肯定曾想到类似于安东尼与贝蒂以及杰克与吉尔的例子,也曾在不经意间指出,这些例子与效用理论不符,但他们并没有刨根问底,得出这样的结论:"这个理论大错特错,因为它忽略了一个事实,那就是,效用取决于某人过去的财富状况,而不仅仅取决于当前的财富状况。"[5] 正如心理学家丹尼尔·吉尔伯特所言,质疑是一项艰苦的工作,而系统 2 很容易倦怠。

谈谈伯努利理论错误

"3 年前，2 万美元奖金让他欣喜若狂，但自那以后他的工资涨了 20%，所以他需要更高的奖金才能获得同样的效用。"

"两位候选人都愿意接受我们给出的薪水，但他们的参考点不同，所以满意度不一样。她目前的工资要高得多。"

"她为了获得赡养费而起诉他。其实她很想调解，但他更愿意上法庭。这并不奇怪——她是获利方，所以不愿冒险；而他面对的选择都很糟糕，所以宁愿冒险打官司。"

第 26 章
前景理论

我和阿莫斯很幸运，我们因为自身掌握的技能和无知，在无意间发现了伯努利理论的重大缺陷。在阿莫斯的建议下，我读了他书中的某一章，其中描述了几项实验。实验中，受试者要在几次赌博中做出选择，这些赌博会使其赢得或输掉几便士。著名学者通过询问受试者的选择来测量金钱的效用。研究人员在 1 美元之内调整财富量，以此测量财富的效用，由此引发了疑问。人们通过财富的微小差异来评估赌博，这一假设是否合理？通过对几便士的得失反应研究来了解财富的心理物理学，这怎么可能呢？心理物理学理论的最新进展表明，如果你想研究财富的主观价值，应该直接询问与财富有关的问题，而不是与财富变化有关的问题。[1] 我对效用理论不甚了解，因敬畏而盲从，同时感到困惑。

第二天与阿莫斯见面时，我向他谈起了自己的困惑。我没将它当作明确的发现，只是当作模糊的想法提了出来。我做好了充分的心理准备，期待他纠正我的错误，告诉我这个实验的意义，但他并没有这么做——现代心理物理学的相关性对他来说显而易见。他记得经济学家哈里·马科维茨（他后来因在金融领域的研究贡献而获得诺贝尔奖）提出的一个理论，即效用与财富变化而非财富状态有关。在我写作本书时，马科维茨的观点已提出 25 年，但没有引起太多的关注。我们很快达成共识，这正是我们要探索的路。我们想创建一种理论，将结果定义为收益和损失，而不是财富状态。对知觉的了解和对决策理论的无知，促使我们的研究向前迈出了一大步。

很快我们就意识到,我们克服了"理论致盲",因为我们拒绝接受的观点不仅是错的,而且是荒谬的。我们很高兴地发现,在数万美元的范围内无法评估当前财富。如今看来,从财富效用的角度推断人们对小变化的态度是站不住脚的。当你再也无法解释自己为何长期受困于如此明显的事实时,你便知道你已经取得了理论上的进步。尽管如此,我们还是花了数年来探索将结果视为损益的意义。

在效用理论中,收益效用的评估方式是对比两种财富状态的效用。例如,当你的财富是 100 万美元时,额外获得 500 美元的效用是 1 000 500 美元效用和 100 万美元效用之差。如果你拥有的财富更多,损失 500 美元的负效用同样是两种财富状态的效用之差。效用理论认为,收益和损失的效用区别只体现在符号(+ 或 –)上。尽管事实就摆在那儿——损失 500 美元的负效用比获得 500 美元收益的效用更大——但没有一种方式可以用来表示它。"理论致盲"的后果是,人们既想不到也没研究过损益之间可能的差异。人们假设损益的区别无关紧要,因而认为没必要进行研究。

我和阿莫斯并没有立即意识到,将注意力转移到财富变化上,为新课题开辟了探索之路。我们重点关注获胜概率高或低的赌博之间的差异。有一天,阿莫斯不经意间问了一句:"在损失的情况下会怎么样?"我们很快发现,转移关注点后,风险寻求取代了我们熟悉的风险厌恶。请思考以下两个问题:

问题 1:你选择哪个选项?
确定得到 900 美元,或有 90% 的概率得到 1 000 美元。

问题 2:你选择哪个选项?
确定损失 900 美元,或有 90% 的概率损失 1 000 美元。

对于问题 1,你可能和大多数人一样厌恶风险。相比有 90% 的概率获得 1 000 美元,900 美元收益的主观价值肯定更高。问题 1 中的风险厌恶选择不会让伯努利感到意外。

现在,审视你在问题 2 中的偏好。如果你和大多数人一样,你会选择赌一把。对这种风险寻求选择的解释与问题 1 中对风险厌恶的解释正相反:相比有90%的概率损失1 000美元，损失900美元的（负）价值要大得多。确定的损失令人厌恶，促使你去冒险。稍后我们将了解到，概率评估（90%对比100%）也会让人们在问题1中偏好风险厌恶，在问题2中偏好风险寻求。

当所有选择都很不利时，人们会铤而走险。我们并非第一个注意到该现象的研究者，但"理论致盲"占了上风。由于主流理论没有提供合理的方式解释人们对风险损益的不同态度，所以态度差异被忽视了。而我们决定将结果看作收益和损失，这让我们专注于二者的差异。面对有利前景和不利前景的风险，人们表现出截然不同的态度，我们在这方面的观察很快取得了重大进展：我们找到了一种能证明伯努利选择模型的核心错误的方法。请思考以下问题：

问题3：在现有财富的基础上，你得到了1 000美元。
现在你要做出选择：
有50%的概率赢得1 000美元，或确定得到500美元。

问题4：在现有财富的基础上，你得到了2 000美元。
现在你要做出选择：
有50%的概率损失1 000美元，或确定损失500美元。

你很容易发现，就财富的最终状态而言（对伯努利理论来说，这是最重要的），问题3和问题4是相同的。两种情况下，你都可以在相同的两种选项之间做选择：你可以通过得到1 500美元变得比现在更富有，也可以接受一场赌博，在这场赌博中，你的财富增加1 000或2 000美元的概率相同。因此，根据伯努利的理论，这两个问题应该引发相似的偏好。问一下你的直觉，你可能会猜到其他人做出了怎样的选择。

- 在第一种选择中，大多数受试者偏好确定收益。
- 在第二种选择中，大多数受试者更愿意赌一把。

在问题3和问题4中发现的不同偏好是一个关键性反例，有悖于伯努利理论的核心观点。如果财富的效用是最重要的，那么对同一问题显而易见的等价陈述应该产生相同的选择。两个问题的对比彰显出评估选项时参考点的重要作用。在问题3中，参考点比当前财富多1 000美元。在问题4中，参考点比当前财富多2 000美元。因此，当前财富增长1 500美元，在问题3中表现为500美元收益，在问题4中则是500美元损失。显然，我们很容易举出其他类似例子。安东尼和贝蒂的故事就有类似的结构。

在做出选择之前，想一想你有多在意1 000美元或2 000美元的礼物？你如果和大多数人一样，应该不怎么在意。事实上，你没有在意的理由，因为礼物包含在参考点中，而参考点通常被忽视了。你了解自己的偏好——如果你的净资产增加或减少了数千美元，你对风险的态度不会有什么变化（除非你非常穷），而这是效用论者所不了解的。你也知道，你对损益的态度并非源于对自己财富的评估。你乐意得到100美元，不乐意损失100美元，并非因为它会改变你的财富。你只是喜欢赢，不喜欢输——几乎可以肯定的是，相比喜欢赢，你更厌恶输。

这4个问题彰显了伯努利模型的缺陷。他的理论过于简单，缺乏可变因素。缺失的变量是参考点，即损益评估之前的状态。在伯努利的理论中，只需知道财富状态就可以确定其效用，但在前景理论中，还需要知道参考状态。因此，前景理论比效用理论更复杂。复杂性在科学领域被视为一种成本。要证明其合理，必须对现有理论无法解释的事实进行大量新颖、有趣的预测。这是我们必须面对的挑战。

尽管我和阿莫斯当时的研究并未考虑双系统模型，但现在看来，前景理论的核心有三个认知特征。这三个特征在财务结果评估中发挥着至关重要的作用，在知觉、判断和情绪的许多自动化过程中也很常见。它们应被视为系统1的运作特征。

- 评估是相对于中性参考点而言的，这个参考点有时被称为"适应水平"。对这一原则进行令人信服的演示很简单。你面前放着三盆水。左边的盆里放的是冰水，右边的盆里放的是热水，中间盆里的水温与室温相同。将你的双手分别浸入冷热水中约一分钟，然后将两只手都浸入中间的盆中。虽然水温相同，但你会觉得一只手热，另一只手冷。对于财务结果来说，参考点通常是现状，但也可以是你期望的结果，或者是你认为有权获得的结果，例如，同事的加薪或奖金。结果高于参考点是收益，低于参考点是损失。

- 敏感性递减原则同时适用于感官维度和对财富变化的评估。在漆黑的房间打开昏暗的灯，效果会很明显。而在明亮的房间，同等的亮度增量可能无法被觉察到。同样，900美元和1 000美元的主观差异比100美元和200美元的主观差异小得多。
- 第三个原则是损失厌恶。当我们直接比较或权衡得失时，损失的影响比收益大。期望或体验中正负力量的不对称性有进化的渊源。相比机遇，更重视威胁的生物生存和繁殖的概率较大。

图26-1说明了影响结果价值的三个原则。[2] 如果前景理论有一面旗帜，这幅图就会印在上面。首先，图中显示了损益的心理价值，它们是前景理论中价值的"载体"（与伯努利模型不同，其价值载体是财富状态）。其次，该图有两个不同部分，分别位于中性参考点的右侧和左侧。其显著特点是它是S形的，表示人们对收益和损失的敏感性都是递减的。最后，上下两条曲线是不对称的。函数的斜率在参考点处发生骤变，表明人们对损失的反应比对同等收益的反应更强。这就是损失厌恶。

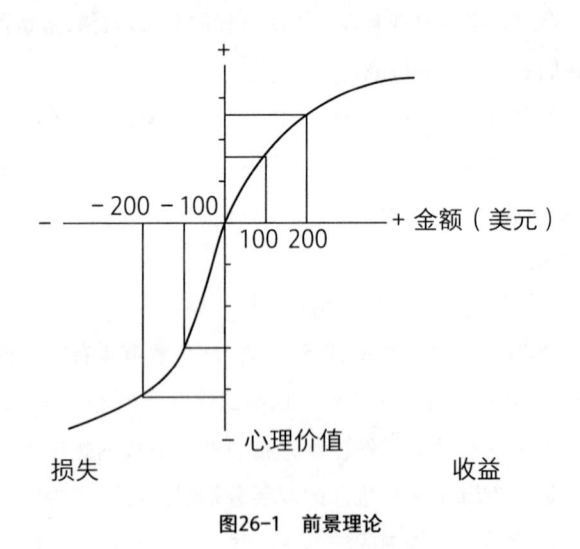

图26-1 前景理论

损失厌恶

生活中的许多选择都是混合的：既有损失的风险，也有获益的机会，我们必须决定接受还是拒绝它。评估初创公司的投资者、考虑是否提起诉讼的律师、筹划进攻的战时将军，以及必须决定是否参选的政治家都面临着胜败的可能。以下是得失机会参半的基本示例，看看你对这个问题会做何反应。

问题5：有人邀请你参加一场抛硬币赌博。
如果硬币反面朝上，你将损失100美元。
如果硬币正面朝上，你将赢得150美元。
这场赌博有吸引力吗？你会接受吗？

要做出选择，你必须平衡两种心态：获得150美元的心理收益和损失100美元的心理成本。对此，你的感受如何？尽管这场赌博的期望值为正，你仍可能拒绝，因为你感觉得不偿失——大多数人都是如此。拒绝这场赌博是系统2的行为，但关键输入是系统1产生的情绪反应。对大多数人来说，损失100美元的恐惧胜于得到150美元的渴望。通过许多类似的观察，我们得出结论，"损失的痛苦大于收益的快乐"，人们厌恶损失。

要测量你对损失的厌恶程度，你可以问自己一个问题：在同等概率下，为平衡100美元损失，我需要的最小收益是多少？对许多人来说，答案是200美元左右，是损失的两倍。根据几项实验的结果估计，"损失厌恶比率"通常在1.5~2.5之间。[3] 当然，这是一个平均值，有些人的损失厌恶程度比其他人更强。金融市场中的专业风险投资者较能容忍损失，或许是因为他们不会对每次波动都做出情绪反应。当实验参与者被要求"像交易者一样思考"时，他们的损失厌恶程度会降低，对损失的情绪反应（通过情绪唤醒的生理指标来测量）也会大幅减弱。[4]

为考察不同风险的损失厌恶比率，请思考以下问题。忽略任何社会因素，不要试图表现得大胆或谨慎，只关注可能的损失以及为弥补损失所获收益的主观影响。

- 假设有一场赌博，你有一半的概率输掉 10 美元。收益至少要达到多少，才会让你觉得这场赌博有吸引力？如果你的答案是 10 美元，那表明你不在乎风险。如果你给出的数字低于 10 美元，你就是在寻求风险。如果你的答案是 10 美元以上，你的损失厌恶程度就较强。
- 如果换成抛硬币，你可能会损失 500 美元，又会怎样？你需要多少收益来抵消它？
- 如果可能的损失是 2 000 美元呢？

进行这项练习时，你可能会发现，你的损失厌恶系数往往随风险的增加而增加，但幅度不是很大。当然，如果可能的损失非常惨重，或者威胁到你的生活，那么一切都免谈了。在这种情况下，损失厌恶系数非常大，甚至可能无穷大——有些风险你会断然拒绝，即使幸运之神的眷顾会让你赢得数百万美元。

再次查看图 26-1，这有助于你避免常见的困惑。我在本章中提出了两个主张，有些读者可能认为它们相互矛盾：

- 在得失都有可能出现的混合赌博中，损失厌恶会导致极端的风险厌恶选择。
- 在不利的选择中，将确定的损失与仅仅是可能出现的更大损失进行比较时，敏感性的降低会导致风险寻求。

它们并不矛盾。通过比较损失和收益价值函数的斜率可见，在混合情况下，可能的损失是可能收益的两倍。在不利的情况下，价值曲线的弯曲度（敏感性递减）会导致风险寻求。相较于有 90% 的概率损失 1 000 美元的痛苦，损失 900 美元的痛苦更大。这两个观点是前景理论的精髓。

图 26-1 显示，价值函数斜率在收益变为损失时发生骤变，因为即使风险金额相对于你的财富微不足道，你也会有很强的损失厌恶情绪。对财富状况的态度可以解释人们对小风险的极度厌恶，这一说法可信吗？在超过 250 年的时间里，伯努利理论的明显缺陷未能引起学术界的注意，这又是印证

"理论致盲"的典型案例。2000 年，行为经济学家马修·拉宾终于从数学角度证明，用财富效用解释损失厌恶是荒谬的，而且注定会失败，他的证明引起了人们的关注。拉宾定理表明，从数学角度来看，拒绝低风险有利赌博的人，都会对更大的赌博产生极端的风险厌恶。[5] 他指出，大多数人会拒绝下面的赌博：

有 50% 的概率输掉 100 美元，有 50% 的概率赢得 200 美元。

他表明，根据效用理论，拒绝上述赌博的人也会拒绝以下赌博[6]：

有 50% 的概率输掉 200 美元，有 50% 的概率赢得 20 000 美元。

当然，头脑健全的人都不会拒绝这场赌博！在一篇热情洋溢的论文中，马修·拉宾和理查德·塞勒阐述了证据。他们说，这场更大赌博的"期望收益为 9 900 美元——损失超过 200 美元的可能性为 0。如果你拒绝了这场赌博，即使是差劲的律师也可能宣布你为法律意义上的疯子"。[7]

也许是受到热情的驱使，他们在论文结尾提到喜剧团体"巨蟒组"的幽默短剧。剧中，垂头丧气的顾客想将一只死鹦鹉退回宠物店。他用了很多短语来描述鹦鹉的状态，最后说"这是一只前鹦鹉"。拉宾和塞勒接着写道："经济学家是时候承认期望效用是一种前假设了。"许多经济学家认为，这种轻浮的话无异于亵渎。然而，人们接受错误的理论，用财富的效用来解释对小损失的态度，幽默评论理应将这种"理论致盲"作为抨击的目标。

前景理论的盲点

截至目前，我都在赞扬前景理论的优点，批评理性模型和期望效用理论，现在是时候做一些平衡，说一些公道话了。

大多数经济学研究生都听说过前景理论和损失厌恶，但在经济学入门教材中，你不太可能看到这些术语。有时我会为此而痛心，但这种现象其实非常合理，因为基础经济学理论的核心是理性。经济学本科生学到的标准概念和结果很容易被一种假设所解释，那就是：经济人不会犯愚蠢的错误。这一假设确实是必要的，如果教材中出现践行前景理论的普通人，就会破坏这一假设，因为普通人对结果的评估表现出不合理的短视倾向。

经济学入门教材将前景理论拒之门外有充分的理由。经济学的基本概念是必要的学术工具，即使对市场中相互作用的经济主体的性质进行简化，并提出非现实的假设，这些基本概念也不易掌握。在引入假设时提出疑问会让人难以理解，甚至可能打击学生学习的信心。合理的做法是，优先帮助学生掌握学科的基本工具。此外，前景理论中提到的理性的失败往往与经济理论的预测无关，经济理论在某些情况下预测得非常精准，在多数情况下较为精准。然而，在某些情况下，差异非常明显：前景理论描述的普通人受到关于收益和损失的即时情绪影响，而非财富和整体效用的长期前景影响。

两个多世纪以来，伯努利模型的缺陷一直未受到置疑。在探讨其缺陷时，我强调了"理论致盲"，当然，它并不局限于期望效用理论。前景理论也有其自身缺陷，无视其缺陷，将其视为效用理论的主要替代理论，也是一种"理论致盲"。

思考一下前景理论的假设，即参考点（通常是现状）的价值为0。这种假设看似合理，却导致一些荒谬的后果。认真研究以下前景。拥有它们是什么感觉？

A. 有百万分之一的概率赢得100万美元。
B. 有90%的概率赢得12美元，有10%的概率一无所获。
C. 有90%的概率赢得100万美元，有10%的概率一无所获。

在三种赌博中，你都有可能一无所获，而前景理论在这三种情况下为该结果赋予了相同的价值。一无所获是参考点，其价值为0。这些说法与你的体验一致吗？当然不一致。在前两种情况下，一无所获令人失望，给它赋值为0很有道理。相比之下，在第三种情况下一无所获令人大失所望。就像非正式承诺的加薪一样，赢得大笔奖金的高概率为我们提供了一个新的临时参考点。相对于你的期望，一无所获会被视为巨大的损失。前景理论无法解释这一事实，因为它不允许在可能性极低或替代方案价值极高的情况下改变结果的价值（在该例中是一无所获）。简言之，前景理论无法应对失望。然而，失望和对失望的预期是真实存在的，未能认识到这些事实是一种缺陷，其显而易见的程度堪比我用来批评伯努利理论的反例。

前景理论和效用理论也没有考虑到后悔。它们有一个共同假设，即选择中的可选项是分开且单独评估的，人们选择的是价值最高的选项。下面的例子显示，这种假设肯定是错的。

问题6：在有90%的概率赢得100万美元或确定得到50美元之间做出选择。

问题7：在有90%的概率赢得100万美元或确定得到15万美元之间做出选择。

假设在两种情况下都选择赌一把，且都没赌赢，比较一下二者的预期痛苦。在这两种情况下，没赌赢都会感到失望，但问题7加剧了潜在的痛苦，因为你知道，如果你选择赌博且赌输了，你会因自己做出的"贪婪"决定而后悔，因为你拒绝了确定的15万美元。在后悔的情绪中，对结果的体验取决于你本可以做出却没有做出的选择。

经济学家和心理学家提出了基于后悔和失望情绪的决策模型。[8]公平地说，这些模型的影响力不如前景理论，其原因颇具启发性。后悔和失望的情绪是真实存在的，决策者在做出选择时肯定会预料到这些情绪。问题是，后悔理论很少能做出引人注目的预测，从而将其与前景理论区分开来。前景理论的优点是相对简单。在与期望效用理论的竞争中，前景理论的复杂性更容易被接受，因为它确实预测了期望效用理论无法解释的观察结果。

要获得理论成功，仅仅构建更丰富、更现实的假设还不够。科学家将理论作为研究的工具包，除非新工具非常有用，否则他们不会自找麻烦，往工具包里添加负担。许多学者接受前景理论并非因为它为"真"，而是因为它添加到效用理论中的概念，特别是参考点和损失厌恶，值得费心采纳，它们提供的新预测被证明是正确的。从这个角度来说，我们真的很幸运。

谈谈前景理论

"他极度厌恶损失,这让他拒绝了非常有利的机会。"

"她是个富豪,却斤斤计较于小得小失,这完全不合理。"

"他将损失看作收益的两倍,这是正常现象。"

第 27 章
禀赋效应

即使你从未上过经济学课,也可能见过图 27-1 或与之类似的图。它是个体对两种事物的"无差异曲线图"。

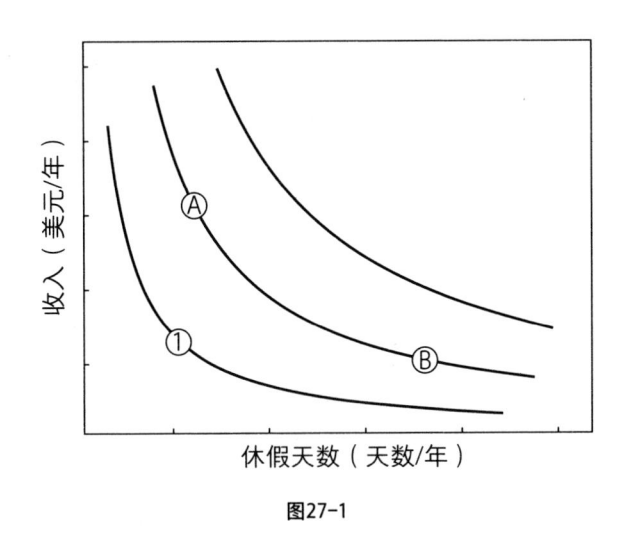

图27-1

学生在经济学入门课上了解到,图上的每个点都代表收入和休假天数的特定组合。每条"无差异曲线"将两种同样称心的事物关联起来——它们具有相同的效用。假如人们无论有多少收入和假期,都愿以相同的价格"出售"假期以获得额外收入,曲线就会变成平行的直线。曲线的凸状表示边际效用递减:你的休假时间越多,越不在乎多一天假期,而且每增加一天,其价值都会比前一天更低。同样，你的收入越高，越不在乎多赚一美元，你愿意为多一天假期而放弃的收入也会增加。

无差异曲线上的所有位置都有同等的吸引力。这就是"无差异"的字面意思：你不在意自己在无差异曲线上的位置。对你来说，如果A和B处于同一条无差异曲线上，它们就是没有区别的，没必要在两点之间来回移动。过去100年里，所有经济学教科书中都会出现图27-1的不同版本，数百万学生看过它，但很少有人注意到它缺失的内容。学生和学者被理论模型的影响力和优雅所蒙蔽，看不到它的重大缺陷。

图27-1缺少的是个人目前的收入和休假天数。[1]如果你是工薪阶层，你的劳动合同规定了工资和休假天数，在图上应以某个点表示出来，那是你的参考点，是你的现状，但图27-1并没显示。绘制图27-1的理论家没将其显示出来，因而你以为参考点不重要，但现在你知道它很重要。这又是一个表明伯努利理论错误的例子。无差异曲线的含义是，在任何特定时刻，你的效用完全取决于当前状况，与过去无关，而且你对潜在工作的评估也与你当前的工作条件无关。在许多情况下，这些假设完全不切实际。

无差异图中没有参考点是"理论致盲"的一个奇怪例子，因为常见的情况是，人们非常重视参考点。在劳资谈判中，双方都很清楚，参考点是当前的合同，谈判焦点是双方相对于参考点的让步要求。损失厌恶在协商中的作用也很好理解：做出让步会令人心痛。关于参考点的作用，你一定有大量亲身体验。你如果换过工作或居住地，甚至只是考虑过更换，就肯定会评估新环境相对于旧环境是更好还是更差。你可能也注意到，评估中的不利因素大于有利因素，这是损失厌恶在起作用。人们很难接受不利的变化。例如，对于新工作，失业者所能接受的最低工资平均为原工资的90%。在一年内，该数字下降不足10%。[2]

为理解参考点对选择的影响，我们可以看看"快乐的双胞胎"阿尔伯特和本的情况。他们有着相同的品位，都是刚就业，从事相同的工作，收入和假期都很少。他们目前的情况对应于图27-1中的1点。公司为他们提供了A和B两个更好的职位，分别是获得1万美元加薪（职位A）和每月多1天带薪休假（职位B），让他们自行选择。由于两个职位是无差异的，所以二人通过抛硬币来决定。阿尔伯特得到了加薪，本得到了更多的假期。过了一段时间，他们都习惯了自己的新职位。现在公司提出，他们如果愿意，可以互换职位。

图 27-1 中所示的标准理论假设人们的偏好不会随时间改变。对双胞胎来说，职位 A 和职位 B 的吸引力相同，只需少量激励，或者根本无须激励就能让他们互换。前景理论的观点与之截然相反，认为这对双胞胎肯定更愿留在现有职位上。这种维持现状的偏好是损失厌恶的结果。

我们先来关注阿尔伯特。他在图上的初始位置是 1，从这个参考点看，他会觉得两种选择的吸引力相同：

选择 A：加薪 1 万美元。
或者
选择 B：每年多出 12 天假期。

接受职位 A 之后，阿尔伯特的参考点变了。当他考虑换到职位 B 时，他的选择有了新的结构：

留在 A：无所得，也无所失。
或者
换到 B：每年多出 12 天假期，但薪水减少 1 万美元。

就在刚才，你获得了损失厌恶的主观体验。你会觉得：薪水减少 1 万美元是个坏消息。即使 12 天额外假期的好处与 1 万美元加薪一样令人心动，但多出的假期也不足以弥补 1 万美元的损失。阿尔伯特会选择留在职位 A，因为交换弊大于利。同样的道理也适用于本，他也希望留在现有职位，因为相比额外收入带来的好处，失去休假时间的损失更大。

该例强调了选择的两个方面，它们是无差异曲线的标准模型无法预测的。首先，偏好并非一成不变，而会随参考点的变化而变化。其次，改变的弊似乎大于利，导致了维持现状偏差。当然，损失厌恶并不是说你永远不愿改变自身处境，机会带来的益处可能超过损失，甚至远大于损失。损失厌恶仅仅表明，人们的选择强烈偏向于参考的状况（通常偏向于小变化而非大改变）。

伯努利的理论将结果表示为财富状态，传统的无差异图与其有共同的错误假设：事件状态的效用只取决于当前状态，不受过去的影响。纠正这个错误是行为经济学的成就之一。

禀赋效应

通常，我们很难确定某种方法或某场运动的起源，但"行为经济学"的起源却很清晰。20世纪70年代初，理查德·塞勒在罗切斯特大学保守的经济学系读研，产生了一些异端思想。塞勒聪明过人，喜欢揶揄调侃，通过收集行为案例自娱自乐，这些行为都是理性经济行为模型无法解释的。他热衷于收集教授们在经济学方面的非理性证据，其中一个证据尤为引人注目。

R教授（现在我们知道那是理查德·罗塞特，后来成为芝加哥大学商学院院长）是标准经济理论的坚定拥护者，也是一位懂行的葡萄酒爱好者。塞勒观察到，R教授极不愿意卖掉他收藏的葡萄酒——即使100美元的高价也打动不了他（那可是1975年的100美元！）。这瓶酒是R教授在拍卖会上买的，但这种质量的葡萄酒，售价从来都不会超过35美元。如果价格在35美元到100美元之间，他既不会买也不会卖。这个巨大的差距与经济学理论不一致，经济学理论认为教授的这瓶酒只有一个价值。如果某瓶酒对他来说值50美元，那么只要出价超过50美元，他就应该卖掉它。如果他没有这瓶酒，那么只要其价格低于50美元，他就应该愿意购买。[3] 可接受的卖出价和可接受的买入价本应相同，但事实上，他的最低售价（100美元）远高于最高买价35美元。拥有这件商品似乎提升了它的价值。

理查德·塞勒将这一现象称为"禀赋效应"。他发现了很多类似的例子，对于不常交易的商品尤为明显。你很容易想象自己处于类似情境的表现。假设你有一张已售罄的流行乐队演唱会门票，这是你以200美元的正常价购买的。你是乐队的超级粉丝，最多愿意花500美元买票。现在你有了这张票。你在网上了解到，有钱的粉丝愿出3 000美元买票。你会卖吗？如果你与票已售罄的活动中大多数观众差不多，你就不会卖。你的最低售价要高于

3 000美元，而你的最高买价是500美元。这正是禀赋效应的例子，标准经济理论的拥护者会对此困惑不解。[4]塞勒当时正在寻找解释这种困惑的方法。

在一次会议上，塞勒遇到了我们以前的学生，拿到了前景理论的草稿。解决问题的机会来了。他说，阅读草稿时他非常激动，因为他很快意识到，前景理论的损失厌恶价值函数可以解释禀赋效应和他收集的令人困惑的现象。解决方法是放弃标准观念，即认为R教授拥有某瓶葡萄酒的状态具有唯一的效用。前景理论认为，无论教授现在是否拥有这瓶酒，购买或出售的意愿都取决于参考点。如果拥有，他就会想到放弃的痛苦。如果没有，他就会想到获得的快乐。由于损失厌恶，放弃与获得的价值是不对等的：放弃一瓶好酒的痛苦大于得到它的快乐。[5]还记得上一章中的损益图吧，函数的斜率在损失域中更大，人们对损失的反应比对相应收益的反应更强烈。这就是塞勒一直在寻找的对于禀赋效应的解释。如今看来，这是前景理论在经济学难题中的首次应用，它已成为行为经济学发展史上重要的里程碑。

塞勒得知我和阿莫斯要去斯坦福大学，也到那儿做了一年的访问学者。在这个学术高产期，我们相互学习，成为好友。7年后，我们又共事了一年，继续进行心理学和经济学之间的对话。"拉塞尔-塞奇基金会"是行为经济学的长期赞助商，它向塞勒提供了第一笔经费，让我们在温哥华共事了一年。那年，我们与当地的经济学家杰克·尼奇密切合作，我们都对禀赋效应、经济公平规则和辛辣的中国美食有浓厚的兴趣。

我们研究的起点是：禀赋效应并不具有普遍性。如果有人要求你将一张5美元钞票换成5张1美元钞票，你这么做时不会觉得有任何损失。花钱买鞋时，你也不会有太多的损失厌恶。卖鞋赚钱的商人当然也不会觉得有什么损失。事实上，在他看来，他给你的鞋是钱的替代物，他希望从消费者那里收取这笔钱。此外，你可能也不会将付款视为损失，因为你将手中的钱看作心仪鞋子的替代物。这些常规交易与5美元换5张1美元没有本质区别。在常规的商业交换中，双方都没有损失厌恶。

这些市场交易与R教授不愿出售他的葡萄酒，或者超级碗门票持有者不愿高价出售门票有什么区别？[6]区别在于，商家卖给你鞋子，以及你从预算中拿出的买鞋款都是为了"交换"。它们是用来交换其他商品的。而葡萄酒和超级碗门票是为了"使用"、消费或以其他方式享用而持有的。你的休假时间和收入所支持的生活水平也不是用来出售或交换的。

我和尼奇、塞勒着手设计一个实验,来凸显以使用为目的和以交换为目的的商品之间的差异。实验的部分设计借鉴了实验经济学创始人弗农·史密斯的方法,多年后我与他共同获得了诺贝尔奖。这个方法是,将有限数量的代金券发放给"市场"中的受试者。实验结束时,拥有代金券的受试者可将其兑换成现金。不同的人兑换的价值不同,这表示市场上交易的商品对某些人来说更有价值。同一张代金券对你来说可能值10美元,对我来说可能值20美元,以二者之间的任何价格进行交换对我们双方都有利。

史密斯生动地展示了供求关系的基本运作机制。你可以连续公开出价买卖代金券,其他人会公开回应。每个人都在观察交易,了解代金券易手的价格。这些结果与物理现象一样规律。就像"水往低处流",那些拥有对他们来说低价值代金券的人(因为其赎回价值很低)最终会将其卖给更看重它的人。交易结束时,代金券集中在从研究人员那里获得最多钱的人手中。市场的魔力发挥了作用!此外,经济理论正确预测了市场的最终价格和代金券易手的次数。如果给市场中一半的受试者随机分配代金券,那么该理论预测,一半的代金券会被易手。[7]

我们在实验中使用了史密斯方法的修正版本。每次实验都以几轮代金券交易开始,这完全复制了史密斯的方法。估计的交易次数通常与标准理论预测的次数非常接近或相同。当然,代金券之所以有价值,只是因为它们可以兑换研究人员手中的现金,代金券本身没有使用价值。然后,我们为一个物品构建了类似的市场,期待人们重视其使用价值。那是一个可爱的咖啡杯,上面印有实验所在大学的校徽。当时每个杯子的价格为大约6美元(后来价格差不多翻倍了)。我们将杯子随机分配给一半的受试者。卖家把杯子摆在面前,同时买家也会被邀请去看旁边卖家的杯子,所有人都标明了自己的交易价。买家必须用自己的钱买马克杯。结果富有戏剧性:平均售价大约是平均买价的两倍,估计的交易次数不到标准理论预测数量的一半。对于以使用为目的的商品,市场的魔力并没有发挥作用。

我们进行了一系列程序相同但内容不同的实验,得到了同样的结果。我最喜欢的一个实验在卖家和买家之外添加了第三组人——选择者。买家必须花自己的钱购买商品，与之不同的是，选择者可以选择得到一个马克杯或一笔钱，得到这笔钱与得到杯子的满意度一致。结果，三组受试者为马克杯设定的现金价值如下：

卖家　　　7.12 美元

选择者　　3.12 美元

买家　　　2.87 美元

卖家和选择者之间的差距令人惊讶，因为他们实际上面临着相同的选择！如果你是卖家，你可以带着杯子或钱回家；如果你是选择者，你的两种选择与之完全相同。对两组受试者来说，决策的长期效应是一样的。唯一的区别是当下的情绪。卖家设定的高价表明他们不愿放弃已有物品，这种心态可以在婴儿身上看到——他们紧紧抓住玩具，当玩具被拿走时表现出强烈的不安。损失厌恶内置于系统 1 的自动评估中。

虽然买家必须花钱买杯子，而选择者可以免费得到，但他们设定了相近的现金价值。如果买家不觉得花钱买杯子是一种损失的话，这个结果正是我们期望的。来自大脑成像的证据确认了这种差异。出售自己使用的商品会激活大脑中与厌恶和疼痛有关的区域。购买也会激活这些区域，但只有在感觉价格过高时才会如此。价格过高是指，你觉得卖家收到的货款超过了商品的交换价值。大脑活动记录还表明，买到超低价商品是一件开心事。[8]

卖家为马克杯设定的现金价值是选择者和买家的两倍多，这个比率非常接近风险选择中的损失厌恶系数。我们预期，将相同的金钱损益价值函数应用于无风险和有风险的决策中，会出现这种结果，实验证明确实如此。[9] 大约 2∶1 的比例出现在不同经济领域的研究中，包括家庭对价格变动的反应。就像经济学家预测的那样，价格下跌，顾客往往会增加鸡蛋、橙汁或鱼的购买量；价格上涨，则会减少购买量。然而，与经济理论的预测相反，涨价的影响（相对于参考价格的损失）大约是收益影响的两倍。[10]

马克杯实验目前仍是禀赋效应的标准示范。大约在同一时间，杰克·尼奇报告了一个更简单的实验。尼奇请两个班的学生填写问卷调查，然后奖励他们一份礼物，这份礼物在实验期间一直摆在学生面前。在某个场景中，礼物是一支昂贵的钢笔；在另一个场景中，礼物是一块瑞士巧克力。课程结束时，研究人员展示了另一份礼物，允许大家用自己的礼物去交换。只有大约10%的受试者选择了交换，大多数人仍愿意保留他们最初得到的礼物。

像交易者一样思考

前景理论的基本观点是：参考点是存在的，损失的痛苦大于相应收益带来的快乐。多年来，在真实市场上收集的观察结果说明了这些概念的影响力。[11]一项针对萧条期波士顿公寓市场的研究得出了非常明确的结果。[12]业主以不同价格购买了结构类似的公寓，研究者比较了他们的行为。对于理性主体来说，购入价与自己毫不相关——当前的市场价值才是最重要的。但对房市低迷期的普通人来说，情况并非如此。拥有较高参考点并因此面临较大损失的业主，为他们的公寓设定了较高的价格。他们花更长的时间售房，最终卖出了更好的价钱。

在最初的演示中，我们了解了卖价和买价之间（更确切地说，是出售和选择之间）的不对称性。在刚接受参考点和损失厌恶的概念时，这种演示非常重要。然而，众所周知，参考点是不稳定的，在不寻常的实验室情境下尤为如此。此外，大家也都知道，改变参考点可以消除禀赋效应。

当商品所有者将商品视为未来交换的价值载体时，我们不会期待禀赋效应的发生，这种态度在日常商业活动和金融市场中很普遍。实验经济学家约翰·李斯特研究了棒球卡的交易，他发现交易新手不愿割舍自己的棒球卡，但随着交易经验的积累，这种态度最终消失了。更令人惊讶的是，李斯特发现交易经验对新商品的禀赋效应有很大的影响。[13]

在一次会议上，李斯特张贴了一则通知，邀请人们参加一个简短的调查，参与者将获得一份小礼物：一个咖啡杯或一块同等价值的巧克力棒。礼物是随机分配的。当参与者准备离开时，李斯特告诉他们："我们给你的是马克杯（或巧克力棒），但如果你愿意，可以换成巧克力棒（或马克杯）。"与杰克·尼奇早期的实验一模一样，李斯特发现只有18%缺乏经验的交易者愿意换礼物。与此形成鲜明对比的是，经验丰富的交易者没有表现出任何禀赋效应：有48%的人换了礼物！至少在经常交易的市场环境中，他们没有表现出不愿交换的态度。

杰克·尼奇还进行了一些实验，在这些实验中，微小的操纵消除了禀赋效应。[14]只有当受试者已经拥有某商品一段时间，然后被告知有交换的可能性时，他们才会表现出禀赋效应。支持标准模式的经济学家可能会说，尼奇花费太多时间与心理学家相处，因为他的实验操作关注的是社会心理学家认为重要的变量。确实，有充分的证据表明，在关于禀赋效应的持续讨论中，实验经济学家和心理学家关注的是不同的方法。[15]

资深交易者显然已学会提出正确的问题："与我本可以拥有的其他东西相比，我想拥有那个杯子的愿望有多强？"这是经济人问的问题，该问题中不存在禀赋效应，因为获得的快乐和放弃的痛苦之间的不对称性与此毫不相关。

有关"贫穷状态下的决策"的心理学最新研究表明，我们也不期望在穷人身上看到禀赋效应。在前景理论中，贫穷意味着生活水平低于其参考点。有些商品是穷人需要但买不起的，因此他们总是"处于损失中"。他们将获得的小钱看成损失的减少，而非收入的增加。这些钱让穷人略微靠近参考点，但他们总是处于价值函数的陡坡上。

穷人像交易者一样思考，但驱动力却截然不同。[16]与交易者不同的是，穷人并非不关注收益与放弃的区别。他们的问题在于，所有选择都是在损失之间做出的。他们认为，花钱购买某件商品是一种损失，这笔钱本可以用来购买其他商品。对穷人来说，花钱就是损失。

我们都认识那种只要花钱就心痛的人，尽管客观来说他们很富有。对金钱的态度，尤其是对冲动消费或购买小奢侈品（比如印有装饰图案的马克杯）的态度，也可能存在文化差异，这或许可以解释英美两国的"马克杯研究"结果为何差异巨大。[17]在对美国学生样本进行的实验中，买卖价格差异很大，但在英国学生那儿，差异要小得多。关于禀赋效应，还有很多问题有待进行深入的研究。

谈谈禀赋效应

"她觉得这两个职位哪个都行,但在公告发布的第二天,她就不愿交换了。这就是禀赋效应!"

"这些谈判不会有任何进展,因为即使能获得回报,双方也很难做出让步。这是'损失大于收益'的例子。"

"他们一涨价,需求就萎缩了。"

"他只是不愿以低于购买价的价格出售自己的房子。损失厌恶在起作用。"

"他是个吝啬鬼,将花掉的钱都看成损失。"

第28章
负面事件

损失厌恶的概念无疑是心理学对行为经济学最重要的贡献。这颇为奇怪,因为人们会将很多结果视为损益,而且损失显得比收益大,这一点儿也不新奇。我和阿莫斯经常开玩笑说,我们研究的是一门连祖母都精通的学科。但事实上,我们比祖母知道得多。现在我们可以将损失厌恶放入更宽泛的双系统思维模型的背景中,更确切地说,是用生物学和心理学的观点(相比积极和靠近,消极和逃避更占优势)对其加以分析。我们还可以在纷繁复杂的观测数据中追踪损失厌恶的后果:货物在运输中丢失时,只有买价与市价的差额损失能得到补偿;大规模改革往往以失败告终;职业高尔夫球选手为救平标准杆的那次推杆比打小鸟球更精准。尽管我的祖母很聪明,但我们从她认为不言而喻的观念中得出的具体预测,仍会让她惊讶不已。

请看图28-1。

消极占主导地位

图28-1

看到图28-1的左图时,你的心跳加速了。[1]甚至在你对那张照片的诡异不明所以之前,心跳就已经加速了。过了一会儿,你认出这是一双惊恐的眼睛。右图的眼睛因微笑的面颊而眯起，洋溢着幸福——这双眼不会让人激动。实验人员将这两张照片展示给躺在脑部扫描仪中的人。每张照片的显示时间不足 0.02 秒，随即被"视觉噪声"（一些随机显示的明暗方块）所掩盖。观察者都没意识到自己看过眼睛的照片，但其大脑的某个部位显然意识到了，那就是杏仁核。作为大脑的"威胁中心"，杏仁核发挥着主要作用，尽管在其他情绪状态下它也会被激活。脑成像显示，杏仁核对观察者未识别的威胁图片做出了强烈反应。有关威胁的信息可能通过超高速神经通道传播，该通道绕过支持"看见"这种有意识体验的视觉皮层，直接进入大脑处理情绪的部位。[2] 同样的回路也会让大脑在处理愤怒面孔（一种潜在威胁）时，比处理快乐面孔更快、更有效。[3] 一些研究人员报告说，在众多快乐的面孔中，一张愤怒的脸会很"显眼"，但在众多愤怒的面孔中，一张快乐的脸并不突出。[4] 人类和其他动物的大脑有一种机制，这种机制旨在优先考虑坏消息。脑回路将察觉捕食者的时间缩短了百分之几秒，这提高了动物存活至繁殖期的概率。系统 1 的自动运作体现了这一进化史。目前还没有发现快速识别好消息的机制。当然，人类和我们的动物近亲会迅速注意到交配机会或进食信号，广告商就是利用这一特性设计广告牌的。尽管如此，威胁仍比机会拥有更高的优先权，这是本能。

对纯粹象征性的威胁，大脑也能做出快速反应。情绪化的字眼能快速吸引人们的注意，消极词汇（战争、犯罪）比积极词汇（和平、爱情）更引人注目。即使没有真正的威胁，仅仅出现了对负面事件的提醒，系统 1 也会将其视为威胁。我们在前面的章节看到过"呕吐"一词，符号表征通过关联唤起人们对真实事物的反应，只是强度稍弱一些。这些反应包括情绪的生理指标，甚至是逃避或靠近、后退或前倾的倾向。对威胁的敏感延伸到我们对异议的处理上。例如，某句话的开头是"我认为安乐死是可以接受/不可接受的……"，你的大脑只需不到 0.25 秒就能注意到其中的"威胁"。[5] 具体是哪种威胁，取决于你对安乐死的态度。

心理学家保罗·罗津是研究厌恶的专家，他观察到，一只蟑螂能毁掉一碗樱桃的诱惑，但一颗樱桃影响不了一碗蟑螂。他指出，消极在很多方面胜过积极，而损失厌恶是消极占主导地位的诸多表现之一。[6] 几位学者在一篇题为《正不压邪》的论文中做出以下总结："坏情绪、不称职的父母和负面反馈比其对立面的影响更大，人们对坏消息的处理比对好消息的处理更彻底。人们倾向于避免消极的自我定义，而不是追求积极的自我定义。负面印象和负面刻板印象比好印象更易形成，也更难被否定。"[7]作者引用了著名的婚姻关系专家约翰·戈特曼的一句话。他说，长期美满的婚姻更多地取决于避免消极因素，而不是寻求积极因素。戈特曼估计，在一段稳定的关系中，好坏互动的比例至少要5∶1。社会领域的其他不对称现象更突出。我们都知道，友谊可能需要数年才能建立，但一个举动就能让它毁于一旦。

好坏之分根植于人类的生理特性。婴儿生来就将疼痛视为坏的，（在一定程度上）将甜蜜视为好的。然而，在许多情况下，好坏的界限只是一个参考点，会随着时间的推移而改变，还取决于当前的环境。想象一下，寒冷的夜晚，你走在乡间路上，衣着单薄，无法抵御暴雨，全身都湿透了。刺骨的寒风让你痛苦不堪。徘徊之际，你发现一块大石头可以遮风挡雨。生物学家米歇尔·卡巴纳克将那一刻的体验称为狂喜，因为其作用就像快乐一样，表明从生物学的角度看，环境有了明显改善。[8]当然，这种令人欣慰的解脱感不会持续太久，躲在岩石后面的你很快又会瑟瑟发抖，你想找到更舒适的庇护所，于是会再次遭受痛苦。

目标是参考点

损失厌恶涉及两种动机的相对强度：避免损失的动机大于获得收益的动机。参考点可以是现状，也可以是未来的目标：没实现目标就是损失，超越目标就是收益。正如我们从"消极占主导地位"的现象中预期的，两种动机的影响力并不相同。[9]相比超越目标的渴望，人们对未实现目标的厌恶要强烈得多。

人们经常设定要努力达到的短期目标，但不想超越这个目标。近期目标达成之后，人们可能会松懈下来，其结果有时会违反经济学逻辑。例如，纽约出租车司机可能设定了月收入或年收入目标，但决定其努力程度的通常是日收入目标。当然，在某些日子里，每日目标比较容易完成（也容易超额完成）。纽约的出租车在雨天不会长时间空车，司机很快就能达成目标；风和日丽的日子就不同了，出租车司机经常耗费时间在路上寻客。经济学逻辑表明，出租车司机应该在雨天多工作几小时，在晴天享受休闲时光，因为他们可以在晴天用较低的价格"购买"闲暇。损失厌恶逻辑表明情况恰恰相反：每天有固定目标的司机会在乘客少时工作更长时间，而当浑身淋透的乘客央求搭车时，他们却提前回家了。[10]

宾夕法尼亚大学的经济学家德温·波普和莫里斯·施魏策尔认为，高尔夫的"标准杆数"提供了有关参考点的完美例子。高尔夫球场上的每个洞都有与之相关的击球次数。标准杆数为选手的良好（并非优异）表现设定了基准。对于职业高尔夫球手来说，小鸟球（击球杆数低于标准杆一杆）是收益，超一击（击球杆数超过标准杆一杆）是损失。经济学家们比较了球员在球洞附近可能面临的两种情况：

- 推杆以避免超一击。
- 推杆打出小鸟球。

高尔夫的每次击球都很重要，而职业高尔夫球赛中的每次击球都至关重要。然而，根据前景理论，有些击球相对来说更重要。未救平标准杆是一种损失，但未打出小鸟球是未获得收益，而不是损失。波普和施魏策尔通过损失厌恶推断，球员在救平标准杆（避免超一击）时会比打小鸟球时更努力。他们仔细分析了超过250万次的推杆，以验证这一预测。

他们是对的。无论推杆的难易程度以及距离球洞的远近，球手救平标准杆都比打小鸟球更成功。他们（为避免超一击）打出标准杆或小鸟球的成功率差异为3.6%。这种差异并不小。泰格·伍兹是其研究的"受试者"之一。如果泰格·伍兹在鼎盛期打小鸟球的表现与救平标准杆一样好，那么他的锦标赛平均成绩会进步一杆，每个赛季的收入也会增加近100万美元。竞争激烈的选手当然不会有意忽视小鸟球，但对超一击的强烈厌恶显然提高了他们的专注力。

对击球的研究说明，理论概念有助于思考。谁能想到，耗费数月分析标准杆和小鸟球的推杆是值得的？或许除了一些经济学家，没有人会觉得损失厌恶的概念有什么奇特之处，但它产生了一个精确的非直觉假设，让研究人员得出令所有人惊讶的发现，当然也包括职业高尔夫球手。

捍卫现状

如果你想寻找避损和获益动机强度的不对称性，那很容易，这种现象几乎无处不在。它是谈判的固有特征（尤其是对现有合同的重新谈判），在劳资谈判以及有关贸易或军备限制的国际讨论中很常见。现有条款确定了参考点，对协议的任何修改建议都会被视为一方对另一方的让步。损失厌恶造成不对称性，使双方难以达成共识。你对我的让步是我的收益，却是你的损失，它带给你的痛苦远大于带给我的快乐。因而，你赋予让步的价值肯定比我高。当然，反过来也一样，你要求我做出痛彻心扉的让步，而你对我的让步并没有给予充分的重视！零和博弈的谈判尤为艰难，因为它需要分配损失。在非零和博弈的谈判中，人们往往更随和。

在谈判过程中，谈判者交换的许多信息都在传达一个参考点，同时锚定对方。[11]这些信息并不总是真实的。谈判者经常假装执着于某物（也许是武器削减谈判中的导弹类型），尽管他们只是将其视为讨价还价的筹码，并打算最终在交换中舍弃它。谈判者受到互惠规范的影响，因而，一方做出痛苦的让步，也会要求另一方做出同样痛苦（也许同样是伪装）的让步。

包括人在内的动物，为避损所耗费的力气总是大于为获益付出的努力。在领地动物的世界里，这一原则解释了捍卫者成功的原因。一位生物学家观察到，"当领地主受到来自竞争对手的挑战时，它们几乎总能获胜——通常在几秒内结束纷争"。[12]同样简单的规则也可以解释人类事务中的很多现象，比如机构内部的改革、公司的"重组"和"重建"、官僚体制的合理化改革、税务简化或降低医疗成本等。正如最初设想的那样，改革计划在完善整体状况的同时，也会产生许多赢家和部分输家。然而，如果受影响的一方有政治影响力，潜在输家会比潜在赢家更积极坚定。最终结果会对前者有利，改革成本会不可避免地高于原计划，效果也会不如原计划好。改革通常包括保护既得利益者的保留条款——例如，减少现有劳动力的方式是自然减员，而非解雇；降薪、降福利仅针对新入职的员工。无论对于机构还是个人，损失厌恶都是一股强大的保守力量，只会对现状做出最小改变。这种保守主义有助于我们在社区、婚姻和工作中维持稳定，它如同引力一样将我们的生活固定在参考点附近。

法律中的损失厌恶

在温哥华工作的一年里，我和理查德·塞勒、杰克·尼奇参与了一项研究，研究内容是经济交易的公平性。之所以选择这个主题，部分原因是我们都对它感兴趣，还有一个原因是，借此机会我们每周必须设计一份新问卷。加拿大政府渔业与海洋部开展了一项活动，目标群体是多伦多失业的专业人员，让他们负责电话调查工作以领取报酬。庞大的采访团队每晚都在工作，调查需要源源不断的新问题。由杰克·尼奇做中间人，我们约定每周设计一份问卷，以4种颜色标注。我们的问题包罗万象，唯一的限制是，为契合渔业与海洋部的工作任务，至少有一个问题要跟鱼类有关。调查持续了好几个月，我们尽情地收集数据。

我们研究了公众对商人、雇主和房东不公平行为的看法。[13]我们的首要问题是，不公平招致的公众谴责是否会约束逐利行为。我们发现，答案是肯定的。我们还发现，公众用以评估公司行为的道德规则对损益做出了重要区分。基本原则是，目前的工资、价格或房租设定了参考点，具有不可侵犯性。如果相对于参考交易，公司让客户或员工蒙受损失，公众就会认为那是不公平的，除非这么做是为了保护公司自身的权利。请思考以下例子：

一家五金店的雪铲价格一直是15美元。在暴风雪后的第二天早上，这家店将价格涨到20美元。

你认为该行为：

完全公平　　可以接受　　不公平　　非常不公平

根据标准经济模式，五金店的做法是恰当的：通过涨价来应对需求增长。但调查的参与者并不认可这种做法：82%的人认为该行为"不公平"

或"非常不公平"。他们显然将暴雪前的价格视为参考点，将涨价视为五金店强加给顾客的损失，店主这么做不是因为迫不得已，而是因为可以这么做。我们发现，公平的基本规则是，利用市场力量将损失强加给他人是不可接受的。下面的例子在另一背景下说明了这一规则（数据是1984年收集的，在我写作本书时，应按照大约100%的通货膨胀率来调整价格）：

一家小复印店有一名员工，他在那里工作了6个月，时薪9美元。店里的生意还不错，但当地一家工厂倒闭了，失业率上升。现在，其他小店用时薪7美元就能雇到可靠的员工，从事与复印店员工类似的工作。复印店店主将该员工的时薪降到了7美元。

受访者表示不赞成：83%的人认为这么做"不公平"或"非常不公平"。然而，稍微修改一下问题，就可以明确店主的义务。背景不变：在高失业率地区有一家盈利的店铺，但现在

这位员工离职了，店主决定将时薪改为7美元。

大多数人（73%）认为该行为是可接受的。店主似乎没有道德义务支付9美元时薪。即使市场条件允许降薪，在职员工也有权维持当前工资——这属于个人权利。下一位员工无权获得前任员工的参考工资，因此店主可以降薪，人们不会认为这么做不公平。

公司有权维持当前利润。如果面临损失的威胁，公司可以将损失转嫁给他人。大多数受访者认为，在盈利能力下降的情况下，公司给员工降薪是公平的。我们认为，这些规则是公司及其所属员工之间典型的权利双标。公司在受到威胁时，人们并不认为其自私行为是不公平的，甚至并不期望它承担部分损失，人们认为公司可以将损失转嫁出去。

不同的规则规定了公司可以做出哪些行为来提高利润，或避免利润下降。某公司的生产成本较低时，公平规则并不要求它与客户或员工分享财富。当然，如果公司在获利丰厚时表现慷慨，受访者对它的好感会增强，认为它更公平，但他们并不认为不分享利润的公司是不公平的。只有当公司利

用权力违反与员工或客户的非正式合约，为提高利润给他人造成损失时，他们才表现出愤怒。对研究经济公平的学者来说，重要任务不是找出理想的行为，而是找到一条界线，将可接受的行为与招致谴责和惩罚的行为区分开来。

我们向《美国经济评论》提交这项研究报告时并不乐观。我们的论文挑战了当时许多经济学家公认的观点，即经济行为是由自我利益决定的，与关注公平无关。而且我们的证据来自调查问卷，经济学家对此通常不屑一顾。然而，杂志编辑将我们的论文发给两位特立独行的经济学家评审（后来我们知道了他们的身份，他们是编辑能找到的最友善的专家）。编辑做出了正确的判断。这篇论文经常被引用，其结论经得起时间的考验。后来的研究也支持"公平性依赖参考点"的观察结果，而且表明公平问题在经济学中具有重要的意义，这是我们曾经推测过但没有证明的事实。[14] 违反公平规则的雇主会得到生产力下降的果报，商人采取不公平的定价策略，其销售额会下降。顾客从新商品目录中了解到，他们近期以较高价格购买的商品现在降价了，未来他们在该商家那里的购买量会减少15%，商家会在每位顾客那儿平均少赚90美元。顾客显然将较低的价格视为参考点，认为自己因支付了较高的价格而蒙受损失。此外，反应最强烈的是那些以较高价格购买了较多商品的顾客。新目录中的低价带来了销量的增长，但商家的损失远远大于收益。

如果受害者有能力报复，那么将损失不公平地强加给他人就是一种风险行为。此外，实验表明，观察到不公平行为的陌生人往往会作为第三方加入惩罚的队伍。神经经济学家（将经济学与大脑研究相结合的科学家）使用磁共振成像仪检查了第三方的大脑。值得注意的是，利他主义的惩罚与大脑"快乐中心"的逐渐活跃一同出现。[15] 看来，以这种方式维护社会秩序和公平规则本身就是一种回报。利他的惩罚很可能是社会凝聚力的黏合剂。人类的大脑在惩罚卑鄙方面做得很好，但对于奖励慷慨就没那么可靠了。我们再次发现损失和收益之间明显的不对称性。

损失厌恶和权利产生的影响力不仅体现在金融交易领域。法学家很快认识到，它们对法律和司法也产生了影响。在一项研究中，戴维·科恩和杰克·尼奇发现，法律判决中的许多案例显示，实际损失和放弃的收益之间有明显的区分。[16] 例如，商人的货物在运输途中丢失了，他可能会得到实际成本损失的赔偿，但不太可能得到利润损失的赔偿。"现实占有，败一胜九"（指在诉讼中，占有者总是占上风）这一常见规则证实了参考点的道德地位。在后来的一次讨论中，埃亚儿·扎米尔提出了一个颇具挑衅性的观点，即法律对实际损失赔偿和预期收益赔偿的区分可能是合理的，因为它们对个人幸福的影响并不对等。[17] 如果遭受损失的人比仅仅未获益的人更痛苦，那么他们理应得到更多的法律保障。

谈谈损失

"这项改革不会通过。潜在的失利方会比潜在的获利方更奋力地抗争。"

"他们都认为对方的让步没那么痛苦。当然，他们都错了。这只是损失不对称的表现。"

"如果意识到蛋糕在不断增大，他们就会发现，重新商讨协议更容易。他们不是在分配损失，而是在分配收益。"

"最近这里的租金涨了，但租户认为，我们也涨租是不公平的。他们觉得自己有权按现有条款付房租。"

"我的客户不反对涨价，因为他们知道我的成本也增加了。他们认为我有权保持盈利。"

第 29 章
四重模式

对复杂对象进行整体评估时（比如，某辆你想买的车、你的女婿或不确定状况），你会为其特征分配不同的权重。换一种烦琐的说法：与其他特征相比，某些特征对你的评估影响较大。无论你是否意识到，你都会进行分量。这是系统 1 的运作结果。要综合评价一辆车，你可能或多或少将重点放在油耗、舒适度或外观上。你对女婿的评判可能或多或少取决于他的财富、相貌或可靠性。同样，要评估不确定的前景，你也会对可能的结果进行分量。权重肯定与这些结果的概率相关：相比有 1% 的概率赢得 100 万，有 50% 的概率赢得 100 万的吸引力更大。权重的分配有时是有意识的，是经过了深思熟虑的。然而，在大多数情况下，你只是系统 1 做出的整体评估的观察者。

不断变化的概率

在决策研究中，拿赌博打比方是一种流行的做法，因为它为可能结果的权重分配提供了自然法则：可能性越大的结果，为其分配的权重就应越大。赌博的期望值是其结果的平均值，每个结果都按其概率分量。例如，"有 20% 的概率赢得 1 000 美元和有 75% 的概率赢得 100 美元"的期望值是 275 美元。在伯努利之前，赌博是根据期望值来评估的。伯努利保留了为结果分配权重的方法，即期望原理，但将其应用于结果的心理价值中。根据伯努利理论，赌博的效用是其结果效用的平均值，每个结果都按其概率分量。

期望原理并没有正确描述你如何看待与风险前景相关的概率。在下面4个例子中，你赢得100万美元的概率都提高了5%。但这条消息在4种情况下都一样好吗？

A. 从0到5%
B. 从5%到10%
C. 从60%到65%
D. 从95%到100%

期望原理认为，在这4种情况下，提高的效用完全相同，即赢得100万美元的效用都提高了5%。这个预测准确描述了你的体验吗？当然没有。

所有人都认同，相比从5%提高到10%，或从60%提高到65%，从0到5%和从95%到100%更让人印象深刻。将概率从0提高到5%转换了局面，创造了一种前所未有的可能性，一种中奖的希望，这是质变。而从5%到10%只是量的提升。从5%到10%的变化使中奖概率翻倍，但人们普遍认为，前景的心理价值并没有翻倍。从0到5%的巨大影响说明了可能性效应，它导致人们赋予极不可能的结果过高的权重，超过了其应有的比例。有些人会大量购买彩票，说明他们愿为中大奖的渺茫机会花费远高于期望值的钱。

从95%提高到100%是另一个产生巨大影响的质变，即确定性效应。相比概率所证明的合理权重，人们为几乎可以确定的结果分配了较小的权重。为了理解确定性效应，想象一下，你继承了100万美元的遗产，但你贪婪的继姐在法庭上对遗嘱提出了质疑。明天就要做出判决了。你的律师向你保证，你的证据充分，打赢官司的概率是95%，但他煞费苦心地提醒你，司法判决是无法完全预测的。现在，一家风险调整公司找到你，提出以91万美元直接买断你的案子——你要么接受，要么拒绝。这个报价比等待判决的期望值（95万美元）低（4万美元！），但你确定要拒绝吗？如果这是发生在你生活中的真实事件，你应该知道，"结构性和解"这一庞大产业正是利用确定性效应，为人们高价提供确定性。

可能性和确定性在损失领域具有同样强大的影响力。当心爱的人被推进手术室,即使5%的截肢风险也令人担忧——比10%风险的一半要严重得多。由于可能性效应,我们会赋予小风险过高的权重,愿意付出远高于期望值的钱将其彻底消除。95%的灾难风险和确定性灾难之间的心理差异似乎更大。"一切都会好起来"的一线希望被过分夸大。对小概率事件过度看重会增加赌博和保险单的吸引力。

结论很简单:与期望原理相反,人们分配给结果的决策权重与这些结果的概率并不相同。不大可能发生的结果被过度看重了,这就是可能性效应。而相对于实际的确定性结果,几乎确定的结果却分量不足。期望原理是拙劣的心理学原理,其价值是根据发生概率分量的。

然而,问题变得越来越复杂了。有人提出了一个有力的论点,即追求理性的决策者必须符合期望原理。1944年,冯·诺依曼和摩根斯坦提出了效用理论,该说法体现了效用理论公理的重点。他们证明,只要不严格按概率对不确定结果进行分量,就会导致不一致性和其他灾难。[1]从理性选择的公理中推导出的期望原理立即被公认为重大成就,成为经济学及其他社会科学中理性主体模型的核心。30年后,阿莫斯向我介绍他们的研究时,将该理论奉为圭臬。他还向我介绍了对该理论的一个著名挑战。

阿莱悖论

1952年,冯·诺依曼和摩根斯坦的理论发表几年后,巴黎召开了一次讨论风险经济学的会议。当时许多大名鼎鼎的经济学家参加了会议。美国嘉宾中包括后来的诺贝尔奖得主保罗·萨缪尔森、肯尼斯·阿罗、米尔顿·弗里德曼以及著名统计学家吉米·萨维奇。

莫里斯·阿莱是巴黎会议的组织者之一,几年后他也获得了诺贝尔奖。阿莱憋了大招,他向杰出的听众提出了几个关于选择的问题。阿莱想让嘉宾知道,他们多么容易受到确定性效应的影响,从而违反期望效用理论和该理论所依据的理性选择公理。以下是阿莱问题的简化版。[2]在问题A和问题B中,你的选择是什么?

A. 有61%的概率赢得52万美元，或有63%的概率赢得50万美元。

B. 有98%的概率赢得52万美元，或有100%的概率赢得50万美元。

如果你和大多数人一样，那么你会在问题A中倾向于左边的选项，在问题B中倾向于右边的选项。如果这就是你的偏好，你犯了一个逻辑错误，违反了理性选择的规则。参加巴黎会议的著名经济学家也犯了类似的错误，只不过他们的"阿莱悖论"版本比这个复杂。

要理解这些选择出错的原因，你可以想象一下，有一个装着100颗弹珠的罐子，中奖结果取决于你的盲取——如果取出一颗红色弹珠，你就赢了；如果取出白色弹珠，你就输了。在问题A中，尽管左边罐子的红色中奖弹珠较少，但几乎所有人都倾向于选择它，因为相比中奖概率差异，奖金差异更吸引人。在问题B中，大多数人选择确定获得50万美元的罐子。此外，在被引导厘清问题的逻辑之前，人们对这两种选择都很满意。

比较这两个问题，你会发现问题B的两个罐子比问题A的两个罐子有利得多，罐子里37颗白色弹珠被红色中奖弹珠所取代。左边罐子的改进明显优于右边的，因为左边罐子里的每颗红色弹珠都给了你赢得52万美元的机会，而右边罐子只能让你赢得50万美元。所以你在问题A中倾向于左边罐子，它比右边罐子更有利——但现在面对问题B，你却倾向于右边罐子！这种选择模式在逻辑上讲不通，但在心理学上却很容易解释：确定性效应在发挥作用。同样是2%的差异，相比问题A中63%与61%的差异，问题B中100%与98%的差异给人的印象似乎要深刻得多。

正如阿莱所预料的，经验丰富的参会者并没有注意到他们的偏好违反了效用理论，直到会议结束前他提请大家注意这一事实。阿莱原以为他宣布的消息会引起反响：世界顶级决策理论家的偏好有悖于自己的理性观！阿莱相信自己可以说服听众，放弃他轻蔑地称之为"美国学派"的方法，采用他创建的另一套选择逻辑。结果很快让他大失所望。[3]

大多数对决策理论缺乏兴趣的经济学家忽视了阿莱的问题。当一个被广泛采纳的实用理论受到质疑时，他们就说这个问题属于特殊情况，随后继续使用期望效用理论，好像什么都没发生一样。相比之下，决策理论家，由统计学家、经济学家、哲学家和心理学家组成的团体，非常重视阿莱的挑战。我和阿莫斯在合作初期,目标之一是为阿莱悖论提供令人满意的心理学解释。

大多数决策理论家(包括阿莱自己)都捍卫一个信念,即"人是理性的",他们试图改变理性选择的规则来解释阿莱悖论。多年来,人们做了很多尝试,为确定性效应寻找合理的理由,但都没有说服力。阿莫斯对这些努力没什么耐心。有些理论家试图将违反效用理论的行为合理化,阿莫斯称他们是"为误入歧途者辩护的律师"。我们选择了另一个方向。我们保留效用理论作为理性选择的逻辑,但放弃了"人是完美的理性选择者"这一观点。我们承担起一项任务,即在不考虑人类是否理性的前提下创建一个心理学理论,描述人们如何做选择。在前景理论中,决策权重与概率并不相同。

决策权重

前景理论发表多年后,我和阿莫斯进行了一项研究,测量了人们的决策权重,它可以解释人们在中度风险的赌博中表现出的偏好。收益估计见表29-1。[4]

表29-1

可能性(%)	0	1	2	5	10	20	50	80	90	95	98	99	100
决策权重	0	5.5	8.1	13.2	18.6	26.1	42.1	60.1	71.2	79.3	87.1	91.2	100

你可以看到,在两个极端情况下,决策权重与相应的概率相同:当结果不可能时,二者都是0;当结果确定时,二者都是100。然而,在极端附近,它们的差异很大。在低端,我们发现了可能性效应,即不太可能发生的事件被赋予过高的权重。例如,对应于2%概率的决策权重为8.1。如果人们遵循理性选择的公理,决策权重应该是2——也就是说,罕见事件的权重是实际的4倍。概率另一端的确定性效应更显著。2%赌输的风险使赌博的效用从100降到87.1,下降了约13%。

要理解可能性效应和确定性效应之间的不对称性,你可以先想象一下,你有 1% 的概率赢得 100 万美元。明天你就会知道结果。现在，想象一下，你几乎肯定会赢得 100 万美元，但有 1% 的可能性一无所获。还是明天知道结果。相比第一种情况带来的希望，第二种情况引发的焦虑似乎大得多。如果结果不是经济收益，而是外科手术的风险，确定性效应也比可能性效应更显著。比较两种情况的强度就知道了：一种情况是手术几乎肯定会致命，你寄希望于渺茫的生存机会；另一种情况是对 1% 的手术风险的恐惧。

概率量表两端的确定性效应和可能性效应的结合，必然伴随着对中间概率的敏感性不足。你可以看到，对应于 5% 到 95% 概率区间的决策权重（从 13.2 到 79.3）要小得多，大约是理性期望的 2/3。神经科学家证实了这些观察结果，发现了响应中奖概率变化的大脑区域。大脑对概率变化的反应与从选择中估计的决策权重惊人地一致。[5]

极低或极高（低于 1% 或高于 99%）的概率是特殊情况。很难为极罕见事件分配唯一的决策权重，因为人们有时会完全忽视它们，实际上为它们分配决策权重是 0。相反，如果你不忽视极罕见事件，肯定会赋予它过高的权重。大多数人不会花时间担心核泄漏，或者幻想从陌生亲戚那儿继承一大笔遗产。然而，当小概率事件成为人们关注的焦点时，我们赋予它的权重就远大于按其概率应得的权重。此外，人们对小概率事件中的风险变化几乎完全不敏感。人们很难区分 0.001% 与 0.000 01% 患癌风险之间的差异，尽管前者意味着美国人口中会有 3 000 人患癌，而后者意味着只有 30 人患癌。

关注威胁时，你会担心——决策权重反映了你的担心程度。由于可能性效应，担心与威胁的概率不成正比。仅仅是减少或减轻风险是不够的，为了消除忧虑，概率必须降到 0。

20 世纪 80 年代，某经济学家团队发表了一项研究，研究内容是消费者对健康风险评估的合理性。以下问题改编自这项研究。调查对象是孩子尚小的父母。[6]

假设你现在用的杀虫剂是 10 美元一瓶，每使用 10 000 瓶杀虫剂会导致 15 次吸入性中毒和 15 名儿童中毒。

你了解到有一种更贵的杀虫剂，可以将每使用 10 000 瓶杀虫剂的中毒风险降到 5 次。你愿意花多少钱买它？

平均而言，父母愿意多花 2.38 美元将风险降低 2/3，从每 10 000 瓶 15 次中毒降低到 5 次。他们愿意多花 8.09 美元彻底消除风险（是 2.38 的 3 倍多）。其他问题显示，父母将两种风险（吸入风险和儿童中毒风险）看成独立的隐患，愿意为完全消除其中任何一种风险支付确定性附加费。这笔附加费可以用有关担忧的心理学解释，但不符合理性模型。[7]

四重模式

开始研究前景理论时，我和阿莫斯很快得出了两个结论：其一，人们重视收益和损失，而不是财富；其二，人们分配给结果的决策权重与概率不同。它们并非新观点，但结合起来可以解释一种独特的偏好模式，我们称之为"四重模式"。这个术语已经形成，如图 29-1 所示。

	收益	损失
大概率 确定性效应	有95%的概率赢得10 000美元 害怕失望 风险厌恶 接受不利的和解方案	有95%的概率损失10 000美元 希望规避损失 风险寻求 拒绝有利的和解方案
小概率 可能性效应	有5%的概率赢得10 000美元 希望获得大收益 风险寻求 拒绝有利的和解方案	有5%的概率损失10 000美元 害怕大损失 风险厌恶 接受不利的和解方案

图29-1

- 每个单元格的第一行是对前景的说明。
- 第二行描述了前景激发的重要情绪。
- 第三行显示了大多数人在赌博和与其期望值相对应的确定收益（或损失）之间做出的选择（例如，在"有 95% 的概率赢得 10 000 美元"和"确定得到 9 500 美元"之间做出的选择）。偏好确定选项就是风险厌恶，偏好赌博就是风险寻求。
- 第四行描述了被告和原告在讨论民事诉讼和解方案时的预期态度。

偏好的四重模式被认为是前景理论的核心成果之一。四个单元格中有三个是我们熟悉的。第四个（右上角）是全新的，且出人意料。

- 左上角是伯努利讨论的问题：当人们认为有很大概率获得大笔收益时，会厌恶风险。他们愿意接受低于赌博期望值的选项，以锁定确定的收益。
- 左下角中的可能性效应解释了彩票受欢迎的原因。当头奖的奖金巨大时，买彩票的人似乎对中奖机会微乎其微这一事实漠不关心。可能性效应的基本例子就是彩票。没有彩票你没法赢得奖金，有了彩票你就有机会，而机会是微乎其微的还是微小的无关紧要。当然，人们通过一张彩票获得的不仅仅是中奖机会，还有做中奖美梦的权利。
- 右下角解释了买保险的原因。人们愿意支付远高于期望值的保险费——这就是保险公司收回成本、赚取利润的方式。人们买保险不仅仅是为抵御小概率灾难事件，也是为了消除忧虑，求得心安。

最初，右上角的结果出乎我们的意料。除了左下角偏爱买彩票的单元格，我们习惯从风险厌恶的角度思考问题。当我们审视自己在不利选项中所做的选择时，我们很快意识到，我们在损失领域寻求风险，就像在收益领域规避风险一样。人们在不利前景中寻求风险，第一个观察到该现象的不是我们——至少有两位作者报告了这一事实，但他们没有给予足够的重视。[8] 我们很幸运，构建了一个易于解释风险寻求的框架，这是我们思维的里程碑。我们发现了造成这种效应的两个原因。

第一个原因是敏感性的递减。人们对 900 美元损失的反应强度甚于对 1 000 美元损失反应强度的 90%，可见确定的损失非常令人厌恶。第二个原因的作用可能更大：与 90% 的概率相对应的决策权重仅为 71，远低于概率。结果是，当你考虑在确定的损失和可能性较大的更大损失的赌博之间做选择时，敏感性递减会使确定的损失更加令人厌恶，而确定性效应会减轻你对赌博的厌恶感。当结果是正向的时，这两个因素会增强确定事物的吸引力，降低赌博的吸引力。

价值函数的形状和决策权重都会导致图 29-1 第一行观察到的选择模式。然而，在最后一行，这两个因素起到了相反的作用：敏感性递减继续让人们为获益而选择风险厌恶，为避损而选择风险寻求，但对小概率的过度看重抑制了该效应，产生了观察到的模式，即为获益而冒险，为避损而审慎行动。

人类的许多不幸都位于右上角的单元格。面对极其不利的选项，人们会孤注一掷，接受大概率雪上加霜的事，以换取避免重大损失的一线希望。这种冒险行为往往会将可控的失败变成灾难。一想到要接受确定的重大损失，内心就痛苦万分，完全解脱的希望具有强烈的诱惑力，让人无法做出及时止损的明智决定。被先进技术碾压的企业为了起死回生倾其所有，最终却竹篮打水一场空。人们很难接受失败，战败方往往会在对方胜局已定后仍进行拉锯战，其实失败只是时间问题。

庭外和解中的赌博

法学家克里斯·格思里将四重模式应用于民事诉讼的两种情况，原告和被告要在其中考虑可能的和解方案。[9] 两种情况的原告证据力度有所不同。

与我们之前看到的情境一样，你是民事诉讼的原告，要求一大笔损失赔偿。案子进行得很顺利，你的律师告诉你，专家认为你胜诉的概率是 95%，但他补充道："在陪审团入场前，你永远不知道真正的结果。"律师劝你接受和解协议，通过协议，你可能只得到 90% 的赔偿金。你位于四重模式的左上角。你想的问题是："我愿意冒一无所获的小概率风险吗？即使是 90% 的赔偿金也是一大笔钱，我可以拿到这笔钱了结此案。"你的内心涌出两种情绪，它们趋于同一个方向：（一大笔）确定收益的吸引力，以及拒绝和解并败诉后，对极度失望和后悔的恐惧。在此情境下，你感受到的压力通常会导致谨慎行为。有充分证据的原告可能会规避风险。

现在，让我们站在被告的角度来思考问题。尽管你还没有完全放弃胜诉的希望，但你意识到案子进展艰难。原告律师提出了一个和解方案，你必须支付他们最初索赔额的90%。显然，他们不会接受更少的赔偿。你会和解还是继续受审？你面临的是大概率的损失，所以你的情况位于右上角。继续受审的愿望很强烈：原告提出的和解方案与最糟糕的结果所带来的痛苦不相上下，而且你仍有望打赢官司。此时，也涉及两种情绪：确定的损失令人厌恶，打赢官司的可能性非常有吸引力。证据不足的被告可能会冒险赌一把，而不是接受非常不利的和解方案。原告规避风险，被告寻求风险，在二者的对峙中，被告占了上风。在谈判达成的和解中能看到被告的优势地位，因为原告的和解金额低于判决的期望结果。法律学者和从业法官的实验，以及对民事诉讼和解谈判的分析，证实了四重模式所做的预测。

现在思考一下"滥诉"，它是指证据不足的原告提出很可能败诉的大额索赔。[10]双方都知道原告败诉可能性的大小，也都知道在协商和解中，原告只会得到一小部分索赔额。谈判在四重模式的最底层进行。原告位于左边，赢得大笔赔偿的概率很小。滥诉是一张大奖彩票。在这种情况下，人们很自然地过度看重小概率成功事件，于是原告在谈判中表现得胆大妄为、咄咄逼人。对被告来说，这起诉讼案是件麻烦事，结果非常糟糕的风险很小。对小概率的重大损失事件过度看重让人们倾向于风险厌恶，而以适度的赔偿达成和解相当于为不太可能发生的不利判决购买保险。现在形势发生了反转：原告愿意赌一把，而被告想万无一失。相比由统计数据证实的合理的赔款额，提出滥诉索赔的原告可能会在和解中获得更多的赔偿。

四重模式所描述的决策有其合理之处。你能理解，在每起案件中，原告和被告的感受导致他们采取好斗或妥协的姿态。然而，从长远来看，偏离期望值可能会让人付出巨大的代价。以纽约市为例，假设每年有200起滥诉，每起都有5%的概率造成100万美元的损失。再假设，每起案件的和解金额为10万美元。该市考虑了适用于此类案件的两种策略：和解或受审。（为简单起见，我忽略了诉讼费。）

- 如果该市就这200起案子打官司，10起案件将败诉，总损失为1 000万美元。
- 如果该市选择和解，每起案件10万美元，总损失为2 000万美元。

以长远眼光看这类决策，你会发现，为避免造成大损失的小风险而支付额外费用，这种做法的代价很高。类似的分析适用于四重模式的每个单元格：从长远来看，对期望值的系统性偏差代价高昂——这一规则对风险厌恶和风险寻求都适用。总是对不太可能的结果过度看重（这是直觉决策的特点）最终会导致不利的结果。

谈谈四重模式

"他很想就这起滥诉达成和解，以避免重大损失，尽管出现重大损失的可能性不大。这是对小概率的过度看重。既然他还要面对很多类似问题，最好不要让步。"

"我们从不因'最后一秒预订'而延误假期。我们愿意为确定性付出很多。"

"只要有机会实现盈亏平衡，他们就不会止损。这是损失中的风险寻求。"

"他们知道天然气发生爆炸的风险很小，但仍希望降低风险。这是可能性效应，他们要的是心安。"

第30章
罕见事件

有一段时间,以色列的公交车上经常发生自杀式炸弹袭击,而那段时间我刚好在那里。当然,从绝对意义上说这是极其罕见的事件。2001年12月至2004年9月,以色列共发生23起爆炸事件,造成236人死亡。当时,以色列公交车每天的乘客量约为130万。对旅行者来说风险很小,但公众并不这么认为。人们尽可能地避免乘坐公交车,车上的乘客则焦虑地环顾邻座,寻找可能藏有炸弹的包裹或宽松的衣服。

我租了辆车,坐公交车的机会不多,但我懊恼地发现自己的行为也受到了影响。比如,我发现我不喜欢在红灯时停在公交车旁。绿灯亮起时,我驶离的速度会比平时更快。我为自己感到羞愧,因为我更了解风险,知道它小到可以忽略不计,也知道对我行为的任何影响都会让我赋予极小概率事件过高的"决策权重"。事实上,相比停在公交车附近,我在车祸中受伤的可能性更大。但我避开公交车并非出于理性的生存考量,而是来自当时的体验:停在公交车旁让我想到炸弹,这些想法令人不快。我避开公交车是因为我想思考别的事。

我的体验说明了恐怖主义的运作机制及其有效的原因:它引发了"可得性层叠"。在媒体的关注和频繁的对话中,有关死亡和伤害的鲜活画面不断被强化,变得随处可见。当它与特定情境(比如看到公交车)关联起来时,效应就更加明显。情绪唤起是关联的、自动的、不受控的,它会让人产生防护的冲动。系统2可能"知道"概率很低,但这种知识并不能消除自发的不适感，也无法打消规避的念头。[1] 系统1是无法关闭的。情绪不仅与概率不成比例，而且对正确的概率水平不敏感。假设两个城市都收到预警，将出现自杀式炸弹袭击者。A市居民被告知，有两名炸弹袭击者准备袭击。B市居民被告知有一名炸弹袭击者。B市的风险降低了一半，但B市居民会觉得更安全吗？

纽约市的许多商店都卖彩票，而且生意很好。中大奖的博彩心理与恐怖主义的心理很相似。中大奖令人兴奋的可能性被整个社区共享，并会在工作和家庭交流中得到强化。买彩票会立即让人被中奖的美梦奖励，就像避开公交车会立即让人被消除恐惧奖励一样。但在这两个例子里，实际概率不重要，唯一重要的是可能性。前景理论最初的构想包括这一观点——"极不可能发生的事件不是被忽视，就是被过度看重"，但它没有具体说明忽视或过度看重的条件，也没有对此做出心理学解释。决策研究的最新进展涉及情绪和生动性的作用，目前我对决策权重的看法受到这类研究的强烈影响。[2] 对不太可能的结果过度看重根植于系统1的特征中，现在我们对它已经很熟悉了。情绪和生动性会影响记忆提取的流畅性、可得性和概率判断，导致我们对未忽视的少数罕见事件做出过度反应。

高估和过度看重

你认为下任美国总统是第三党候选人的概率有多大？

如果下任美国总统是第三党候选人，你将得到1 000美元，否则一无所获。你会为此押注多少钱？

这两个问题不同，但显然有联系。第一个问题要求你估计不太可能事件的概率。第二个问题要求你通过在同一事件上下注，表明你的决策权重。

人们如何做出判断，又是如何分配决策权重的？我们先来看两个简单的答案，然后对它们进行修饰。以下是过度简化后的答案：

- 人们高估了不太可能发生的事件的概率。

- 人们在决策中过度看重不太可能发生的事件。

虽然高估和过度看重是不同的现象，但都涉及同样的心理机制：集中注意力、确认偏差和认知轻松。

具体的描述触发了系统 1 的关联机制。当你想到第三党候选人不太可能获胜时，你的关联系统以一贯的确认模式运作，选择性地提取让陈述真实可信的证据、事例和意象。这个过程是有偏差的，但并非幻想。你在寻找符合现实局限的合理场景。你不会简单地想象西方神明会让一位第三党候选人当总统。你对概率的判断最终取决于认知轻松或流畅性，大脑会随之浮现出一个看似合理的场景。

你并不会一直关注被要求评估的事件。如果目标事件很有可能发生，你就会关注其替代事件。请思考下面的例子：

在当地医院出生的婴儿在三天内出院的概率有多大？

这个问题要求你估计婴儿在三天内出院的概率，但基本可以确定，你的注意力会放在导致婴儿三天内无法出院的事件上。我们的大脑具备一种有用的能力，可以自发地关注稀奇古怪、与众不同或异乎寻常的事情。你很快意识到，在美国（并非所有国家的标准都一样），婴儿在出生后两三天内出院是正常的，所以你的注意力开始转向异常情况。不太可能发生的事件会成为你关注的焦点。可得性启发很可能会被唤起：你的判断可能由两个因素决定，一是你想到的医疗问题的数量，二是你想到它们的容易程度。你处在确认模式，因而很可能过高地估计了问题的发生率。

替代事件不明确时，我们最有可能高估罕见事件的概率。我最喜欢的例子来自心理学家克雷格·福克斯的一项研究，当时他是阿莫斯的学生。[3] 福克斯招募了一些职业篮球球迷，要求他们对 NBA（美国职业篮球联赛）季后赛冠军做出判断和决策。研究的特别之处是，他要求受试者估计 8 支参赛球队赢得季后赛冠军的概率，将每支球队的夺冠预测依次当作焦点事件。

你肯定能猜到发生了什么，但福克斯观察到的强大效应可能会令你震惊。想象一下，要求一位球迷估计芝加哥公牛队获得联赛冠军的概率。焦点事件很明确，但它的替代事件（其他 7 支球队中的一支夺冠）是模糊的，不容易被唤起。球迷在确认模式下回忆和想象，试图为公牛队构建胜利的场景。当要求同一个人评估湖人队胜出的概率时，同样的选择性激活又将以有利于湖人队的方式运作。这 8 支美国顶级职业篮球队都非常优秀，可以想象，就算实力较弱的球队也有可能夺冠。结果是：连续产生的 8 支球队获胜的概率判断加起来高达 240%！这当然是荒谬的，因为 8 个事件的概率之和一定是 100%。当同一判断者被问及获胜队来自东区联盟还是西区联盟时，这种荒谬就不复存在了。对于这个问题，焦点事件及其替代事件都同样明确，二者的概率判断加起来是 100%。[4]

为了评估决策权重，福克斯还邀请篮球球迷对联赛结果下注。他们为每个赌注分配了现金（与下注的吸引力对等的钱数）。赌赢了将获得 160 美元。8 支球队的赌注现金总额为 287 美元。参加全部 8 次投注的受试者平均损失 127 美元！受试者当然知道联赛有 8 支球队，也知道对所有球队下注的平均回报不超过 160 美元，但他们还是过度看重了。球迷们不仅高估了其关注事件发生的可能性，还过分热衷于在这些事件上下注。

这些发现为规划谬误和乐观主义的其他表现提供了新线索。当我们预测某个项目的结果时，成功执行计划的情景是明确的，而且容易想象。相反，失败这一可能的结果是模糊的，因为事情出错的方式不计其数。企业家和评估其前景的投资者往往高估了他们成功的可能性，同时也过度看重了自己所做的评估。

生动的结果

我们已经了解到，前景理论与效用理论的差异体现在概率和决策权重的关系上。在效用理论中，决策权重和概率是相同的。确定之事的决策权重是 100，与 90% 的概率对应的权重正好是 90，是 10% 的概率的决策权重的 9 倍。在前景理论中，概率的变化对决策权重的影响较小。我之前提到的一个实验发现，与 90% 的概率对应的决策权重是 71.2，与 10% 的概率对应的决策权重是 18.6，两个概率的比率为 9.0，而两个决策权重的比率仅为 3.83，表明在该范围内人们对概率的敏感性不足。在两种理论中，决策权重都只取决于概率，不取决于结果。两种理论都预测，与 90% 的概率对应的决策权重同赢得 100 美元、收到一打玫瑰或受到电击的决策权重一样。[5] 这种理论预测被证明是错误的。

芝加哥大学的心理学家发表了一篇论文，标题很吸引人——《金钱、亲吻和电击：风险的情感心理学》。他们发现，相比以现金损益为结果的情况，当（虚构的）结果能激发情绪时（"与你最喜欢的电影明星见面、亲吻"或"遭受痛苦但没有危险的电击"），人们在预测中对概率的敏感性要低得多。这并非孤立的发现。其他研究人员通过心率等生理指标发现，对即将遭受的电击的恐惧与遭受电击的概率毫不相关。仅仅是有遭受电击的可能性就激发了人全面的恐惧反应。芝加哥研究团队指出，"饱含情感的意象"淹没了对概率的反应。10 年后，普林斯顿大学的心理学家团队对这一结论提出了疑问。

普林斯顿团队认为，人们对情绪结果的概率不够敏感是正常的。金钱赌博是个例外。在金钱赌博中，人们对概率的敏感性较高，因为它们有确定的期望值。

要多少钱才能与以下赌博具有同等的吸引力？
A. 有 84% 的概率赢得 59 美元。
B. 有 84% 的概率收到装在玻璃花瓶里的一打红玫瑰。

你注意到什么了？明显的区别在于，问题 A 比问题 B 容易得多。你并未停下来计算赌博的期望值，但你可能立即知道，它大约是 50 美元（事实上是 49.56 美元）。这个模糊的估计足以作为有用的锚点，帮你寻找具有同等吸引力的现金礼物。但问题 B 没有这样的锚点，因此很难回答。将 84% 换成 21%，请受试者继续估计与上述两个问题的结果相对应的钱数。不出所料，高概率和低概率赌博之间的差异在关于金钱的赌博中比在关于玫瑰的赌博中要显著得多。

普林斯顿团队认为，对概率不敏感不是由情绪引起的。为了支持其论点，他们比较了目的在于避免赌博的支付意愿：

第 30 章　罕见事件

有21%（或84%）的概率花一个周末为某人的三居室公寓刷漆。

有21%（或84%）的概率打扫用了一个周末的宿舍厕所的三个隔间。

第二个结果肯定比第一个结果更能激发情绪，但这两个结果的决策权重没有差异。显然，情绪的强度并不是答案。

另一项实验的结果出乎意料。受试者得到明确的价格信息，以及对奖品的描述。例如：

有84%的概率赢得：玻璃花瓶里的一打红玫瑰。价值59美元。

有21%的概率赢得：玻璃花瓶里的一打红玫瑰。价值59美元。

两个赌博的金钱期望值很容易估计，但添加明确的金钱价值并没有改变结果：即使在这种情况下，评估仍然对概率不敏感。那些将奖品看作获得玫瑰概率的人，并没有把价格信息当作锚点来评估赌博。科学家有时会说，这个出人意料的发现可以告诉我们一些事。它想告诉我们什么呢？

我认为这个故事想告诉我们的是，对结果丰富生动的描述（无论结果是否会引发情绪）会削弱概率在评估不确定前景时的作用。该假设暗示的预测是：在金钱结果中添加不相关但生动的细节也会干扰计算。我对这个预测很有信心。请给出与下面两个结果相对应的金额，并加以比较：

有21%（或84%）的概率在下周一收到59美元。

有21%（或84%）的概率在下周一上午收到装有59美元的蓝色硬纸信封。

新的假设是，人们在第二种情况下对概率的敏感性较低，因为相比一笔钱的抽象概念，蓝色信封会唤起更丰富、更流畅的表征。你在大脑中构建了事件，形成关于结果的生动意象，即使你知道它的概率很低。认知轻松也有助于产生确定性效应：当大脑中出现某个事件的鲜活画面时，它不发生的概率也会生动地呈现出来，而且会被过度看重。增强的可能性效应和增强的确定性效应结合在一起，为决策权重在21%和84%概率之间的变动留下了很小的空间。

生动的概率

  流畅性、生动性和易于想象等因素会影响决策权重，这一观点得到了大量观察结果的支持。在一项著名的实验中，受试者可以在 A 和 B 两个罐子中选择一个，从中取出一颗弹珠，如果是红色的就中奖：

A 罐里有 10 颗弹珠，其中 1 颗是红色的。
B 罐里有 100 颗弹珠，其中 8 颗是红色的。

  你会选择哪个罐子？ A 罐和 B 罐的中奖概率分别是 10% 和 8%，做出正确的选择应该很容易，但事实并非如此：大约 30% 到 40% 的学生选择中奖弹珠数量较多的罐子，而不是中奖概率较大的罐子。西摩·爱泼斯坦认为，这个结果说明了系统 1（他称之为体验系统）的浅加工特征。[6]

  你可能猜到了，在这种情况下，人们的选择极不明智，这引起了许多研究人员的注意。这一偏差有不同的名称，我沿用保罗·斯洛维奇一世的叫法，称之为"分母忽视"。如果你将注意力放在中奖弹珠上，你就不会以同等的关注度估计非中奖弹珠的数量。生动的画面会导致分母忽视，至少我的体验是这样。当想到小罐子时，我会看到 1 颗红色中奖弹珠位于白色弹珠模糊的背景下。当想到大罐子时，我会看到 8 颗红色中奖弹珠位于白色弹珠模糊的背景下，这让人感觉中奖的希望较大。中奖弹珠别样的生动性加大了中奖的决策权重，增强了可能性效应。当然，确定性效应也增强了。如果我的中奖概率是 90%，而我没有中奖，那么相比从 10 颗弹珠中取出 1 颗白色弹珠的情况，从 100 颗弹珠中取出 10 颗白色弹珠的情况更令人惊讶。

  分母忽视有助于解释为什么不同的风险沟通方式效果差异如此之大。"保护儿童免受致命疾病侵害的疫苗有 0.001% 的风险导致接种者终身残疾。"读到这句话，你感觉风险似乎很小。现在想想对同等风险的另一种描述："每 10 万名接种疫苗的儿童中有一人终身残疾。"第一种说法没有触动你，但第二种说法影响了你的思维：它唤起一幅画面———个因接种疫苗而终身残疾的孩子，而99 999个安全接种疫苗的孩子在背景中消失了。正如分母忽视所预测的，相比用较抽象的术语"机会""风险"或"概率"（有多大可能）来描述低概率事件，用相对频率（有多少）来描述，人们为其赋予的权重要大得多。我们已经知道，系统1处理个体比处理类别更加得心应手。

频率形式的影响很大。在一项研究中，第一组受试者看到的信息是"每10 000人中有1 286人因某疾病而死亡"，第二组受试者看到的信息是"某疾病导致24.14%的人口死亡"。相比第二组，第一组认为疾病更危险。[7]第一种疾病的威胁性似乎比第二种大，尽管前者的风险只有后者的一半！证明分母忽视更直接的例子是，人们认为，相比"每100人中有24.4人死亡"的疾病，"每10 000人中有1 286人死亡的疾病"更危险。如果要求受试者直接比较这两种表达形式，分母忽视效应肯定会降低或消除，因为执行比较任务时，系统2必须参与进来。然而，生活通常是一项被试间实验，你一次只能看到一种形式。要生成你看到的另一种阐述方式，并发现它们激发的不同反应，你得拥有非常活跃的系统2。

经验丰富的法医心理学家和精神病学家也难免受风险表述方式的影响。[8]在一项实验中，专业人员评估有暴力史的患者琼斯从精神病院出院是否安全。他们获得的信息包括一位专家的风险评估。相同的统计数据以两种方式描述：

据估计，与琼斯先生类似的患者在出院后的头几个月内对他人施暴的概率为10%。

据估计，与琼斯先生类似的患者，每100人中就有10人在出院后的头几个月内对他人施暴。

看到第二种表述的专业人士拒绝琼斯出院的概率几乎比第一种高出一倍（分别为41%和21%）。对于相同的概率，描述得越生动，人们赋予的决策权重就越高。

风险呈现形式的影响力为操纵创造了机会，居心叵测的人懂得如何利用它。斯洛维奇及其同事引用了一篇论文，列出了对同一事实的4种说法。第一种是"全国每年约有1 000起杀人案的凶手是未服药的重度精神病患者"。第二种是"在273 000 000名美国人中,每年有1 000人死于这种方式"。第三种是"每年被这类人杀害的可能性约为0.000 36%"。第四种是"每年有1 000名美国人死于这种方式,不到自杀人数的1/30,约为喉癌死亡人数的1/4"。斯洛维奇指出:"这些倡导者毫不掩饰自己的动机,他们想激发公众对精神病患者暴力行为的恐惧,希望恐惧能转化为对心理健康机构更多的资助。"

高明的律师如果想质疑DNA(脱氧核糖核酸)证据,不会告诉陪审团"匹配错误的概率是0.1%",而会说"在1 000起死刑案中有1起匹配错误",这种说法更有可能引发人们的合理质疑。[9]它唤起陪审员的想象——法庭上坐在他们对面的男人,因DNA证据出错而遭到误判。当然,检察官喜欢用较抽象的表述,他们希望陪审员想到的是概率。

基于整体印象的决策

证据表明,过度关注和显著性导致人们高估不太可能发生的事件,并对不可能的结果过度看重。显著性可以通过提及事件、生动地描述事件以及概率的表述形式来增强。当然,也有例外,聚焦于某个事件并不能提高其概率。比如,即使你想到该事件,错误的理论也让它显得不可能。此外,如果你无法想象结果是怎样的,你就会确信它不会发生。高估和过度加权显著事件的倾向并非绝对规则,但这种倾向既显著又稳固。

近年来,人们对"依据经验做选择"的研究兴趣越来越大,其规则与前景理论分析的"依据描述做选择"不同。[10]在其典型实验中,受试者面前有两个按钮。按下按钮后,要么产生金钱奖励,要么什么都没有。结果是按照一个前景详述随机抽取的(例如,"有5%的概率赢得12美元"或"有95%的概率赢得1美元")。这个过程完全是随机的,所以不能保证受试者看到的样本准确地代表统计设定。与这两个按钮相关的期望值大致相等,但其中一个的风险比另一个更大(有更多的变化)。例如,一个按钮在5%的测试中产生10美元,而另一个按钮在50%的测试中产生1美元。"依据经验做选择"的实现方式是让受试者进行许多测试,她可以从中观察按下某个按钮的后果。在关键性测试中,她从两个按钮中选择一个,并获得测试结果。"依据描述做选择"的实现方式是,向受试者口头描述与每个按钮相关的风险前景(例如"有5%的概率赢得12美元"),并让她选择一个按钮。正如前景理论所预期的,"依据描述做选择"会产生可能性效应——罕见的结果相对于其概率被过度看重了。与此形成鲜明对比的是,在"依据经验做选择"中从未观察到过度看重,分量不足倒是常见。

在许多情境中,我们会遇到同一来源的不同结果,"依据经验做选择"的实验旨在表现这类情境。一家总体不错的餐厅偶尔会做出特别美味或特别难吃的菜。通常情况下,你的朋友很好相处,但有时会闷闷不乐、咄咄逼人。加州容易发生地震,但很少发生。许多实验的结果表明,当我们做决定时,比如选择餐厅,或加固热水炉以减少地震损失等,并没有过度看重罕见事件。

对"依据经验做选择"的解释尚无定论,但在实验和现实世界中,人们普遍认为罕见事件权重偏低的主要原因是:许多受试者从未经历过罕见事件![11] 大多数加州人从未经历过大地震。2007年,没有哪位银行家亲身经历过毁灭性的金融危机。拉尔夫·赫特维格和伊多·伊雷夫指出:"罕见事件的概率(如房地产泡沫破裂)受到的重视程度比它们依据客观概率应得的重视程度要低。"[12] 他们举了一个例子:公众对长期环境威胁的反应是淡漠的。

这些忽视的例子既重要又容易解释,但当人们真正经历了罕见事件,仍会分量不足。假设你有一个复杂的问题,同一楼层的两位同事可能会帮你解答。你与他们相识多年,有很多机会体察他们的性格。阿黛尔表现稳定,总的来说乐于助人,尽管算不上古道热肠。布莱恩大多数时候不如阿黛尔友好,也没有他那么乐于助人,但在某些场合会慷慨地付出时间,给人提供建议。你会请教谁?

思考一下两种可能的看法:

- 这是两种赌博之间的选择。请教阿黛尔的结果更类似于确定的事情;请教布莱恩更有可能产生较差的结果,但有很小的概率产生极好的结果。罕见事件会因可能性效应过度看重，你倾向于选择布莱恩。

- 这是你在阿黛尔和布莱恩整体印象之间所做的选择。对你来说，你曾有过的好坏体验都融入他们常态行为的表征中。除非罕见事件过于极端，让你单独想到它（比如，布莱恩辱骂过一位请他帮忙的同事），否则常态将偏向典型和近期事件。你倾向于选择阿黛尔。

在双系统思维中，第二种解释似乎更合理。系统 1 生成有关阿黛尔和布莱恩的整体表征，包括情绪态度以及靠近或回避的倾向。只需比较这些倾向，你就能确定要敲开谁的门。除非你清楚地回忆起罕见事件，否则它不会被过度看重。在"依据经验做选择"的实验中应用同样的想法也很简单。两个按钮随着时间的推移产生结果，在被观察的过程中，它们似乎形成了完整的"人格"，受试者的情绪反应就附着其上。

与构建前景理论时相比，如今人们对忽视或过度看重罕见事件的条件有了更深入的理解。由于记忆的确认偏差，罕见事件发生的概率通常（并不总是）会被高估。想到某件事，你会努力让它在你的头脑中成真。罕见事件如果特别引人注目，就会被过度看重。明确的前景描述（比如，"有 99% 的概率赢得 1 000 美元，有 1% 的概率一无所获"）肯定会分散注意力。执着的担忧（耶路撒冷的公交车）、生动的图像（玫瑰）、具体的表述（1 000 个中有 1 个）和明确的提醒（依据描述做选择）都会导致过度看重。如果没有过度看重，人们就会忽视它。谈到罕见概率，我们的大脑没法正确理解。对生活在地球上的人类而言，接触没有人有经验的事情不是什么好消息。

谈谈罕见事件

"即使在日本，海啸也很罕见，但海啸的画面非常生动、令人信服，游客肯定会高估它发生的概率。"

"这是熟悉的灾难循环。起初人们夸大它、对它过度看重，接着又忽视它。"

"我们不应只关注某个设想,否则会高估它的概率。让我们想想其他可能,让概率加起来等于100%。"

"他们想让大家担心这个风险。所以他们将其描述为'每1 000人中有1人死亡'。他们指望分母忽视发挥作用。"

第31章
风险政策

想象一下,你面临一对并行决策。首先仔细查看选项,然后做出选择。

决策1:在A和B之间做选择。
A. 确定获得240美元。
B. 有25%的概率获得1 000美元,有75%的概率一无所获。

决策2:在C和D之间做选择。
C. 确定损失750美元。
D. 有75%的概率损失1 000美元,有25%的概率没有损失。

这两个选择问题在前景理论史上的地位很重要,它告诉我们有关理性的新见解。略读这两个问题时,你对确定选项(A和C)的第一反应是喜欢A,厌恶C。对"确定收益"和"确定损失"的情绪化评估是系统1的自动反应,在费心计算(可选的)两次赌博的期望值(分别为250美元收益和750美元损失)之前,它就已经发生了。大多数人的选择与系统1的偏好一致,绝大多数人选择A而不是B,选择D而不是C。与许多涉及中高概率的选择一样,人们往往在收益领域规避风险,在损失领域寻求风险。在我和阿莫斯起初的实验中,73%的受试者在决策1中选择A,在决策2中选择D,只有3%的人选择B和C。

在做出首次选择之前，我们要求你查看两个选项，你可能照做了。但有一件事你肯定没做：你没有计算 4 个选项组合（A 和 C，A 和 D，B 和 C，B 和 D）的可能结果，以确定你最喜欢哪一组。你对这两个问题的不同偏好在直觉上令人信服，没有理由担心它们会带来什么麻烦。此外，将这两个决策问题结合起来不是个轻松活儿，你需要纸和笔才能完成。你没有这么做。现在思考下面的选择问题：

AD. 有 25% 的概率赢得 240 美元，75% 的概率损失 760 美元。
BC. 有 25% 的概率赢得 250 美元，75% 的概率损失 750 美元。

这个选择很容易！选项 BC 相对于 AD 占绝对优势（"绝对优势"是专业术语，指某个选项绝对优于另一选项）。你已经知道后面的事了。BC 是前面那对决策问题中两个被拒绝的选项组合，在我们第一次实验中，只有 3% 的受试者选择了它们，73% 的受试者倾向于较差的 AD 选项。[1]

宽还是窄？

上述选择揭示了人类理性的局限。首先，它有助于我们看清人类偏好逻辑一致性的真实面目——令人绝望的海市蜃楼。再来看看最后那个简单问题。你可曾想过，将显而易见的选择问题分解成两个问题，会导致大多数人选择较差的选项？每个由损益构建的简单选择都可以用无数方式解构为各种选择的组合，使人产生可能不一致的偏好。这一说法通常是正确的。

这个例子还表明，为获益规避风险和为避损寻求风险的代价很高。这些态度使你愿意支付保险费以获得确定的收益，而不是赌一把。同时，你也愿意根据期望值支付保险费以避免确定的损失。两笔付款的来源一样，当你同时面对两个问题时，矛盾的态度不太可能产生最优选择。

理解决策 1 和决策 2 的方法有两种：

- 窄框架：2 个简单决策构成的序列，分开考量。

- 宽框架：一个包含 4 个选项的综合决策。

在该例中，宽框架显然优于窄框架。事实上，在所有情况下，将多个决策结合在一起考虑，效果都会更好（至少不会差）。想象一下，同时考虑 5 个简单（二选一）的决策。宽（综合）框架是一个包含 32 个选项的单一选择。窄框架将产生由 5 个简单选择组成的序列。5 个简单选择的序列是宽框架 32 个选项中的一个。它会是最好的吗？也许是，但可能性不大。理性主体当然会在宽框架中做选择，但人类天生就是窄框架决策者。

正如这个例子所示，逻辑一致性的理想状态是我们有限的智慧无法达到的。我们容易受到"所见即一切"的影响，不愿付出脑力，往往在问题出现后才做出决定，即使我们被明确地指示要通盘考虑。我们既没有意愿也没有心智资源保持偏好的一致性，我们的偏好天生就不像理性主体模型那样一以贯之。

萨缪尔森的问题

伟大的保罗·萨缪尔森是 20 世纪经济学家中的佼佼者。他曾问一位朋友，是否会接受一次抛硬币赌博，输了赔 100 美元，赢了得 200 美元。他的朋友回答说："我不接受，因为我觉得 100 美元损失远大于 200 美元收益。但如果你答应让我赌 100 次，我会接受的。"除非你是决策理论家，否则你的直觉可能与萨缪尔森的朋友一样，认为多次进行非常有利但有风险的赌博可以降低主观风险。萨缪尔森发现朋友的答案很有趣，就开始分析它。他证明，在某些非常具体的条件下，拒绝单次赌博的效用最大化者也应该拒绝多次赌博的提议。

值得注意的是，萨缪尔森似乎并不介意他的证明（当然是有效的）会导致一个违反常识的结论（如果算不上违反理性的话）：100 次赌博的提议很有吸引力，理智的人不会拒绝它。马修·拉宾和理查德·塞勒指出："每次赌博输赢概率各 50%，输了损失 100 美元，赢了得到 200 美元，100 次这样的赌博期望收益是 5 000 美元，输钱的概率只有 1/2 300，损失超过 1 000 美元的概率只有 1/62 000。"当然，他们的观点是，如果在任何情况下效用理论都能与这愚蠢的偏好一致，那么，作为理性选择模型，它一定有问题。拉宾证明了一个荒谬的结果——人们对小赌注有严重的损失厌恶情绪。萨缪尔森没有看到拉宾的证明，即使看到也肯定不会惊讶。他甚至愿意考虑一种可能性，即拒绝其一揽子建议才是合理的，这证明了理性模型的影响力有多强大。

我们假设一下，有个非常简单的价值函数来描述萨缪尔森的朋友（我们称其为山姆）的偏好。为了表示对损失的厌恶，山姆先是改写了赌博规则，将每次损失金额乘以 2。然后，他计算了改写后的赌博期望值。以下分别是抛一次、二次、三次硬币的结果。这些结果很有指导意义，值得我们花费精力、仔细研究。

		期望值
第一次	（50%的概率输100美元；50%的概率赢200美元）	50美元
损失翻倍	（50%的概率输200美元；50%的概率赢200美元）	0美元
第二次	（25%的概率输200美元；50%的概率赢100美元；25%的概率赢400美元）	100美元
损失翻倍	（25%的概率输400美元；50%的概率赢100美元；25%的概率赢400美元）	50美元
第三次	（12.5%的概率输300美元；37.5%的概率赢0美元；37.5%的概率赢300美元；12.5%的概率赢600美元）	150美元
损失翻倍	（12.5%的概率输600美元；37.5%的概率赢0美元；37.5%的概率赢300美元；12.5%的概率赢600美元）	112.5美元

你可以看到，第一次赌博的期望值是 50 美元。然而，对山姆来说，抛一次硬币毫无价值，因为他觉得失去 1 美元的痛苦是赢得 1 美元快乐的 2 倍。为了反映他对损失的厌恶，山姆改写了赌博规则，然后发现这次赌博的价值是 0 美元。

现在考虑抛两次硬币的情况。输的概率已经下降到 25%。两个极端结果（输200美元或赢400美元）在价值上互相抵消，它们的可能性是一样的，损失的权重是收益的两倍。但中间结果（一输一赢）是正值，赌博的总结果也是正值。现在你可以看到窄框架的代价，以及将多次赌博聚合起来的魔力。其中有两个有利的赌博，分开看对山姆来说毫无价值。如果在不同场合分别遇到，他都会拒绝。然而，如果把它们放在一起，总价值是 50 美元！

将三次赌博放在一起就更有利了。极端结果仍会相互抵消，但它们已经变得不那么重要了。第三次抛硬币，虽然单独评估毫无价值，但却为总价值增加了 62.50 美元。当有 5 次赌博机会时，山姆的期望值是 250 美元，他输钱的概率是 18.75%，换成现金是 203.125 美元。这个故事值得注意的一点是，山姆的损失厌恶一直没变。然而，有利赌博的聚合迅速降低了输的概率，损失厌恶对其偏好的影响也随之减弱。

现在，如果山姆拒绝只赌一次的极其有利的赌博，我有个训诫给他。如果你和他一样，有不合理的损失厌恶倾向，以下训诫也适用于你：

我理解你对输掉赌博的厌恶，但这会让你损失大量财富。请思考这个问题：你处于弥留之际吗？这是你最后一次机会考虑是否参与有利的小赌博吗？当然，你不太可能再次遇到完全一样的赌博，但你会有很多机会考虑有吸引力的赌博，其赌注相对于你的财富来说非常小。如果你能把每次赌博都看作诸多小赌博的一部分，并默诵让你更理性的口头禅"有赢就有输"，你将为自己开启财富的大门。念口头禅主要是为了在损失时控制自己的情绪反应。你如果相信它有效，那么在决定是否接受正期望值的小风险时，就应该用它来提醒自己。使用口头禅时请记住以下条件：

- 每场赌博都相互独立，它才会发挥作用。它不适用于同一行业的多项投资，这些投资有可能全部失败。
- 只有当可能的损失不会威胁到你的总财富时，它才有效。如果你将损失看作影响你未来经济状况的噩耗，请保持警惕！
- 它不适用于高风险赌注，在这种情况下，每次赌赢的概率都很小。

如果你具备上述规则所要求的情绪自律能力，你就永远不会孤立地看待一场小赌博，也不会厌恶小赌博，直到你真的行将就木——甚至到那时你也不会重蹈覆辙。

上述建议并非不可行。金融市场上经验丰富的交易者将其作为日常准则，用宽框架思维让自己免受损失之痛。如前所述，我们现在知道，只要引导受试者"像交易者一样思考"，（在特定情况下）他们就能基本消除损失厌恶。这就像有经验的棒球卡交易者，他们与新手不同，不易受禀赋效应的影响。受试者在不同的指令下做出风险决策（接受或拒绝可能会输的赌博）。在窄框架条件下，要求他们"将每个决定都当作唯一的决定来做"，并接受自己的情绪。对宽框架决策的要求则是"将自己想象成交易者""每次都这么做""将其视为诸多金钱决策中的一个，这些决策汇聚在一起形成'投资组合'"。研究人员通过生理测量评估受试者对得失的情绪反应，包括测谎仪器中的皮肤电导率变化。不出所料，宽框架减轻了受试者对损失的情绪反应，增强了其承担风险的意愿。

损失厌恶和窄框架结合在一起，形成代价高昂的诅咒。个人投资者可以通过减少查看投资状况的频率来避免这种诅咒，获得宽框架的情绪益处，同时节省时间、免受痛苦。密切关注每天的投资波动得不偿失，因为频繁的小损失造成的痛苦，超过同样频繁的小收益带来的快乐。一个季度查看一次就足够了，这对个人投资者来说绰绰有余。除了提升情绪质量外，刻意屏蔽短期结果还能提高决策和结果的质量。对坏消息的典型短期反应是损失厌恶加剧。获得总体反馈的投资者收到坏消息的次数要少得多，损失厌恶的倾向可能没那么严重，最终收获了更多财富。你如果不知道投资组合中每只股票每天（或每周甚至每月）的表现，就不大可能对投资组合进行无谓的干扰。承诺在几个周期内保持立场不变（相当于"锁定"投资）可以提高财务业绩。[2]

风险政策

每次面对风险选择，倾向于窄框架的决策者都会构建偏好。他们如果掌握了风险政策，在相关问题出现时就会做出更明智的决策。风险政策的常见例子是"购买保险时，总是尽可能选择最高的免赔额""永远不要购买延保"。风险政策是一个宽框架。在保险的例子中，你预期偶尔会损失全部免赔额，或者未保险的产品偶尔会出事。虽然偶尔的损失会带来痛苦，但想到你的政策从长远来看会有利于财富增长,你的痛苦就会减少或消除。

聚合决策的风险政策类似于我之前讨论的规划问题的外部视角。外部视角能让人转移焦点,从当前的特定情境转移到类似情境下的统计结果上。外部视角是思考规划是否合理的宽框架。风险政策将特定的风险选择纳入一组类似的选择中,也是一个宽框架。

许多决策受两种偏差的影响,一是规划谬误中的过度乐观,二是损失厌恶引发的过度谨慎。外部视角和风险政策是其补救措施。两种偏差相互对立。过度乐观保护个人和组织避免受到损失厌恶造成的麻痹效应的影响,损失厌恶使他们避免因过度自信的乐观而做出愚蠢之举。补救措施的结果给决策者带来慰藉。乐观者相信,他们的决策比实际情况更谨慎,损失厌恶型决策者做出了正确决策,拒绝了他们有可能接受的薄利建议。当然,我们无法保证在任何情况下都能抵消偏差。一个组织如果有能力消除过度乐观和过度损失厌恶,就应该采取措施。将外部视角与风险政策结合起来应该成为组织的目标。

理查德·塞勒谈到,有一次他与一家大公司25个部门的高管探讨决策制定问题。他请高管考虑一种有风险的选择:在同等概率下,他们可能损失一大笔资金,也可能赚到双倍的钱。没有一位高管愿意冒险。塞勒转而询问在场的首席执行官的意见。首席执行官毫不犹豫地说:"我希望所有高管都接受风险。"在那次谈话中,首席执行官很自然地采用了涵盖25个赌注的宽框架。就像山姆面对100次硬币抛掷一样,他可以期待统计聚合降低整体风险。

谈谈风险政策

"告诉她要像交易者一样思考!有赢就有输。"

"我决定每季度只对我的投资组合进行一次评估。面对每天的价格波动,我的损失厌恶倾向过重,无法做出明智的决定。"

"他们从不购买延保。这是他们的风险政策。"

"每个主管都在自己的领域里规避风险。这是很自然的现象,但这么做的结果是组织承担的风险不足。"

第 32 章
记分

人们追求金钱不一定出于经济目的，收入只够糊口的穷人除外。对于想多赚 10 亿美元的亿万富翁来说，甚至对于为多挣 1 美元而参与经济实验的被试者来说，金钱是反映其自尊程度和成就大小的替代品。奖励和惩罚、承诺和威胁都只存在于我们的脑海中，我们仔细地为它们记分。它们就像社会环境中的激励一样，塑造着我们的偏好，激励着我们的行动。因此，当止损意味着承认失败时，我们会拒绝止损。我们不喜欢会让人后悔的行动。由于对一方的责任感大于另一方，我们在作为和不作为、做和不做之间划出了一条虚幻但明确的界限。最终用于奖励或惩罚的"货币"通常是情绪，这是内心的自我交易，是个人代表组织行事时必然产生的利益冲突。

心理账户

心理账户是我们用来组织和管理生活的账户。多年来，理查德·塞勒一直痴迷于会计账户与心理账户之间的类比，结果发现，心理账户有时很愚蠢，有时却非常有用。心理账户有好几种。我们把钱存在不同的账户，这些账户有时是物理账户，有时只是心理账户。我们有零用钱、非专项储蓄以及用于子女教育或急诊的专项储蓄。为了满足当前需求，我们从不同的账户中取款，心理账户有明确的等级体系。我们用账户达到自我控制的目的，比如制定家庭预算、限制每天浓缩咖啡的消费，或者增加锻炼时间。我们经常为自控买单，例如一边往储蓄账户存钱一边还欠着信用卡债务。作为理性主体模型的经济人不会采用心理账户：他们会全盘考虑结果，动力来自外部激励。对普通人来说，心理账户是窄框架，他们会用有限的心智来控制和管理事务。

心理账户被广泛用于记分。回想一下，职业高尔夫球手在避免超一击时比打小鸟球时更成功。我们可以得出一个结论：顶级高尔夫球选手为每个球洞创建了独立的账户，他们拥有的不仅是整体成功的单一账户。塞勒在其早期论文中提到过一个颇具讽刺意味的例子，至今仍是心理账户影响行为的最佳示例：

两位球迷打算去 40 英里外的地方看一场篮球赛。其中一位买了票；另一位正要去买票，朋友免费送给他一张票。预报比赛当晚有暴风雪。两人中谁更有可能冒着暴风雪去看比赛？

答案很明显：我们知道，买票的球迷更有可能驱车前往。这一现象可以用心理账户来解释。我们假设两位球迷都为想观赏的比赛设置了一个账户。错过比赛意味着以负余额销户。无论门票是怎么来的，两人都会失望，但对于那位买了票、花了钱又不能看比赛的人来说，期末余额的损失显然更大。待在家里对他来说更难熬，他看比赛的动力更强，因此更有可能驱车驶入暴风雪。[1] 这都是对情感余额的隐性计算，是系统 1 在未经深思熟虑的情况下进行的计算。标准经济理论不认可人们对心理账户状态的情感依附。经济人会意识到这张票已经付过款，不能退了。它的成本是"沉没的"，经济人不会在乎票是买的，还是朋友送的（如果经济人有朋友的话）。为了贯彻这种理性行为，系统 2 必须意识到反事实的可能性："如果票是从朋友那儿免费得来的，我还会冒着暴风雪开车去看比赛吗？"提出这个难题需要活跃且训练有素的头脑。

个人投资者出售投资组合中的股票时，会遭受类似错误的困扰：

你女儿的婚礼需要用钱，必须卖掉一些股票。你记得每只股票的买入价,如果股票当前价超过买入价,就是"盈利股",否则就是"亏损股"。在你持有的股票中,"蓝莓瓷砖"是盈利股,如果今天卖掉它,你会获得5 000美元收益。你还持有"蒂芙尼汽车"等量的股票,其当前价比买入价低5 000美元。这两只股票最近几周都很稳定。你更有可能卖掉哪只股票?

合理的选择方式是:"我可以结清蓝莓瓷砖的账户,为投资添一笔成功的记录。或者,结清蒂芙尼汽车的账户,添一笔失败的记录。我愿意选哪个?"如果将这个问题设计为在快乐和痛苦之间做选择,你肯定会卖掉蓝莓瓷砖,为你的投资能力而自豪。不出所料,金融研究证明了人们的普遍偏好:卖掉盈利股,而不是亏损股。这种偏见有一个模糊的标签:处置效应。[2]

处置效应是窄框架的例子。投资者为其购买的每只股票设置了一个账户,想以收益结清所有账户。理性主体会通盘考虑投资组合,卖掉未来盈利可能性最低的股票,而不考虑它是盈利股还是亏损股。阿莫斯告诉我,他与一位财务顾问聊天,对方要求他提供其投资组合中所有股票的清单,包括每只股票的买入价。阿莫斯温和地问:"这难道不是无关紧要的吗?"顾问看起来很惊讶。显然,他一直认为心理账户的状态是合理的考量因素。

阿莫斯对财务顾问信念的猜测可能是对的,但他认为买入价无关紧要,这一点是错的。买入价确实很重要,甚至经济人也应该考虑它。处置效应是一种代价高昂的偏见,因为卖出盈利股还是亏损股的问题有明确的答案,而且二者之间是有区别的。你如果关注自己的财富,而不是当下的情绪,就会卖掉亏损股蒂芙尼汽车,保留盈利股蓝莓瓷砖。至少在美国,税收提供了有力的激励:变现损失可以减税,而卖出盈利股会让你交税。事实上,所有美国投资者都知道这一基本的金融事实,它在一年中的某个月决定了投资者的决策——投资者会在12月考虑纳税问题,于是卖出更多的亏损股。当然,税收优惠全年都有,但在一年中的11个月里,心理账户打败了金融常识。反对抛售盈利股的另一个论点是,有充分的证据表明股市处于反常状态,近期升值的股票可能会继续上涨,至少短期内是这样。净效应很大:在接下来的一年,卖掉蒂芙尼而不是蓝莓的预期税后回报率会高出3.4%。以收益结清心理账户是件开心事,但需要付出代价。经济人不会犯这个错误,使用系统 2 的投资老手比新手更不容易受到处置效应的影响。[3]

理性决策者只对当前投资的未来结果感兴趣，为过去的错误辩解并不是经济人关注的事。有更好的投资选择时，却在亏损账户中追加投资，这被称为"沉没成本谬误"。这是一种代价高昂的错误。无论决策大小，我们都会看到沉没成本谬误。因为买了票而驶入暴风雪就是一个例子。

想象一下，某公司在一个项目上投入了 5 000 万美元。该项目现已延期，预计最终回报低于最初的规划，需要追加 6 000 万美元投资才能起死回生。另一种方案是将这 6 000 万美元投入目前看来可能有更大回报的新项目上。公司会怎么做？饱受沉没成本困扰的公司通常会驶入暴风雪，不断投冤枉钱，而不是接受以惨败销户告终的耻辱。这种情况出现在四重模式的右上角，是在确定的损失和不利的赌博之间做选择，人们通常会做出不明智的选择。

从公司的角度看，在亏损项目上追加投资是错的，但对挣扎于陷入困境的项目的高管来说，情况就不一样了。撤销项目会给高管的履历留下永久的污点，而抱着收回最初投资的愿望，进一步利用组织的资源去冒险，或者至少推迟清算日，或许是获得个人利益的上策。在沉没成本面前，经理的动机与公司及其股东的目标不一致，这是常见的代理问题。董事会很了解这种冲突，经常更换受困于先前决策、不愿止损的首席执行官。董事会成员并不一定认为新任首席执行官的能力比上任强，但他们知道，新任没有背负同样的心理账户，因此在评估当前机会时，能忽略过去投资的沉没成本。

沉没成本谬误让人们沉溺于糟糕的工作、不幸福的婚姻和没有希望的研究项目。我经常看到，年轻的科学家努力挽救注定失败的项目，而最好的做法是放弃旧项目，开始新项目。幸运的是，研究表明，至少在某些情况下，沉没成本谬误是可以克服的。[4] 在经济学和商学课程中，沉没成本谬误都被当作错误来教。教学效果显然很好：有证据表明，这些领域的研究生比其他人更愿意放弃失败的项目。

后悔

后悔是一种情绪，也是我们对自己的惩罚。许多决策都来自对后悔的恐惧。(我们常听到这样的警告:"不要这么做,你会后悔的。")我们很熟悉后悔的真实感受。两位荷兰心理学家准确描述了这种情绪。他们指出,后悔"伴随着许多复杂的感受,比如我本该考虑得更周全;感到灰心丧气;反思自己的错误和失去的机会;有自责和纠错的倾向;希望事情没发生,想有第二次机会"。[5] 当你可以轻易地想象自己没做那件事,而是做了其他事时,你后悔的情绪最强烈。

后悔是一种反事实情绪,它是由可替代的现实引发的。每次飞机失事,都会出现一些特别报道,说某些乘客"本不该"在那架飞机上。比如,他们在最后一刻得到了座位,从另一家航空公司转机,本应在前一天乘机,但不得不推迟行程。这些悲惨故事的共同特点是,都涉及不寻常的事件——在想象中,不寻常事件比正常事件更容易让人后悔。关联记忆包含正常世界及其规则的表征。异常事件引起了人们的注意,也激活了一个念头,即在同样情况下,这本应是一起正常事件。

要理解后悔与常态之间的联系,请考虑以下情景[6]:

布朗先生几乎从不载搭便车的人。昨天他让一个人上了车,结果被抢了。

史密斯先生经常载搭便车的人。昨天他让一个人上了车,结果被抢了。

对这一事件,谁会更后悔?

结果不出所料:88%的受访者认为是布朗先生,12%的受访者认为是史密斯先生。

后悔不同于责备。对于同一事件,询问其他受访者的问题是:

谁会受到较严厉的批评?

结果23%的人认为是布朗先生,77%的人认为是史密斯先生。

后悔和责备都是通过与常态的比较而引发的,但它们的相关常态并不相同。布朗先生和史密斯先生所体验的情绪主要来自他们对搭便车者的一贯做法。对布朗先生来说,载上搭便车的人是反常的事,因此大多数人预期他会更后悔。然而，评头论足的观察者将两人的行为与合理的行为规范进行比较，可能指责史密斯先生经常承担不合理的风险。[7] 我们很想说，史密斯先生是自食其果，而布朗先生只是运气不好。但布朗先生更可能自责，因为他在此事中的行为与其性格不符。

决策者知道自己很容易后悔，在许多决策中，对这种痛苦情绪的预期发挥着一定的作用。人们的后悔直觉高度一致，且难以抗拒。[8] 请看以下例子。

保罗持有 A 公司的股票。在过去的一年里，他曾想将其换成 B 公司的股票，但他决定不那么做。现在他了解到，如果换成 B 公司的股票，他会多赚 1 200 美元。

乔治持有 B 公司的股票。在过去的一年里，他将其换成了 A 公司的股票。现在他了解到，如果保留 B 公司的股票，他会多赚 1 200 美元。

谁会更后悔？

结果很明确：8% 的受访者说保罗，92% 的受访者说乔治。

这个结果令人好奇，因为两个投资者的情况在客观上是一样的。他们现在都持有 A 公司的股票，如果持有 B 公司的股票，都会多赚同样的钱。唯一的区别是，乔治采取了行动才有了现在的结果，而保罗没有采取行动得到了同样的结果。这个例子以小见大：相比不行动产生的结果，人们对行动产生的同样结果有更强的情绪反应（包括后悔）。这一点在赌博中得到了证实：通过赌博赢钱的人，比克制住没去赌博但得到同等收益的人更开心。在损失的情况下，这种不对称性也一样鲜明，它对责备和后悔都适用。[9] 关键不是做和不做的区别，而是默认选项和违背默认选项的行为之间的区别。[10] 违背默认选项时，你很容易想象常态是怎样的——如果默认选项与不良后果有关，那么二者的差异可能是痛苦情绪的来源。当你持有一只股票时，默认选项不是卖掉它；但当你早上遇到同事时，默认选项是跟他打招呼。卖股票和不理睬同事都违背了默认选项，自然会引发后悔或招致指责。

在一次有关默认选项影响力的演示中，参与者玩了计算机模拟的 21 点游戏。一些玩家被问道："你要拿牌吗？"另一些玩家被问道："你要停牌吗？"不管问的是什么，如果结果不好，答应都比拒绝更让人后悔！这个问题显然暗示了一种默认反应，即"我没有强烈的愿望那么做"。产生后悔情绪正是因为违背了默认选项。还有一种情况是，行动才是默认选项，比如球队在上一场比赛中惨败，此时人们期望教练更换球员或改变策略，他如果没这么做，就会后悔或招致指责。[11]

后悔风险中的不对称性使人们的选择倾向于循规蹈矩和风险厌恶。这种偏见会出现在许多情况下。如果有人提醒消费者，他们可能会因自己的选择而后悔，消费者就更倾向于常规选项，更愿意购买品牌产品而非无品牌产品。[12] 临近年底，金融基金经理的行为也显示出预期评估的影响：他们会清理投资组合中的非传统股票和其他有问题的股票。[13] 后悔的不对称性甚至会影响生死攸关的决定。想象一位重病患者的主治医生，他面临两种选择：一种是符合常规的标准疗法，另一种是非常规疗法。医生有理由相信，非常规疗法可以提高患者的生存概率，但证据并不确定。开出非常规治疗处方的医生面临巨大的风险，包括后悔、招致指责甚至诉讼。事后来看，人们更容易想象常规选择，非常规选择很容易让人后悔。的确，治疗成功有助于提高敢于冒险的医生的声誉，但潜在收益小于潜在成本，因为成功通常是比失败更正常的结果。

责任

损失的权重大约是收益的两倍，这一现象通常发生在几种情况下：在不同赌博之间做选择、禀赋效应和对价格变化的反应。在某些情况下，损失厌恶系数要高得多。特别是，在生命中某些比金钱更重要的方面（比如健康），人们的损失厌恶更强烈。[14] 此外，如果"出售"重要资产可能会让你承担不利后果，你就会更不愿意那么做。在关于消费者行为的早期经典研究[15]中，理查德·塞勒举了一个令人信服的例子，以下问题在该例基础上做了一些修改：

你接触过一种疾病，如果感染它，你会在一周内迅速死亡，过程中不会有痛苦。你患这种病的概率是1/1 000。有一种疫苗只有在症状出现前接种才有效。你最多愿付多少钱购买该疫苗？

大多数人愿意支付一笔有限的巨款。存在死亡的可能性令人不快，但风险很小，为了避免死亡而让自己破产似乎并不合理。现在思考一种略有差异的情况：

关于上述疾病的研究需要志愿者。成为志愿者的条件是让自己有1/1 000的概率感染这种疾病。要成为志愿者，你要求的最低报酬是多少？（不允许你买疫苗。）

如你所料，志愿者要求的最低报酬远高于他们愿为疫苗支付的钱数。根据塞勒的非正式报告，这一比例约为50∶1。极高的售价反映了问题的两个特点。首先，你不该出卖健康，这种交易是非法的，较高的价格也反映了你的不情愿。也许最重要的是，如果结局悲惨，你将对此负责。你知道，如果某天早上醒来，你出现了症状，就代表着你很快会死亡。相比第一种情况，第二种情况更让你后悔，因为你本可以在不考虑价格的前提下拒绝出卖健康。你本可以选择默认选项，什么都不做，但现在这种反事实将困扰你的余生。

前面的章节提到父母对杀虫剂潜在危险反应的调查，其中还包括一个问题：是否愿意接受增加的风险。要求受试者想象他们使用的杀虫剂吸入风险和儿童中毒风险为15/10 000。现在有一种较便宜的杀虫剂，每万瓶的风险从15上升到了16。调查者询问家长需要打几折才会购买较便宜（但不太安全）的产品，超过2/3的家长表示，多便宜他们都不会买！显然，他们很反感用孩子的安全换钱的想法。少数人可以接受折扣，但他们要求的折扣额远高于他们愿为大幅提升产品安全性所支付的金额。

父母不愿通过增加孩子的风险来换钱，哪怕只增加一点儿风险也不行，对此大家都能理解。然而，值得注意的是，这种态度是不连贯的，可能会对孩子的安全造成损害。即使最有爱心的父母，保护孩子的时间和金钱也是有限的（也就是说，"保护孩子安全"的心理账户预算是有限的），以最有效的方式分配资源似乎才合理。杀虫剂的危害风险增加一点儿，接受它所省下的钱肯定能更好地用于减少孩子接触的其他危害，比如购买更安全的汽车座椅或电源插座盖。拒绝任何增加风险的禁忌权衡并非使用安全预算的有效方式。[16]事实上，抵制的动机可能出于自私的后悔恐惧，而不是希望孩子的安全达到最佳状态。刻意做这种交易的父母会想"万一孩子中毒怎么办"，这是一种想象——如果杀虫剂造成伤害，父母会感到后悔和愧疚。

人们非常厌恶用增加的风险来交换其他好处，这一现象在有关风险管理的法律法规中很常见。欧洲的这一趋势尤为明显。预防原则禁止任何可能造成伤害的行动，该原则在欧洲被普遍接受。[17]在监管背景下，只要行为可能危及人类或环境安全，预防原则就要求行为方承担证明其行为安全的全部责任。多个国际机构明确指出，缺乏科学证据证明潜在危害，并不能作为冒险的充分理由。法学家卡斯·桑斯坦指出，预防原则代价高昂，如果对其加以严格解读，可能寸步难行。他提到一些无法通过检验的创新，包括"飞机、空调、抗生素、汽车、氯、麻疹疫苗、心内直视术、收音机、冰箱、天花疫苗和 X 射线"。预防原则的强硬说法显然站不住脚。但增强的损失厌恶根植于人们强烈且普遍的道德直觉中，它源自系统 1。有关损失厌恶的强烈道德感和有效的风险管理之间存在两难困境，目前尚没有简单且令人信服的解决方案。

我们花大量时间担心和避免情绪内耗之苦。自我施加的惩罚（以及偶尔的奖励）是不易度量的结果，当我们为自己的生活打分时，应以怎样的认真态度来对待它们？经济人没有内耗。对普通人来说，内耗的代价高昂，会导致不利于个人财富、政策稳定和社会幸福的行为。但后悔的情绪和道德责任是真实存在的，经济人没有后悔情绪和道德责任，因而与这些行为无关。

重要的是，让你的选择受到预期后悔的影响，这合理吗？容易后悔就像容易昏厥一样，是必须做出调整的生活事实。你如果是富有且谨慎的投资者，就能拥有一个投资组合，可以将预期后悔降到最低，即使它并没有实现财富积累的最大化。

你也可以采取措施预防后悔，最有效的方法或许是直面后悔预期。当事情进展不顺时，如果你记得在做决策之前你曾仔细考虑过后悔的可能性，你的后悔体验就可能减少。你还应该知道，后悔和后见之明会同时出现，所以任何避免后见之明的策略都可能是有益的。我个人预防后见之明的策略是，在做出会造成长期后果的决策时，要么非常慎重，要么完全随意。只需多点儿思虑就能让你因后见之明而感觉更糟糕，比如在事后默想"我差点儿就做出了更好的选择"。

丹尼尔·吉尔伯特及其同事提出了一个颇具争议的观点，即预期后悔通常比实际体验的后悔更强烈，因为人们低估了自身心理防御（他们称之为"心理免疫系统"）的效力。[18] 他们的建议是，不应过分看重后悔情绪，即使你有一些后悔，其伤害也比想象的要小。

谈谈记分

"他为现金支付和信用卡支付设置了不同的心理账户。我经常提醒他，钱就是钱，没什么差别。"

"我们抓住那只股票不放，只是为了避免以亏损状态结清心理账户。这就是处置效应。"

"我们在那家餐厅享受过一道美食，为了避免后悔，从未尝试过其他菜。"

"销售员给我看了一款最贵的儿童汽车座椅，说它是最安全的，我无法说服自己购买便宜的座椅。这种心理像是禁忌权衡。"

第33章
逆转

你接到一项任务,为暴力犯罪的受害者确定赔偿金。你接手的是一名男子因枪伤丧失右臂功能的案子。他所在社区的一家便利店遭到抢劫,他进店时遭受了枪击。

受害者家附近有两家便利店,其中一家他经常光顾。考虑以下两种情况[1]:

(1)抢劫发生在他经常光顾的店。
(2)他常去的店因葬礼关闭,他去了另一家,在那家店遭受了枪击。
该男子在哪家店遭受枪击是否应该影响他的赔偿裁定额?

你在联合评估中做出了判断。在联合评估中,两种场景是一起考虑并进行比较的。你可以运用一条规则:如果你认为第二种情况应该得到较高的赔偿金,就应分配给它更高的金钱价值。

人们的答案几乎一致:在这两种情况下,赔偿金应该相同。赔偿是针对致残损伤的,与事发地没有任何关系。与受害者补偿相关的因素是什么?对两种情况的联合评估让你有机会审视自己在该问题上的道德准则。对大多数人来说,地点不是考量因素。与其他需要明确比较的情况一样,此时的思考是涉及系统2的慢思考。

心理学家戴尔·米勒和凯西·麦克法兰是这两个场景的原创设计者,他们将其呈现给不同的人进行单独评估。在被试间实验中，所有受试者只看到一个场景，并为其分配金钱价值。他们发现（相信你已经猜到了），如果受害者在很少光顾的店遭到枪击，他获得的赔偿金远多于因在经常光顾的店遭到枪击而获得的赔偿。辛酸（类似于后悔）是一种反事实的感觉，之所以会引起这种感觉，是因为人们很容易想到"如果他去的是经常光顾的店就好了……"。熟悉的系统 1 的替代和强度匹配机制将人们对故事的情感反应强度转化为金钱等级，造成赔偿裁定额的巨大差异。

两个实验的比较呈现出鲜明的对比。同时看到两种场景的受试者（被试内实验）几乎都认同一个原则，即辛酸并非合理的考量因素。遗憾的是，只有当两种场景放在一起时，该原则才有意义，而生活通常不是这样运转的。我们通常是在"被试间模式"中体验生活，那些有可能改变想法的对比场景是不存在的——"所见即一切"似乎理所当然。因此，在反思道德问题时，你认同的信念不一定能支配你的情绪反应。在不同情况下，你产生的道德直觉不具有内部一致性。

对抢劫的单独评估和联合评估之间的差异属于"判断和选择逆转"。[2] 偏好逆转（preference reversal，又译作"喜好逆转"）是在 20 世纪 70 年代初首次发现的，多年来，研究者报告了许多其他类型的逆转。

向经济学发起挑战

在心理学家和经济学家的对话史上，偏好逆转占据着重要地位。[3] 萨拉·利希滕斯坦和保罗·斯洛维奇报告的逆转引发了人们的关注，这两位心理学家是阿莫斯在密歇根大学读研时的同届校友。他们对两个赌局的偏好进行了实验，以下是实验的简化版。

你可以在两个赌局之间做选择，它们是有 36 个区的轮盘赌。
赌局 A：11/36 的概率赢得 160 美元，25/36 的概率输掉 15 美元。
赌局 B：35/36 的概率赢得 40 美元，1/36 的概率输掉 10 美元。

你要在安全赌局和风险较大的赌局之间做选择：一个赌局几乎确定能赢得不多的奖金，另一个赌局有小概率会赢大奖，大概率会输钱。安全至上，B显然是更受欢迎的选择。

现在分别考虑这两个赌局：如果你拥有它，你的最低售价是多少？记住，你不是在和任何人讨价还价——你的任务是确定你真正愿意放弃赌局的最低价。试着给出答案。你可能会发现，在这项任务中，可赢得的奖金最重要，你是基于其价值来评估赌局价值的。实验结果支持了这一猜测，赌局A的售价高于赌局B。这就是偏好逆转：人们选择B而不是A，但如果想象只拥有其中一个，人们给A设定的价值却比B高。在抢劫的场景中，偏好逆转的发生是因为联合评估将注意力集中在情境的某个方面（赌局A远不如赌局B安全），而这个事实在单独评估中不那么明显。对选项进行联合评估时，导致单独评估中选项判断差异的特征（受害者进错店的惨痛结局，或锚定在奖金上）被抑制了，或被认为是无关的。系统1的情绪反应更有可能影响单独评估。在联合评估中进行比较，总是需要更慎重、更费力的评估，必须调动我们的系统2。

偏好逆转可以在被试内实验中得到证实。实验中，许多选项被分为两组，受试者对两组中的项目分别定价，并在二者之间做选择。受试者没有意识到不一致性。面对不一致性时，他们的反应很有趣。1968年，萨拉·利希滕斯坦采访了该实验的一名受试者，那次采访已成为心理学领域永恒的经典。研究人员与困惑的受试者进行了长谈，这位受试者选择了赌局A而不是赌局B，但随后又愿意花钱将刚选择的A换成刚拒绝的B，这种偏好逆转反复循环。[4]

理性的经济人绝不会受偏好逆转的影响，因此这一现象是对理性主体模型的挑战，也是对建立在该模型之上的经济理论的挑战。挑战本可以被忽视，但事实上并没有。在偏好逆转发表几年后，两位备受尊敬的经济学家戴维·格雷瑟和查尔斯·普洛特在享有盛名的《美国经济评论》上发表了一篇论文，报告了他们对利希滕斯坦和斯洛维奇所描述现象的研究。[5]这可能是引起经济学家关注的首个实验心理学家的发现。就学术论文而言，他们的前言语惊四座，而且意图明确："在心理学领域，大量数据不断积累，诸多理论蓬勃发展，经济学家应该对此感兴趣。从表面上看，这些数据与偏好理论不一致，对经济学的研究重点产生了广泛的影响……本文报告了一系列实验结果，这些实验旨在证明，心理学家的研究成果不适用于经济学。"

格雷瑟和普洛特列出了13个可以解释其原始发现的理论，并报告了精心设计的用来检验这些理论的实验。其中一个假设是，之所以产生这些结果，是因为研究人员是心理学家！（不用说，心理学家觉得屈尊了。）最终，只有一个假设成立：心理学家是对的。格雷瑟和普洛特承认，这个假设最不符合标准的偏好理论，因为"它允许个人的选择依赖于做选择时的环境"——这显然违反了连贯性原则。[6]

你可能以为，出乎意料的结果会引起经济学家痛苦的反思，因为它成功地挑战了经济理论的基本假设。但这不是包括心理学和经济学在内的社会科学的运作方式。理论信念坚不可摧，要对既定理论提出重大质疑，一个令人尴尬的发现是远远不够的。[7]格雷瑟和普洛特的报告一针见血，令人钦佩，但它对经济学家（可能包括他们自己）的信念几乎没产生直接影响。然而，论文促使经济学家认真对待心理学研究，从而极大推动了跨学科的交流。

类别

"约翰的身高如何？"如果约翰身高5英尺，那么你的答案将取决于他的年龄。如果他6岁，那就很高；如果他16岁，那就很矮。你的系统1会自动提取相关常态，自动调整身高等级的含义。你还可以匹配不同类别的强度。请回答这个问题："在餐厅吃一顿饭花多少钱，算是与约翰的身高匹配？"你的答案取决于约翰的年龄：同样的价格，对16岁的约翰来说肯定比对6岁的约翰来说划算得多。

现在请看以下描述：

约翰6岁，身高5英尺。
吉姆16岁，身高5英尺1英寸。

单独评估时，人们一致认为约翰很高，吉姆不高，因为他们是与不同的常态做比较的。如果有人问你一个直接比较的问题："约翰和吉姆一样高吗？"你会给出否定的回答。答案很明确，不会让人惊讶。然而，在其他情况下，事物和事件构建了自己的比较情境，可能导致人们对重要问题做出不连贯的选择。

你不该产生一种印象，觉得单独评估和联合评估总是不一致的，或者判断是完全混乱的。我们的世界被划分出许多类别，每个类别（比如6岁男孩或桌子）都有常态。判断和偏好在同一类别中是连贯的，但当被评估对象属于不同类别时，可能就不连贯了。请回答以下三个问题：

你更喜欢苹果还是桃子？
你更喜欢牛排还是炖菜？
你更喜欢苹果还是牛排？

前两个问题中的食物属于同一类别，你立马就能判断出自己更喜欢哪个。此外，你会在单独评估中找到同一份排名表（"你有多喜欢苹果？"和"你有多喜欢桃子？"），因为苹果和桃子都让人想到水果。你在同一标准下比较不同的水果，并暗自在单独评估和联合评估中进行相互比较，因此没发生偏好逆转。与"类别内部"的问题相比，苹果和牛排的比较没有固定答案。与苹果和桃子不同，苹果和牛排不是意料之中的替代品，不能满足同样的需求。你有时想要牛排，有时想要苹果，但你很少说它们可以互相替代。

想象一下，你收到一封募捐倡议电子邮件，来自你比较信任的组织：

许多繁殖地的海豚生存受到污染的威胁，这将导致海豚数量下降。我们设立了一个由私人捐助的专项基金，为海豚提供无污染的繁殖地。

这个问题引发了什么关联？无论你是否意识到，与慈善事业有关的想法和记忆都会浮现在脑海中，你会特别容易想到保护濒危物种的项目。对"好/坏"的评估是系统1的自动运作，你对海豚在物种中的排名形成了大致的印象。海豚比雪貂、蜗牛或鲤鱼更可爱——在人们下意识进行比较的物种中，海豚受欢迎程度的排名很高。

你要回答的问题并非是否更喜欢海豚,而不是鲤鱼,你要做的是确定金钱价值。[8]当然,以往遇到这种征募请求,你从未理会过。但请花几分钟,将自己想象成回应请求的捐款者。

与许多其他难题一样,对金钱价值的评估可以通过替代和强度匹配来解决。金钱的问题很难,但较容易的问题唾手可得。你喜欢海豚,所以可能觉得拯救海豚是善举。下一步也是自动发生的,你将对海豚的喜爱程度转化为捐款等级,从而产生具体的捐款金额。你记得自己以前对环保事业的捐款力度,它可能不同于你对政治或母校足球队的捐款力度。你知道多少钱对你来说是"巨额"捐款,多少钱属于"大额"、"中等额度"和"小额"捐款。你对物种的态度也划分了等级(从"非常喜欢"到"一点儿也不喜欢")。因此,你能将态度转化为金钱,自动将"非常喜欢"转化为"大额捐款",从而确定具体金额。

在另一种情况下,你收到了不同的捐款请求:

在烈日下工作数小时的农场工人患皮肤癌的比例高于普通人群。经常体检可以降低风险。我们将创立一个基金,支持受威胁群体的体检。

这是个紧急问题吗?在评估紧急性时,它作为常态让你想到哪个类别?你如果自动将其归为公共健康问题,那么可能会发现农场工人皮肤癌威胁的排名并不高——几乎可以肯定,其排名低于海豚在濒危物种中的排名。你对皮肤癌问题的相对重要性形成了一个印象,将这个印象转化为金钱时,你可能会想到一个捐款额,它比保护可爱动物的捐款额要小。在实验中,单独评估时海豚吸引的捐款比农场工人多。

接下来,在联合评估中考虑这两项慈善事业。海豚和农场工人,哪一个应该得到更多的捐款?联合评估强调了一个特征,这个特征在单独评估中不明显,但一旦被关注,它就将起到决定性作用。那就是:农场工人是人,海豚不是人。你当然知道这一点,但它与你在单独评估中做出的判断无关。"海豚不是人"这一事实没有出现,因为你记忆中激活的所有相关问题都有这个特征。"农场工人是人"这一事实没有出现,因为所有的公共健康问题都关系到人。单独评估的窄框架使海豚得到较高的强度分数,通过强度匹配获得很高的捐款率。联合评估改变了问题的表征：只有当二者放在一起时，才凸显了"人与动物"的不同特征。在联合评估中，人们对农场工人的偏好是一致的。相比保护可爱的动物，人们愿意为农场工人的福利捐献更多的钱。与赌局选择和抢劫枪击案一样，人们在单独评估和联合评估中做出的判断不一致。

芝加哥大学的奚恺元提供了许多偏好逆转的例子，下面的例子是其中之一（见表33-1）。要评估的是二手音乐词典。

表33-1

	词典A	词典B
出版年份	1993	1993
词条量（条）	10 000	20 000
书况	较新	封面破损，其他部分较新

以单独评估的方式展现时，词典 A 的价值较高，但在联合评估中，偏好发生了变化。该结果说明了奚恺元的可评估性假设：在单独评估中，词条量没有被赋予权重，因为单独的量是没法"评估"的。相比之下，在联合评估中，词典 B 的词条量显然更占优势，而且词条量也比封面状况重要得多。[9]

不公平的逆转

我们有充分的理由相信，司法机构在某些领域受到可预测的不连贯性的影响。证据部分来自实验，包括对模拟陪审团的研究，部分来自对法律、法规和诉讼案的观察结果。

在一项实验中，研究人员从得克萨斯州陪审团名册中招募到一批模拟陪审员，要求他们评估几起民事诉讼的惩罚性赔偿金。这些案件是成对出现的，每对案件都包括人身伤害索赔和经济损失索赔。研究人员先要求模拟陪审员评估其中一个案件，然后展示与之配对的案件，要求他们对二者进行比较。以下是一对案件的摘要：

案件1：一个小孩在玩火柴时，睡衣着了火，造成中度烧伤。睡衣生产商没能确保睡衣有足够的防火性。

案件2：某家银行进行了不良交易，导致另一家银行损失1 000万美元。

一半受试者先判断案件1（单独评估），然后在联合评估中比较两起案件。另一半受试者的判断顺序正相反。在单独评估中，陪审员判给被骗银行的惩罚性赔偿金比判给烧伤儿童的高，可能是因为惨重的经济损失提供了一个很高的锚点。

然而，将两起案件放在一起考虑时，对个体受害者的同情压倒了锚定效应，陪审员提高了给孩子的赔偿金，其金额超过了给银行的赔偿。平均而言，在类似的成对案件中，陪审员进行联合评估时确定的人身伤害赔偿金是单独评估时的两倍多。对儿童烧伤案件进行单独评估时，陪审员给出了与其感情强度相匹配的赔偿金。他们无法预期，与金融机构的大额赔偿金相比，儿童的赔偿金会显得不足。在联合评估中，对银行的惩罚性赔偿仍然被锚定在损失上，但对烧伤儿童的赔偿金增加了，这反映出因疏忽导致儿童受伤所引发的愤怒。

正如我们了解到的，更宽泛、更全面的框架通常会带来理性，联合评估显然比单独评估更宽泛。当然，当控制你所见事物的人能从你的选择中谋取既得利益时，你应该警惕联合评估。销售人员很快了解到，操纵顾客看到商品的环境会极大地影响其偏好。除了这种蓄意操纵外，有一种假设是，涉及系统2的比较判断比单独评估更稳定，而单独评估往往反映了系统1的情绪反应强度。我们可以预期，一个机构如果想做出谨慎的判断，会努力为判断者提供评估个案的宽泛背景。我从卡斯·桑斯坦那里得知，陪审员在评估惩罚性赔偿时，被明确禁止考虑其他案件。这让我很惊讶。与心理学常识相反，法律系统倾向于单独评估。

在另一项有关法律体系不连贯性的研究中，桑斯坦比较了美国不同的政府机构实施的行政处罚，这些机构包括职业安全与健康管理局和环境保护局。他总结说："在同一类别中，处罚似乎非常明智，至少较严重的伤害会受到较严厉的惩罚。对于违反职业安全和健康规定的行为，处罚最严厉的是重复违规，其次是蓄意和严重的违规，惩罚最轻的是无犯罪记录的初犯。"[10]

各机构的处罚力度差异很大，对此你不应感到惊讶，这在某种程度上反映了政治和历史因素，而没有从全局角度关注公平。"严重违反"工人安全规定的罚款上限为 7 000 美元，而违犯《野鸟保护法案》的罚款最高可达 25 000 美元。相对于机构设定的其他处罚，罚款额度是合理的，但与不同机构的处罚进行比较时，就显得很奇怪。正如本章中的其他例子一样，只有将两起案件放入宽框架中比较时，你才能发现其荒谬之处。行政处罚体系在各机构内部是连贯的，但整体来看却是不连贯的。

谈谈逆转

"在我了解到空调单位的差异有多大之前，英制热量单位（BTU）对我来说毫无意义。联合评估至关重要。"

"你说这是一场出色的演讲，因为你比较的是她的其他演讲。与别人的演讲相比，它仍是逊色的。"

"通常情况下，当你拓宽框架时，你会做出更合理的决策。"

"当你孤立地看待案例时，你很可能会受到系统 1 情绪反应的影响。"

第 34 章
框架与现实

2006 年世界杯总决赛在意大利队和法国队之间展开。下面的两句话都描述了结果。"意大利队赢了。""法国队输了。"它们的意思一样吗？答案完全取决于"意思"对你来说指的是什么。

从逻辑推理的目的看，这两个描述比赛结果的句子是可互换的，因为它们表示相同的世界状态。正如哲学家所说，它们为真的条件相同：假如其中一句为真，那么另一句也为真。这是经济人理解事物的方式，经济人的信念和偏好与现实紧密相关。尤其是，他们选择的对象是世界的状态，不受描述这些状态的词语的影响。

"意思"还有另一层含义，在这层含义中"意大利队赢了"和"法国队输了"的意思截然不同。从这个意义上讲，句子的意思是当你理解它时，你的关联机制发生的事情。这两句话唤起了明显不同的联想。"意大利队赢了"让人想起意大利队及其为获胜所做的一切。"法国队输了"让人想起法国队及其败北的原因，包括法国球星齐达内用头撞击意大利球员的出格举动。就引发的关联而言（系统 1 对句子的反应），这两句话确实表示不同的意思。逻辑上等价的陈述会引起不同的反应，普通人不可能像经济人那样拥有可靠的理性。

情感的框架

表述方式会对信念和偏好产生不当影响，我和阿莫斯将其称为"框架效应"。[1] 以下是我们使用的例子：

一场赌博有10%的概率赢得95美元，90%的概率输掉5美元。你会接受吗？

一张彩票有10%的概率赢得100美元，90%的概率一无所获。你会花5美元买这张彩票吗？

首先，花点儿时间让自己相信，这两个问题是相同的。在这两种情况下，你都得决定是否接受不确定的前景，它要么让你赚95美元，要么让你赔5美元。有些人的偏好与现实紧密相关，对这两个问题，会给出相同的答案。但这样的人很少。事实上，第二种描述吸引了更多肯定的回答。相比将不利结果描述为输掉一场赌博，将其表述为未中奖彩票的成本，人们接受起来要容易得多。损失比成本更能唤起负面情绪，对此我们不应感到惊讶。选择与现实的联系并不紧密，因为系统1就是如此。

我们构建的问题受到理查德·塞勒的影响。他告诉我们，他读研时在记事板上贴了一张卡片，上面写着"成本不是损失"。在其早期关于消费者行为的论文中，塞勒描述了一场讨论：是否允许加油站对现金支付或信用卡支付执行不同的收费标准。[2] 信用卡游说团体极力要求将差别定价定为非法，但其变通立场是：如果允许差别定价，要称之为现金折扣，而不是信用卡附加费。他们的心理学依据是合理的：人们更愿意放弃折扣，而不是支付附加费。从经济角度看，二者可能是一样的，但在情感上却不一样。

在一项设计精巧的实验中，伦敦大学学院的神经科学家团队将框架效应的研究与不同脑区的活动记录结合起来。为了提供可靠的大脑反应测量，实验包含了大量测试。图34-1显示了其中一项测试的两个阶段。

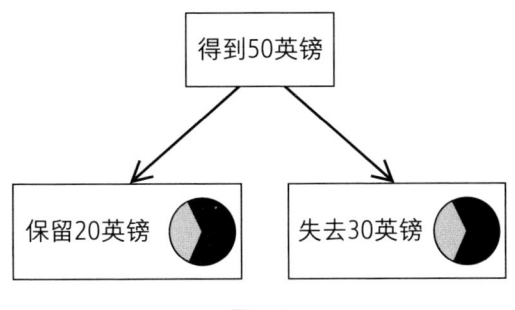

```
              得到50英镑
             ╱        ╲
    保留20英镑         失去30英镑
```

图34-1

首先，要求受试者想象自己收到了一笔钱，在该例中是50英镑。

然后，要求受试者在确定的结果和轮盘赌之间做选择。如果轮盘指针停在白色区域，受试者会"得到"全部50英镑；如果停在黑色区域，受试者什么也得不到。确定的结果就是赌博的期望值，在该例中是20英镑的收益。

如图所示，同样确定的结果可以用两种不同的方式表达：保留20英镑或失去30英镑。在这两个框架中，客观结果完全相同，忠于现实的经济人对二者的反应相同——无论怎么表达，要么选择确定收益，要么选择赌博。但我们已经知道，普通人的心智与现实的联系并不紧密。接近或避免的倾向是由措辞引发的，表述为"保留"时，我们预期系统1会偏向于确定选项；表述为"失去"时，系统1会拒绝同一选项。

实验中包含许多测试，每位受试者都在"保留"和"失去"框架中面对几个选择问题。不出所料，20名受试者都表现出框架效应：在"保留"框架中，他们更有可能选择确定的事情；在"失去"框架中，他们更有可能接受赌博。但受试者并不都一样。有些人很容易受到问题框架的影响；有些人则是无论框架如何，都做出基本相同的选择——就像忠于现实的人会做的选择一样。作者对20名受试者进行了排名，并给排名起了一个引人注目的名字：理性指数。

受试者做决定时，其大脑活动被记录下来。后来，测试被分为两类：

（1）受试者的选择与框架一致。

- 在"保留"版本中偏好确定的事情。

- 在"失去"版本中偏好赌博。

（2）受试者的选择与框架不一致。

这些显著的结果说明了神经经济学的潜力。神经经济学研究做决策时人脑的活动。神经科学家已经进行了数千次这类实验，他们已经会依据任务的性质，期待特定脑区的"亮起"——这是氧气流量增加的表现，表明神经活动处于较活跃的状态。当受试者专注于某个视觉对象、想象踢球、识别人脸或想到房子时，不同的脑区会活跃起来。当情绪被唤起、陷入冲突或专注于解决问题时，其他脑区会亮起。尽管神经科学家出于严谨，会避免说"这部分大脑做这些事……"，但他们对不同脑区的"个性"已有充分的了解，大脑活动分析对心理解释的贡献也大幅增加。以下是框架研究的三个主要发现：

- 当受试者的选择与框架一致时，与情绪唤起相关的脑区（杏仁核）最有可能活跃起来。如果充满情感的词"保留"和"失去"立即产生了趋于（描述为损失时）或避免（描述为收益时）确定之事的倾向，那么，杏仁核的活跃正是我们期望的。情绪刺激很快抵达杏仁核，这很可能与系统1有关。
- 当受试者没有随心而为时（也就是说，尽管描述为"失去"，但他们选择了确定的事），与冲突和自控相关的脑区（前扣带回）就会变得更活跃。抵制系统1的倾向显然涉及冲突。
- 最"理性"的受试者（那些最不容易受框架效应影响的人）大脑前额叶区域的活动增强，这意味着情绪和理性共同引导决策。值得注意的是，"理性"个体并非冲突的神经证据表现最强的人。看来，这些精英受试者通常（并非总是）忠于现实，内心几乎没有冲突。

这项研究将有关选择的观察结果与神经活动的影像相结合，明确说明了一个问题：被措辞激发的情绪如何在潜移默化中影响人们的最终选择。

阿莫斯与哈佛医学院的同事做了一项实验，该实验成为情感框架的经典例子。他们向医生受试者提供了两种肺癌疗法（手术和放疗）的统计结果。5年生存率数据显然支持手术疗法，但在短期内，手术的风险高于放疗。一半受试者读到的是有关生存率的统计数据，另一半读到的是以死亡率表示的相同信息。对手术短期结果的两种描述如下：

术后一个月的存活率是 90%。
术后第一个月的死亡率是 10%。

你已经知道结果了：相比第二个框架（50% 的医生选择放疗），手术疗法在第一个框架中更受欢迎（84% 的医生选择手术）。这两种描述的逻辑等价性一目了然，无论看到哪个版本，忠于现实的决策者都会做出同样的选择。但是，正如我们所了解的，系统 1 很少对情绪化措辞无动于衷：死亡率是负面词汇，存活率是正面词汇，90% 的存活率听起来令人鼓舞，10% 的死亡率则令人恐惧。[3] 这项研究的一个重要发现是，医生与普通人（比如住院病人、商学院研究生）一样，容易受到框架效应的影响。显然，医学训练并不能抵御框架的影响力。

"保留 – 失去"研究和"存活率 – 死亡率"实验在一个重要方面存在差异。大脑成像研究的受试者进行了许多测试，在这些测试中他们接触到了不同的框架。框架会分散注意力，参与者有机会认识到这种影响，他们通过采用共同框架来简化任务。这个共同框架或许是将"失去"转换为等量的"保留"。只有聪明人（警觉的系统 2）才能学会这一点，少数成功完成这项壮举的受试者可能被研究人员认定为"理性"主体。相反，在存活率框架中读到两种疗法统计数据的医生没有理由怀疑，如果在死亡率框架中得知相同的统计数据，他们会做出不同的选择。重新描述问题耗费脑力，系统 2 一向是懒惰的。除非有明显的理由，否则大多数人都会在原有框架下被动地接受决策问题，因而几乎没有机会发现，我们的偏好在多大程度上忠于框架，而非忠于现实。

空洞的直觉

我和阿莫斯用一个例子介绍了我们对框架的讨论，这个例子就是"亚洲疾病问题"。[4]

想象一下，美国正在预防一种不寻常的亚洲疾病，疾病预计会导致600人死亡。现在有两种对抗疾病的方案。假设经过严谨的科学评估，两种方案的后果如下：

如果采用方案A，会有200人获救。
如果采用方案B，有1/3的概率600人获救，2/3的概率无人获救。

绝大多数受试者选择方案A：他们偏好确定的选项，而不是赌博。
在第二个版本中，两种方案的结果有不同的框架：

如果采用方案A′，会有400人死亡。
如果采用方案B′，有1/3的概率无人死亡，2/3的概率600人死亡。

仔细观察并比较这两个版本：方案A和方案A′的结果是一样的，方案B和方案B′的结果也一样。然而，绝大多数人在第二个框架中选择了赌博。

两个框架中的不同选择符合前景理论，即依据结果的好坏，在赌博和确定的事情之间做出的选择会有差异。结果有利时，决策者倾向于偏好确定的事情，而不是赌博（风险厌恶）。两种结果都不利时，决策者则倾向于拒绝确定的事，接受赌博（风险寻求）。在涉及金钱的赌博和确定之事的选择研究中，这些结论已被证实。疾病问题表明，以挽救或失去的生命来衡量结果时，同样的规则也适用。在这种情况下，框架实验揭示了风险厌恶和风险寻求偏好并不忠于现实。不同的表述逆转了人们对相同客观结果的偏好。

阿莫斯与我分享的一段经历，让这个故事更加严峻了。阿莫斯受邀向一群公共健康专业人士发表演讲，这些人是疫苗项目和其他项目的决策者。他借此机会介绍了"亚洲疾病问题"：一半人看到"拯救生命"的版本，另一半人看到"失去生命"的版本。和其他人一样，这些专业人士也容易受到框架效应的影响。官员的决策关系到每个人的健康，但他们可能被肤浅的操纵所左右，这未免令人担忧。但我们必须习惯接受这一观点：再重要的决策都会受到系统1的影响（如果不能说是受其控制的话）。

人们在面对不一致决策时的反应更令人不安。我们问受试者："在一种表述中，你选择挽救 200 人的生命，但在另一种表述中，你选择了赌博，而不是接受 400 人的死亡。现在你知道这些选择是不一致的，你该如何做决定？"回答通常是令人尴尬的沉默。决定最初选择的直觉来自系统 1，与保留 20 英镑或厌恶损失 30 英镑的偏好相比，这一选择并没有更多的道德基础。确保能拯救生命是好事，死亡是坏事。多数人发现，在回答这个问题时，他们的系统 2 并没有道德直觉。

伟大的经济学家托马斯·谢林在《选择与后果》[5]一书中描述了一个例子，那是我最喜欢的框架效应的例子，对此我要对他表示感谢。谢林的书写在我们的框架研究成果发表之前，框架并非他重点关注的问题。他谈到自己在哈佛大学肯尼迪学院的一次教学经历，那堂课的主题是税法中的儿童减免税问题。谢林告诉学生，所有孩子都可以享受标准的免税额，与纳税人的收入无关。他问学生对下面的问题有何看法：

富人的孩子应该比穷人的孩子得到更多免税额吗？

你的直觉很可能与谢林的学生一样：他们认为，以更多的免税额偏袒富人，这完全无法接受。

谢林随后指出，税法是武断的。它将默认状态假定为没有孩子的家庭，以每个孩子享有免税额的方式来减税。当然，税法也可以改写，将默认状态假定为有两个孩子的家庭。在这种表述方式下，孩子数量少于默认数量的家庭将支付附加税。现在，谢林要求学生就以下问题发表看法：

没有孩子的穷人应该和没有孩子的富人一样缴纳同等的附加税吗？

对于这个问题，你的反应可能仍与学生一致，他们的答案是否定的，其反对的强度与第一个问题一样。但谢林告诉学生，他们不能从逻辑上同时拒绝这两个提议。现在将两种表述放在一起来看。在第一个版本中，无子女家庭和有两个孩子的家庭的应缴税款差异被描述为减税，在第二个版本中则被描述为增税。如果在第一个版本中，你希望穷人因有孩子而获得与富人相同

（或更好）的福利，那么你必须希望穷人因没有孩子而支付与富人至少同等的罚金。

我们可以意识到，系统1在起作用。它能立即做出反应，回答有关富人和穷人的所有问题：如有疑问，偏向穷人。谢林提出的问题出人意料的一面是，这个看似简单的道德规则并不可靠。它会让人对同一问题产生矛盾的答案，这取决于问题的框架。当然，你知道接下来的问题是什么了。既然你已经知道自己对问题的反应受到框架的影响，那么你如何回答下面这个问题：税法应该如何对待富人和穷人的孩子？

你可能再次发现自己无言以对。你对富人和穷人之间的差异有某种道德直觉，但这些直觉取决于武断的参考点，与真正的问题无关。这个问题与现实状况有关，问的是：每个家庭应该缴纳多少税，如何填写纳税申报表。没有令人信服的道德直觉来指导你解决这个问题。你的道德情感依附于框架，依附于对现实的描述，而不是现实本身。框架的本质显而易见，不应将框架视为掩盖或扭曲基本偏好的干扰。至少在该例中（以及在亚洲疾病问题和癌症手术与放疗的问题上），不存在被框架掩盖或扭曲的基本偏好。我们的偏好与问题的框架有关，我们的道德直觉与问题的描述有关，与问题的本质无关。

好框架

并非所有的框架都同样有效。有些框架对同一事物的描述（或考量）明显优于其他框架。请思考以下两个问题：

一位女士买了两张80美元的戏票。到达剧院时，她打开钱包，发现票不见了。她会再买两张票吗？

一位女士去剧院，打算买两张80美元的票。到达剧院时，她打开钱包，沮丧地发现用于买票的160美元不见了。她可以用信用卡付款。她会买票吗？

只看到其中一个版本的受试者会依据框架得出不同的结论。大多数人认为，第一个版本中的女士丢了票会回家，不看戏了。但如果这位女士丢了钱，大多数人认为她会买票看戏。

对这种解释，我们应该很熟悉了——这个问题涉及心理账户和沉没成本谬误。不同的框架唤起了不同的心理账户，损失的意义取决于它记入哪个账户。戏票丢失了，自然就记入与这场戏相关的账户中。戏票的成本似乎翻了一番，现在可能超过了体验价值。相比之下，现金损失记入"一般收入"账户——这位女士的经济条件比她自以为的要窘迫些，她可能会问自己，损失一点儿零用钱是否会改变她的购票决定。大多数受试者认为不会。

现金损失的版本会引发更合理的决策。这是一个更好的框架，因为门票丢失的损失是"沉没的"，沉没成本应该被忽略。过去发生的事是无关的，唯一重要的问题是这位女士现在的选择及其可能的后果。不管她丢的是什么，相关事实是她比打开钱包前更穷了。如果丢票的人征求我的建议，我会说："如果丢了等额的现金，你会买票吗？如果会，那就重新买票吧。"较宽的框架和包容性较强的账户通常会让人做出更理性的决策。

在下面的例子中，两个可替代的框架唤起了不同的数学直觉，其中一个框架比另一个要好得多。《英里/加仑[①]（MPG）错觉》是 2008 年发表在《科学》杂志上的一篇论文，作者是心理学家理查德·拉里克和杰克·索尔。他们发现了一个案例，在该案例中，被动接受误导性框架会让人付出巨大的代价，造成严重的政策后果。[6] 大多数购车者将汽油里程列为他们选择的决定因素之一，他们知道高里程汽车的成本较低。但美国惯用的框架（英里/加仑）提供了非常糟糕的指导，不利于个人和政策制定者的决策。以下是两位想降低成本的车主的做法：

亚当将其 12 英里/加仑的车换成了油耗稍低的 14 英里/加仑的车。
注重环保的贝丝将其 30 英里/加仑的车换成了 40 英里/加仑的车。

假设两位车主的年行驶里程相同，谁会因为换车节省更多的汽油？几乎

[①] 1 加仑（美）≈ 3.79 升。——编者注

可以肯定的是，你会产生一种普遍的直觉，即换车后贝丝比亚当节省的油更多：她每加仑油多跑了10英里，而不是2英里，节省了1/3（从30到40），而不是1/6（从12到14）。现在，动用你的系统2来解决这个问题。如果两位车主都行驶了10 000英里，亚当的油耗从高得惊人的833加仑降到仍然很高的714加仑，节省了119加仑。贝丝的油耗从333加仑降到250加仑，只节省了83加仑。以英里/加仑为框架是错的，应该以加仑/英里（GPM）为框架（或大多数国家使用的升/100千米）。正如拉里克和索尔指出的，以英里/加仑为框架产生了误导性直觉，很可能会误导政策制定者和购车者。

在奥巴马总统执政时期，卡斯·桑斯坦曾担任信息和监管事务办公室主任。他与理查德·塞勒合著了《助推》一书，这是将行为经济学应用于政策的基础手册。自2013年起，每辆新车都贴上了"燃油经济性与环保性"标识，美国首次将"加仑/英里"的信息纳入其中，这绝非偶然。遗憾的是，正确的表述是以小字体印刷的，人们更熟悉的英里/加仑信息以大字体印刷，但该举措的方向是正确的。从《英里/加仑错觉》发表到实施部分纠正措施之间的5年，可能是心理学在公共政策中应用最快的时期。

许多国家的驾照上都有一个标注，表明意外死亡时器官捐献的意愿，其表述方式也反映了一个框架明显优于另一个框架。很少有人说捐献器官的决定不重要，但有力的证据表明，大多数人的选择都是轻率的。证据来自对欧洲各国器官捐献率的比较，揭示出文化相似的邻国之间惊人的差异。[7] 2003年发表的一篇论文指出，奥地利的器官捐献率接近100%，但德国只有12%，瑞典是86%，丹麦只有4%。

这种巨大的差异来自框架效应，是由关键问题的表述形式引起的。高捐献率国家的表格以退出形式确认，不想捐献的人必须勾选相应的选框。除非你做出勾选的举动，否则会被认作自愿捐献者。低捐献率国家的表格以加入形式确认：必须在框中勾选才能成为捐献者。这就是区别所在。预测人们是否会捐献器官，最好的方式是看默认选项，是不是不勾选就表示同意捐献。

其他框架效应的原因可追溯到系统1，但器官捐献效应与之不同，最好用系统2的懒惰来解释。人们如果已经做出了决定，就会勾选这个框。如果没有想好是否捐献，就必须耗费脑力思考是否要勾选。想象一下，有这样一张器官捐献表，它要求人们解答方框中的数学题，这个数学题的难度与他们的决定相对应。其中一个框里是 2 + 2 = ？另一个框里是 13 × 37 = ？器官捐献率肯定会因此受到影响。

认识到表述方式的作用之后，一个政策问题出现了：应该采用哪种表述方式？在该例中，答案很简单。如果你相信器官捐献有益于社会，那么面对产生几乎全部捐献的表述和只产生 4% 捐献的表述，你不会持中立态度。

正如我们反复看到的，重要选择受到无关紧要的情境特征的控制。这令人尴尬——我们不希望以这种方式做出重要的决策。此外，这也不是我们所体验到的大脑运作方式，但这些认知错觉的证据毋庸置疑。

我们可以将框架效应看作反对理性主体理论的证据。如果一个理论名副其实，它一定会断言某些事件不可能发生。也就是说，如果该理论为真，这些事件就不会发生。当我们观察到某个"不可能"事件时，该理论就被证伪了。一个理论在被确凿的证据证伪之后仍可以长期存在。我们看到的证据，以及许多其他证据都证伪了理性主体模型，但它却依然屹立不倒。

器官捐献的例子表明，关于人类理性的争论可以在现实世界中产生重大影响。理性主体模型的信徒和质疑它的怀疑论者之间显著的区别是，信徒只是想当然地认为，选择问题的表述方式不会影响人们在重大问题上的偏好，他们甚至没有兴趣去调查这个问题，所以我们经常会得到较差的结果。

理性怀疑论者对此并不惊讶。他们受过训练，对决定偏好的无关因素的影响力很敏感——我希望本书的读者也具备这种敏感性。

谈谈框架与现实

"他们如果能以自己留住的钱而不是损失的钱来表述结果，就会感觉好一些。"

"让我们改变参考点，重新表述这个问题。想象一下，如果没拥有它，我们认为它值多少钱？"

"将这个损失记入'一般收入'的心理账户——你会感觉好些！"

"他们要求你勾选方框退出邮寄名单。如果要求你勾选方框加入邮寄名单，他们的名单会短很多！"

第五部分

两个自我

第35章
两个自我

"效用"一词在其漫长的历史中有两种不同的含义。在《道德与立法原理导论》一书中，杰里米·边沁开篇第一句就是名言："大自然将人类置于两位君主的统治之下，他们就是痛苦和快乐。只有他们才能指示我们应该做什么，并决定我们将要做什么。"在一个令人尴尬的脚注中，边沁为他用"效用"一词来表达苦乐体验而致歉，说他找不到更确切的词了。为了与边沁对该术语的解释区分开，我称其为"体验效用"。

在过去的100年里，经济学家一直用"效用"表达其他意思。经济学家和决策理论家用这个术语表达"想要性"，我则称其为"决策效用"。[1] 二者的含义并不完全相同。例如，期望效用理论讲的都是支配决策效用的理性规则，与快乐的体验毫不相干。当然，如果人们想要自己的心仪之物，并喜欢自己的所选之物，效用的这两个概念就有了相同的含义——概念重合的假设隐含在一个普遍观念中，即经济主体是理性的。理性的主体应该知道自己现在和未来的偏好，也应该做出使利益最大化的明智决策。

体验效用

我痴迷于探索体验效用和决策效用之间可能的差异，这种痴迷由来已久。在和阿莫斯研究前景理论时，我就构想出一个迷题：想象有个人每天都要打一次很痛的针，这种痛没法适应，每天的痛感都一样。现在出现两种情况，第一种是将计划注射次数从 6 次减少到 4 次，第二种是从 20 次减少到 18 次，人们会认为这两种改变有同样的价值吗？如果答案是否定的，有合理的理由解释这种差异吗？

我没有收集数据，因为结果显而易见。你可以自己验证，你为注射次数减少 1/3（从 6 次到 4 次）支付的费用比减少 1/10（从 20 次到 18 次）要多。在第一种情况下，避免两次注射的决策效用比第二种情况大。相比第二种情况，所有人都会为第一种情况支付更多的费用。但这种差异是荒谬的。如果每天打的针都一样痛，有什么理由依据之前的注射次数，为减少两次疼痛分配不同的效用？以我们现在所用的术语说，这个问题引入了一种观点，即体验效用可以通过注射次数来测量。它还暗示，至少在某些情况下，体验效用是评估决策的标准。决策者为获得相同的体验效用（或避免相同的损失）而支付不同的费用是错误之举。你可能会认为这一观察结果显而易见，但在决策理论中，判断决策有误的唯一依据是与其他偏好不一致。阿莫斯跟我讨论过这个问题，但没有深入研究。多年后，我重新开始研究这个问题。

体验与记忆

如何测量体验效用？我们应该如何回答此类问题，比如"海伦在治疗中受了多少苦？"或"她在海滩上的 20 分钟享受了多少快乐？" 19 世纪，英国经济学家弗朗西斯·埃奇沃思曾思考过这个问题，并提出"快乐测量仪"的想法。这是一种想象中的仪器，类似于气象局使用的设备，可以随时测量人们体验的苦乐程度。[2]

就像每天的温度或气压一样，体验效用会发生变化，人们可以将其结果绘制成时间函数图。海伦在治疗过程中或度假期间体验了多少痛苦或快乐，"曲线下的面积"就是答案。时间在埃奇沃思的概念中起着关键作用。如果海伦在海滩上度过 40 分钟，而不是 20 分钟，她仍感觉很享受，那么在海滩上的总体验效用就会翻倍，就像注射次数翻倍会使注射过程的痛苦加倍一样。这就是埃奇沃思的理论，我们现在已理解了其理论成立的条件。[3]

图 35-1 显示了两名患者接受结肠镜检查时的痛苦体验，来自我和唐·雷德曼尔为一项研究共同设计的实验。雷德曼尔是多伦多大学的医生和研究员，这项实验是他在 20 世纪 90 年代初进行的。[4] 现在的结肠镜检查通常使用麻醉剂和失忆药物，但我们收集数据时，这些药物尚未普及。每隔 60 秒我们会提示患者，让他们表示当时体验的疼痛程度。疼痛程度以 0~10 来表示，0 代表"完全不痛"，10 代表"无法忍受的痛"。你可以看到，患者在检查过程中的体验有很大差异。患者 A 持续了 8 分钟，患者 B 持续了 24 分钟（最后一次 0 级疼痛是在检查结束后记录的）。共有 154 名患者参与了实验，检查时间最短 4 分钟，最长 69 分钟。

接下来，请思考一个简单的问题：假设两位患者使用相似的疼痛量表，哪位患者更痛苦？答案毫无争议。人们普遍认为患者 B 更痛苦。在任意等级的疼痛中，患者 B 忍受的时间至少与患者 A 一样长，而且患者 B 的"曲线下的面积"明显大于患者 A。当然，关键在于患者 B 的检查时间要长得多。我将多次短暂疼痛的报告总量称为"快乐测量仪总值"。

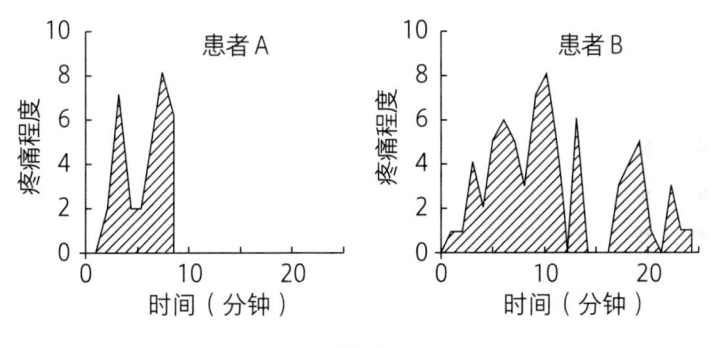

图35-1

检查结束后，我们要求所有参与者为其体验的"疼痛总值"打分。这样的措辞是为了鼓励他们考虑自己所报告的疼痛的整体体验，回想快乐测量仪总值。出乎意料的是，患者并没有这么做。统计分析揭示了两个发现，说明了我们在其他实验中观察到的一种模式：

- 峰终定律：通过在最痛时和结束时报告的疼痛程度平均值，我们可以准确预测整体回顾性评估。

- 时长忽视：检查的时长对疼痛总值的评分没有任何影响。

现在，你可以将这两个规则运用于患者 A 和患者 B。两位患者的最差评分（10 分制中打了 8 分）相同，但在检查结束前，患者 A 的最后一次评分为 7 分，患者 B 只有 1 分。因此，患者 A 和患者 B 的峰终平均值分别为 7.5 分和 4.5 分。不出所料，患者 A 对检查的记忆比患者 B 痛苦得多。患者 A 的运气不好，检查在痛苦的时刻结束，给他留下了不愉快的记忆。

现在我们陷入了"富裕的困境"：测量体验效用的两种标准（快乐测量仪总值和回顾性评估）的差异是系统性的。快乐测量仪总值是由观察者根据个人对多次瞬间体验的报告计算得出的。我们将这些判断称为"时长分量"，因为在计算"曲线下的面积"时，我们为所有时刻分配了相等的分量：两分钟 9 级的疼痛是一分钟 9 级疼痛的两倍。然而，该实验和其他实验的结果表明，回顾性评估对时长不敏感，而两个特殊时刻（巅峰和结尾）的分量远大于其他时刻。那么，应该看重哪一个？医生应该怎么做？这个选择对医学实践具有启示意义。我们注意到：

- 如果目标是减少患者的疼痛记忆，那么降低疼痛的峰值可能比缩短检查时间更重要。同理，如果目标是给患者留下较好的回忆，那么逐渐缓解疼痛可能比突然终止疼痛要好，这样，检查结束时的疼痛是比较轻的。
- 如果目标是减少患者实际体验的疼痛总量，那么快速完成检查可能比较好，即使这样会增加疼痛的峰值，给患者留下痛苦的回忆。

你觉得哪个目标更令人信服？我没进行过调查，但我的印象是，绝大多数人倾向于减少疼痛的记忆。我发现，将这种困境视为两个自我之间的利益冲突是有帮助的（这两个自我与我们熟悉的系统 1 和系统 2 没有对应关系）。体验自我回答的是："现在疼吗？"记忆自我回答的是："总体感觉怎么样？"记忆是我们保存的所有生活体验，因而，在想到自己的生活时，我们可以采用的唯一视角是记忆自我。

我主持过一个讲座，说明记忆和体验的区分困难。讲座结束后，一位听众发表了自己的看法。他说，自己曾全神贯注地听唱片里播放的交响乐，接近尾声时，唱片因刮痕发出刺耳的声音。他说，糟糕的尾声"毁了全部体验"。但实际上毁掉的并不是体验，而是与它有关的记忆。体验自我有过一段近乎完美的体验，糟糕的结局无法将其抹去，因为它已经发生了。这位听众给整段经历打了一个不及格的分数，因为它的结尾很糟糕，但这个分数忽视了前面40分钟的音乐享受。实际体验难道毫无意义吗？

将体验与对体验的记忆混为一谈，这是难以抵御的认知错觉——正是这种替代让我们相信过去的体验可以被毁掉。体验自我没有发言权。记忆自我有时是错的，但它负责记分，掌控我们的生活经验，也是最终的决策者。我们从经历中学到的是，最大限度地提高未来记忆的质量，而不一定是未来体验的质量。这就是记忆自我的蛮横之处。

哪个自我重要？

为了展现记忆自我的决策力，我和同事们设计了一个稍微有些折磨人的实验，我称之为冷手情境（它有一个令人不快的专业术语：冷加压）。我们要求受试者将一只手浸入冷水中，水要没过手腕，直到接到指令才能将手拿出来，然后递给他们一条温热的毛巾。在我们的实验中，受试者用另一只手控制键盘上的箭头，连续记录他们所忍受的痛苦，这是其体验自我的直接表达。我们选择的水温能引起中等强度的疼痛，但可以忍受。当然，志愿加入的受试者随时可以把手拿出来，但没有人这样做。

每个受试者都忍受了两次冷手经历：

短时经历是把手浸泡在14摄氏度的水中60秒，这种寒冷体验令人痛苦，但可以忍受。60秒结束时，研究人员告诉受试者把手从水中拿出来，然后递给他们一条温热的毛巾。

长时经历持续了90秒。前60秒与短时经历完全相同。60秒结束时，研究人员什么也没说，而是打开水龙头，让温度稍高的水流入盆中。在后30秒内，水温上升了约1摄氏度，刚好能让大多数受试者感到痛苦稍微减轻了些。

我们告诉受试者，要进行三次冷手实验，但事实上，他们只体验了短时和长时经历，两次浸入水中的是不同的手。实验间隔 7 分钟。第二次实验后 7 分钟，受试者可以选择第三次实验。受试者被告知，前面两次实验中的某一次要被准确复制，他们可以自由选择以左手还是右手重复这次体验。[5] 当然，一半受试者用左手进行短时实验，另一半受试者用右手；一半受试者先进行短时实验，另一半受试者先进行长时实验；等等。这是一个精心控制的实验。

该实验旨在创造体验自我和记忆自我之间的利益冲突，以及体验效用和决策效用之间的冲突。从体验自我的角度来看，长时实验显然更糟糕。我们期望记忆自我会有另外的看法。"峰终定律"预测短时实验的记忆体验比长时实验差，"时长忽视"预测 90 秒和 60 秒之间的疼痛差异会被忽视。因此，我们预测受试者会偏好（或不那么讨厌）长时实验的记忆，并选择再次体验它。果然如此。80% 的受试者报告说，在其选择重复体验的长时经历中，他们的疼痛在最后阶段减轻了，因而表示自己愿意在第三次实验中承受 30 秒不必要的痛苦。

偏好长时体验的受试者不是自虐狂，也不是故意让自己处于较差的体验中，他们只是犯了一个错误。如果我们问他们："你选择将手浸在水中 90 秒，还是只在前 60 秒把手浸在水中？"他们肯定会选择时间较短的选项。然而，我们没有这么问，受试者随性而为，选择重复负面记忆较少的经历。受试者非常清楚两次经历哪次较长（我们问过他们），但他们没有运用这一认知。他们的决定取决于简单的直觉选择规则：选择自己最喜欢的或最不讨厌的。记忆规则决定了他们讨厌这两个选项的程度，继而决定了他们的选择。就像我之前提到的打针难题一样，冷手实验揭示了决策效用和体验效用的差异。

前面的章节提到了"少即是多"效应，我们在冷手实验中观察到的偏好是该效应的另一个例子。有个例子来自奚恺元的实验，在 24 个盘子的套装中添加盘子会降低其总价值，因为添加的几个盘子有破损。另一个例子是琳达问题，她是一位激进的女士，人们认为她更可能是女权主义的银行出纳员，而不是银行出纳员。这三种情况的类似结果并非出于偶然，它们都可以用系统1运作的同一个特征来解释：系统1通过平均值、常态和原型表示集合，而不是通过总和表示集合。每次冷手经历都是一组瞬间，记忆自我将其储存为一个典型瞬间，这导致了冲突。对客观的观察者来说，依据体验自我的报告评估这一经历，重要的是"曲线下的面积"，那是全部时间内所有的痛苦，具有总和的性质。相反，记忆自我留住的记忆是代表性时刻，受到巅峰和结尾的强烈影响。

当然，进化本可以将动物的记忆设计为整体存储的形式，在某些情况下也确实如此。对松鼠来说，"知道"储存的食物总量很重要，而坚果平均大小的表征并非好的替代选择。然而，从生物学角度看，痛苦或快乐随时间推移产生的整体体验可能不那么重要。例如，我们知道，老鼠对快乐和痛苦都表现出"时长忽视"。在一项实验中，老鼠一直暴露在事件依次发生的环境中——光一出现，电击随即就到。老鼠很快学会对光产生恐惧，其恐惧强度可以通过几种生理反应来测量。实验的主要发现是，电击的持续时间对恐惧几乎没有影响——重要的是痛苦刺激的强度。[6]

其他经典研究表明，对老鼠大脑中特定区域（以及人脑中相应区域）的电刺激会产生强烈的快感。在某些情况下，这种快感非常强烈，以至于老鼠不停地按压杠杆来刺激大脑，最后活活饿死。愉快的电刺激可以有不同的强度和时长。再说一遍，只有强度才重要。在某种程度上，延长刺激出现的时间似乎不会增强动物对刺激的渴望。控制人类记忆自我的规则有着悠久的进化史。[7]

生理与理性

几年前困扰我的打针难题中最有用的想法是，对于多次同样痛苦的注射，其体验效用可以用注射次数来测量。如果所有的注射都一样令人厌恶，那么20次的痛苦程度是10次的两倍，从20次减少到18次和从6次减少到4次具有同样的价值。如果决策效用与体验效用不符，那么决策就有问题。同样的逻辑在冷手实验中也得到了验证：90秒的痛苦比60秒的痛苦更糟糕，如果人们自愿选择忍受更长的经历，那么他们的决策就有问题了。在我早期的打针难题中，决策和体验之间的差异源于敏感性递减：相比 6 次和 4 次的注射差异，18 次和 20 次的注射差异没有那么令人印象深刻，价值也显得较低。人们在冷手实验中的错误选择反映了记忆的两个原则：时长忽视和峰终定律。它们的机制不同，但结果是一样的：决策与体验背道而驰。

对于理性选择的信徒来说，无法带来最佳体验的决策和对未来感受的错误预测都是坏消息。冷手实验表明，我们不能完全相信偏好会反映自身利益，即使偏好基于个人体验，即使对体验的记忆是在前 15 分钟内形成的！偏好和决策是由记忆塑造的，而记忆可能出错。理性主体模型的基础是，人的偏好是一致的，而且人知道如何充分利用这些偏好。证据对这一观点提出了重大挑战。不一致性深深根植于我们的大脑。我们对苦乐的时长有强烈的偏好。我们希望痛苦稍纵即逝，快乐悠远绵长。但进化让我们的记忆（系统1 的功能）留住的是苦乐的巅峰时刻，以及体验结束时的感受。记忆不重视持续时间，不会让我们偏好长期快乐和短期痛苦。

谈谈两个自我

"你完全从记忆自我的角度看待失败的婚姻。离婚就像尾声刺耳的交响乐——结局糟糕并不意味着一切都很糟糕。"

"这是时长忽视的糟糕案例。你赋予好坏体验同等的分量，尽管好体验的时长是坏体验的 10 倍。"

第 36 章
人生是个故事

在研究体验测量的早期阶段，我去看了威尔第的歌剧《茶花女》。它以华丽的音乐而闻名，讲述了一位年轻贵族和风尘女子维奥莱塔感人的爱情故事。年轻人的父亲找到维奥莱塔，让她断绝与情人的关系，理由是保护家庭荣誉和年轻人妹妹的婚姻。维奥莱塔做出了巨大的自我牺牲，假装拒绝她深爱的男人。很快，她的肺结核复发了。在最后一幕中，维奥莱塔奄奄一息，几位朋友陪在她身边。她的爱人得知消息，赶往巴黎看望她。她知道后振作起来，内心充满了希望和喜悦，但她的病情在迅速恶化。

无论看过多少遍这部歌剧，你都会在那一刻陷入紧张和担忧：年轻的爱人会及时赶到吗？你有种感觉，在爱人去世前与她团聚对他来说至关重要。当然，结局是他唱了几段美妙的爱情二重唱，10 分钟后，维奥莱塔在动人的乐曲中去世了。

走出歌剧院，在回家的路上，我想：为什么我们这么在意最后的 10 分钟？我很快意识到，自己根本不在乎维奥莱塔能活多久。如果有人告诉我，她去世时 27 岁，而不是我以为的 28 岁，她少享受了一年的幸福生活，这并不会令我动容，但错过最后 10 分钟的可能性却意义重大。此外，如果我知道他们的重聚时间是一周而不是 10 分钟，我的情感反应也不会改变。然而，如果情人来得太迟，《茶花女》的故事就截然不同了。故事围绕重大事件和难忘时刻展开，与时间流逝无关。时长忽视在故事中很常见，结局往往决定了故事的特色。同样的核心特征出现在叙事规则中，也出现在有关结肠镜检查、度假和电影的记忆中。这就是记忆自我的运作方式：它编写故事，并将其保留作为未来的参考。

我们将人生看作故事，希望它有美好的结局，这种倾向不仅体现在歌剧中。当我们听说一位与女儿断联多年的母亲去世时，我们想知道这对母女是否在天人两隔之前和解。我们不仅在意女儿的感受，更希望母亲的人生叙事趋于圆满。关注他人往往表现为关注其故事的质量，而不是其感受。事实上，即使逝者的故事发生改变，我们也会深受触动。一个男人生前深信妻子对他忠贞不渝，当我们听说他妻子有一个相处多年的情人，和丈夫在一起只是为了钱时，我们会同情他，尽管他生前过着幸福的生活。[1]一位科学家生前的重要发现在去世后被证明是错的，我们会为她感到遗憾，尽管她没有体验过这种遗憾。当然，最重要的是，我们非常在意自己的人生叙事，渴望故事的主角活得体面，结局美好。

心理学家埃德·迪纳及其学生想知道，时长忽视和峰终定律是否会影响人们对整个人生的评价。他们简要描述了一个虚构人物的一生。她叫珍，没结过婚，没有孩子，在一场车祸中当场身亡，过程中没有痛苦。在珍的某个故事版本中，她度过了非常快乐的一生（30年或60年），享受自己的工作、假期、爱好以及与朋友共度的时光。在另一个版本中，珍的生命延长了5年，去世时35岁或65岁。珍多活的这5年是快乐的，但程度不及以前。在阅读了珍的传记后，所有受试者都回答了两个问题："总的来说，你认为珍的人生有多美好？""你认为珍的一生体验了多少快乐或不快乐？"

实验结果提供了明确证据，证明了时长忽视和峰终定律。在被试间实验中（不同受试者看到不同的版本），珍的寿命延长一倍，并没有影响人们对其人生美满程度及总体幸福感的判断。显然，人们将其人生看作一个典型的时间片段，而不是一系列时间片段。因此，她的"总体幸福"是她一生中典型时期的幸福，而不是她所有幸福的总和。

正如预期的那样，迪纳及其学生还发现了"少即是多"效应，即平均值（原型）取代总和的鲜明迹象。在非常幸福的人生中加上5年"还算幸福"的时光，会大幅降低人们对人生总体幸福感的评价。

在我的敦促下，他们还在一项被试内实验中收集了多增加5年的影响数据，每个受试者都要立即对上述两个问题做出判断。尽管我长期研究判断错误，但我不相信理性的人会说，增加 5 年还算幸福的时光会让人生变得更糟。我错了。绝大多数受试者认为，多出的 5 年让整个人生变得更糟。

这种判断模式似乎很荒谬，迪纳及其学生一开始以为，这说明实验受试者是愚蠢的。然而，当受试者的父母和年长的朋友回答同样的问题时，这种模式并没有改变。在对整个人生以及短暂经历的直觉评估中，巅峰和结尾很重要，时长并不重要。[2]

我们在反驳"时长忽视"时总会提到生孩子和享受假期。我们都有一种直觉，即生产 24 小时比 6 小时痛苦得多，在优美的度假胜地享受 6 天总比 3 天好。在这种情况下，时长似乎很重要，但这只是因为随着事件的持续，结束时的质量发生了改变。生产 24 小时后，母亲一定比生产 6 小时更疲惫、更无助；和度过 3 天假期的人相比，度过 6 天假期的人更加神清气爽、轻松自在。当我们用直觉评估这些事件时，真正重要的是当前体验是逐步变差还是逐步变好，以及体验者在结束时的感受。

健忘的假期

请思考一下度假的选择。你是想重返去年住过的海滩，在那儿享受一周悠闲的时光，还是希望以新体验充实记忆？为了满足不同的需求，两种不同的产业已经发展起来：度假村提供具有恢复精力功效的休闲体验，旅游则帮助人们构建故事、收集记忆。游客疯狂拍照，他们认为，旅游的重要目标是储存记忆，它决定了度假的计划和体验。拍照者不认为风景是应该用来体味的，而是将其当作设计未来的记忆。照片对记忆自我可能很有用（尽管我们很少长时间看照片，或者并不像我们以为的那样经常看，甚至根本就不看），但游客的体验自我欣赏风景的最好方式不一定是拍照。

在许多情况下，我们根据期望存储的故事和记忆来评估旅游度假。"难忘"一词经常被用来形容假期的亮点，明确指出体验的目标。在其他情况下（比如，当我们想到爱），说"此刻永生难忘"并不总是准确的，但它改变了此刻的特征。带有自我意识的难忘体验会增加分量和意义，反之，则没有这种效果。

埃德·迪纳及其团队提供了证据，说明做出度假选择的是记忆自我。他们要求学生（受试者）每天在日记中记录春假期间的体验。假期结束时，学生要给出整体评分，最后决定是否打算重复这次体验。统计分析表明，是否想再次体验假期完全取决于假期结束时的评价——即使该分数无法准确代表日记中描述的体验质量。就像在冷手实验中一样，无论对错，当人们决定是否重复某次体验时，他们都会根据记忆做出选择。

有一个思维实验与你的下一次假期有关，会让你观察到你对体验自我的态度。

假期结束时，所有照片和视频都将被销毁。此外，你会喝下一种药水，抹去你对假期的所有记忆。

这种前景会如何影响你的度假计划？相较于一般难忘的假期，你愿意为这个假期付多少钱？

虽然我没有正式研究过这种情况下人们的反应，但我与他人讨论后的印象是，消除记忆大幅降低了体验的价值。在某些情况下，人们对待自己就像对待另一个失忆者，通过重游曾经的快乐之地，选择最大限度地体验总体快乐。然而，有些人说他们根本不愿意回到那儿，这表明他们只在意记忆自我，而且相较于健忘的陌生人，更不在意健忘的体验自我。许多人说，他们不会让自己或另一个失忆者去爬山或徒步穿越丛林，因为多数时候，这些体验在当时是痛苦的，而且只能从期望中获得价值，那个期望是：实现目标的苦与乐都将令人难忘。

在另一个思维实验中，你想象自己要经历一场痛苦的手术，手术期间你会保持清醒。研究人员告诉你，你会痛苦地大喊，央求医生停止手术。但你会服用一种失忆药物，彻底抹去对这件事的记忆。对此你有何看法？我的非正式观察又一次表明，大多数人对体验自我的痛苦漠不关心。有人说他们根本不在乎。其他人与我的感受一样——同情痛苦的自己，但同情的程度并不比同情痛苦中的陌生人更深。说来奇怪，我是我的记忆自我，而那个经历人生的体验自我却犹如陌生人。

谈谈人生是个故事

"他正面临晚节不保的威胁,因而极力维护自己正直的人生叙事。"

"为了奔赴一夜情,他甘愿耗费的时间是总时长忽视的表现。"

"你似乎把整个假期都花在构建记忆上。也许你应该放下相机,享受当下,即使它并没有那么令人难忘。"

"她患有阿尔茨海默病,不再记得自己的人生叙事,但她的体验自我仍能敏锐地感受到美和温存。"

第 37 章
体验幸福

我对幸福研究感兴趣大约是在 15 年前。很快我就发现,几乎所有关于该主题的认知都来自数百万人对一个调查问题的反馈,该问题有许多大同小异的问法,人们普遍认为它是测量幸福的方法。这个问题问的显然是你的记忆自我,它使你思考你的生活:

综合考虑,你对自己近期的生活有多满意?[1]

在对结肠镜检查和冷手实验的错误记忆研究中,我谈到了幸福的话题,因而很自然地怀疑,将生活的整体满意度作为测量幸福的有效标准是否合理。在我的实验中,无法证明记忆自我是可靠的证人,于是我将注意力集中在体验自我的幸福上。我指出,如果出现以下情况,那么说"海伦在 3 月里很开心"是有道理的。

大部分时间,海伦都在做她想继续做下去的事,没有做不想继续做的事,她几乎没将时间耗费在想回避的情境中(这很重要,因为人生短暂),也没将太多时间花在可做可不做的事上。

有些事我们想继续做下去,不想停止,这类体验很多,包括身体和心理的快乐。我想到一个例子,与海伦愿意持续做事的情境有关,那就是完全沉浸在任务中，即米哈里·契克森米哈赖所说的"心流"——一些艺术家在创作时会体验到这种状态，沉浸于电影、书籍或填字游戏时，很多人也会达到这种状态。在心流状态下，人们不想被打断。我的幼年时光很幸福，我记得妈妈把我的玩具收走，带我去公园时，我总是会哭。当她把我从秋千和滑梯上带走时，我还是会哭。抗拒被打断表明，无论是玩玩具还是荡秋千，我当时都很开心。

我建议，像评估两名结肠镜检查者的体验那样，通过评估海伦在生活的连续瞬间所体验的幸福来精准测量其客观幸福。在此，我遵循埃奇沃思一个世纪前提出的"快乐测量仪"法。最初，我热衷使用该方法，倾向于忽视海伦的记忆自我，认为对于她的体验自我感受到的实际幸福而言，记忆自我是不靠谱的证人。我预感这个立场过于极端，事实证明的确如此，但这是一个好的起点。

体验幸福

我组建了一个"梦之队"，成员包括三位研究方向各异的心理学家和一位经济学家，我们一起开发体验自我的幸福测量方法。[2] 遗憾的是，连续记录体验是不可能的——人在持续报告自身体验的同时，无法正常生活。后来出现的替代方法是契克森米哈赖发明的体验抽样法。该方法自首次使用以来一直在完善。如今，通过对个人手机的编程，使其白天在随机间隔的时点发出嘟嘟声或振动，就能实现体验抽样。手机上会显示一个简短的问题菜单，问受试者此刻在做什么，被打断时和谁在一起。受试者还会看到一个评分量表，为此刻各种感受的强度评分，比如幸福、紧张、愤怒、担忧、专注、身体疼痛等。[3]

尽管体验抽样的干扰程度没有大多数人预想的那么严重，回答问题也只需要很少的时间，但它的成本很高，而且过程烦琐。我们需要更实用的替代方案，于是开发了一种方法，称为"日重现法"。我们希望它不但能接近体验抽样的结果，而且能提供更多信息，表明人们如何利用时间。[4] 我们邀请受试者（早期的受试者都是女性）参加两小时的实验，先让她们详细回顾前一天的经历，将其分解成几个片段，就像电影中的场景一样。之后，她们会基于体验抽样法回答关于每个片段的问题。她们从一份列表中选择自己参与的几项活动，标出最关注的一项，还要列出与自己共处的人，并在0~6的等级范围内为几种情绪强度打分（0代表没有感觉，6代表感觉最强烈）。我们的方法基于这样的证据，即那些能详细回忆过去情境的人，也能重温当时的感受，甚至能体验情绪刚出现时的生理反应。[5]

我们假设受试者能精准回忆某段经历中典型时刻的感受。与体验抽样的几次比较证实了日重现法的有效性。受试者还报告了经历开始和结束的时间，因而我们能算出她们在一天中清醒状态下情绪的时长权重。在我们对日常情绪的综合测量中，长时经历的权重比短时经历大。问卷还包括生活满意度测量，我们将其解释为记忆自我的满意度。我们使用日重现法研究了美国、法国和丹麦数千名女性情绪幸福和生活满意度的决定因素。

单一的幸福值很难表示某一时刻或某段经历的体验。积极情绪的种类很多，包括爱、喜悦、投入、希望、欢乐等。消极情绪也有很多种，包括愤怒、羞耻、抑郁和孤独等。尽管积极情绪和消极情绪交织在一起，但生活中多数时刻还是可以区分出积极或消极的。通过对比积极和消极形容词的等级，我们可以识别不愉快的经历。如果消极情绪的等级高于所有积极情绪的等级，我们就说这段经历是不愉快的。我们发现，美国女性约19%的时间处于不愉快的状态，略高于法国女性（16%）或丹麦女性（14%）。

我们将个体处于不愉快状态的时间百分比称为U指数。[6]例如，某人在一天16小时的清醒状态下，有4小时处于不愉快状态，其U指数就是25%。U指数的优点是它并不基于评价量表，而是基于客观的时间测量。如果某个总体的U指数从20%降到18%，你就可以推断，该总体处于情绪不适或痛苦的总时间减少了1/10。

一个显著的观察结果是情绪痛苦的分布并不均等。[7]约一半受试者说，她们一整天都没有经历不愉快的事。另一方面，极少数人在当天大部分时间体验了重度情绪痛苦。看来，一小部分人承受了大部分痛苦——无论其原因是身心疾病、抑郁气质，还是生活中的不幸和个人悲剧。

我们还可以计算各种活动的U指数。例如，我们可以测量人们在通勤，工作，与父母、爱人或孩子互动时处于消极情绪的时间比例。在1 000名美国中西部城市的女性中，不同活动的U指数分别是：早上通勤29%，工作27%，照顾孩子24%，做家务18%，社交12%，看电视12%，性生活5%。

工作日的 U 指数比周末高出约 6%，主要是因为周末人们在不喜欢的活动上花费的时间较少，不必承受与工作相关的紧张和压力。最出乎意料的是与孩子相处时的情绪体验，美国女性带孩子时不开心的程度比做家务还要高一些。我们发现，法国女性和美国女性存在几点差异：法国女性与孩子相处的时间较少，但更享受亲子时光，或许是因为她们比较容易找到托儿机构，下午开车送孩子参加各种活动的时间较少。

无论何时，人们的心情都取决于自身性格和整体幸福感，但情绪幸福在一天和一周中也会有很大波动。当下的心情主要取决于当前的情境。例如，影响总体工作满意度的因素（比如福利和职位）一般不会影响工作情绪，情境因素更重要，比如与同事交往的机会、工作环境中的噪声、时间压力（这是负面情绪的重要来源）以及老板在场（我们在第一项研究中发现，只有这件事比孤独更糟糕）。注意力是关键。情绪状态在很大程度上取决于我们关注的事情，我们通常专注于当下的活动和环境。不过也有例外，主观体验的质量由反复出现的想法而不是当前事件决定。当坠入爱河时，即使遇到堵车我们也很开心；悲伤时，即使看搞笑的电影我们也会闷闷不乐。但在正常情况下，如果我们专注于当下，苦乐便会从中而生。例如，要享受吃的快乐，你必须意识到自己在品尝食物。我们发现，法国女性和美国女性在进食上花费的时间大致相同，但法国女性进食时的专注力是美国女性的两倍。美国人进食时通常会做其他事情，从中获得的快乐也就相应地减少了。

这些观察结果对个人和社会都有意义。如何利用时间是人生中可控的事情之一。很少有人能通过意志力让自己拥有快乐的性情，但有些人会安排好自己的生活，他们减少通勤时间，花更多时间与喜欢的人一起做喜欢的事。与不同活动相关的感受表明，改善体验的另一种方法是将被动休闲（比如看电视）时间用于更积极的活动，比如社交和锻炼。从社会角度来看，提高劳动者的交通便利性、为职业女性提供托儿服务、为老年人提供社交机会可能是降低社会 U 指数比较有效的方法——即使只降低了 1% 也是了不起的成就，这相当于避免了数百万小时的痛苦。将有关时间利用和体验幸福的全国性调查结合在一起，可以从多种角度为社会政策提供信息。我们团队的经济学家艾伦·克鲁格首次将该方法的基本原理引入全国性统计中。

有关体验幸福的测量已在美国、加拿大及欧洲各国的大规模全国性调查中使用，盖洛普世界民意调查已将其应用于对美国和超过150个国家的数百万受访者的调查中。[8]民意调查获得受访者前一天所体验的情绪报告，尽管内容不像通过日重现法记录的那样详细。庞大的样本量为精细的分析提供了数据，证实了情境因素、健康状态和社交在体验幸福中的重要性。头痛会让人痛苦，这不足为奇，除了健康，对当天情绪最好的预测因素是，受访者是否与亲朋好友联系过。可以略微夸张地说，幸福是与你爱的人和爱你的人共度时光的感受。

盖洛普的数据让我们能够对幸福的两个层面进行比较：

- 人们在生活中体验到的幸福。
- 人们在评价自己的生活时做出的判断。

盖洛普通过一个问题来测量生活评价，该问题被称为"坎特里尔自我定位奋斗量表"：

请想象一个阶梯，阶梯底部为0，顶部为10。顶部代表你可能过上的最幸福的生活，底部代表你可能过上的最悲惨的生活。你认为自己现在处于哪一级？

就生活评价而言，生活中某些方面的影响比生活体验更大，教育程度就是一个例子。较高的教育程度与较高的生活评价有关，但与更高阶的体验幸福无关。的确，至少在美国，受教育程度较高的人通常说自己的压力较大。另一方面，生病对体验幸福的负面影响比对生活评价的负面影响要大得多。带孩子也会大幅增加日常情绪成本——来自父母的报告中经常出现压力和愤怒，但带孩子对生活评价的负面影响较小。参与宗教活动有利于获得积极情绪，减轻压力，但对生活评价的影响较小。出乎意料的是，宗教并不能缓解抑郁或忧虑。

盖洛普–健康之路幸福指数是一项针对1 000名美国人的每日调查，研究者分析了超过45万份回复，为幸福研究中最常见的问题提供了明确但出乎意料的答案：金钱能买到幸福吗？结论是，贫穷会让人痛苦，富有可能会提高生活满意度，但（平均而言）并不能增强人体验到的幸福。[9]

重度贫困加剧了生活中其他不幸的体验效果。尤其是，疾病对赤贫者的影响比对生活安逸者的影响更严重。[10]对那些收入水平处于前2/3的人来说，头痛会使悲伤和忧虑的比例从19%增加到38%。但对于最贫穷的1/10人口来说，相应比例分别为38%和70%——他们负面情绪的基线水平较高，增长幅度也较大。赤贫者与其他人的巨大差异也体现在离婚和孤独对情绪的影响中。此外，相比大多数人，周末对赤贫者体验幸福的有益影响要小得多。

在高生活成本地区，家庭收入超过75 000美元（在生活成本较低的地区，这一数字可能会更低），体验幸福达到饱和，不会再增长了。[11]超过该水平，与收入相关的体验幸福的平均增长率恰好为0。这个结果出人意料，因为更高的收入无疑可以买到很多快乐，比如去好玩的地方度假，买歌剧票，以及改善生活环境等。为什么多出来的快乐没有出现在情绪体验的报告中？合理的解释是，收入越高，享受生活小乐趣的能力就越低。这一观点得到了提示性证据的支持：学生吃巧克力时，促发他们想到财富，他们的表情就没那么快乐了！[12]

收入对体验幸福和生活满意度的影响形成了鲜明的对比。收入超过一定程度，就不再对体验幸福产生任何积极影响了，但较高的收入能带来较高的生活满意度。关于幸福的一般结论如同结肠镜检查的结论一样清晰：人们的生活评价可能与实际体验相关，但二者并不相同。将生活满意度作为测量体验幸福的指标没有什么错，这正是我几年前的观点。它完全是另一码事。

谈谈体验幸福

"政策的目标应该是减少人类痛苦。我们的目标是降低社会的U指数。优先事项应该是应对抑郁症和赤贫。"

"提高幸福感最简单的方法是掌控你的时间。你能将更多时间用于喜欢的事吗？"

"收入超过饱和水平，可以买到更多愉快的体验，但你会失去享受低价体验快乐的能力。"

第 38 章
思考人生

图38-1来自德国社会经济专家组成员安德鲁·克拉克、埃德·迪纳和扬尼斯·乔治里斯的分析。[1]他们每年都会询问同一批受访者生活满意度如何,受访者还会报告他们上一年生活的重大变化。该图显示了人们结婚前后的生活满意度。

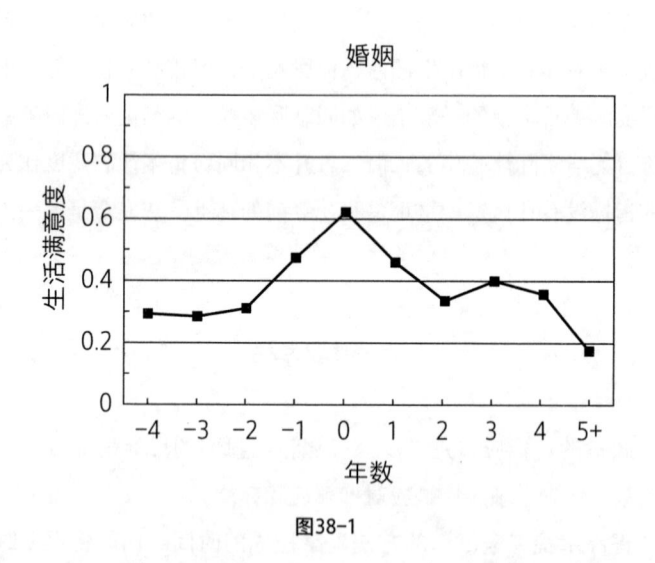

图38-1

这张图总能引发观众紧张的笑声,我们很容易理解这种紧张:毕竟,人们决定结婚,要么是期待婚姻能让自己更快乐,要么是期待婚姻能让现有的幸福地久天长。丹尼尔·吉尔伯特和提摩西·威尔逊引入了一个有用的术语——情感预测。[2]对很多人来说,结婚的决定是情感预测的重大失误。婚礼当天,新郎新娘都知道离婚率很高,也知道对婚姻失望的概率更高,但都认为这些统计数据并不适用于他们。

图38-1传递的消息令人震惊:人们结婚后的生活满意度急剧下降。该图通常被看作对适应过程的追踪,当体验日趋常规化,新婚的快乐很快消失殆尽。然而,还有一种可能的解释是判断的启发式。我们想知道,当被要求评价自己的生活时,人们想到的是什么。"整体而言,你对生活有多满意?""最近你有多快乐?"这些问题并不像"你的电话号码是多少"那么简单。受访者在几秒内给出了复杂问题的答案,他们是如何做到的?将其视为对另一问题的判断有助于解释这一现象。就像回答其他问题一样,有些人可能预存了一个现成答案,这个答案来自他们在另一场景下对自己生活的评价。大多数人无法立即给出答案,于是自动简化了任务,给出另一问题的答案。系统1在发挥作用。当我们从这个角度来看图38-1时,它就有了不同的意义。

许多简单问题的答案可以代替对生活的整体评价。还记得之前提到的那个研究吗?研究人员问学生上个月约会了几次,然后让他们回答"最近几天有多幸福",结果学生将约会视为生活中唯一重要的事实。[3]在另一个著名的实验中,诺伯特·施瓦茨及其同事请受试者到实验室填写生活满意度问卷。[4]任务开始前,他让受试者为他复印一页纸。一半受试者在复印机上发现了研究人员放在那儿的一角钱硬币。小幸运大幅提高了受试者对生活的整体满意度!可见,情感启发式是回答生活满意度问题的方式之一。

正如预期的那样,"约会调查"和"复印机上的硬币"表明,我们应该对整体幸福问题的答案持怀疑态度。当然,有人要求你评价自己的生活时,你想到的不只是当下的心情,还可能想到最近或不久的将来发生的重大事件;想到经常担忧的事,比如爱人的健康、青春期子女的交友不慎;想到重要的成就和痛苦的失败。你会想到几件与问题有关的事,但没想到的事也很多。即使答案不受无关之事(比如复印机上的硬币)的影响,你快速打出的分数也取决于很容易想到的事例,而不是对生活各方面慎重分量之后的评判。

刚结婚或即将结婚的人被问及有关生活的一般问题时,很可能会想到婚姻。在美国，结婚基本上是双方的自愿行为，因此想到自己的现状时，他们会很开心。注意力是解题的关键。解读图38-1的一种可能方式是，当被问及生活满意度时，人们会想到自己刚结婚或即将结婚的事实。这个想法的显著性和新奇性会随着时间的推移逐渐减弱。

图38-1显示，结婚前后的两三年，人们的生活满意度非常高。但是，如果幸福感的激增反映的是回答该问题捷思法的时间过程，我们就很难从中了解人们的幸福状况，或对婚姻的适应情况。我们不能由此推断，激增的幸福感会维持几年，然后逐渐消退。即使是那些在被问及有关幸福生活的问题时就感到很幸福的人，也未必在其他时间都感到幸福。婚姻不会直接影响幸福感，除非他们大部分时间都想到幸福的婚姻。即使是幸运的新婚夫妇，能够享受相爱的甜蜜，最终也会回到现实，他们的体验幸福会像其他人一样，取决于当下的环境和活动。

关于日重现法的研究表明，在体验幸福方面，与伴侣共同生活的女性和单身女性没有差异。两组人的时间利用细节解释了这一发现。有伴侣的女性独处的时间较少，但与朋友相处的时间也较少。她们在鱼水之欢上花费较多的时间，但也花费了较多的时间做家务、做饭和照顾孩子，这都是些不太受欢迎的活动。当然，长时间与丈夫相处，对有些已婚女性来说是愉快的，对另一些已婚女性则不那么愉快。体验幸福不受婚姻的影响，原因不在于婚姻与幸福无关，而在于婚姻会让生活的某些方面变得更好，让另一些方面变得更糟。

个人环境与生活满意度之间的相关性较低，原因之一是，体验幸福和生活满意度在很大程度上取决于性情的遗传。对一出生就分开养育的双胞胎的研究证实，快乐的性情与身高或智力一样可以遗传。看起来同样幸运的人幸福感的差异很大。由于平衡效应，某些情况（比如婚姻）与幸福的相关性很低。同样的情况可能对一些人有利，对另一些人不利，新情境既有好处也有代价。其他情况，比如高收入，对生活满意度的影响通常是积极的，但有些人相比其他人更在意金钱，这就增加了复杂性。

一项针对高等教育影响的大规模研究提供了令人震惊的证据（该研究另有目的），揭示了年轻人自我设定的目标对其一生的影响。[5]数据来自1995—1997年收集的问卷，样本大约12 000人，他们自1976年进入名校接受高等教育，填写问卷时 17 岁或 18 岁。他们完成的是一个 4 分量表，对"经济上非常富有"的目标的重要程度（从"不重要"到"至关重要"）进行评分。[6] 20 年后，他们又完成了一份问卷，内容包括 1995 年的收入以及整体生活满意度。

不同的目标让生活产生了巨大的差异。在表达自己的财富愿望 19 年后，大部分追求高收入的人都实现了目标。例如，样本中 597 名医生和医学专业人员所填写的金钱重要性量表每增加一分，1995 年的工作收入就增加 14 000 美元！没有工作的已婚女性也可能实现了自己的财务目标。量表的每一分都转化为 12 000 美元的家庭收入，显然，这些收入来自她们的丈夫。

人们在 18 岁时对收入的重视程度也预示着他们成年后的收入满意度。我们比较了高收入群体（家庭年收入超过 20 万美元）和中低收入群体（家庭年收入低于 5 万美元）的生活满意度。非常看重财富的人，收入对生活满意度的影响较大：在 5 分量表中为 0.57。不看重财富的人，收入对生活满意度的影响只有 0.12。[7] 想赚钱且赚到钱的人，生活满意度明显高于平均水平；想赚钱却没赚到钱的人，生活满意度明显更低。同样的原则也适用于其他目标——成年后生活不满意的确定因素是设定了很难实现的目标。以 20 年后的生活满意度来衡量，年轻人设定的最渺茫的目标是"在表演艺术中取得成就"。青少年设定的目标会影响其人生际遇、结局以及满意度。

这些研究发现在一定程度上改变了我对幸福的定义。人们设定的目标非常重要，会影响其所作所为以及内心感受，仅仅关注体验幸福是站不住脚的。我们无法秉持一种忽视人们需求的幸福观。另一方面，忽视人们生活中的感受，只关注他们思考人生时的感受，这种幸福观也不合理。我们必须接受复杂性，兼收并蓄，同时考虑两个自我的幸福。

聚焦错觉

我们从受试者回答生活问题的速度及其当前情绪对答案的影响中推断，他们在评价自己的生活时并没有进行认真考量。他们肯定使用了启发式，这正是替代和"所见即一切"的例子。虽然受试者对生活的看法受到"约会"

或"复印机上的硬币"的影响,但他们并没有忘记,生活可不只是约会或感到幸运。幸福感并不会因为发现一角硬币而突然改变,但系统1很容易用生活中的一小部分来取代全部。人们关注的任何生活层面都将在整体评价中被放大。这就是聚焦错觉的本质,它可以用一句话来描述:

当你想到某件事时,生活中的其他事就都没它那么重要了。

这个观点源于一场家庭争论,我们讨论的是要不要从加州搬到普林斯顿。我妻子说,加州人比住在东海岸的人更幸福,我则认为气候并非决定幸福的重要因素——斯堪的纳维亚国家可能是世界上最幸福的国家。我说,固定的生活环境对幸福感几乎没有影响。我想说服妻子,让她意识到,她对加州人幸福感的直觉属于情感预测错误,但并没有成功。[8]

不久后,我参加了一个社会科学研讨会,会上探讨了全球变暖的话题。当时,我和妻子的争论仍萦绕在脑海。一位同事根据自己对21世纪全球幸福的看法,提出了一个论点。我认为,预测在变暖的地球上生活是什么样子实在荒谬,我们连在加州生活是什么感觉都不知道。那次交流后不久,我和同事戴维·史凯德获得了研究基金,我们研究的两个问题是:加州居民比其他州的居民更幸福吗?对于"加州人比较幸福"的说法,人们的普遍态度是什么?

我们在加州、俄亥俄州和密歇根州的几所重点州立大学招募了很多学生。从部分样本中我们获得了表明他们对生活各方面的满意度的详细报告。[9]从另一些样本中,我们得到了预测,即与"你的兴趣和价值观"一致的其他州居民会如何填写这份问卷。

分析数据时,我知道我赢得了家庭辩论。[10]不出所料,不同地区的学生对气候的态度大相径庭:加州学生喜欢当地的气候,中西部地区的学生讨厌当地的气候。但气候并不是决定幸福的重要因素。事实上,加州学生和中西部地区学生的生活满意度没有任何差异。[11]我们还发现,相信加州人比其他人更幸福的不止我妻子一个。两个地区的学生都有相同的错误观点,我们发现,错误的根源是过分相信气候的重要性。我们将这类错误称为聚焦错觉。

聚焦错觉的本质是"所见即一切",人们过分重视气候因素,对决定幸福的其他因素重视不足。想了解聚焦错觉有多严重,请花几秒思考以下问题：

你的车带给你多大快乐？[12]

答案迅速在你脑海闪现。你知道自己对车的喜爱和享受程度。现在来回答一个不同的问题："你什么时候因为自己的车而开心？"答案可能会出乎意料，但它很简单：当想到你的车时，你会开心（或不开心），而你并不经常想到你的车。正常情况下，开车时你不会花太多时间思考你的车，而会思考其他事情，你的心情取决于你所想的内容。当你评价你有多喜欢自己的车时，你实际上回答了一个比较狭隘的问题："在想到自己的车时，你有多开心？"这种替代让你忽略了一个事实，那就是你很少想到你的车，这是时长忽视的表现，最终产生了聚焦错觉。如果你喜欢你的车，你可能会夸大从中获得的快乐，当你想到它的优点或者打算买辆新车时，聚焦错觉会误导你。

类似的偏差也扭曲了人们对加州人幸福感的判断。当被问及加州人的幸福感时，你想到的可能是：人们关注加州生活的独特之处，比如夏天的徒步旅行，或羡慕冬季温暖的气候。这是一种聚焦错觉，加州人其实很少关注这些。此外，当加州居民被要求全面评价自己的生活时，他们也不太可能想到气候。如果你一辈子都住在加州，很少外出旅行，那么在加州生活的感觉就像有10个脚趾一样：那当然很好，但你并不会花很多时间去想它。无论想到生活的哪个方面，只有当其对立选项很容易出现在脑海时，它才更有可能凸显出来。

刚搬到加州的人会有不同的反应。设想一下，某人为了追求幸福从俄亥俄州搬到了气候更宜人的加州。移居的头几年，在被问及生活满意度时，他可能会想到搬家，以及两个州截然不同的气候。这种比较肯定会让加州更具魅力，对气候的关注可能会扭曲它在生活体验中的真实分量。然而，聚焦错觉也可以带来安慰。无论此人在搬家后是否真的更幸福，他都会说自己更幸福，因为对气候的看法会让他相信自己是幸福的。聚焦错觉会让人们对自己目前的幸福状态、他人的幸福感以及自己未来的幸福产生错误的认知。

截瘫患者在一天中情绪低落的时间比例是多少？[13]

几乎可以肯定的是，这个问题会让你想到某个正在思考自身状况的截瘫患者。在他发生重大事故的早期阶段，你对他情绪的猜测可能是准确的。的确，事故刚发生不久，受害者很少考虑其他事情。但随着时间的推移，他们的注意力会因对变故日渐习惯而转移到其他事情上。当然也有少数例外，比如慢性疼痛、长期身处有噪声的环境以及重度抑郁。从生物学上讲，疼痛和噪声是一种信号，会吸引我们的注意力，抑郁则是痛苦念头自我强化的循环，这些情况是我们无法适应的。然而，截瘫并不属于这类例外。细致的观察表明，早在事故发生后一个月，截瘫患者的情绪在半数以上的时间里都不错——尽管当想到自身状况时，他们肯定还是会情绪低落。[14]但多数时候，截瘫患者都在工作、阅读，他们被笑话逗乐，享受与朋友共处的时光，读到报纸上的政治新闻时也会生气。沉浸于这些活动时，他们与其他人并没有太大区别。因此，我们可以预测，截瘫患者的体验幸福在大部分时间都接近正常水平。人们对新状况的适应（无论它是好是坏），在很大程度上意味着想到它的次数越来越少。从这个意义上说，大多数长期生活情形，包括截瘫和婚姻，都属于临时状态，只有当人们关注它时才会置身其中。

在普林斯顿大学任教有一个好处，那就是有机会指导聪明的本科生完成研究论文。在我最喜欢的一个研究项目中，贝雷利亚·科恩收集并分析了一家调查公司的数据，该公司要求受试者估计截瘫患者处于低落情绪的时间比例。她将受试者分为两组：告诉其中一组，致残事故发生在一个月前；告诉另一组，事故发生在一年前。此外，所有受试者都要说明自己是否有认识的截瘫患者。对刚经历截瘫的患者，两组受试者的判断很接近：认识截瘫患者的受试者估计对方有75%的时间处于负面情绪，不认识截瘫患者的受试者估计的是70%。相比之下，两组受试者对截瘫患者在事故一年后的情绪估计差异很大：认识截瘫患者的受试者给出的平均估值是41%，不认识截瘫患者的受试者给出的平均估值为68%。显然，认识截瘫患者的人已经观察到，患者对截瘫的关注逐渐减少，但其他人并没有预测到这种适应的发生。对彩票中奖者在中奖一个月和一年后的情绪判断，呈现出完全相同的模式。

我们可以预期，截瘫患者和长期压力承受者的生活满意度低于其获得的体验幸福的程度，因为让他们评价生活，他们肯定会想到别人的生活以及自己过去的生活。与该观点一致的是，对结肠造口术患者的近期研究表明，患者的体验幸福与其生活评价之间有很大差异。[15]体验抽样显示，这些患者和健康人在体验幸福方面别无二致。然而，患者愿意用他们几年的生命换取较短的健康人生。此外，患者康复后会记得患病时的痛苦，为避免回到过去，他们愿意拿出余生更多的光阴去交换。看来，对于体验自我轻松应对的生活，记忆自我产生了严重的聚焦错觉。

丹尼尔·吉尔伯特和提摩西·威尔逊创造了"误求"一词，来描述情感预测错误导致的糟糕选择。[16]这个词应该出现在我们的日用常语中。聚焦错觉（吉尔伯特和威尔逊称之为聚焦性）是误求的主要来源。特别是，它使我们倾向于夸大购置贵重商品或环境变化对未来幸福的影响。

请比较一下改变你生活的这两件事：买一辆舒适的新车，加入一个每周聚会的团体，比如扑克或读书俱乐部。一开始，这两种体验都很新奇，令人兴奋。二者的重要区别是，新鲜感过后，你开车时不会再注意到你的车，但你会一直关注俱乐部的社交活动。根据"所见即一切"法则，你很可能夸大了新车的长期益处，但对于社交聚会或需要专注力的活动，比如打网球或学习大提琴，你就很少犯同样的错误。聚焦错觉会产生一种偏差，让人偏好那些在初期能带来刺激感的商品和体验，即使它们最终会失去吸引力。人们忽视了时间，因而低估了那些具有长期注意力价值的体验。

一次又一次

本章反复提及时间的作用。将体验自我的生活描述为一系列时刻，其中每个时刻都有价值，这种做法是合乎逻辑的。一段经历的价值，我称之为"快乐测量仪总值"，只是其中诸多时刻价值的总和。但这不是大脑描述事件的方式。正如我所说的，记忆自我也在讲故事、做选择，而这些故事和选择都不能确切地表示时间。在讲故事模式中，一段经历可由几个关键时刻代表，尤其是开端、高潮和结尾。时长被忽视了。无论是在冷手实验中，还是在维奥莱塔的故事中，我们都发现人们的注意力集中在这些特殊时刻上。

在前景理论中，我们看到了另一种形式的时长忽视——用过渡期来表示某种状态。彩票中奖会产生一种新的财富状态，这种状态会持续一段时间，但决策效用对应的却是对中奖消息的预期反应强度。人们只考虑了那一小段时间，因而忽视了注意力的转移和对新状态的适应。在对慢性病反应的预测以及聚焦错觉中，也有同样的发现，即人们会将关注点放在向新状态的转变上，忽视时间和相关的适应。人们在聚焦错觉中犯的错误是，将注意力集中在自己选择的时间点上，忽略了其他时间发生的事情。大脑擅长讲故事，但似乎不善于处理时间。

在过去的10年里，我们了解到有关幸福的大量新事实。我们发现，"幸福"的含义并不简单，使用这个词时不应该像以前那样简而化之。有时，科学进步会让我们产生更大的疑惑。

谈谈思考人生

"她以为买一辆豪车就会更幸福，事实证明这是情感预测错误。"

"今天早上，他的车在上班途中出了故障，他的心情不好。今天不是问他工作满意度的好时机！"

"她大部分时间看起来很开心，但有人问她是否幸福时，她说她很不幸福。这个问题一定让她想起了最近的离婚。"

"长远来看，买一栋更大的房子不见得能让我们更幸福。我们可能产生了聚焦错觉。"

"他选择在两个城市之间奔波。这可能是误求的重要案例。"

结　论

我在本书开头介绍了两个虚构的角色，花了一些时间探讨了两个物种，尾篇以两个自我结束。两个角色分别是直觉型、快思考的系统1，以及需要费力的、慢思考的系统2。系统2监控系统1，并在有限的资源内尽可能保持控制状态。两个物种分别是生活在理论中的虚构的经济人，以及在现实世界中行动的普通人。两个自我是指体验自我和记忆自我，前者负责生活，后者负责记分、做选择。在此，我按照倒过来的顺序来探讨三组差异的应用。

两个自我

记忆自我和体验自我的利益可能会发生冲突，这个问题比我最初设想的更棘手。在早期的冷手实验中，时长忽视和峰终定律导致人们做出明显荒谬的选择。为什么人们自愿承受不必要的痛苦？我们的受试者把选择权交给了记忆自我，宁愿重复留下较好记忆的实验，尽管那意味着要忍受更多痛苦。在极端情况下（比如，可能出现创伤后应激反应），根据记忆质量进行选择可能是合理的，但冷手体验并没有造成创伤。如果客观的观察者为他人做选择，那么他肯定会选择短时经历，倾向于照顾受试者的体验自我，但人们为自己做的选择却总是错的。无论在《茶花女》歌剧中，还是对珍的人生判断中，人们评价故事时的时长忽视和峰终定律都是站不住脚的。以生命的最后时刻来评价整个人生，或者在决定哪种人生更值得拥有时不重视时长，这些做法都毫无道理。

记忆自我是系统2构建的，但它评价经历和生活的鲜明特点体现了记忆的特质。时长忽视和峰终定律源于系统1，不一定对应于系统2给出的价值。我们相信时长很重要，但记忆告诉我们它不重要。对于决策制定来说，支配我们评价往事的规则是些差劲的向导，因为时间确实很重要。我们存在的核心事实是，时间最终是一种有限资源，但记忆自我忽视了这一事实。时长忽视与峰终定律结合在一起导致了一种倾向，即倾向于强烈的短期快乐，而非节制的长期幸福。与之相对立的偏见是，我们更害怕强烈但可忍受的短期痛苦，而不是中等程度的长期痛苦。由于预期将来结局较好，时长忽视让我们倾向于忍受轻度的长期不悦；反之，如果预期结局可能不好，我们就倾向于放弃长期幸福的机会。我们常听到这样的告诫："别做那件事，你会后悔的。"这是利用人们的预期后悔制造焦虑的例子。建议听起来很明智，因为预期后悔是记忆自我做出的裁决，我们倾向于将其作为最终的决定性判断。但我们不应忘记，记忆自我的看法并不总是正确的。快乐测量仪的客观观察者会考虑体验自我的利益，很可能会给出不同的建议。记忆自我忽视时长，过分强调巅峰和结局时的感受，容易产生后见之明，这些因素结合在一起，让我们对真实体验产生扭曲的看法。

相比之下，时长分量的幸福观会平等地对待人生中的所有时刻，无论它们是否值得怀念。某些时刻的分量比其他时刻更重，要么是因为它令人难忘，要么是因为它很重要。人们花在难忘时刻上的时间应该包含在时长中，为它增加分量。此刻的重要性也会因为它能改变接下来时刻的体验而得到增强。例如，花一小时练习小提琴可能会提升你多年后的乐器演奏水平或音乐欣赏体验。同理，对于导致创伤后应激障碍的短期恐怖事件，我们应该根据它造成长期痛苦的总时长来分量。从时长分量的角度来看，只有在觉察到某个时刻是难忘的或有意义的之后，我们才能确定其权重。"我会永远记住……"或"这是一个有意义的时刻"，这些话应该被视为承诺或预测，但它们即使发自内心，也可能是错的，而且经常是错的。很多我们信誓旦旦认为将永生难忘的事，10年后就会忘得一干二净。

时长分量的逻辑令人信服，但我们不能将其看作完整的幸福理论，因为人们认同自己的记忆自我，在意自己的故事。忽视人们需求的幸福理论无法持久。另一方面，忽视人们的实际生活体验，只关注他们对生活的看法，这种理论也无法成立。必须同时考虑记忆自我和体验自我，因为它们的利益并不总是一致的。哲学家会花费很长时间探索这些问题。

两个自我哪一个更重要？这不仅仅是哲学家的问题，它会影响某些领域的政策，尤其是医疗和社会福利领域。思考一下对各种疾病治疗的投资，包括失明、耳聋或肾衰竭。应该根据人们对疾病的恐惧程度来决定投资吗？应该以患者实际体验的痛苦来决定投资吗？还是应该根据患者对治愈的渴望程度，以及愿意为治愈付出的代价来决定投资？按照不同的痛苦测量标准，失明和耳聋，或结肠造口术和透析的排序可能有所不同。这个问题没有简单的解决方案，但它非常重要，不容忽视。[1]

用幸福感指标来指导政府政策不失为一种方法。[2] 在我写作本书时，学术界和欧洲一些国家对此产生了很大的兴趣。现在我们相信，总有一天，衡量社会痛苦的指数会像失业、残障和收入指标一样纳入国家统计中。这在几年前是不可想象的。这一课题已经取得了很大的进展。

经济人与普通人

在日常会话中，我们说一个人是理性的，是指我们可以与其讲道理，其信念基本符合现实，其偏好与其利益和价值观一致。"理性"这个词传达的形象是深思熟虑、精打细算、不那么古道热肠，但在公共语言中，理性的人当然是通情达理的人。对经济学家和决策理论家来说，这个形容词有着完全不同的含义。检验理性的唯一标准不是看某人的信念与偏好是否合理，而是看它们是否具有内在一致性。理性的人可以相信鬼魂，只要他所有的信念都与鬼魂存在保持一致。理性的人可以宁愿被讨厌也不愿被爱，只要他的偏好是一致的。理性是逻辑自洽——无论这种自洽是否合理。根据这个定义，经济人是理性的，但压倒性的证据表明，普通人不可能是理性的。经济人不容易受各种偏差的影响，比如促发效应、所见即一切、窄框架、内部视角或偏好逆转等，而普通人无法始终如一地避免这些影响。

将理性定义为逻辑自洽，局限性非常大。它要求人遵守逻辑规则，而人类有限的思维无法做到这一点。根据这个定义，通情达理的人不可能是理性的，但他们不应因此被打上非理性的烙印。"非理性"是一个很具冒犯性的词，它意味着冲动、情绪化、顽固抵制合理的论点。[3] 人们认为我和阿莫斯的研究证明了人类的选择是非理性的，我经常为此感到不安，事实上，我们的研究只是表明，理性模型并没有准确地描述普通人。

虽然普通人并不是非理性的，但要做出更准确的判断和更好的决策往往需要帮助。在某些情况下，政策和机构可以提供帮助。这种说法看似无伤大雅，实际上却颇有争议。芝加哥经济学派认为，对人类理性的信念与一种观念紧密相关，即保护人们免受错误选择的影响是没有必要的，甚至是不道德的。理性人应该是自由的，他们应该为自己负责。该学派的领军人物米尔顿·弗里德曼与人合著了一本名为《自由选择》的畅销书，书中直接表达了这一观点。

理性主体的假设为自由主义的公共政策提供了知识基础：只要个体的选择不伤害他人，就不要干涉其选择权。市场将商品分配给愿意支付最高价的人，对效率的赞誉进一步推动了自由主义政策的制定。芝加哥学派方法的著名例子是"理性成瘾理论"，针对极度偏好强烈的即时满足的理性主体，该理论解释了他如何做出理性的决策，以接受未来成瘾的后果。[4] 我曾听到这篇论文的作者之一、芝加哥学派的诺贝尔奖得主加里·贝克尔以一种轻松的语气说（并不完全是在开玩笑）：对所谓的肥胖流行病，我们应该考虑一种可能的解释，即人们相信治疗糖尿病的方法很快就会问世。他提出了一个有价值的观点：我们观察到人们看似奇怪的行为时，首先应该考虑的是，他们这么做有充分的理由。只有当理由不合理时，我们才应诉诸心理学解释——贝克尔对肥胖的解释可能就是不合理的。

在经济人的国度，政府应该置身事外，只要经济人的行为不伤害他人，就允许他按照自己的选择行事。如果骑摩托的人选择不戴头盔，自由论者会维护他这么做的权利。即使人们不为养老而储蓄，或者选择沉迷于毒品，他们也知道自己在做什么。这种立场有时很强硬：相比大餐后抱怨餐费太贵的人，储蓄不足的退休老人不会获得更多的同情。行为经济学家不接受极端的理性主体模型，在他们与芝加哥学派的争论中，很多内容至关重要。自由的价值不存在争议，辩论双方都支持自由，但相比理性人的信奉者，行为经济学家眼中的生活更复杂。没有哪个行为经济学家会赞同国家强迫公民均衡饮食、只看有益身心的电视节目，但自由对他们来说是有代价的，承担代价的是做出错误选择的人，以及承认有义务提供帮助的社会。因此，是否应保护个人免受错误决策的影响，是摆在行为经济学家面前的两难困境。芝加哥学派的经济学家不必考虑这个问题，因为理性主体不会犯错。对于该学派的信徒来说，自由没有代价。

2008年，经济学家理查德·塞勒和法学家卡斯·桑斯坦合著了《助推》，该书迅速成为全球畅销书和行为经济学的"圣经"。书中出现了几个新词汇，包括经济人和普通人。它还提出了一套解决方案，在不限制自由的情况下帮助人们做出正确的决策。塞勒和桑斯坦主张"自由家长主义"，允许国家和其他机构"推动"人们做出有利于自己长期利益的决策。将参与养老金计划指定为默认选项就是助推的一个例子。要说自由会因自动参与该计划而削弱，未免过于牵强，你只需勾选一个选框就可以退出。我们之前了解到，个人的决策框架（塞勒和桑斯坦称之为"选择架构"）会对结果产生重大影响。助推的设计基础是可靠的心理学，我前面已经提到过。人们自然而然地将默认选项视为正常选项。背离正常选择的行为需要人们进行更多思考，承担更多责任，而且做比不做更有可能让人后悔。这种强大的力量能引导犹豫不决的人做出决定。

有人会故意利用普通人的弱点，尤其是利用系统1的怪癖和系统2的懒惰谋求利益，因此，普通人比经济人更需要保护。标准理论假设理性主体做重要决策时谨慎小心，会利用自己掌握的所有信息。经济人在签署合同之前会阅读并理解合同细则，但普通人通常不会。无良公司设计的合同在光天化日之下隐藏了重要信息，客户没有阅读就签署了合同，让它们钻了法律的空子。极端形式的理性主体模型有一个有害的含义，它假设除了确保告知相关信息之外，客户不需要任何保护。字体的大小和语言的复杂性被认为是不相关的——当小字体传递的信息至关重要时，经济人知道该怎么解读。相比之下，《助推》提出的建议是，公司提供的合同应简明扼要，便于普通人阅读和理解。如果客户更好地了解了合同的内容，某些公司的利润就会受损，因此，《助推》的部分建议遭到这类公司的强烈反对，但这是一个好迹象。相比最擅长混淆视听的公司成为赢家的世界，各公司以优质产品参与竞争的世界当然更美好。

"自由家长主义"有一个显著特点：它对很多政治派系都有吸引力。行为政策的最佳案例是"明天多存钱"计划。它由国会发起，得到了包括极端保守派和自由派在内的不同派系的支持，这种情况并不常见。"明天多存钱"是公司为员工提供的财务计划。签署协议的员工允许雇主在加薪时按固定比例增加其储蓄缴款。储蓄率的提高是自动执行的，直到员工告知公司自己要退出为止。这项卓越的创新计划由理查德·塞勒和什洛莫·贝纳茨于2003年提出，它提高了储蓄率，为数百万员工的未来前景带来了光明。本书读者能够识别它所基于的心理学原则。它不需要员工立即做出改变，因而避免了对直接损失的抵抗；通过将更多储蓄与加薪关联在一起，把损失转化为放弃的收益，这样的方式更容易被员工接受；自动化的特点契合了系统2的懒惰，也有利于员工的长期利益。当然，这些策略没有强迫任何人做他不想做的事，也不存在任何误导或诡计。

"自由家长主义"得到了包括英国和韩国在内的许多国家的认可，也得到了各党派政客的支持，其中有英国的托利党和奥巴马总统的民主党政府。英国政府成立了一个新单位，其使命是应用行为科学的原则帮助政府更好地实现目标。该组织的官方名称是"行为洞察团队"，但在政府内外，人们都称其为"助推小组"。塞勒是该团队的顾问。

写完《助推》之后，桑斯坦应奥巴马总统的邀请，担任信息与监管事务办公室主任，这一职位为他提供了很多机会，促使他将心理学和行为经济学知识应用于政府机构中。管理与预算局2010年的报告对其职责进行了说明。本书的读者能理解具体建议背后的逻辑，比如鼓励"信息发布清晰、简单、显著且有意义"。读者也能理解背景说明的意思，如"表达方式非常重要，例如，相比将一个潜在结果描述为收益，将其描述为损失可能会产生更大的影响"。

在前面的章节中，我们提到了油耗信息说明的标准化示例。还有一些已实施的应用，比如健康保险的自动注册、新版饮食指南（废弃了令人费解的食物金字塔图，改为使用餐盘中的食物分量图），以及美国农业部制定的规则（允许肉制品标签上出现"脱脂率90%"的信息，前提是必须有"脂肪率10%"的字样，"两种信息的说明文字应以同样的颜色、大小和字体并列出现,背景颜色也要一致")。与经济人不同,普通人需要帮助才能做出明智的决策。有些方法可以提供这种帮助,它们信息量丰富,却不会强人所难。

两个系统

本书将思维运作描述为两个虚构角色之间不可靠的互动过程,它们是自动化的系统1和费力的系统2。现在你对这两个系统的个性已了如指掌,能够预测它们在不同情况下的反应。当然,你也知道,这两个系统并不真正存在于我们的大脑或身体其他部位。"系统1做某事"是"某事自动发生"的简写。"系统2被调动起来做某事"是"提高警觉,瞳孔放大,注意力集中,进行某种活动"的简写。我希望你能像我一样,发现"两个系统"的说法很有用,也希望你对它们的运作方式产生了直觉,不会一直纠结它们是否存在。在发出了这一必要的警告之后,我将继续使用这种表述,直到本书结束。

专注的系统2就是我们以为的自己。系统2做出判断和选择,但它通常认可系统1产生的想法和感受,或将其合理化。你可能不知道,你对一个项目持乐观态度,因为它的领导者让你想起了自己心爱的妹妹;或者,你可能不知道,你不喜欢某人,因为他看起来有点儿像你的牙医。如果有人要求你解释一下,你会搜索记忆,寻找冠冕堂皇的理由,当然,你一定能找到一些。而且,你还会相信自己编造的故事。但系统2不仅仅是系统1的辩护者,它还阻止你公开表达愚蠢的想法和不恰当的冲动。集中注意力可以提高你在许多活动中的表现(试想你心不在焉时开车穿过窄道的风险),它对完成某些任务来说至关重要,包括比较、选择和有序推理。但系统2并非理性的典范,它的能力有限,获得的知识也有限。我们在推理时,并不总能清晰地思考,错误也不总是由擅自闯入的错误直觉造成的。犯错通常是因为我们(系统2)缺乏认知。

我花了大量时间来描述系统1,用大量笔墨描写我眼中的直觉判断和选择错误,但是篇幅多少并不能反映直觉思维的优劣。系统1确实是我们犯错的根源，但它也是我们正确行事的根源——我们做的大多数事都是对的。我们的思想和行动通常受到系统1的指导，总体来看，这些指导都是正确的。系统1了不起的地方是，关联记忆中保存了大量关于世界的精细模型：只需几分之一秒就能将意外与正常事件区分开来，立即产生出所期待的想法，不会惊讶得不知所措，而且会在意外和事件发生时自动寻找因果解释。

记忆还保存着我们从毕生实践中获得的大量技能，当挑战来临时，这些技能会自动提供适当的解决方案，比如避开路上的大石头，避免客户发怒。获得技能需要有规律的环境、充分的练习机会以及快速明确的反馈来指明想法和行动是否正确。具备这些条件之后，技能最终会发展起来，那些快速想到的直觉判断和选择大多是准确的。这一切都是系统1的运作，表明它是自动、快速发生的。技能的标志是能快速有效地处理大量信息。

当我们遇到可以熟练应对的挑战时，自动、快速的反应就会被唤起。在缺乏技能的情况下会怎样？有些问题需要给出具体答案（例如 $17 \times 24 = ?$），显然要调用系统2，但系统1很少被问题难倒。系统1不受能力限制的约束，还会进行多余的计算。在寻找某个问题的答案时，它会同时生成相关问题的答案，还可能答非所问，用容易想到的答案代替所问问题的答案。这种启发式答案并不一定更简单或更简练——它只是更易获取，算起来更快、更轻松。启发式答案并非随机的，大多数时候基本正确，但有时会错得离谱。

系统1在处理信息时表现出认知轻松，但它不可靠时并不会发出警告信号。人们很快想到直觉性答案，而且对它充满信心，无论这些答案来自技能还是启发式。系统2无法找到一种简单的方法区分技能答案和启发式答案。它唯一能做的是放慢速度，自己想出答案，但它不愿意这么做，因为它很懒惰。对系统1的许多建议，系统2只是粗略检查一下就认可了，比如"球拍和球"问题。系统1因此获得了坏名声，成为错误和偏差的来源。它的运作特征，包括所见即一切、强度匹配和关联连贯性等，会产生许多可预测的偏差和认知错觉，比如锚定、非回归性预测、过度自信等。

如何应对偏差？如何改善自己的判断和决策，以及我们所服务和为我们服务的机构的判断和决策？简单的答案是，如果不投入大量努力，这个目标几乎无法实现。根据我的经验，系统1不愿意受教育。抛开年龄的影响，我的直觉思维和我研究这些问题之前的表现一样，倾向于过度自信、极端预测和规划谬误。我的能力提升只体现在识别可能出错的状况，比如"这个数字会成为锚点……""如果重新表述问题，决策可能会不一样……"。相比发现自己的错误，我发现他人错误的能力倒是有了很大的提高。

原则上，防范源自系统1的错误很简单：识别自己处于认知雷区的迹象，放慢速度，请求系统2的增援。下次再遇到"穆勒–莱尔错觉"，你就这么做。当你看到指向不同方向的鳍状线条时，你会意识到，此时不该相信自己对长度的印象。遗憾的是，在最需要开启理性程序的时候，人们却最不可能这么做。我们都希望在即将犯下重大错误时，有一个响亮的警钟提醒自己，但它并不存在，而认知错觉比感知错觉更难识别。相比响亮而清晰的错误直觉，理性的声音可能要微弱得多。在承受重大决策的压力时，质疑自己的直觉令人不快。麻烦缠身时，人们最不想做的就是提出更多质疑。结果是，你更容易发现别人在一步步走向雷区，自己身临其境时却很难察觉。旁观者的认知没那么繁忙，对信息的开放程度也比行动者高。正是出于这个原因，我将本书的读者群设为评论者和闲谈者，而不是决策者。

在避免错误方面，组织的力量胜于个人，因为组织的思考较慢，有能力实施有序的流程。组织可以制定并使用实用的检查清单，进行精心编排的练习，如参考类预测和事前分析。[5]至少在一定程度上，组织可以通过使用独特的词汇形成一种文化，让人们在临近雷区时相互提醒。[6]无论组织生产的产品是什么，组织都是制造判断和决策的工厂。每个工厂都要有自己的方法，确保其产品在原始设计、制造过程和最终检验环节中的品质。在决策制定上，这些环节包括表述待解决的问题、收集做决策需要的相关信息，以及反思与回顾。想提高决策质量的组织应定期提升各阶段的运作效率。运作是一个常规概念。组织通常会在灾难发生后全面审查其流程，更好的做法是持续进行质量管理。要改进决策制定流程，还有很多工作要做。欠缺的地方有很多，比如，缺乏让组织成员掌握召开高效会议的基本技能的系统培训。

归根结底，要提出建设性批评，掌握更丰富的语言至关重要。就像医学一样，识别判断错误相当于执行诊断任务，需要精准的词汇。疾病名称犹如一个钩子，关于该疾病的所有已知信息都与之挂钩，包括易感性、环境因素、症状、预后和护理。同样，"锚定效应"、"窄框架"或"过度连贯"等称谓将我们所知的关于偏差的一切都刻在记忆里，包括偏差的原因、影响以及可以采取的措施。

饮水机旁用词更精准的闲谈与更明智的决策之间有直接联系。相比听到不情愿的自我质疑，决策者有时更易想象当下的闲谈者和未来的评论者都说了些什么。当决策者相信评论者公平公正、见多识广，并且期望在评判自己的决策时依据的是决策方式，而不仅仅是决策结果时，他们就能做出更明智的选择。

附录 A
不确定状况下的判断*

阿莫斯·特沃斯基、丹尼尔·卡尼曼

许多决策都基于对不确定事件可能性的信念，如选举结果、被告的罪行或美元的未来价值。这些信念通常用"我认为……"、"可能性是……"和"不太可能……"等语句来表达。有时，关于不确定事件的信念以数的形式表示，比如概率或主观概率。是什么决定了这种信念？人们如何估计不确定事件的概率，或不确定数量的值？本文表明，人们依赖几种启发式原理，将概率估计和数值预测的复杂任务简化为较简单的判断操作。通常情况下，这些启发式非常有用，但有时会导致严重的系统误差。

对概率的主观估计类似于对物理量（比如，距离或大小）的主观估计。这些判断都基于效度有限的数据，这些数据是根据启发式法则处理的。例如，物体的视距在某种程度上取决于其清晰度。物体看起来越清晰，似乎就离我们越近。该法则有一定的有效性，因为在任何给定的场景中，较远的物体看起来不如较近的物体清晰。然而，依赖该法则会导致距离估计的系统误差。具体来说，由于物体的轮廓模糊而能见度差时，距离经常被高估。相反，物体清晰可见时，距离往往被低估。因此，将清晰度作为距离的判断指标，会导致常见的偏差。这种偏差也存在于对概率的直觉判断中。本文描述了用于概率估计和数值预测的三种启发式，列举了它们所引发的偏差，探讨

---

* 本文最早发表于《科学》杂志，1974年第185卷。该研究得到国防部高级研究计划局的资助，由海军研究办公室根据与尤金的俄勒冈研究所签订的 N00014-73-C-0438 合同进行监督。以色列耶路撒冷希伯来大学的研发部也为该研究提供了支持。

了观察结果的应用意义和理论意义。

代表性

人们关注的许多概率问题都属于下列类型之一：对象 A 属于类别 B 的概率是多少？事件 A 源自过程 B 的概率是多少？过程 B 导致事件 A 的概率是多少？在回答这些问题时，人们通常依赖代表性启发式，即通过 A 代表 B 的程度，也就是说，通过 A 类似 B 的程度来估计概率。例如，当 A 高度代表 B 时，人们会判断 A 源自 B 的概率大。相反，如果 A 与 B 不相似，则判断 A 源自 B 的概率小。

为说明根据代表性所做的判断，我们来看一个人，他以前的邻居这样描述他："史蒂夫非常腼腆，少言寡语，乐于助人，但对他人或现实世界没什么兴趣。他性情温和，干净利落，做事井然有序，关注细节。"人们如何从几种职业（例如，农民、销售员、飞行员、图书管理员或医生）中估计史蒂夫从事某一特定职业的概率？人们如何将这些职业按可能性由高到低排序？运用代表性启发式，人们通过史蒂夫代表或类似于图书管理员刻板印象的程度来估计他从事该职业的概率。事实上，相关研究表明，人们根据概率排序的结果与根据相似性排序的结果完全相同。[1] 这种判断概率的方法会导致严重的错误，因为影响概率判断的因素并不影响相似性或代表性。

对结果的先验概率不敏感。 对代表性没有影响，但对概率有重大影响的一个因素是结果的先验概率，又称基础比率频率。以史蒂夫为例，总体中农民的数量比图书管理员多得多。人们在理性估计"史蒂夫是图书管理员而不是农民"的概率时，应考虑到这一事实。然而，考虑基础比率频率并不影响史蒂夫与图书管理员或农民的刻板印象的相似性。因此，人们如果通过代表性来估计概率，就会忽视先验概率。一项实验检验了该假设，这项实验操纵了先验概率。[2] 研究人员让受试者看了几个人的性格简述，告诉他们这些样本是从 100 名专业人员（工程师和律师）中随机抽取的，然后请他们估计每个描述对象是工程师而非律师的概率。在某一实验条件下，告诉受试者，抽样群体由 70 名工程师和 30 名律师组成。在另一种条件下，告诉受试者，抽样群体由 30 名工程师和 70 名律师组成。在工程师占多数的第一种条件下，任何特定的描述对象是工程师而非律师的概率都应该高于律师占多数的第二种条件。具体来说，运用贝叶斯法则可以证明，两种描述发生比的比率应该是（0.7/0.3）^{2}或 5.44。[①]受试者在这两种条件下做出了完全相同的概率判断，这严重违反了贝叶斯法则。显然，受试者是根据某一描述代表两种刻板印象的程度来估计描述对象是工程师而非律师的可能性的，很少或根本没考虑类别的先验概率。

受试者在没掌握其他信息时能正确使用先验概率。没有个性描述时，在两个基础比率的条件下，他们判断未知个体是工程师的概率分别为 0.7 和 0.3。但是看到描述后（即使描述中完全不含相关信息），先验概率就被忽视了。受试者对以下描述的反应说明了这一现象：

迪克，30 岁，男性，已婚，无子女。他能力出众、积极进取，有望在自己的领域获得成功。他深受同事们的喜爱。

该描述有意不传递迪克是工程师还是律师的信息。因此，迪克是工程师的概率应该等于样本群体中工程师的比例，与没有给出任何描述的情况一样。然而，无论样本群体中工程师的比例是 0.7 还是 0.3，受试者判断迪克是工程师的概率都是 0.5。显然，面对两种情况（没有证据和有无价值的证据），人们的反应是不同的。没给出具体证据时，人们会正确利用先验概率；给出毫无价值的证据时，人们就会忽视先验概率。[3]

对样本量不敏感。为估计用从特定总体中抽取的样本获得某个具体结果的概率，人们通常会使用代表性启发式。比如，在评估 10 名男性随机样本的平均身高时，人们考虑的是样本结果与相应参数（男性总体的平均身高）的相似性，从而将结果估计为 6 英尺。样本统计量与总体参数的相似性不取决于样本量的大小。因此，如果概率是通过代表性来估计的，那么样本统计量的判断概率在本质上与样本量无关。事实上，当受试者评估不同样本量的

[①] 一个随机事件的发生比（odds，也称为"胜算"）是该事件发生与不发生的概率之比。在实验的两种条件下，"描述对象是工程师"的发生比分别是 0.7/0.3 和 0.3/0.7，二者的比率为 (0.7/0.3)^2 ≈ 5.44。——译者注

平均身高分布时，他们得出的是相同的分布。例如，对于 1 000、100 和 10 名男性样本，平均身高超过 6 英尺的概率被赋予了相同的值。[4] 此外，即使描述问题时强调了样本量的作用，受试者也没有意识到这一点。请思考以下问题：

某市有两家医院。大医院每天约有 45 名婴儿出生，小医院每天约有 15 名婴儿出生。众所周知，男婴的出生比例约为 50%。然而，确切的百分比每天都不同。有时可能高于 50%，有时低于 50%。

两家医院都记录了一年内出生男婴占比超过 60% 的天数。你认为哪家医院记录的这类天数更多？

大医院（21）

小医院（21）

大致相同（差异小于 5%）（53）

括号中的数字是选择该答案的受试者（本科生）人数。

大多数受试者认为，小医院和大医院男婴出生率超过 60% 的概率是相同的，大概是因为这些事件是由相同的统计量描述的，因此在总体中具有同样的代表性。但是，抽样理论表明，小医院男婴出生率超过 60% 的期望天数要比大医院多得多，因为大样本不太可能偏离 50%。统计学这个基本概念显然不是人们直觉的一部分。

在后验概率（即样本是从一个总体而不是从另一个总体中抽取的概率）的判断中，也有类似对样本量不敏感的报告。请思考以下例子：

想象一个装满小球的罐子，其中一种颜色占 2/3，另一种颜色占 1/3。一个人从罐子中取出了 5 个球，发现其中 4 个是红色的，1 个是白色的。另一个人从中取出了 20 个球，发现 12 个是红色的，8 个是白色的。谁会更自信地认为罐子里 2/3 是红色球、1/3 是白色球，而不是相反的情况？他们给出的概率各应是多少？

假设先验概率相等，在该问题中，4∶1 样本正确的后验概率是 8∶1，

12∶8样本正确的后验概率是16∶1。[②]然而，大多数人认为，第一个样本为罐子里主要是红球的假设提供了更有力的证据，因为第一个样本中红球的比例比第二个样本的大。这再次证明，直觉判断受样本比例的支配，基本上不受样本量的影响，而样本量在决定实际后验概率方面起着至关重要的作用。[5]此外，对后验概率的直觉估计远没有正确值那么极端。在这类问题中，我们反复观察到人们低估了证据的影响。[6]该现象被称为"保守主义"。

对概率的误解。人们期望由随机过程生成的事件序列能够表现出该过程的基本特征，即使序列很短。例如，在考虑硬币抛出的正反面时，人们认为"正—反—正—反—正"序列比"正—正—正—反—反—反"序列更有可能发生，因为后者不像是随机的；它也比"正—正—正—正—反—正"序列更有可能发生，因为后者没有体现硬币的公平性。[7]因此，人们期望过程的基本特征不仅体现在整个序列中，还体现在每个局部中。然而，具有局部代表性的序列包含了太多的交替和太少的顺子，系统地偏离了预期概率。相信局部代表性的另一个后果是众所周知的赌徒谬误。例如，观察到轮盘多次出现红色后，大多数人错误地认为现在应该出现黑色，可能是因为相比再次出现红色，出现黑色会形成更具代表性的序列。我们通常将概率看作自我纠正的过程，认为它朝某一方向偏离后，就会朝相反的方向偏离，以回到平衡状态。事实上，随着概率过程的展开，偏离并不是被"纠正"了，只是被稀释了。

误解概率的不只是缺乏经验的受试者。一项统计直觉调查[8]以经验丰富的研究型心理学家为对象，揭示了一种顽固的信念，即所谓的"小数定律"。根据小数定律，即使是小样本也能高度代表其抽样总体。调查对象的答复表明了一种预期，即关于总体的有效假设由样本中具有统计显著性的结果来表示，几乎没考虑样本的大小。其后果是，研究人员过于相信小样本的结果，并严重高估了这些结果的可重复性。在实际研究中，这种偏差导致所选的样

---

② 令H表示"罐子里2/3是红球，1/3是白球"的假设，H'表示"罐子里1/3是红球，2/3是白球"的假设；令D表示"4∶1的样本"，D'表示"12∶8的样本"。假设P(H)=P(H')（即H与H'的先验概率相等），根据贝叶斯法则，不难得到，以D为条件的后验发生比是P(H|D)/P(H'|D)=P(D|H)/P(D|H')= 8。类似地，以D'为条件的后验发生比是P(H|D')/P(H'|D')=P(D'|H)/P(D'|H')=16。——译者注

本量不足,以及对研究结果的过度解读。

对可预测性不敏感。人们有时会被要求做出数值预测,比如股票的未来价值、商品需求量或足球比赛结果等。这种预测往往是根据代表性做出的。例如,假设某人看了一家公司的描述,被要求预测其未来的利润。如果描述是非常正向的,那么高额利润似乎最能代表该描述;如果描述是平庸的,那么平庸的业绩显得最具代表性。描述的有利程度不受描述的可靠性或预测精准度的影响。因此,如果人们仅仅根据描述的有利性进行预测,其预测就对证据的可靠性和预测的预期精度不敏感。

在标准的统计理论中,对可预测性的考量限定了预测的极端状态和范围。上述判断模式与之背道而驰。当可预测性为零时,在所有情况下都应做出相同的预测。例如,如果对公司的描述没有提供与利润相关的信息,那么应给予所有公司相同的预测值(比如平均利润)。当然,如果可预测性达到最佳状态,预测值就应等于实际值,预测范围应等于结果的范围。总体而言,可预测性越高,预测值的范围就越广。

几项关于数值预测的研究表明,直觉预测违反了这一规则,受试者很少或根本不考虑可预测性。[9] 在其中一项研究中,研究人员给受试者看了几段文字,每段都描述了一位实习教师在某节实习课上的表现。研究人员要求一些受试者根据描述以百分位数来评估其课程相对于特定总体的质量,要求其他受试者也以百分位数的形式预测每位实习教师 5 年后的表现。受试者在两种情况下做出的判断完全相同。也就是说,对远期标准(教师 5 年后成功)的预测等同于对预测所基于的信息(实习课的质量)的评估。做出预测的学生肯定意识到,仅凭 5 年前的一次试课来预测教师的教学能力,其可预测性是有限的,然而他们的预测和评估一样极端。

有效性错觉。我们已经了解到,人们通常会选择最能代表输入信息(例如,对某人的描述)的结果(例如,职业),以此进行预测。他们对预测的信心主要取决于代表性的程度(即所选结果和输入之间的匹配质量),很少或根本不考虑限制预测准确性的那些因素。因此,当某人的性格描述与图书管理员的刻板印象相匹配时,人们会信心十足地预测他是图书管理员,即使这种描述不充分、不可靠或者已过时。因预测结果和输入信息的吻合而产生的盲目自信被称为有效性错觉。即使受试者意识到有些因素限制了预测的准确性，这种错觉也仍然存在。我们经常观察到一个现象，即进行选拔面试的心理学家对自己的预测充满信心，即使他们知道，大量文献表明，选拔面试很容易出错。尽管研究一再证明这种面试的缺陷，但人们仍将其作为选拔方式，这充分说明了有效性错觉的威力。

预测建立在输入的基础上，输入模式的内部一致性是决定预测信心的主要因素。例如，学生甲第一年的成绩都是 B，学生乙第一年的成绩包含了很多 A 和 C。人们对前者的平均学分绩点预测更有信心。当输入变量高度冗余或相关时，人们最常观察到高度一致的模式。因此，人们往往对基于冗余的输入变量所做的预测满怀信心。然而，来自相关性统计的基本结果表明，如果输入变量具有规定的效度，当这些变量相互独立时，其预测准确性比变量冗余或相关时更高。因此，尽管输入中的冗余增强了预测信心，但是它却降低了预测的准确性。人们经常对很可能会出错的预测充满信心。[10]

对回归的误解。假设一大群孩子接受了两个等价版本的能力测试。我们如果从一个版本中选出 10 个表现最好的孩子，通常会发现他们在第二个版本中的表现不尽如人意。相反，我们如果从一个版本中选出 10 个表现最差的孩子，则会发现，平均而言，他们在另一版本测试中的表现较好。说得更概括一些，假设两个变量 X 和 Y 具有相同的分布，选择一些人，他们的 X 平均分偏离 X 的均值 k 个单位，那么他们的 Y 平均分偏离 Y 的均值通常不足 k 个单位。这些观察结果揭示了一种普遍现象，即回归均值。这是 100 多年前由高尔顿首次证明的。

在日常生活中，人们会遇到许多回归均值的例子。比如，父子身高的比较、夫妻智力的比较，或个人在连续的测验中成绩的比较。但是，人们并没有对此形成正确的直觉。首先，在很多必然会发生回归的情况下，人们并未期望出现回归。其次，在认识到回归发生时，人们经常编造虚假的因果解释。[11] 我们认为，回归现象难以捉摸，是因为它不符合我们的信念。我们认为，预测结果应最大限度地代表输入信息，所以，结果变量的值应该和输入变量的值一样极端。

认识不到回归的重要性或许会产生有害的后果，以下观察结果说明了这一点。[12] 在一次关于飞行训练的讨论中，经验丰富的教官指出，学员出色地完成了平稳着陆，对其表现予以称赞，他的下一次着陆表现通常会较差；而在糟糕的着陆后予以严厉批评，他的下一次表现通常会有所改善。教官们得出的结论是，口头奖励不利于学习，口头惩罚有利于学习。这与公认的心理学理论背道而驰。这个结论没有根据，因为存在着向均值回归的现象。与其他重复测验的情况一样，即使教练在学员第一次着陆后并没有做出回应，糟糕的表现之后通常也是进步，出色的表现之后通常也是退步。因为在学员完成出色的着陆后表扬了学员，在学员完成糟糕的着陆后批评了他们，教官们就得出一个错误且可能有害的结论：惩罚比奖励更有效。

不懂回归效应导致人们高估惩罚的有效性，低估奖励的有效性。在社交互动和训练中，表现好时通常会被给予奖励，表现差时通常会被给予惩罚。仅因为回归这一个因素，行为在惩罚后最有可能得到改善，在奖励后则最有可能退步。结果是，人们碰巧因惩罚他人而获得奖励，也因奖励他人而受到惩罚。人们通常意识不到这种偶然性。事实上，回归对于奖惩后果难以捉摸的作用似乎没有引起该领域研究者的注意。

可得性

在某些情况下，人们通过想到案例或事件的容易程度来估计某个类别的频率或事件的概率。例如，通过回忆熟人的心脏病发作情况来评估中年人心脏病发作的风险。同样，人们通过想象一家企业可能遇到的各种困难来评估其失败的概率。这种判断启发式被称为"可得性"。在估计频率或概率时，可得性是一个有用的线索，因为相比较低频率类别的例子，人们能更好、更快地想到大类别的例子。然而，除了频率和概率，可得性还受其他因素的影响。因此，对可得性的依赖会导致可预测的偏差，下面介绍其中的几种偏差。

由事例的可提取性导致的偏差。当人们根据事例的可得性来判断类别的规模时，事例容易提取的类别会比不易提取的同等频率的类别显得更大。在证明该效应的初级实验中，受试者听到一份知名男女的名单，随后被要求判断名单中的男性是否多于女性。实验人员向不同的受试组提供不同的名单。有些名单中男性比女性更有名，另一些名单中女性比男性更有名。对于两份名单，受试者都做出了错误的判断：名人较多的类别（性别）人数较多。[13]

除了熟悉度，显著性等其他因素也影响事例的可提取性。例如，相比在当地报纸上读到火灾的消息，目睹房子着火对此类事故的主观概率产生的影响更大。此外，近期事件可能比早期事件的可得性更强。我们都有这样的体验：当看到有车翻倒在路边时，交通事故的主观概率会暂时升高。

由搜索集合的有效性导致的偏差。假设某人从英语文本中随机抽取一个单词（包含三个以上字母）。r 是单词的首字母和 r 是第三个字母的可能性哪个更大？人们解决该问题的方法是，回忆以 r 开头的词（例如 road）和 r 是第三个字母的词（例如 car），并根据想起这两类词的容易程度来评估其相对频率。因为搜索首字母单词比搜索第三个字母的单词要容易得多，所以大多数人认为，以给定辅音字母开头的词比该辅音字母出现在第三位的词数量多。即使有些辅音字母（比如 r 或 k）出现在第三位的频率比出现在首位的频率更高，人们也会做出同样错误的判断。[14]

不同的任务引发不同的搜索集合。例如，假设要求你估计书面语中抽象词（例如思想、爱）和具体词（例如门、水）出现的频率。回答该问题自然而然的方法是搜索这些词可能出现的语境。相比想起涉及具体词（例如"门"）的语境，想起涉及抽象概念的语境（爱情故事中的"爱"）似乎更容易。如果你对词出现的频率的估计是根据其语境的可得性来进行的，你就会认为抽象词多于具体词。最近的一项研究[15]观察到了这种偏差。该研究表明，人们判断抽象词出现的频率远高于具体词，这与客观频率一致。人们还判断，抽象词出现的语境也比具体词多。

可想象性偏差。有时，需要估计某个类别的频率，记忆中没有存储此类别的事例，但可以根据特定的规则生成。在这种情况下，人们通常会生成几个事例，并通过构建相关事例的容易程度来估计频率或概率。然而，构建事例的容易程度并不总能反映它们的实际频率，这种估计模式容易产生偏差。为了说明这一点，请想象一个 10 人小组，他们要组建包含 k 名成员的委员会（$2 \leq k \leq 8$）。请问，可以组建多少个不同的有 k 名成员的委员会？这个问题的正确答案可由二项式系数 $\binom{10}{k}$ 得出，当 $k = 5$ 时，达到最大值 252。显然，k 名成员的委员会数量等于（$10 - k$）名成员的委员会数量，因为任何由 k 名成员组成的委员会都确定了由（$10 - k$）名非成员组成的唯一群体。

无须计算就能回答该问题的方法是，在脑海中构建有 k 名成员的委员会，并根据想到的容易程度来估计其数量。成员较少的委员会（比如 2 名）比成员较多的委员会（比如 8 名）更容易构建。构建委员会最简单的方法是将群体划分为不相交的集合。显然，我们很容易构建由 2 名成员组成的 5 个不相交的委员会，却不可能构建由 8 名成员组成的 2 个不相交的委员会。因此，如果频率是根据构建的可想象性或可得性来估计的，我们就会判断小型委员会多于大型委员会，这与正确答案（委员会数量呈钟形函数分布）形成鲜明对比。事实上，要求无经验的受试者估计不同规模的委员会数量时，他们的估计是委员会规模的单调递减函数。[16] 例如，2 人委员会数量的中位数估计为 70，8 人委员会数量的中位数估计为 20，而二者的正确答案都是 45。

可想象性在现实生活的概率估计中起着重要作用。例如，人们在评估探险过程中的风险时，靠的是想象探险队无法应对的突发事件。如果将许多想象中的困难生动地描绘出来，探险就会显得极其危险，尽管想象灾难的容易程度并不一定反映实际发生的可能性。相反，如果一些可能的危险很难想象到，或者根本想不到，那么其风险可能会被严重低估。

幻觉相关性。 L. J. 查普曼和 J. P. 查普曼[17] 描述了一种有趣的偏差，这种偏差是在判断两个事件同时发生的频率时出现的。他们向无经验的受试者提供了几个假想的精神病患者的信息。每位患者的数据包括临床诊断和患者画的人像。然后，他们要求受试者评估每种诊断（如偏执狂或多疑）伴随画像各种特征（如奇怪的眼睛）出现的频率。受试者明显高估了自然关联物（比如多疑与奇怪的眼睛）共同出现的频率。这种效应被称为幻觉相关性。无经验的受试者对接触的数据做出了错误的判断，"重新发现"了许多常见但没有根据的临床知识，以此解释"画人测试"的含义。幻觉相关性效应极其抗拒互相矛盾的数据，即使症状和诊断之间是负相关的，它也依然存在，让判断者无法发现真实的相关关系。

可得性为幻觉相关性效应提供了合理的解释。人们对两个事件同时发生的频率判断基于二者之间的关联强度。关联很强时，人们可能会得出两个事件经常成对发生的结论。因此，强关联被判断为经常一起出现。例如，根据这种观点，多疑和眼睛的奇特画法之间存在幻觉相关性，原因是相比其他身体部位，猜疑更容易与眼睛关联在一起。

毕生的经验告诉我们，一般来说，相比低频率类别的事例，我们能更好更快地回想起大类的事件；可能发生的事比不可能发生的事更容易想象；当事件频繁地同时发生，事件之间的关联就会增强。结果，人类拥有了可得性启发式程序，通过提取、构建或关联等相关心理运作的容易程度来估计类别的规模、事件发生的可能性或共现的频率。然而，正如前面的例子所表明的，这种有价值的估计过程会导致系统误差。

调整与锚定

在许多情况下，人们的估计是从一个初始值开始的，该初始值经过调整后成为最终答案。初始值或起点可能受到问题表述的影响，也可以是部分计算的结果。无论哪种情况，调整通常都是不够的。[18] 也就是说，不同的起点会让人们做出不同的估计，这些估计会偏向于初始值。我们将这种现象称为锚定。

调整不足。为证明锚定效应，受试者被要求以百分比形式估计各种数量。例如，非洲国家在联合国中的占比。为了得到一个数字（0~100），实验人员在受试者面前转动幸运轮盘，得出一个数字。他们首先要求受试者指出这个数字是高于还是低于估计值，然后通过从给定的数字向上或向下移动来估计这个值。给不同小组的数字各不相同，这些随机数字对估计值有显著的影响。例如，两个小组看到的数字分别是 10 和 65，他们对非洲国家在联合国中占比估计的中位数分别是 25 和 45。即使猜对了有奖励，锚定效应也并没有因此而减少。

锚定不只发生在给受试者提供起点的情况下，受试者基于不完全计算的结果进行估计时也会发生锚定。关于直觉性数值估计的研究说明了这一效应。让两组高中生在 5 秒内估算黑板上乘法算式的结果。一组估算的是：

$8 \times 7 \times 6 \times 5 \times 4 \times 3 \times 2 \times 1$。

另一组估算的是：

$1 \times 2 \times 3 \times 4 \times 5 \times 6 \times 7 \times 8$。

为了快速回答问题，人们会进行几步运算，并通过外推或调整来估算结果。由于调整通常不够充分，该流程应该会导致对结果的低估。此外，由于乘法算式的前几步（从左到右执行）计算结果在降序中比在升序中高，因此高中生会判断第一个算式的结果大于第二个。两个预测都得到了证实。对于升序序列，高中生估计结果的中位数是512，而对于降序序列，高中生估计结果的中位数是2 250。正确答案是40 320。

对合取事件和析取事件的估计偏差。巴尔－希勒尔[19]近期的一项研究，要求受试者在两个事件中选择一个下注。研究采用了三类事件：（1）简单事件，例如，从装有50%红色弹珠和50%白色弹珠的袋子里抽到一颗红色弹珠；（2）合取事件，例如，从装有90%红色弹珠和10%白色弹珠的袋子中有放回地连续7次抽到一颗红色弹珠；（3）析取事件，例如，从装有10%红色弹珠和90%白色弹珠的袋子中有放回地连续抽取7次，至少抽到一颗红色弹珠。对于这个问题，大多数受试者更倾向于将赌注押在合取事件上（概率为0.48），而不是押在简单事件上（概率为0.50）。受试者也更愿将赌注押在简单事件上，而不是概率为0.52的析取事件上。[③] 因此，在两次比较中，大多数受试者都把赌注押在了可能性较小的事件上。这种选择模式说明了一个普遍的发现。关于赌博选择和概率判断的研究表明，人们倾向于高估合取事件的概率[20]，低估析取事件的概率。这些偏差很容易用锚定效应来解释。简单事件（任一阶段的成功）的设定概率为估计合取事件和析取事件的概率提供了一个自然起点。在起点进行的调整通常是不足的，因此在这两种情况下，最终估值仍然非常接近简单事件的概率。请注意，合取事件的整体概率低于每个简单事件的概率，而析取事件的整体概率高于每个简单事件的概率。锚定的结果是，在合取问题中，整体概率会被高估，而在析取问题中，整体概率会被低估。

在做规划时，复合事件评估中的偏差尤为严重。成功完成某个任务，例如新产品的开发，通常具有合取性质：要获得事业成功，系列事件中的每个事件都必须发生。即使每个事件发生的可能性很大，但如果事件数量繁多，成功的整体概率也会很低。在评估计划成功或项目按时完成的可能性时，高

---

③ 在合取事件中，有放回地连续7次抽到红色弹珠的概率是 $0.9^7 \approx 0.48$。在析取事件中，有放回地连续抽取7次，至少抽到一颗红色弹珠的概率是 $1-0.9^7 \approx 0.52$。——译者注

估合取事件可能性的普遍倾向会导致过度乐观。相反，在风险估计中通常会遇到析取结构。一个复杂系统，比如核反应堆或人体，其中任何重要部分出现问题，整个系统就会出现问题。如果整体中部分的数量众多，即使每个部分发生故障的可能性很小，整体故障的概率也可能很高。锚定效应的存在让人们经常低估复杂系统失败的概率。因此，锚定偏差的方向有时可以从事件的结构中推断出来。合取的链状结构导致高估概率，析取的漏斗状结构导致低估概率。

主观概率分布估计中的锚定。在决策分析中，专家经常需要以概率分布的形式表达他们对某个量的信念，比如某天的道琼斯指数。要构建这种分布，通常需要人们选择一个数值，该数值对应其主观概率分布的特定百分位数。例如，可能会要求判断者选择一个实数 X_{90}，表示他认为该数高于道琼斯指数的主观概率是 0.90。也就是说，选择 X_{90} 意味着他愿意接受"道琼斯指数不超过该值"的发生比是 9∶1。根据几个与不同百分位数相对应的判断，人们可以构建道琼斯指数的主观概率分布。

收集了许多不同量的主观概率分布之后，人们可以检验判断者的校准是否适当。如果估计量的真值，恰好有 Π% 低于判断者的设定值 X_{Π}，说明他在一系列问题中进行了适当的（或外部）校准。例如，有 1% 的量，其真值应低于 X_{01}；有 1% 的量，其真值应高于 X_{99}。因此，98% 的问题真值应该落在 X_{01} 和 X_{99} 之间的置信区间内。

一些研究者[21]已经从大量的判断者那里获得了许多量的概率分布。这些分布与正确的校准之间存在巨大且系统性的偏离。在大多数研究中，大约 30% 的问题估计量，其实际值要么小于 X_{01}，要么大于 X_{99}。也就是说，受试者给出的置信区间过窄，说明他们对估计量的认识过于自信。无论受试者的经验是否丰富，这种偏差都很普遍，而且无法通过引入适当的评分规则加以消除，这些规则为外部校准提供了激励。该效应部分可归因于锚定。

举个例子，要选择 X_{90} 作为道琼斯指数的值，你会很自然地先考虑道琼斯指数的最佳估计，然后向上调整这个值。如果这种调整，像大多数其他调整一样，是不够的，那么 X_{90} 就不够极端。类似的锚定效应也会出现在 X_{10} 的选择中，这是通过向下调整最佳估计来获得的。因而，X_{10} 和 X_{90} 之间的置信区间会过窄，并且估计的概率分布会过于紧致。为了支持这一解释，可证明主观概率会被一个程序系统地改变,在这个程序中,个体的最佳估计并不充当锚点。

获得某个量(道琼斯指数)的主观概率分布有两种不同的方式:(1)要求受试者选择道琼斯指数的一个值,该值与其主观概率分布的特定百分位数相对应;(2)要求受试者估计道琼斯指数的真值超过某些特定值的概率。这两个程序在形式上是等价的,应该产生相同的分布。然而,它们表明了不同锚点的不同调整模式。在程序(1)中,自然起点是个体对量的最佳估计。在程序(2)中,受试者可能被锚定在问题中所给的值上。或者,他可能被锚定在相等的概率(或者50-50的概率)上,这是估计可能性的自然起点。在任何一种情况下,程序(2)产生的极端概率都应低于程序(1)。

为了对比这两个程序,研究人员向一组受试者提供了24个量(例如,从新德里到北京的航空距离),要求他们对每个问题估计 X_{10} 或 X_{90}。另一组受试者看到了第一组对24个量中每个量的判断中位数。他们被要求估计每个给定值超过相关量真值的胜算。在没有任何偏差的情况下,第二组应提取第一组的胜算,即9:1。然而,如果用相等的概率或设定的值充当锚点,第二组的胜算应该不那么极端,即更接近1:1。事实上,在所有问题中,第二组给出的胜算中位数是3:1。研究者在对两组的判断进行外部校准检验时,发现第一组的受试者过于极端,这与之前的研究一致。他们确定的概率为0.10的事件,实际发生率是24%。相比之下,第二组的受试者过于保守。他们确定的平均概率为0.34的事件,实际发生率是26%。这些结果说明,校准程度取决于程序的促发方式。

讨论

本文探讨的是因判断启发式依赖而产生的认知偏差。这些偏差不能归因于动机效应,如一厢情愿的想法,或因奖惩做出的错误判断。尽管研究人员鼓励受试者做出准确的判断,并对其正确答案给予奖励,但本文提及的一些严重的判断错误依然会出现。[22]

对启发式的依赖和偏差的普遍性并不局限于外行人。经验丰富的研究者凭直觉思考时也容易出现同样的偏差。例如，有些人受过大量的统计学训练，我们在其直觉判断中仍会观察到一种倾向，即在没有充分考虑先验概率的情况下，预测出最能代表数据的结果。[23] 尽管统计学专业人士避免了基本错误，比如赌徒谬误，但在更复杂、更模糊的问题上，他们的直觉判断也容易出现类似错误。

尽管代表性和可得性偶尔会导致预测或估计误差，但这类有用的启发式被保留了下来不足为怪。或许，出乎意料的是，人们没能从毕生经验中推断出基本的统计规则，比如向均值回归，或样本量对抽样变异性的影响。尽管在日常生活中，人人都会接触到许多事例，应该可以从中归纳出这些统计规则，但很少有人能自己发现抽样和回归的原理。统计原理不是从日常经验中学到的，因为相关事例没有得到适当的编码。例如，人们不会发现文本中连续几行的平均词长差异大于连续几页的平均词长差异，因为我们根本不关注单行或单页的平均词长。因此，人们不了解样本量和抽样变异性之间的关系，尽管用于这类学习的数据非常丰富。

人们通常无法发现概率判断中的偏差，还有一个原因是缺乏适当的行为规范。可以想象，通过统计自己赋予相同概率的事件的实际发生比例，人们可以了解其判断是否经过了外部校准。然而，根据判断概率对事件进行分类是不自然的做法。例如，在没进行分类的情况下，人们不可能发现，其预测概率为0.9或更高的事件，实际发生比例只有50%。

在判断概率的理论和应用方面，认知偏差的实证分析具有启示意义。现代决策理论[24]认为，主观概率是理想化的人的量化看法。具体来说，给定事件的主观概率是指，某人愿意接受的关于该事件的一组赌注。如果这个人的选择符合某些原理，即理论公理，我们就可以推导出其主观概率，它具有内部一致性，或者说逻辑自洽。推导出的概率是主观的，因为不同的个体对同一事件可以持不同的概率。该方法的主要贡献是，它为独特事件的概率提供了严谨的主观解释，并被纳入理性决策的一般理论之中。

也许应该指出的是，虽然主观概率有时可以从投注偏好中推断出来，但它们通常不是以这种方式形成的。一个人把赌注押在A队而不是B队，是因为他相信A队更有可能获胜，他不是从自己的投注偏好中推断出这种信念的。因此，在现实中，主观概率决定了投注偏好，它并不是像理性决策的公理理论那样从偏好中推导而来的。[25]

  概率固有的主观性使许多研究者相信，连贯性或内部一致性是评估判断概率的唯一有效标准。从主观概率形式理论的角度来看，任何内部一致的概率判断，都像其他判断一样好。这个标准并不完全令人满意，因为一组内部一致的主观概率可能与个体持有的其他信念不相容。比如，某人对抛硬币游戏所有可能结果的主观概率，体现的其实是赌徒谬误。也就是说，他对某次抛出反面的概率估计，会随着之前连续抛出正面的次数增加而增加。此人的判断可能是内部一致的，因此根据形式理论的标准，可以被认为是合格的主观概率。然而，人们的普遍信念是，硬币没有记忆，因此无法产生序列依存关系。这些概率与这一信念是不相容的。要使判断概率充分、合理，仅有内部一致性是不够的。判断必须与个人持有的整个信念网络相互兼容。遗憾的是，没有哪个简单的规范程序可以评估概率判断与判断者整个信念体系的兼容性。尽管内部一致性更容易实现和评估，但理性的判断者仍会努力寻求兼容性。特别是，他会力求概率判断与其掌握的主题知识、概率定律及其判断启发式和偏差相互兼容。

结语

  本文描述了在不确定状况下做判断时所使用的三种启发式。（1）代表性：人们在被要求判断对象 A 或事件 A 属于类别 B 或过程 B 的概率时，通常会使用该方式；（2）事例或场景的可得性：当被要求估计某个类别的频率，或某一事态发展的可能性时，人们通常会使用该方式；（3）从锚定开始调整：在数值预测中，当相关值可用时，人们通常会使用该方式。这些启发式非常经济，通常是有效的，但它们会导致系统误差和可预测的误差。更好地理解这些启发式及其导致的偏差，可以改善不确定状况下的判断和决策。

附录A注释

1. D. Kahneman and A. Tversky, "On the Psychology of Prediction," *Psychological Review* 80 (1973): 237–51.
2. 同上。
3. 同上。
4. D. Kahneman and A. Tversky, "Subjective Probability: A Judgment of Representativeness," *Cognitive Psychology* 3 (1972): 430–54.
5. 同上。
6. W. Edwards, "Conservatism in Human Information Processing," in *Formal Representation of Human Judgment*, ed. B. Kleinmuntz (New York: Wiley, 1968), 17–52.
7. Kahneman and Tversky, "Subjective Probability."
8. A. Tversky and D. Kahneman, "Belief in the Law of Small Numbers," *Psychological Bulletin* 76 (1971): 105–10.
9. Kahneman and Tversky, "On the Psychology of Prediction."
10. 同上。
11. 同上。
12. 同上。
13. A. Tversky and D. Kahneman, "Availability: A Heuristic for Judging Frequency and Probability," *Cognitive Psychology* 5 (1973): 207–32.
14. 同上。
15. R. C. Galbraith and B. J. Underwood, "Perceived Frequency of Concrete and Abstract Words," *Memory & Cognition* 1 (1973): 56–60.
16. Tversky and Kahneman, "Availability."
17. L. J. Chapman and J. P. Chapman, "Genesis of Popular but Erroneous Psychodiagnostic Observations," *Journal of Abnormal Psychology* 73 (1967): 193–204; L. J. Chapman and J. P. Chapman, "Illusory Correlation as an Obstacle to the Use of Valid Psychodiagnostic Signs," *Journal of Abnormal Psychology* 74 (1969): 271–80.
18. P. Slovic and S. Lichtenstein, "Comparison of Bayesian and Regression Approaches to the Study of Information Processing in Judgment," *Organizational Behavior & Human Performance* 6 (1971): 649–744.
19. M. Bar-Hillel, "On the Subjective Probability of Compound Events," *Organizational Behavior & Human Performance* 9 (1973): 396–406.
20. J. Cohen, E. I. Chesnick, and D. Haran, "A Confirmation of the Inertial-Ψ Effect in Sequential Choice and Decision," *British Journal of Psychology* 63 (1972): 41–46.
21. M. Alpert and H. Raiffa, unpublished manuscript; C. A. Stael von Holstein, "Two Techniques for Assessment of Subjective Probability Distributions: An Experimental Study," *Acta*

Psychologica 35 (1971): 478–94; R. L. Winkler, "The Assessment of Prior Distributions in Bayesian Analysis," *Journal of the American Statistical Association* 62 (1967): 776–800.
22. Kahneman and Tversky, "Subjective Probability"; Tversky and Kahneman, "Availability."
23. Kahneman and Tversky, "On the Psychology of Prediction"; Tversky and Kahneman, "Belief in the Law of Small Numbers."
24. L. J. Savage, *The Foundations of Statistics* (New York: Wiley, 1954).
25. 同上。B. de Finetti, "Probability: Interpretations," in *International Encyclopedia of the Social Sciences*, ed. D. E. Sills, vol. 12 (New York: Macmillan, 1968), 496–505.

附录 B
选择、价值与框架[*]

丹尼尔·卡尼曼、阿莫斯·特沃斯基

摘要：我们讨论了在有风险和无风险的情况下决定选择的认知和心理物理因素。价值的心理物理因素在收益领域引起风险厌恶，在损失领域引起风险寻求。相较于中等概率事件，机会的心理物理因素导致人们对确定事件和不太可能的事件进行过度加权。决策问题可以用多种方式描述或表达，这些方式会引起不同的选择偏好，它们与理性选择的不变性标准背道而驰。人们处理交易结果的心理账户过程解释了消费者行为的某些异常现象。尤其是，人们对某一选项的可接受性可能取决于是将负面结果估计为成本，还是将其视作无法获得补偿的损失。本文探讨了决策价值与体验价值的关系。

做决策就像日常说话，无论有意还是无意，人们每时每刻都在做决策。许多学科都研究决策问题，从数学、统计学，到经济学、政治学、社会学和心理学，这不足为奇。决策研究涉及规范性问题和描述性问题。规范性分析关注理性的本质和决策的逻辑。相反，描述性分析关注人们的信念和偏好是怎样的，而非应该怎样。规范性和描述性考量因素的冲突是许多判断和选择研究的主要特点。

决策分析通常分为有风险的选择和无风险的选择。赌博产生特定概率的

---

[*] 本文作为杰出科学贡献奖的演说稿，于1983年8月在美国心理学会会议上首次呈现。这项研究得到了美国海军研究办公室（NR197-058）的资助。本文首次发表于《美国心理学家》，1984年第34卷。

货币结果，风险决策的典型例子涉及这种赌博的可接受性。商品或服务在交易中被兑换成金钱或劳动力，典型的无风险决策涉及交易的可接受性。在本文的第一部分，我们分析了决定风险前景价值的认知因素和心理物理因素。在第二部分，我们将分析扩展到交易和贸易。

风险选择

有风险的选择，比如是否带伞、是否开战，都是在事先不知道后果的情况下做出的。由于这种行为的后果取决于不确定事件，如天气或对手的决定，所以选择一种行为可以被理解为接受一场赌博，它可以产生有着不同概率的各种结果。简单赌博具有货币结果和特定的概率，因此，风险决策研究很自然地聚焦于简单赌博之间的选择，希望这些简单问题能揭示人们对风险和价值的基本态度。

我们将简要描述一种风险选择方法，该方法的许多假设来自对金钱和概率反应的心理物理分析。决策制定的心理物理方法可以追溯到丹尼尔·伯努利1738年发表的一篇著名论文（Bernoulli 1954）。在那篇论文中，他尝试解释人们普遍厌恶风险的原因，以及为什么风险厌恶会随财富的增加而减弱。为了弄明白风险厌恶和伯努利的分析，请思考以下选择。一种情况是有85%的概率赢得1 000美元（有15%的概率一无所获），另一种情况是肯定能获得800美元。绝大多数人更愿选择确定的收益，而不是赌一把，尽管赌一把有更高的（数学）期望值。货币赌博的期望是加权平均值，每个可能的结果都根据其发生的概率加权。在该例中，赌博的期望值是 $0.85 \times 1\,000$ 美元 $+ 0.15 \times 0$ 美元 $= 850$ 美元，超过了确定情况下的800美元。对确定收益的偏好是风险厌恶的一个例子。一般来说，偏好确定的结果而非较高或同等期望值的赌博，叫作风险厌恶；拒绝确定的事物，偏好较低或同等期望值的赌博，叫作风险寻求。

伯努利认为，人们并没有用货币结果的期望值来评估前景，而是通过对货币结果主观价值的预期来评估前景。赌博的主观价值仍是一个加权平均值，但按概率进行加权的是每个结果的主观价值。为了在这个框架内解释风险厌恶，伯努利提出，主观价值（或效用）是收入的凹函数。例如，在凹函数中，200美元和100美元的效用差异大于1 200美元和1 100美元的效用差异。从函数的凹性中可以看出，800美元收益的主观价值比1 000美元的80%更大。因此，效用函数的凹性导致风险厌恶偏好，人们更愿意获得800美元的确定收益，而不是有80%的概率赢得1 000美元，尽管二者的货币期望值相同。

在决策分析中，通常用总财富来描述决策的结果。例如，对一枚公平的硬币抛掷结果下注20美元的提议，即表示在个人当前财富 W 和 $W+20$ 美元或 $W-20$ 美元的概率之间做选择。这种表征从心理学角度看似乎不现实：人们一般不会从财富状态的角度来看待较小的结果，而会从盈利、亏损和不亏不赚（如维持现状）的角度来考虑。如果按照我们的提议，主观价值的有效载体是财富的变化，而不是财富的最终状态，那么关于结果的心理物理分析就会被应用于收益和损失，而不是总资产。该假设在风险选择中发挥着核心作用，我们称之为前景理论（Kahneman and Tversky 1979）。内省和心理物理测量表明，主观价值是收益规模的凹函数。这个一般化原则也适用于损失。200美元损失和100美元损失的主观价值差异似乎大于1 200美元损失和1 100美元损失的主观价值差异。收益和损失的价值函数结合在一起时，我们得到了图B-1所示的S形函数。

图B-1 假设的价值函数

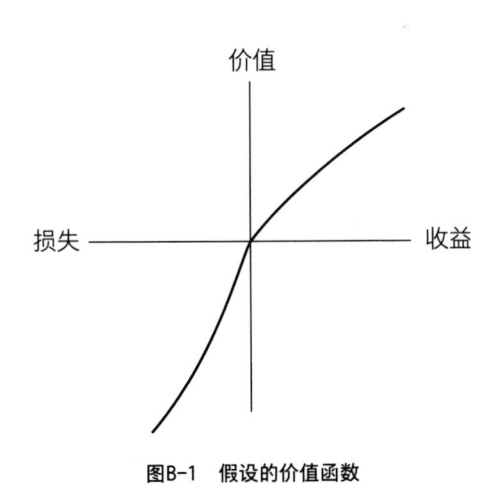

图B-1所示的价值函数是（1）根据收益和损失而非总财富确定的，

（2）收益域为凹函数，损失域为凸函数，（3）损失的陡峭性比收益的大得多。最后一个属性，我们称之为损失厌恶，它表达了一种直觉，即相比得到X美元的吸引力，损失X美元更令人厌恶。损失厌恶解释了人们不愿为了同等的奖金对抛硬币下注：获得潜在收益的吸引力不足以弥补对遭受潜在损失的厌恶。例如，在以本科生为样本的实验中，如果抛硬币的收益低于30美元，大多数受试者会拒绝用10美元下注。

风险厌恶假设在经济理论中发挥着重要作用。然而，正如收益价值的凹性意味着风险厌恶，损失价值的凸性则意味着风险寻求。事实上，在损失时寻求风险是一种稳健的效应，损失的概率很大时尤其如此。例如，假设某人被迫在两种情况之间做选择，一种是有85%的概率损失1 000美元（15%的概率毫无损失），另一种是肯定损失800美元。大多数人更愿意赌一把，而不是接受确定的损失。这是一个风险寻求选择，因为赌博的期望值（-850美元）低于确定损失的期望值（-800美元）。损失领域的风险寻求已经得到了几位研究者的证实（Fishburn and Kochenberger 1979；Hershey and Schoemaker 1980；Payne，Laughhunn，and Crum 1980；Slovic, Fischhoff, and Lichtenstein 1982）。我们在非货币结果中也观察到了风险寻求，如疼痛的时长（Eraker and Sox 1981）和死亡人数（Fischhoff 1983; Tversky 1977; Tversky and Kahneman 1981）。人们在获得收益时规避风险，在遭受损失时寻求风险，这是错的吗？对损益的主观价值直觉令人难以抗拒，这些偏好与直觉一致，而且人们通常认为有权拥有自己的价值观。然而，我们将了解到，S形价值函数的含义从规范性的角度来看是不可接受的。

为了解决规范性问题，我们从心理学转向决策理论。现代决策理论可以说始于冯·诺依曼和摩根斯坦（1947）的开创性研究，他们提出了几个定性的原理或公理，这些原理或公理会影响理性决策者的偏好，包括传递性（如果对A的偏好大于B，对B的偏好大于C，那么对A的偏好大于C）、替换性（如果对A的偏好大于B，那么相较于以同等概率得到B或C，会偏好以同等概率得到A或C），以及其他专业性更强的条件。理性选择公理的规范性和描述性地位一直是广泛讨论的主题。特别是，有令人信服的证据表明，人们并不总是遵从替换性公理，并且对这一公理的规范价值存在很大的分歧（例如，Allais and Hagen 1979）。然而，所有理性选择分析都包含两个原则：占优性和不变性。占优性要求，如果前景 A 与前景 B 在各方面都旗鼓相当，并且至少在一个方面胜过前景 B，那么对 A 的偏好应大于对 B 的偏好。不变性要求对不同前景的偏好顺序不应取决于其描述方式。尤其是，如果某个选择问题的两个版本在同时呈现时是等效的，那么，这两个版本单独呈现时也应引发相同的偏好。现在我们已证明，人们通常无法满足不变性要求，无论它看起来多么简单朴素。

对结果的表述

风险前景的特点来自其可能的结果和这些结果的概率。然而，同一个选项可以用不同的方式来表达或描述（Tversky and Kahneman 1981）。例如，一场赌博的可能结果可以表达为相对于现状的损益，也可以表达为包含初始财富的资产状况。不变性要求结果描述中的这种变化不应改变偏好的次序。以下两个问题说明了违反此要求的情况。N 表示每个问题的受试者人数，括号中的百分比是选择该选项的人数占比。

问题 1（$N=152$）：想象一下，美国正在预防一种罕见亚洲疾病的暴发，这种疾病预计造成 600 人死亡。有两种对抗疾病的方案。假设对两种方案后果的准确科学估计如下：

如果采用方案 A，会有 200 人获救。（72%）

如果采用方案 B，有 1/3 的概率 600 人获救，2/3 的概率无人获救。（28%）

你会选择哪种方案？

问题 1 的表述暗指的事态参考点是，该疾病可以导致 600 人死亡。方案的结果包括参考状态和以挽救生命数量衡量的两种可能收益。正如预期的那样，受试者偏好风险厌恶：大多数受试者愿意选择肯定能挽救 200 人的方案，而不是有 1/3 概率挽救 600 人的赌博。现在思考另一个问题，仍然是同一个假设，只是以不同方式来描述两个方案的前景：

问题 2（N=155）：

如果采用方案 C，会有 400 人死亡。（22%）

如果采用方案 D，有 1/3 的概率无人死亡，2/3 的概率有 600 人死亡。（78%）

很容易验证，问题 2 中的选项 C 和 D 分别与问题 1 中的选项 A 和 B 有着相同的意义。然而，第二个版本假设的参考状态是无人死于这种疾病。最好的结果是维持这种状态，而替代方案是以死于该疾病的人数来衡量损失。根据这种假设来估计选项的人预计会表现出对赌博（选项 D）的风险寻求偏好，而不会选择肯定会失去 400 条生命的选项。事实上，人们在第二个版本中的风险寻求倾向比第一个版本中的风险厌恶倾向更大。

违背不变性的情况既普遍又常见。受试者无论经验是否丰富都会犯错，即使让同一批受试者在几分钟内回答两个问题，也不会消除这种现象。面对相互矛盾的答案，受试者通常会感到困惑。即使重读这些问题，他们仍然希望在"拯救生命"的版本中规避风险，在"失去生命"的版本中寻求风险。他们也希望遵从不变性，想在两个版本中给出一致的答案。框架效应顽固的吸引力更像是知觉错觉，而不是计算错误。

以下两个问题引发的偏好违反了理性选择的占优性要求。

问题 3（N=86）：在以下选项中选择。

E. 有 25% 的概率赢得 240 美元，有 75% 的概率损失 760 美元。（0）

F. 有 25% 的概率赢得 250 美元，有 75% 的概率损失 750 美元。（100%）

很容易看出选项 F 优于选项 E。事实上，所有受试者都选择了 F。

问题 4（N=150）：假设你面临以下两个并行决策。先查看这两个决策，然后做出你的选择。

决策（1）：在 A 和 B 中选择一个。

A. 240 美元的确定收益。（84%）

B. 有 25% 的概率获得 1 000 美元，75% 的概率一无所获。（16%）

决策（2）：在C和D中选择一个。

C. 750美元的确定损失。（13%）

D. 有75%的概率损失1 000美元，25%的概率毫无损失。（87%）

正如之前的分析所预期的那样，在第一个决策中，大多数受试者做出风险厌恶的选择，即选择确定收益而非盈利的赌博。在第二个决策中，更多的受试者做出风险寻求的选择，即选择赌博而不是确定的损失。事实上，73%的受试者选择了A和D，只有3%的受试者选择了B和C。在该问题的修订版中观察到相同的结果模式。修订版降低了奖金，受试者选择了他们会参与的赌博。

因为受试者在问题4中同时考虑了两个决策，他们实际表达出对A和D的偏好大于B和C。然而，被拒的B和C的合取却优于偏好的A和D的合取。在选项D的基础上增加240美元的确定收益（选项A），得出有25%的概率赢得240美元和75%的概率损失760美元。这正是问题3中的选项E。同样，将750美元的确定损失（选项C）加在选项B上，得出有25%的概率赢得250美元和75%的概率损失750美元。这正是问题3中的选项F。因此，在一组并行决策中，框架的敏感性和S形数值函数会导致人们违背占优性原则。

这些结果的寓意令人不安：不变性在规范层面必不可少，在直觉层面不可抗拒，但在心理层面却行不通。事实上，我们认为只有两种方法可以确保不变性。一种是采用一个程序，将任何问题的等效版本转换为相同的规范表示。商学专业的学生接受的建议是，应该从总资产而非损益的角度来考虑每个决策问题（Schlaifer 1959），这就是建议的依据。这种表示可以避免前面问题中违反不变性的现象，但提出建议比遵从建议更容易。除了在可能破产的情况下，更自然的做法是将财务结果视为收益和损失，而不是财富状态。此外，风险前景的规范表示需要将并行决策的所有结果结合在一起（例如，问题4），即使对于简单的问题，这种做法也超出了直觉计算的能力范围。在其他情况下，比如在涉及安全、健康或生活质量等的情况下，实现规范表示甚至更难。我们是否应该建议人们依据总死亡率、疾病死亡率或与所研究的特定疾病相关的死亡人数评估公共健康政策的后果（如问题1和2）？

另一种确保不变性的方法是，根据精算结果而不是心理后果来评估选择。从人类生命的角度来看，精算标准有一定的吸引力，但对于金融选择显然是不够的，这一点至少自伯努利时代以来就得到了普遍认可，而且它完全不适用于判断缺乏客观衡量标准的结果。我们得出的结论是，不能指望人们会保持框架的不变性，对特定选择的信心并不能确保人们在另一个框架中做出相同的选择。因此，明智的做法是，刻意尝试以多种方式表达决策问题，以测试偏好的稳健性（Fischhoff, Slovic, and Lichtenstein 1980）。

概率的心理物理学

截至目前，我们的讨论都建立在伯努利期望规则的假设之上。根据该规则，不确定前景的价值或效用是通过对每个可能结果的效用进行概率加权，然后求和来获得的。为了检验这一假设，让我们再次参考心理物理学直觉。假设目前的价值为0，想象一份现金礼物，比如300美元，给它赋值为1。再想象一下，你得到的只是一张彩票，奖金为300美元。作为中奖概率的函数，彩票的价值是怎样变化的？不考虑赌博的效用，其前景的价值肯定在0（中奖概率为0时）和1（确定赢得300美元时）之间变化。

直觉表明，彩票的价值并非期望规则所要求的中奖概率的线性函数。具体来讲，从0提高到5%的效应似乎比从30%提高到35%的效应大，但比从95%提高到100%的效应小。这些考量反映了类别边界效应：从不可能到可能或从可能到确定的变化，会比中间范围的同等变化产生更大的效应。图B-2中的曲线体现了该假设，事件的权重作为设定的数字概率的函数被描绘出来。图B-2最显著的特征是：决策权重相对于设定的概率是回归的。除了终点附近，中奖概率每提高0.05，期望价值就会增加，但增幅小于奖金价值的5%。接下来，我们将研究这些心理物理假设对风险选择偏好的意义。

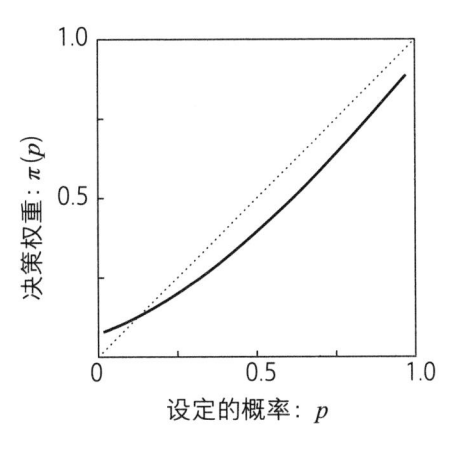

图B-2　假设的加权函数

在图 B-2 中，决策权重在大部分区间低于相应的概率。相对于确定事件，对中等概率和高概率事件加权不足会降低盈利赌博的吸引力，导致收益时的风险厌恶。同样的效应也有助于降低对亏损赌博的厌恶性，导致损失时的风险寻求。然而，低概率被过度加权，极低概率要么被严重过度加权，要么被完全忽略，使得该区间的决策权重变得极不稳定。对低概率的过度加权扭转了上述模式：它提高了高风险赌注的价值，增强了对造成严重损失的小概率事件的厌恶感。因此，人们在面对不太可能的收益时，经常寻求风险，而在面对不太可能的损失时则厌恶风险。决策权重的特征有助于提高彩票和保险单的吸引力。

决策权重的非线性必然会导致决策违反不变性，如以下两个问题所示。

问题 5（$N=85$）：思考包含两个阶段的赌博。在第一阶段，有 75% 的概率在结束时一无所获，有 25% 的概率进入第二阶段。你如果进入第二阶段，可以在以下二者之间选择。

A. 确定赢得 30 美元。（74%）

B. 有 80% 的概率赢得 45 美元。（26%）

你必须在赌博开始前做出选择，也就是说，在第一阶段的结果揭晓之前做出选择。请指明你的选项。

问题6（N=81）：在下面两个选项中你会选哪个？

C. 有25%的概率赢得30美元。（42%）

D. 有20%的概率赢得45美元。（58%）

因为在问题5中，有1/4的概率进入第二阶段，前景A提供了0.25的概率赢得30美元，而前景B提供了0.25×0.80=0.20的概率赢得45美元。因此，问题5和问题6的概率和结果是相同的。然而，人们对两个版本的偏好并不相同：在问题5中，大多数人更愿以较大的概率赢得较小的金额，而在问题6中，多数人的选择则相反。违背不变性的现象已经在各类决策中得到证实，比如真实和假设的货币收益（当前结果是真实货币）、以人类生命为结果的决策制定以及机会过程的非序列表示。

我们将不变性的失效归因于两个因素的相互作用：概率的框架和决策权重的非线性。具体地说，我们认为，人们在问题5中忽略第一阶段（无论做出什么决策，都会产生相同的结果），只关注进入赌博的第二阶段会发生什么。当然，在这种情况下，如果选择A，将面临确定的收益，如果更愿意打赌，则有80%的获胜概率。事实上，人们在连续的版本中所做的选择，与他们在30美元的确定收益和有85%的概率赢得45美元之间做出的选择完全相同。因为相比中等概率或高概率的事件，人们会对确定事件过度加权（如图B-2所示），这导致在连续的版本中有30美元收益的选项更具吸引力。我们称这种现象为伪确定性效应，因为人们像对确定事件那样，对不确定事件进行了加权。

在概率区间的低端可以看到一个密切相关的现象。假设你因保费昂贵尚未决定是否购买地震保险。当你犹豫不决时，友善的保险经纪人提出了另一个方案："如果地震发生在某月的单数日子，你只需支付正常保费的一半就可以获得全额赔付。这是一笔不错的交易，因为你只需半价就可以获得大半时间的保障。"为什么大多数人觉得这种概率性保险毫无吸引力？图B-2给出了一个答案。从低概率区间的任何一点开始，概率从p降低到$p/2$对决策权重的影响比从$p/2$降低到0的影响小得多。因此，降低一半风险不如降低一半保费划算。

人们回避概率性保险有三个原因。第一，从凹性效用函数的角度看，它违背了保险的经典解释。根据期望效用理论，当普通保险可接受时，概率性保险肯定应该优于普通保险（见 Kahneman and Tversky 1979）。第二，概率性保险表现为多种形式的保护行为，例如体检、购买新轮胎或安装防盗警报系统。此类行为通常可以降低某些危险的可能性，但并不能彻底消除危险。第三，保险单的可接受性可以通过意外事件的框架效应来操纵。例如，涵盖火灾但不涵盖水灾的保单，可以被评估为对抗特定风险（如火灾）的全面保障，也可以被评估为降低财产损失的总概率。图 B-2 表明，与彻底消除危险相比，人们极大地低估了减少危险概率的价值。因此，相比将保险描述为降低风险，将其表达为消除风险应该更有吸引力。事实上，斯洛维奇、费什霍夫和利希滕斯坦（1982）表明，如果一种虚构的疫苗可将疾病感染概率从 20% 降到 10%，将其描述为"对一半病例有效"就不如将其描述为"对同样可能产生相同症状的两种不同病毒株中的一种完全有效"。

表述方式效应

到目前为止，我们已经讨论了如何将框架作为工具，说明不变性失效的原因。现在我们将注意力转向控制结果和事件的框架过程。公共健康问题显示出表述方式效应，将措辞从"获救人数"改为"死亡人数"使人们的偏好发生明显改变，从风险厌恶变为风险寻求。显然，受试者接纳了问题中对结果的描述，并相应地以收益或损失来评估结果。麦克尼尔、波克尔、索克斯和特沃斯基（1982）提出了另一种表述方式效应。他们发现，在描述虚构的肺癌治疗方案可能产生的结果时，在使用"死亡率"或"存活率"方面，医生和患者的偏好显著不同。与放射治疗不同，外科手术在治疗过程中会有死亡风险。因此，当治疗结果的统计数据以死亡率而非存活率来描述时，手术选择的吸引力就相对较小。

医生，或许还有总统顾问，可以在不扭曲或隐瞒信息的情况下，仅仅通过设计结果和突发事件的框架来影响患者或总统的决策。表述方式效应可能会偶然发生，没有人意识到框架对最终决策的影响。它们也可以被故意利用来操纵选择的相对吸引力。例如，塞勒（1980）指出，信用卡行业的游说者坚持认为，现金和信用卡购买之间的任何价格差异都应打上现金折扣的标签，而不是将其视为信用卡附加费。这两个标签以含蓄的方式将较低或较高的价格指定为正常价格，从而将价格差异表达为收益或损失。由于损失大于收益，所以，相比放弃折扣，消费者更不愿意支付附加费。正如所预期的，在市场和政治领域，试图影响框架的现象很常见。

由于价值函数的非线性以及人们根据问题陈述所建议或暗示的参考点评估选项的倾向，对结果的评估容易受到表述方式效应的影响。值得注意的是，在其他情况下，人们会自动将等效信息转换为相同的表达。关于语言理解的研究表明，人们会快速将听到的大部分内容重新编码为抽象表达，不再区分它们是以主动还是被动语态表达的，也不再区分实际所说的内容与隐含、预设或暗示的内容（Clark and Clark 1977）。遗憾的是，悄无声息地、轻松执行这些操作的思维机器，不足以将两个版本的公共健康问题或死亡率－存活率统计数据重新编码为常见的抽象形式。

交易和贸易

我们对框架和价值的分析可以扩展到多属性选项之间的选择，例如交易或贸易的可接受性。我们认为，为评估多属性选项，人们建立了一个心理账户，列举出与该选项相关的优势和劣势，它们是相对于多属性参考状态而言的。某一选项的整体价值是通过其相对于参考状态的优劣势平衡来确定的。因此，如果某一选项的优势价值超过劣势价值，就可以接受它。这种分析假设了优势和劣势在心理上（而不是物理上）的可分离性。该模型并不强制将单独的属性组合在一起，以形成优劣势的全面考量，但纳入了凹性假设和损失厌恶假设。

我们对心理账户的分析很大程度上归功于理查德·塞勒（1980，1985）令人振奋的研究成果，他表明了心理账户与消费者行为的相关性。以下问题基于萨维奇（1954）和塞勒（1980）所举的例子，介绍了构建心理账户的一些规则，说明了价值凹性对交易可接受性的延伸影响。

问题 7：设想一下，你要买一件 125 美元的夹克和一部 15 美元的计算器。售货员告诉你，你想买的计算器在 20 分钟车程外的另一家分店打折，售价 10 美元。你会驱车去另一家分店购买吗？

该问题涉及一种选择的可接受性，这种选择结合了购物不便的劣势和金钱上的优势，可以被表述为最小账户、主题账户或综合账户。最小账户只包括两个选项的差异，忽略了它们的共同特征。在最小账户中，与开车去另一家店相关的优势被表述为 5 美元的收益。主题账户将可能选择的结果与参考水平联系起来，参考水平由产生决策的背景决定。在上述问题中，相关主题是购买计算器，驱车去另一家店的好处被表述为价格从 15 美元降低到 10 美元。可能会节省花销的商品只有计算器，因此夹克的价格不包括在主题账户中。夹克的价格以及其他费用很可能包含在一个综合性更强的账户中，在该账户中，节省的费用会根据月度费用进行评估。

就采用最小账户、主题账户或综合账户而言，上述问题的表述似乎是中立的。然而，我们认为，人们会自动根据主题账户来制定决策，在决策制定的背景下，这些主题账户的作用类似于感知中的"好形式"以及认知中的基本层次范畴。主题的配置与价值的凹性相结合，意味着为了在计算器上节省 5 美元而去另一家店的意愿应该与计算器的价格成反比，而与夹克的价格无关。为了检验这一预测，我们设计了问题的另一个版本，其中两个商品的价格互换。计算器在第一家店的价格是 125 美元，在另一家分店的价格是 120 美元，夹克的价格是 15 美元。正如预测的那样，在这两个问题上，表示会去另一家店的受试者比例差异很大。结果显示，为在 15 美元的计算器上节省 5 美元，68% 的受试者（$N=88$）愿意开车去另一家分店，但在 93 名受试者中，只有 29% 的人愿意在 125 美元的计算器上节省 5 美元。这一发现支持了主题账户配置的观点，因为无论对于最小账户还是综合账户来说，这两个版本都是相同的。

某城市不同商店同一商品的价格标准差与该商品的平均价格大致成正比，这一观察结果证实了主题账户对消费者行为的重要性（Pratt, Wise, and Zeckhauser 1979）。消费者寻求最佳性价比的努力支配着价格差异，因此，这些结果表明，相比买 50 美元省 5 美元，消费者很少会为了买 150 美元省

15美元付出更多的努力。

心理账户的主题配置导致人们从相对而非绝对的角度来估计收益和损失，从而造成金钱兑换其他东西的比率存在很大差异，包括为高性价比购物而打的电话数量，或者驱车长途跋涉去购买的意愿。大多数消费者发现，相比单独购买，他们在买车或买房时会更容易购买汽车立体声系统或波斯地毯。当然，这些观察与消费者行为的标准理性理论背道而驰，后者假设不变性成立，没有意识到心理账户造成的影响。

以下问题说明了心理账户的另一个例子，表明成本记入某个账户受到主题配置的控制。

问题8（N=200）：想象一下，你决定去看一场戏，而且花10美元买了一张票。当走进剧院时，你发现戏票丢了。票上没标记座位号，所以没法追回。

你会花10美元另买一张票吗？

会（46%） 不会（54%）

问题9（N=183）：想象一下，你决定去看一场票价为10美元的戏。当走进剧院时，你发现你丢了一张10美元的钞票。

你还会花10美元买票吗？

会（88%） 不会（12%）

这两个问题答案之间的差异很有趣。为什么这么多人在丢了一张票后不愿意花10美元买票，而在丢了等价的现金后愿意买票？我们将这种差异归因于心理账户的主题配置。去剧院通常被视为一种交易，用门票的费用换取看戏的体验。购买第二张票会将看戏的成本增加到许多受试者不愿接受的水平。相反，现金丢失并没有被记入看戏的账户，它只会让人在买票时感觉手头有点儿紧。

给相同的受试者呈现问题的两个版本时，研究者观察到一个有趣的效应。在丢失现金的版本出现之后，人们面对丢失戏票的问题时，买票的意愿显著增加。相反，丢失现金后买票的意愿不受事先陈述的另一问题的影响。

这两个问题放在一起显然让受试者意识到，将丢失的戏票视为丢失的现金是有道理的，反之则不然。

心理账户效应的规范性值得怀疑。与前面的例子（比如公共健康问题）不一样——前面的例子只是形式不同——可以说，计算器问题和戏票问题的替代版本不仅形式不同，本质也不同。特别是，买15美元省5美元可能比买更贵的商品省5美元更令人愉悦，而为同一张票付两次钱可能比丢了10美元现金更令人恼怒。悔恨、沮丧和自我满足也会受到框架的影响（Kahneman and Tversky 1982）。如果这种次级结果被视为合情合理，那么观察到的偏好并不违反不变性标准，也不能被当作不一致或错误轻易地排除。另一方面，次级结果可能会因反思而改变。如果消费者发现她在200美元的购物中，不会为了节省10美元而付出同样的努力，那么在15美元的商品上省5美元的满足感可能会减弱。我们不建议以同样的方式解决具有同样重要结果的两个决策问题。但是我们认为，对不同框架的系统性检查提供了一种有用的反思策略，可以帮助决策者评估其应该在选择的初级结果和次级结果上赋值多少。

损失与成本

许多决策问题的形式是在保持现状和接受另一种状态之间做出选择，这种选择在某些方面是有利的，在另一些方面是不利的。通过假设现状确定了所有属性的参考水平，前面应用于单一风险前景的价值分析可以扩展到这种情况。然后，将备选方案的优势评估为收益，将劣势评估为损失。由于损失大于收益，决策者会更愿意保持现状。

塞勒（1980）创造了"禀赋效应"来描述人们不愿放弃属于自己的资产。当放弃资产的痛苦比获得资产的快乐更大时，买入价格会明显低于卖出价格。也就是说，一个人愿意为得到某个资产所支付的最高价格，会低于其在拥有之后放弃该资产的最低补偿。塞勒讨论了消费者和企业家行为中禀赋效应的案例。几项研究成果指出，无论是在虚构交易还是真实交易中，买卖价格之间都存在巨大的差异（Gregory 1983；Hammack and Brown 1974；

Knetsch and Sinden 1984）。这些结果被认为是对标准经济理论的挑战。标准经济理论认为，不考虑交易成本和财富效应，买卖价格应该是相等的。在一项关于虚构工作之间的选择的研究中，我们也观察到人们不情愿进行交换的现象。两份工作的周薪（S）和工作场所温度（T）是不同的。我们要求受试者想象他们从事特定的工作（S_1, T_1），可以选择换做另一份工作（S_2, T_2），后者的条件在一方面较好，在另一方面较差。我们发现，被分配（S_1, T_1）的大多数受试者不希望换到（S_2, T_2），反之亦然。显然，工资或工作条件的同等差异更像是一种劣势，而不是优势。

总的来说，损失厌恶倾向于稳定而非变化。想象一下，两个快乐的同卵双胞胎发现两种不同的环境具有同样的吸引力。再想象一下，他们因人生境遇被迫分开，在两个不同的环境中生活。这对双胞胎一旦将自己的新状态作为参考点来评估彼此环境的优劣势，就不会再对这两种状态保持中立，他们都更愿意留在自己碰巧所在的环境里。因此，偏好的不稳定性导致对稳定性的偏好。除了喜欢稳定，不喜欢改变之外，通过降低已放弃的选择和他人禀赋的吸引力，适应和损失厌恶的结合还为后悔和嫉妒提供了有限的防范。

损失厌恶和随之而来的禀赋效应不太可能在常规的经济交换中发挥重要作用。例如，店主不会将付给供应商的货款视为损失，也不会将从顾客那里收到的钱看作收益。相反，商家会把一段时间内的成本和收入相加，只估算余额。在评估之前，相匹配的借方和贷方实际上互相抵消了。消费者的付款也不会被评估为损失，而会被视为购买。根据标准经济分析，人们将货币自然而然地视为可购买的商品和服务的替代物。当某人有二选一的选项时，这种评估模式就会一目了然，比如"我要么买一台新相机，要么买一顶新帐篷"。在这种分析中，如果相机的主观价值超过了持有现金的价值，此人就会购买相机。

在某些情况下，劣势可以被定义为成本或损失。特别是，是否购买保险也可以被视为在确定的损失和冒更大损失风险之间做选择。在这种情况下，成本－损失的差异可能导致不变性的失效。例如，思考一下，在50美元的确定损失和有25%的概率损失200美元之间做出选择。斯洛维奇、费什霍夫和利希滕斯坦（1982）报告称，他们的受试者中有80%的人表现出风险寻求偏好，而没有选择确定的损失。但是，只有35%的受试者宁可选择有

25%的风险损失200美元的选项，也不愿支付50美元的保险。休梅克和昆路德（1979）以及赫尔希和休梅克（1980）也报告了类似的结果。我们认为，同等金额在第一个问题中被表述为得不到补偿的损失，在第二个问题中则被表述为保护性成本。相比成本，人们更厌恶损失，因此，模态偏好在这两个问题中发生了逆转。

我们在正数区间中观察到类似的效应，如以下两个问题所示。

问题10：一场赌博有10%的概率赢得95美元，90%的概率损失5美元。你愿意参与吗？

问题11：一张彩票有10%的概率中奖100美元，90%的概率一无所获。你愿意花5美元买这张彩票吗？

有132名本科生回答了这两个问题，一个简短的填空题将这两个问题隔开。一半受试者看到的问题顺序是颠倒的。尽管很容易证实这两个问题提供了客观上相同的选择，但55名受试者在两个版本中表达了不同的偏好。其中，42人在问题10中拒绝了赌博，但在问题11中愿意购买彩票。这种看似微不足道的操纵很有效，它说明了成本－损失差异和框架效应的力量。相比将5美元视为损失，将其视为付款会让冒险更容易接受。

前面的分析表明，将负面结果表述为成本而非损失，可以改善个人的主观状态。这种心理操纵的可能性可以解释一种自相矛盾的行为——完全损失效应。塞勒（1980）探讨了一个例子，某人在支付网球俱乐部会员费后不久患上了网球肘，为避免投资浪费，他继续忍痛打网球。假定他没有付会员费就不会打网球，那么问题来了：忍痛打网球怎么能改善个人处境？我们认为，忍痛打网球维持了将会员费作为成本的评估。如果停止打网球，他将被迫承认这笔费用是一笔纯粹的损失，这可能比忍痛打网球更令人厌恶。

结语

效用和价值的概念在应用中通常有两种不同的含义：（1）体验价值，即在对结果的实际体验中，快乐或痛苦、满足或苦恼的程度；（2）决策价值，即预期结果对选择中某一选项的整体吸引力或厌恶感的作用。决策理论很少明确这种区别，因为它默认决策价值和体验价值一致。这一假设是理想决策者概念的一部分——理想决策者能精准预测未来的体验，并据此评估选项。然而，对于普通决策者来说，体验价值与决策价值之间的对应关系远非这般完美（March 1978）。影响体验的某些因素不容易预测，而影响决策的某些因素对体验结果没有类似程度的影响。

相比数量众多的决策研究，将快乐体验与客观状态联系起来的心理物理学方面的系统探索较少。快乐心理物理学最基本的问题是，如何测定适应程度或将积极与消极结果区分开的愿望。快乐参考点主要取决于客观现状，但也受到期望和社会比较的影响。客观的改善可能会带来损失的体验，例如，一名员工的加薪幅度低于办公室其他人。与状态变化相关的快乐或痛苦体验也非常依赖快乐适应的动态变化。关于"快乐适应"的概念，布里克曼和坎贝尔（1971）提出了一个激进的假设，即快速适应会让任何客观改善所产生的效果如过眼云烟。快乐体验的复杂性和微妙性使决策者很难预测结果带来的实际体验。当第五道菜摆上餐桌时，在饥肠辘辘时点餐的人都会承认自己犯了一个大错。在许多决策问题中，决策价值和体验价值常见的不匹配增加了额外的不确定因素。

框架效应和违反不变性是一种普遍现象，它使决策价值和体验价值之间的关系更加复杂。结果的框架效应通常会导致在实际体验中缺乏对应的决策价值观。例如，不管是用死亡率还是存活率来表述，癌症治疗结果的框架效应都不太可能影响体验，尽管它可能对选择产生显著影响。然而，在其他情况下，决策的框架效应不仅影响决策，也影响体验。例如，将一项支出表述为得不到补偿的损失或保险费，很可能会影响该结果的体验。在这种情况下，决策背景下的结果评估不仅预测了体验，而且塑造了体验。

附录B 参考文献

Allais, M., and O. Hagen, eds. 1979. *Expected Utility Hypotheses and the Allais Paradox*. Hingham, MA: D. Reidel.

Bernoulli, D. 1954 [1738]. "Exposition of a New Theory on the Measurement of Risk." *Econometrica* 22: 23–36.

Brickman, P., and D. T. Campbell. 1971. "Hedonic Relativism and Planning the Good Society." In *Adaptation Level Theory*: A Symposium, ed. M. H. Appley. New York: Academic Press, 287–302.

Clark, H. H., and E. V. Clark. 1977. *Psychology and Language*. New York: Harcourt.

Erakar, S. E., and H. C. Sox. 1981. "Assessment of Patients' Preferences for Therapeutic Outcomes." *Medical Decision Making* 1: 29–39.

Fischhoff, B. 1983. "Predicting Frames." *Journal of Experimental Psychology: Learning, Memory and Cognition* 9: 103–16.

Fischhoff, B., P. Slovic, and S. Lichtenstein. 1980. "Knowing What You Want: Measuring Labile Values." In *Cognitive Processes in Choice and Decision Behavior*, ed. T. Wallsten. Hillsdale, NJ: Erlbaum, 117–41.

Fishburn, P. C., and G. A. Kochenberger. 1979. "Two-Piece von Neumann-Morgenstern Utility Functions." *Decision Sciences* 10: 503–18.

Gregory, R. 1983. "Measures of Consumer's Surplus: Reasons for the Disparity in Observed Values." Unpublished manuscript, Keene State College, Keene, NH.

Hammack, J., and G. M. Brown Jr. 1974. *Waterfowl and Wetlands: Toward Bioeconomic Analysis*. Baltimore: Johns Hopkins University Press.

Hershey, J. C., and P. J. H. Schoemaker. 1980. "Risk Taking and Problem Context in the Domain of Losses: An Expected-Utility Analysis." *Journal of Risk and Insurance* 47: 111–32.

Kahneman, D., and A. Tversky. 1979. "Prospect Theory: An Analysis of Decision under Risk." *Econometrica* 47: 263–91.

———. 1982. "The Simulation Heuristic." In *Judgment Under Uncertainty: Heuristics and Biases*, ed. D. Kahneman, P. Slovic, and A. Tversky. New York: Cambridge University Press, 201–208.

Knetsch, J., and J. Sinden. 1984. "Willingness to Pay and Compensation Demanded: Experimental Evidence of an Unexpected Disparity in Measures of Value." *Quarterly Journal of Economics* 99: 507–21.

March, J. G. 1978. "Bounded Rationality, Ambiguity, and the Engineering of Choice." *Bell Journal of Economics* 9: 587–608.

McNeil, B., S. Pauker, H. Sox Jr., and A. Tversky. 1982. "On the Elicitation of Preferences for

Alternative Therapies." *New England Journal of Medicine* 306: 1259–62.

Payne, J. W., D. J. Laughhunn, and R. Crum. 1980. "Translation of Gambles and Aspiration Level Effects in Risky Choice Behavior." *Management Science* 26: 1039–60.

Pratt, J. W., D. Wise, and R. Zeckhauser. 1979. "Price Differences in Almost Competitive Markets." *Quarterly Journal of Economics* 93: 189–211.

Savage, L. J. 1954. *The Foundation of Statistics*. New York: Wiley.

Schlaifer, R. 1959. *Probability and Statistics for Business Decisions*. New York: McGraw–Hill.

Schoemaker, P.J.H., and H. C. Kunreuther. 1979. "An Experimental Study of Insurance Decisions." *Journal of Risk and Insurance* 46: 603–18.

Slovic, P., B. Fischhoff, and S. Lichtenstein. 1982. "Response Mode, Framing, and Information–Processing Effects in Risk Assessment." In *New Directions for Methodology of Social and Behavioral Science: Question Framing and Response Consistency*, ed. R. Hogarth. San Francisco: Jossey–Bass, 21–36.

Thaler, R. 1980. "Toward a Positive Theory of Consumer Choice." *Journal of Economic Behavior and Organization* 1: 39–60.

———. 1985. "Using Mental Accounting in a Theory of Consumer Behavior." *Marketing Science* 4: 199–214.

Tversky, A. 1977. "On the Elicitation of Preferences: Descriptive and Prescriptive Considerations." In *Conflicting Objectives in Decisions*, ed. D. Bell, R. L. Kenney, and H. Raiffa. New York: Wiley, 209–22.

Tversky, A., and D. Kahneman. 1981. "The Framing of Decisions and the Psychology of Choice." *Science* 211: 453–58.

von Neumann, J., and O. Morgenstern. 1947. *Theory of Games and Economic Behavior*, 2nd ed. Princeton: Princeton University Press.

注 释

序 言

1. 我们读过一本书，书中批评心理学家使用小样本，但没有解释他们做出这种选择的原因。Jacob Cohen, *Statistical Power Analysis for the Behavioral Sciences* (Hillsdale, NJ: Erlbaum, 1969).
2. 我稍微修改了原来的用词，但保留了问题的基本意思。
3. 一位著名的德国心理学家一直是我们最顽固的批评者。Gerd Gigerenzer, "How to Make Cognitive Illusions Disappear," *European Review of Social Psychology* 2 (1991): 83–115. Gerd Gigerenzer, "Personal Reflections on Theory and Psychology," *Theory & Psychology* 20 (2010): 733–43. Daniel Kahneman and Amos Tversky, "On the Reality of Cognitive Illusions," *Psychological Review* 103 (1996): 582–91.
4. 包括下列研究者的观点。Valerie F. Reyna and Farrell J.Lloyd, "Physician Decision-Making and Cardiac Risk: Effects of Knowledge, Risk Perception, Risk Tolerance and Fuzzy-Processing," *Journal of Experimental Psychology*: Applied 12 (2006): 179–95. Nicholas Epley and Thomas Gilovich, "The Anchoring- and- Adjustment Heuristic," *Psychological Science* 17 (2006): 311–18. Norbert Schwarz et al., "Ease of Retrieval of Information: Another Look at the Availability Heuristic," *Journal of Personality and Social Psychology* 61 (1991): 195–202. Elke U. Weber et al., "Asymmetric Discounting in Intertemporal Choice," *Psychological Science* 18 (2007): 516–23. George F. Loewenstein et al., "Risk as Feelings," *Psychological Bulletin* 127 (2001): 267–86.
5. 诺贝尔经济学奖的正式名称为"瑞典中央银行纪念阿尔弗雷德·诺贝尔经济科学奖"，于1969年首次颁发。有些物理科学家对增设社会科学领域的诺贝尔奖不满，经济学奖的独特称谓代表着一种妥协。
6. 20世纪80年代，卡内基-梅隆大学的赫伯特·西蒙及其学生为我们理解专业知识奠定了基础。关于这个话题请参阅Joshua Foer, *Moonwalking with Einstein: The Art and Science of Remembering* (New York: Penguin Press, 2011)。也可以参阅K. Anders Ericsson

et al., eds., *The Cambridge Handbook of Expertise and Expert Performance* (New York: Cambridge University Press, 2006.)。他们从更专业的角度回顾了这项研究成果。

7. Gary A. Klein, *Sources of Power* (Cambridge, MA: MIT Press, 1999).
8. 赫伯特·西蒙是20世纪最伟大的学者之一,他的发现和发明涉及政治学(其职业生涯的起点)、经济学(他获得了诺贝尔奖)、计算机科学(他是计算机科学的先驱)和心理学。
9. Herbert A. Simon, "What Is an Explanation of Behavior?" *Psychological Science* 3 (1992): 150–61.
10. 情感启发式的概念是由保罗·斯洛维奇提出的,他是阿莫斯在密歇根的同学,也是阿莫斯一生的朋友。
11. 见第9章。

第1章 故事中的角色

1. 关于该领域的综述,请参阅Jonathan St. B. T. Evans and Keith Frankish, eds., *In Two Minds: Dual Processes and Beyond* (New York: Oxford University Press, 2009); Jonathan St. B. T. Evans, "Dual–Processing Accounts of Reasoning, Judgment, and Social Cognition," *Annual Review of Psychology* 59 (2008): 255–78。该领域的先驱包括西摩·爱泼斯坦、乔纳森·埃文斯、史蒂文·斯洛曼、基思·斯坦诺维奇和理查德·韦斯特。我借用了斯坦诺维奇和韦斯特早期著作中的"系统1"和"系统2"这两个术语,它们极大地影响了我的思维:Keith E. Stanovich and Richard F. West, "Individual Differences in Reasoning: Implications for the Rationality Debate," *Behavioral and Brain Sciences* 23 (2000): 645–65。
2. 这种主体的主观体验有时是虚幻的,见Daniel M. Wegner, *The Illusion of Conscious Will* (Cambridge, MA: Bradford Books, 2003)。
3. Nilli Lavie, "Attention, Distraction and Cognitive Control Under Load," *Current Directions in Psychological Science* 19 (2010): 143–48.
4. 在经典的斯特鲁普任务中,你会看到用不同颜色打印的单词。你的任务是说出颜色名,忽略单词。当彩色单词本身就是一种颜色名时(例如,用红色打印的"绿色",用绿色打印的"黄色"等),这项任务就会变得非常困难。
5. 2011年3月16日,黑尔教授写信告诉我:"你的老师是对的。" March 16, 2011. Robert D. Hare, *Without Conscience: The Disturbing World of the Psychopaths Among Us* (New York: Guilford Press, 1999). Paul Babiak and Robert D. Hare, *Snakes in Suits: When Psychopaths Go to Work* (New York: Harper, 2007).
6. 头脑中的主体被称为"小矮人"。从专业角度来说,这是对它(恰如其分)的嘲笑。
7. Alan D. Baddeley, "Working Memory: Looking Back and Looking Forward," *Nature Reviews: Neuroscience* 4 (2003): 829–38. Alan D. Baddeley, *Your Memory: A User's Guide* (New York: Firefly Books, 2004).

第2章 注意力与努力

1. 本章的大部分材料来自我1973年的著作《注意力与努力》(Attention and Effort)。你可以在我的网站上免费下载这本书(www.princeton.edu/~kahneman/docs/attention_and_effort/Attention_hi_quality.pdf)。这本书的主题是注意力和脑力是有限的。人们认为，注意力与努力是可用于支持许多心理任务的一般资源。"一般容量"的概念有争议，但其他心理学家和神经科学家也对其进行了扩展，他们在大脑研究中发现了证据。见Marcel A.Just and Patricia A.Carpenter, "A Capacity Theory of Comprehension: Individual Differences in Working Memory," *Psychological Review* 99 (1992): 122–49; Marcel A. Just et al., "Neuroindices of Cognitive Workload: Neuroimaging, Pupillometric and Event– Related Potential Studies of Brain Work," *Theoretical Issues in Ergonomics Science* 4 (2003): 56–88。越来越多的实验证据表明注意力资源的多用途性，如Evie-Vergauwe et al., "Do Mental Processes Share a Domain–General Resource?" *Psychological Science* 21 (2010): 384–90。有成像证据表明，与低强度的任务相比，仅仅是期盼执行高强度任务就会调动大脑的许多区域。Carsten N. Boehler et al., "Task– Load– Dependent Activation of Dopaminergic Midbrain Areas in the Absence of Reward," *Journal of Neuroscience* 31 (2011):4955–61.

2. Eckhard H. Hess, "Attitude and Pupil Size," *Scientific American* 212 (1965):46–54.

3. "受试者"这个词让有些人想到"征服"和"奴隶制"，美国心理协会要求我们使用更具民主色彩的"参与者"。遗憾的是，政治正确的称谓很拗口，它占据了记忆空间，减缓了思考速度。只要有可能，我会尽量使用"参与者"，但必要时会换成"受试者"。

4. Daniel Kahneman et al., "Pupillary, Heart Rate, and Skin Resistance Changes During a Mental Task," *Journal of Experimental Psychology* 79 (1969): 164–67.

5. Daniel Kahneman, Jackson Beatty, and Irwin Pollack, "Perceptual Deficit During a Mental Task," *Science* 15 (1967): 218–19. 我们使用了一个半焦镜，这样观察者在面对镜头时就能直接看到他们面前的字母。在对照条件下，参与者通过一个窄孔观察字母，以防止瞳孔大小的变化对其视力产生影响。他们的检测结果显示出倒V形模式，我们在其他受试者那儿也观察到了该模式。

6. 想同时执行多项任务可能会遇到几种困难。例如，在物理上，人不可能同时说出两件不同的事，而且视听任务的结合可能比两个视觉或两个听觉任务的结合更容易。著名的心理学理论试图将任务之间的所有相互干扰归因于不同机制的竞争。见Alan D. Baddeley, *Working Memory* (New York: Oxford University Press, 1986)。经过实践，人们以特定方式处理多项任务的能力可能会提高。但是，很多任务都需要一般注意力或努力资源，各种相互干扰的、差异性很大的任务实验支持了这一观点。

7. Michael E. Smith, Linda K. McEvoy, and Alan Gevins, "Neurophysiological Indices of Strategy Development and Skill Acquisition," *Cognitive Brain Research* 7(1999): 389–404. Alan Gevins et al., "High–Resolution EEG Mapping of Cortical Activation Related to Working Memory: Effects of Task Difficulty, Type of Processing and Practice," *Cerebral*

Cortex 7 (1997): 374–85.

8. 例如，埃亨和比提证明，SAT（学习能力倾向测验）得分较高的人在应对相同任务时，瞳孔扩张的程度比得分较低的人小。Sylvia K.Ahern and Jackson Beatty, "Physiological Signs of Information Processing Vary with Intelligence," *Science* 205 (1979): 1289–92.
9. Wouter Kool et al., "Decision Making and the Avoidance of Cognitive Demand," *Journal of Experimental Psychology—General* 139 (2010): 665–82. Joseph T. McGuire and Matthew M. Botvinick, "The Impact of Anticipated Demand on Attention and Behavioral Choice," in *Effortless Attention*, ed. Brian Bruya (Cambridge, MA: Bradford Books, 2010), 103–20.
10. 神经科学家已经确定了大脑中的一个区域，该区域会在动作完成时评估动作的整体价值。在这种神经计算中，投入的精力被视为成本。Joseph T. McGuire and Matthew M. Botvinick, "Prefrontal Cortex, Cognitive Control, and the Registration of Decision Costs," *PNAS* 107 (2010): 7922–26.
11. Bruno Laeng et al., "Pupillary Stroop Effects," *Cognitive Processing* 12 (2011): 13–21.
12. Michael I. Posner and Mary K. Rothbart, "Research on Attention Networks as a Model for the Integration of Psychological Science," *Annual Review of Psychology* 58 (2007): 1–23. John Duncan et al., "A Neural Basis for General Intelligence," *Science* 289 (2000): 457–60.
13. Stephen Monsell, "Task Switching," *Trends in Cognitive Sciences* 7 (2003): 134–40.
14. Baddeley, *Working Memory*.
15. Andrew A. Conway, Michael J. Kane, and Randall W. Engle, "Working Memory Capacity and Its Relation to General Intelligence," *Trends in Cognitive Sciences* 7 (2003): 547–52.
16. Daniel Kahneman, Rachel Ben-Ishai, and Michael Lotan, "Relation of a Test of Attention to Road Accidents," *Journal of Applied Psychology* 58 (1973): 113–15. Daniel Gopher, "A Selective Attention Test as a Predictor of Success in Flight Training," *Human Factors* 24 (1982): 173–83.

第3章 懒惰的掌控者

1. Mihaly Csikszentmihalyi, *Flow: The Psychology of Optimal Experience* (New York: Harper, 1990).
2. Baba Shiv and Alexander Fedorikhin, "Heart and Mind in Conflict: The Interplay of Affect and Cognition in Consumer Decision Making," *Journal of Consumer Research* 26 (1999): 278–92. Malte Friese, Wilhelm Hofmann, and Michaela Wänke, "When Impulses Take Over: Moderated Predictive Validity of Implicit and Explicit Attitude Measures in Predicting Food Choice and Consumption Behaviour," *British Journal of Social Psychology* 47 (2008): 397–419.
3. Daniel T. Gilbert, "How Mental Systems Believe," *American Psychologist* 46 (1991):

107–19. C. Neil Macrae and Galen V. Bodenhausen, "Social Cognition: Thinking Categorically about Others," *Annual Review of Psychology* 51 (2000): 93–120.
4. Sian L. Beilock and Thomas H. Carr, "When High- Powered People Fail: Working Memory and Choking Under Pressure in Math," *Psychological Science* 16 (2005): 101–105.
5. Martin S. Hagger et al., "Ego Depletion and the Strength Model of Self- Control: A Meta- Analysis," *Psychological Bulletin* 136 (2010): 495–525.
6. Mark Muraven and Elisaveta Slessareva, "Mechanisms of Self- Control Failure: Motivation and Limited Resources," *Personality and Social Psychology Bulletin* 29 (2003): 894–906. Mark Muraven, Dianne M. Tice, and Roy F. Baumeister, "Self–Control as a Limited Resource: Regulatory Depletion Patterns," *Journal of Personality and Social Psychology* 74 (1998): 774–89.
7. Matthew T. Gailliot et al., " Self–Control Relies on Glucose as a Limited Energy Source: Willpower Is More Than a Metaphor," *Journal of Personality and Social Psychology* 92 (2007): 325–36. Matthew T. Gailliot and Roy F. Baumeister, "The Physiology of Willpower: Linking Blood Glucose to Self- Control," *Personality and Social Psychology Review* 11 (2007): 303–27.
8. Gailliot, " Self- Control Relies on Glucose as a Limited Energy Source."
9. Shai Danziger, Jonathan Levav, and Liora Avnaim Pesso, "Extraneous Factors in Judicial Decisions," *PNAS* 108 (2011): 6889–92.
10. Shane Frederick, "Cognitive Reflection and Decision Making," *Journal of Economic Perspectives* 19 (2005): 25–42.
11. 这种系统误差被称为信念偏差。Evans, " Dual- Processing Accounts of Reasoning, Judgment, and Social Cognition."
12. Keith E. Stanovich, *Rationality and the Reflective Mind* (New York:Oxford University Press, 2011).
13. Walter Mischel and Ebbe B. Ebbesen, "Attention in Delay of Gratification," *Journal of Personality and Social Psychology* 16 (1970): 329–37.
14. Inge Marie Eigsti et al., "Predicting Cognitive Control from Preschool to Late Adolescence and Young Adulthood," *Psychological Science* 17(2006): 478–84.
15. Mischel and Ebbesen, "Attention in Delay of Gratification." Walter Mischel, "Processes in Delay of Gratification," in *Advances in Experimental Social Psychology*, Vol. 7, ed. Leonard Berkowitz (San Diego, CA: Academic Press, 1974),249–92. Walter Mischel, Yuichi Shoda, and Monica L. Rodriguez, " Delay of Gratification in Children," *Science* 244 (1989): 933–38. Eigsti, "Predicting Cognitive Control from Preschool to Late Adolescence.
16. M. Rosario Rueda et al., "Training, Maturation, and Genetic Influences on the

Development of Executive Attention," *PNAS* 102 (2005): 14931–36.

17. Maggie E. Toplak, Richard F. West, and Keith E.Stanovich, "The Cognitive Reflection Test as a Predictor of Performance on Heuristicsand– Biases Tasks," *Memory & Cognition* (in press).

第4章 关联机器

1. Carey K. Morewedge and Daniel Kahneman, "Associative Processes in Intuitive Judgment," *Trends in Cognitive Sciences* 14 (2010): 435–40.
2. 为了避免混淆，我在文中没有提到瞳孔也放大了。在情绪唤醒和伴随智力努力的唤醒过程中，瞳孔都会放大。
3. Paula M. Niedenthal, "Embodying Emotion," *Science* 316 (2007):1002–1005.
4. 这种想象是通过关联机器的运作获得的。前几次提取不会产生任何结果，但能让随后的提取有效。
5. John A. Bargh, Mark Chen, and Lara Burrows, "Automaticity of Social Behavior: Direct Effects of Trait Construct and Stereotype Activation on Action," *Journal of Personality and Social Psychology* 71 (1996): 230–44.
6. Thomas Mussweiler, "Doing Is for Thinking! Stereotype Activation by Stereotypic Movements," *Psychological Science* 17 (2006): 17–21.
7. Fritz Strack, Leonard L. Martin, and Sabine Stepper, "Inhibiting and Facilitating Conditions of the Human Smile: A Nonobtrusive Test of the Facial Feedback Hypothesis," *Journal of Personality and Social Psychology* 54 (1988): 768–77.
8. Ulf Dimberg, Monika Thunberg, and Sara Grunedal, "Facial Reactions to Emotional Stimuli: Automatically Controlled Emotional Responses," *Cognition and Emotion* 16 (2002): 449–71.
9. Gary L. Wells and Richard E. Petty, "The Effects of Overt Head Movements on Persuasion: Compatibility and Incompatibility of Responses," *Basic and Applied Social Psychology* 1 (1980): 219–30.
10. Jonah Berger, Marc Meredith, and S. Christian Wheeler, "Contextual Priming: Where People Vote Affects How They Vote," *PNAS* 105 (2008):8846–49.
11. Kathleen D. Vohs, "The Psychological Consequences of Money," *Science* 314 (2006): 1154–56.
12. Jeff Greenberg et al., "Evidence for Terror Management Theory II: The Effect of Mortality Salience on Reactions to Those Who Threaten or Bolster the Cultural Worldview," *Journal of Personality and Social Psychology* 58 (1990): 308–18.
13. Chen– Bo Zhong and Katie Liljenquist, "Washing Away Your Sins:Threatened Morality and Physical Cleansing," *Science* 313 (2006): 1451–52.
14. Spike Lee and Norbert Schwarz, "Dirty Hands and Dirty Mouths: Embodiment

of the Moral– Purity Metaphor Is Specific to the Motor Modality Involved in Moral Transgression," *Psychological Science* 21 (2010): 1423–25.
15. Melissa Bateson, Daniel Nettle, and Gilbert Roberts, "Cues of Being Watched Enhance Cooperation in a Real– World Setting," *Biology Letters* 2 (2006): 412–14.
16. 提摩西·威尔逊提出了一个类似于系统1的概念——"适应性潜意识"。Timothy Wilson, *Strangers to Ourselves* (Cambridge, MA:Belknap Press, 2002).

第5章 认知轻松

1. 认知轻松的专业术语是流畅（fluency）。
2. Adam L. Alter and Daniel M. Oppenheimer, "Uniting the Tribes of Fluency to Form a Metacognitive Nation," *Personality and Social Psychology Review* 13(2009): 219–35.
3. Larry L. Jacoby, Colleen Kelley, Judith Brown, and Jennifer Jasechko, "Becoming Famous Overnight: Limits on the Ability to Avoid Unconscious Influences of the Past," *Journal of Personality and Social Psychology* 56 (1989): 326–38.
4. Bruce W. A. Whittlesea, Larry L. Jacoby, and Krista Girard, "Illusions of Immediate Memory: Evidence of an Attributional Basis for Feelings of Familiarity and Perceptual Quality," *Journal of Memory and Language* 29 (1990): 716–32.
5. 通常，当你遇到朋友时，你可以立即给他定位，叫出他的名字；你记得最后一次见到他是在哪里，他当时的衣着以及你们谈话的内容。只有当你无法提取这些特定的记忆时，熟悉感才会变得有意义。这是一个后备方案。尽管它不那么可靠，但有后备方案总比什么都没有好得多。当一个似曾相识的人将你当作老朋友打招呼时，这种熟悉感可以让你避免惊讶的尴尬。
6. Ian Begg, Victoria Armour, and Thérèse Kerr, "On Believing What We Remember," *Canadian Journal of Behavioural Science* 17 (1985): 199–214.
7. Daniel M. Oppenheimer, "Consequences of Erudite Vernacular Utilized Irrespective of Necessity: Problems with Using Long Words Needlessly," *Applied Cognitive Psychology* 20 (2006): 139–56.
8. Matthew S. McGlone and Jessica Tofighbakhsh, " Birds of a Feather Flock Conjointly (?): Rhyme as Reason in Aphorisms," *Psychological Science* 11 (2000):424–28.
9. Anuj K. Shah and Daniel M. Oppenheimer, "Easy Does It: The Role of Fluency in Cue Weighting," *Judgment and Decision Making Journal* 2 (2007):371–79.
10. Adam L. Alter, Daniel M. Oppenheimer, Nicholas Epley, and Rebecca Eyre, "Overcoming Intuition: Metacognitive Difficulty Activates Analytic Reasoning," *Journal of Experimental Psychology— General* 136 (2007): 569–76.
11. Piotr Winkielman and John T. Cacioppo, "Mind at Ease Puts a Smile on the Face: Psychophysiological Evidence That Processing Facilitation Increases Positive Affect," *Journal of Personality and Social Psychology* 81 (2001): 989–1000.

12. Adam L. Alter and Daniel M. Oppenheimer, "Predicting Short-Term Stock Fluctuations by Using Processing Fluency," *PNAS* 103 (2006). Michael J. Cooper, Orlin Dimitrov, and P. Raghavendra Rau, "A Rose.com by Any Other Name," *Journal of Finance* 56 (2001): 2371–88.
13. Pascal Pensa, "Nomen Est Omen: How Company Names Influence Short and Long-Run Stock Market Performance," *Social Science Research Network Working Paper*, September 2006.
14. Robert B. Zajonc, "Attitudinal Effects of Mere Exposure," *Journal of Personality and Social Psychology* 9 (1968): 1–27.
15. Robert B. Zajonc and D. W. Rajecki, "Exposure and Affect: A Field Experiment," *Psychonomic Science* 17 (1969): 216–17.
16. Jennifer L. Monahan, Sheila T. Murphy, and Robert B. Zajonc, "Subliminal Mere Exposure: Specific, General, and Diffuse Effects," *Psychological Science* 11 (2000): 462–66.
17. D. W. Rajecki, "Effects of Prenatal Exposure to Auditory or Visual Stimulation on Postnatal Distress Vocalizations in Chicks," *Behavioral Biology* 11 (1974): 525–36.
18. Robert B. Zajonc, "Mere Exposure: A Gateway to the Subliminal," *Current Directions in Psychological Science* 10 (2001): 227.
19. Annette Bolte, Thomas Goschke, and Julius Kuhl, "Emotion and Intuition: Effects of Positive and Negative Mood on Implicit Judgments of Semantic Coherence," *Psychological Science* 14 (2003): 416–21.
20. 该分析排除了受试者实际找到正确解决方案的所有情况。这表明，即使是最终无法找到共同关联的受试者，也对是否存在共同关联有一些想法。
21. Sascha Topolinski and Fritz Strack, "The Architecture of Intuition: Fluency and Affect Determine Intuitive Judgments of Semantic and Visual Coherence and Judgments of Grammaticality in Artificial Grammar Learning," *Journal of Experimental Psychology—General* 138 (2009): 39–63.
22. Bolte, Goschke, and Kuhl, "Emotion and Intuition."
23. Barbara Fredrickson, *Positivity: Groundbreaking Research Reveals How to Embrace the Hidden Strength of Positive Emotions, Overcome Negativity, and Thrive* (New York: Random House, 2009). Joseph P. Forgas and Rebekah East, "On Being Happy and Gullible: Mood Effects on Skepticism and the Detection of Deception," *Journal of Experimental Social Psychology* 44 (2008): 1362–67.
24. Sascha Topolinski et al., "The Face of Fluency: Semantic Coherence Automatically Elicits a Specific Pattern of Facial Muscle Reactions," *Cognition and Emotion* 23 (2009): 260–71.
25. Sascha Topolinski and Fritz Strack, "The Analysis of Intuition: Processing Fluency and

Affect in Judgments of Semantic Coherence," *Cognition and Emotion* 23 (2009): 1465–1503.

第6章 常态、意外及原因

1. Daniel Kahneman and Dale T. Miller, "Norm Theory: Comparing Reality to Its Alternatives," *Psychological Review* 93 (1986): 136–53.
2. Jos J. A. Van Berkum, "Understanding Sentences in Context:What Brain Waves Can Tell Us," *Current Directions in Psychological Science* 17 (2008):376–80.
3. Ran R. Hassin, John A. Bargh, and James S. Uleman, "Spontaneous Causal Inferences," *Journal of Experimental Social Psychology* 38 (2002): 515–22.
4. Albert Michotte, *The Perception of Causality* (Andover, MA: Methuen,1963). Alan M. Leslie and Stephanie Keeble, "Do Six–Month–Old Infants Perceive Causality?" *Cognition* 25 (1987): 265–88.
5. Fritz Heider and Mary- Ann Simmel, "An Experimental Study of Apparent Behavior," *American Journal of Psychology* 13 (1944): 243–59.
6. Leslie and Keeble, "Do Six–Month–Old Infants Perceive Causality?"
7. Paul Bloom, "Is God an Accident?" *Atlantic*, December 2005.

第7章 妄下结论的机器

1. Daniel T. Gilbert, Douglas S. Krull, and Patrick S. Malone, "Unbelieving the Unbelievable: Some Problems in the Rejection of False Information," *Journal of Personality and Social Psychology* 59 (1990): 601–13.
2. Solomon E. Asch, "Forming Impressions of Personality," *Journal of Abnormal and Social Psychology* 41 (1946): 258–90.
3. 同上。
4. James Surowiecki, *The Wisdom of Crowds* (New York: Anchor Books, 2005).
5. Lyle A. Brenner, Derek J. Koehler, and Amos Tversky, "On the Evaluation of One- Sided Evidence," *Journal of Behavioral Decision Making* 9 (1996): 59–70.

第8章 判断是如何发生的

1. Alexander Todorov, Sean G. Baron, and Nikolaas N. Oosterhof, "Evaluating Face Trustworthiness: A Model- Based Approach," *Social Cognitive and Affective Neuroscience* 3 (2008): 119–27.
2. Alexander Todorov, Chris P. Said, Andrew D. Engell, and Nikolaas N.Oosterhof, "Understanding Evaluation of Faces on Social Dimensions," *Trends in Cognitive Sciences 12* (2008): 455–60.
3. Alexander Todorov, Manish Pakrashi, and Nikolaas N. Oosterhof, "Evaluating Faces on

Trustworthiness After Minimal Time Exposure," *Social Cognition* 27(2009): 813–33.

4. Alexander Todorov et al., "Inference of Competence from Faces Predict Election Outcomes," *Science* 308 (2005): 1623–26. Charles C. Ballew and Alexander Todorov, "Predicting Political Elections from Rapid and Unreflective Face Judgments," *PNAS* 104 (2007): 17948–53. Christopher Y. Olivola and Alexander Todorov, "Elected in 100 Milliseconds: Appearance- Based Trait Inferences and Voting," *Journal of Nonverbal Behavior* 34 (2010): 83–110.

5. Gabriel Lenz and Chappell Lawson, "Looking the Part: Television Leads Less Informed Citizens to Vote Based on Candidates' Appearance," *American Journal of Political Science* (forthcoming).

6. Amos Tversky and Daniel Kahneman, "Extensional Versu Intuitive Reasoning: The Conjunction Fallacy in Probability Judgment," *Psychological Review* 90 (1983): 293–315.

7. William H. Desvousges et al., "Measuring Natural Resource Damages with Contingent Valuation: Tests of Validity and Reliability," in *Contingent Valuation: A Critical Assessment*, ed. Jerry A. Hausman (Amsterdam: North- Holland, 1993), 91–159.

8. Stanley S. Stevens, *Psychophysics: Introduction to Its Perceptual, Neural,and Social Prospect* (New York: Wiley, 1975).

9. Mark S. Seidenberg and Michael K. Tanenhaus, "Orthographic Effects on Rhyme Monitoring," *Journal of Experimental Psychology— Human Learning and Memory* 5 (1979): 546–54.

10. Sam Glucksberg, Patricia Gildea, and Howard G. Bookin, "On Understanding Nonliteral Speech: Can People Ignore Metaphors?" *Journal of Verbal Learning and Verbal Behavior* 21 (1982): 85–98.

第9章 回答一个更简单的问题

1. 格尔德·吉仁泽，彼得 M. 托德和 ABC研究团队提出了一种判断启发式的替代方法，见 Gerd Gigerenzer, Peter M. Todd, and the ABC Research Group, *Simple Heuristics That Make Us Smart* (New York: Oxford University Press, 1999)。他们描述了"快速省力"的形式化程序，如"抓住最好的线索"，在某些情况下，这些程序可以基于少量信息做出相当准确的判断。正如吉仁泽所强调的，他的启发式与我和阿莫斯研究的启发式不同，他强调的是方法的准确性，而不是它们必然导致的偏差。支持其方法的许多研究都使用统计模拟，表明它们可以在部分现实生活中发挥作用，但这些启发式的心理现实证据仍然很少，而且存在争议。与这种方法有关的最令人难忘的发现是再认启发式，其众所周知的例子是：询问受试者两个城市中哪一个较大，受试者认得其中一个城市，于是猜测认得的那个城市较大。如果受试者知道她认得的城市很大，那么再认启发式效果很好；然而，如果她知道那个城市很小，她会很合理地猜测另外那个未知的城市较大。与理论相反，受试者使用的不仅仅是认知线索：Daniel M.Oppenheimer, "Not So Fast! (and

Not So Frugal!): Rethinking the Recognition Heuristic," *Cognition* 90 (2003): B1–B9。该理论的缺点是，根据我们对心智的了解，启发式没必要省力。大脑在同一时间处理大量信息，可以在不忽视信息的情况下快速准确地运作。此外，早期对国际象棋大师的研究出现之后，人们就知道，技能不需要包括学会使用较少的信息。相反，技能是一种快速有效地处理大量信息的能力。

2. Fritz Strack, Leonard L. Martin, and Norbert Schwarz, "Priming and Communication: Social Determinants of Information Use in Judgments of Life Satisfaction," *European Journal of Social Psychology* 18 (1988): 429–42.

3. 相关系数为0.66。

4. 其他主题包括婚姻满意度、工作满意度和休闲时间满意度。Norbert Schwarz, Fritz Strack, and Hans-Peter Mai, "Assimilation and Contrast Effects in Part-Whole Question Sequences: A Conversational Logic Analysis," *Public Opinion Quarterly* 55 (1991): 3–23.

5. 在德国进行的一项电话调查中，有一个关于整体幸福感的问题。研究者发现幸福的自我报告与调查时当地的天气之间存在显著的相关性。众所周知，情绪会随着天气变化而变化，这可以解释报告中提及的天气对幸福感的影响。但是，另一版本的电话调查得出的结果略有不同。在询问受访者幸福问题之前，先问当天的天气。在这种情况下，结果显示，天气对这些受访者报告的幸福感并没有任何影响！事前明确询问天气，为受访者提供了情绪解释，打破了当前情绪与整体幸福感之间的联系。

6. Melissa L. Finucane et al., "The Affect Heuristic in Judgments of Risks and Benefits," *Journal of Behavioral Decision Making* 13 (2000): 1–17.

第10章 小数定律

1. Howard Wainer and Harris L. Zwerling, "Evidence That Smaller Schools Do Not Improve Student Achievement," *Phi Delta Kappan* 88 (2006): 300–303. 这个例子也曾在以下研究中被讨论过：Andrew Gelman and Deborah Nolan, *Teaching Statistics: A Bag of Tricks* (New York: Oxford University Press, 2002)。

2. Jacob Cohen, "The Statistical Power of Abnormal-Social Psychological Research: A Review," *Journal of Abnormal and Social Psychology* 65 (1962): 145–53.

3. Amos Tversky and Daniel Kahneman, "Belief in the Law of Small Numbers," *Psychological Bulletin* 76 (1971): 105–10.

4. 我们在直觉和计算之间做对比似乎预示着系统1和系统2之间的区别，但从本书的角度看，研究依然任重道远。我们用直觉（即得出结论的任何非正式方式）来处理计算之外的所有事情。

5. William Feller, *Introduction to Probability Theory and Its Applications* (New York: Wiley, 1950).

6. Thomas Gilovich, Robert Vallone, and Amos Tversky, "The Hot Hand in Basketball: On

the Misperception of Random Sequences," *Cognitive Psychology* 17 (1985): 295–314.

第11章 锚定

1. Robyn Le Boeuf and Eldar Shafir, "The Long and Short of It: Physical Anchoring Effects," *Journal of Behavioral Decision Making* 19 (2006): 393–406.
2. Nicholas Epley and Thomas Gilovich, "Putting Adjustment Back in the Anchoring and Adjustment Heuristic: Differential Processing of Self-Generated and Experimenter-Provided Anchors," *Psychological Science* 12 (2001): 391–96.
3. Epley and Gilovich, "The Anchoring- and- Adjustment Heuristic."
4. Thomas Mussweiler, "The Use of Category and Exemplar Knowledge in the Solution of Anchoring Tasks," *Journal of Personality and Social Psychology* 78 (2000):1038–52.
5. Karen E. Jacowitz and Daniel Kahneman, "Measures of Anchoring in Estimation Tasks," *Personality and Social Psychology Bulletin* 21 (1995):1161–66.
6. Gregory B. Northcraft and Margaret A. Neale, "Experts, Amateurs, and Real Estate: An Anchoring-and-Adjustment Perspective on Property Pricing Decisions," *Organizational Behavior and Human Decision Processes* 39 (1987): 84–97. 高锚点高出标价12%，低锚点低于标价12%。
7. Birte Englich, Thomas Mussweiler, and Fritz Strack, "Playing Dice with Criminal Sentences: The Influence of Irrelevant Anchors on Experts' Judicial Decision Making," *Personality and Social Psychology Bulletin* 32 (2006): 188–200.
8. Brian Wansink, Robert J. Kent, and Stephen J. Hoch, "An Anchoring and Adjustment Model of Purchase Quantity Decisions," *Journal of Marketing Research* 35 (1998): 71–81.
9. Adam D. Galinsky and Thomas Mussweiler, " First Offers as Anchors: The Role of Perspective-Taking and Negotiator Focus," *Journal of Personality and Social Psychology* 81 (2001): 657–69.
10. Greg Pogarsky and Linda Babcock, "Damage Caps, Motivated Anchoring, and Bargaining Impasse," *Journal of Legal Studies* 30 (2001): 143–59.
11. 实验演示见Chris Guthrie, Jeffrey J. Rachlinski, and Andrew J. Wistrich, "Judging by Heuristic-Cognitive Illusions in Judicial Decision Making," *Judicature* 86 (2002): 44–50。

第12章 可得性的科学

1. Amos Tversky and Daniel Kahneman, "Availability: A Heuristic for Judging Frequency and Probability," *Cognitive Psychology* 5 (1973): 207–32.
2. Michael Ross and Fiore Sicoly, "Egocentric Biases in Availability and Attribution," *Journal of Personality and Social Psychology* 37 (1979): 322–36.
3. Schwarz et al., "Ease of Retrieval as Information."

4. Sabine Stepper and Fritz Strack, "Proprioceptive Determinants of Emotional and Nonemotional Feelings," *Journal of Personality and Social Psychology* 64 (1993): 211–20.
5. 关于该研究领域的回顾，见Rainer Greifeneder, Herbert Bless, and Michel T. Pham, "When Do People Rely on Affective and Cognitive Feelings in Judgment? A Review," *Personality and Social Psychology Review* 15 (2011): 107–41。
6. Alexander Rotliman and Norbert Schwarz, "Constructing Perceptions of Vulnerability: Personal Relevance and the Use of Experimental Information in Health Judgments," *Personality and Social Psychology Bulletin* 24 (1998): 1053–64.
7. Rainer Greifeneder and Herbert Bless, "Relying on Accessible Content Versus Accessibility Experiences: The Case of Processing Capacity," *Social Cognition* 25 (2007): 853–81.
8. Markus Ruder and Herbert Bless, "Mood and the Reliance on the Ease of Retrieval Heuristic," *Journal of Personality and Social Psychology* 85 (2003): 20–32.
9. Rainer Greifeneder and Herbert Bless, "Depression and Reliance on Ease-of-Retrieval Experiences," *European Journal of Social Psychology* 38 (2008): 213–30.
10. Eugene M. Caruso, "Use of Experienced Retrieval Ease in Self and Social Judgments," *Journal of Experimental Social Psychology* 44 (2008): 148–55.
11. Chezy Ofir et al., "Memory-Based Store Price Judgments: The Role of Knowledge and Shopping Experience," *Journal of Retailing* 84 (2008): 414–23.
12. Johannes Keller and Herbert Bless, "Predicting Future Affective States: How Ease of Retrieval and Faith in Intuition Moderate the Impact of Activated Content," *European Journal of Social Psychology* 38 (2008): 1–10.
13. Mario Weick and Ana Guinote, "When Subjective Experiences Matter: Power Increases Reliance on the Ease of Retrieval," *Journal of Personality and Social Psychology* 94 (2008): 956–70.

第13章 可得性、情感和风险

1. 达马西奥的观点被称为"体细胞标记假说"，获得了大量支持。Antonio R. Damasio, *Descartes' Error: Emotion, Reason, and the Human Brain* (New York: Putnam, 1994). Antonio R. Damasio, "The Somatic Marker Hypothesis and the Possible Functions of the Prefrontal Cortex," *Philosophical Transactions: Biological Sciences* 351 (1996): 141–20.
2. Finucane et al., "The Affect Heuristic in Judgments of Risks and Benefits." Paul Slovic, Melissa Finucane, Ellen Peters, and Donald G. MacGregor, "The Affect Heuristic," in Thomas Gilovich, Dale Griffin, and Daniel Kahneman, eds., *Heuristics and Biases* (New York: Cambridge University Press, 2002), 397–420. Paul Slovic, Melissa Finucane, Ellen Peters, and Donald G. MacGregor, "Risk as Analysis and Risk as Feelings: Some

Thoughts About Affect, Reason, Risk, and Rationality," *Risk Analysis* 24 (2004):1–12. Paul Slovic, "Trust, Emotion, Sex, Politics, and Science: Surveying the Risk Assessment Battlefield," *Risk Analysis* 19 (1999): 689–701.

3. Slovic, "Trust, Emotion, Sex, Politics, and Science." 这些研究中使用的技术和物质并不是解决同一问题的替代方案。在考虑优选方案的现实问题中，成本和收益之间的相关性必须是负的。收益最大的解决方案成本也最高。在这种情况下，外行甚至专家是否也可能无法认识二者之间的正确关系，这是一个有趣的问题。

4. Jonathan Haidt, "The Emotional Dog and Its Rational Tail: A Social Institutionist Approach to Moral Judgment," *Psychological Review* 108 (2001): 814–34.

5. Paul Slovic, *The Perception of Risk* (Sterling, VA: EarthScan, 2000).

6. Timur Kuran and Cass R. Sunstein, "Availability Cascades and Risk Regulation," *Stanford Law Review* 51 (1999): 683–768.《综合环境反应、赔偿和责任法》（CERCLA）于1980年通过。

7. 保罗·斯洛维奇在艾拉案中为苹果果农做证，其观点很独特："这场恐慌是由哥伦比亚广播公司的《60分钟》节目引发的，该节目称4 000名儿童将死于癌症（没有可能性），播放了癌症病房里秃头儿童的可怕照片，散布了一些不正确的说法。这个故事还暴露了环保局在关注和评估艾拉的安全性方面缺乏能力，破坏了人们对监管控制的信任。鉴于此，我认为公众的反应是合理的。"（私人谈话，2011年5月11日。）

第14章　汤姆的专业

1. 这个例子来自Max H. Bazerman and Don A. Moore, *Judgment in Managerial Decision Making* (New York: Wiley, 2008)。

2. St. B. T. Evans, "Heuristic and Analytic Processes in Reasoning," *British Journal of Psychology* 75 (1984): 451–68.

3. Norbert Schwarz et al., "Base Rates, Representativeness, and the Logic of Conversation: The Contextual Relevance of 'Irrelevant' Information," *Social Cognition* 9 (1991): 67–84.

4. Alter, Oppenheimer, Epley, and Eyre, "Overcoming Intuition."

5. 贝叶斯法则的最简单形式是发生比的形式。后验发生比＝先验发生比 × 似然比，其中后验发生比是两个竞争性假设的发生比（概率之比）。你可以思考一个诊断问题。你的朋友患有一种严重疾病，检测结果呈阳性。这种疾病很罕见：送检病例中只有1/600真的患有该病。测试相当准确。其似然比为 25∶1，这意味着患有该病的人检测结果呈阳性的概率是假阳性概率的 25 倍。检测结果呈阳性是一个可怕的消息，但你的朋友患有这种疾病的发生比仅从1/600上升到了25/600，即概率为4%。

对于汤姆是计算机科学家的假设，与3%的基础比率相对应的先验发生比是0.031 (0.03/0.97 ≈ 0.031)。假设似然比为 4（如果汤姆是计算机科学家，则描述的可能性是他不是计算机科学家的4倍），后验发生比为0.124 (4 × 0.031 = 0.124)。根据这些发生比，现在你可以计算出汤姆是计算机科学家的后验概率是11%（因为12.4/112.4 ≈ 0.11）。

第15章 琳达问题：少即是多

1. Amos Tversky and Daniel Kahneman, "Extensional Versus Intuitive Reasoning: The Conjunction Fallacy in Probability Judgment," *Psychological Review* 90(1983), 293–315.
2. Stephen Jay Gould, *Bully for Brontosaurus* (New York: Norton,1991).
3. Ralph Hertwig and Gerd Gigerenzer, "The 'Conjunction Fallacy' Revisited: How Intelligent Inferences Look Like Reasoning Errors," *Journal of Behavioral Decision Making* 12 (1999): 275–305; Ralph Hertwig, Bjoern Benz, and Stefan Krauss, "The Conjunction Fallacy and the Many Meanings of And," *Cognition* 108 (2008): 740–53.
4. Barbara Mellers, Ralph Hertwig, and Daniel Kahneman, "Do Frequency Representations Eliminate Conjunction Effects? An Exercise in Adversarial Collaboration," *Psychological Science* 12 (2001): 269–75.

第16章 原因胜过统计

1. 以发生比形式应用贝叶斯法则，先验发生比是从基础比率得出蓝色出租车的发生比，似然比是目击者在出租车是蓝色的情况下说出租车是蓝色的概率除以如果出租车是绿色而目击者说它是蓝色的概率。后验发生比为0.706 [(0.15/0.85) × (0.80/0.20) ≈ 0.706]。发生比是出租车为蓝色的概率除以出租车为绿色的概率所得的比值。出租车为蓝色的概率是41%（0.706/1.706 ≈ 0.41）。
2. Amos Tversky and Daniel Kahneman, "Causal Schemas in Judgments Under Uncertainty," in *Progress in Social Psychology*, ed. Morris Fishbein (Hillsdale, NJ: Erlbaum, 1980), 49–72.
3. Richard E. Nisbett and Eugene Borgida, "Attribution and the Psychology of Prediction," *Journal of Personality and Social Psychology* 32 (1975): 932–43.
4. John M. Darley and Bibb Latane, "Bystander Intervention in Emergencies: Diffusion of Responsibility," *Journal of Personality and Social Psychology* 8(1968): 377–83.

第17章 回归均值

1. Michael Bulmer, *Francis Galton: Pioneer of Heredity and Biometry* (Baltimore: Johns Hopkins University Press, 2003).
2. 通过减去平均值并将结果除以标准差，研究人员将每个原始分数转换为标准分数。标准分数的均值为0，标准差为1，可以跨变量进行比较（特别是当原始分数的统计分布相似时），并且具有许多理想的数学性质，高尔顿必须弄清楚这些性质才能理解相关性和回归的本质。
3. 在孩子营养不良的环境中，这个相关性就不正确。营养差异将变得重要，共有因素的比例会降低，父母的身高与儿童身高之间的相关性也会随之降低（除非营养不良儿童的父母在童年时也因饥饿发育迟缓）。

4. 该相关性是根据美国人口的一个非常大的样本（盖洛普–健康之路身心健康指数）计算的。

5. 这种相关性似乎令人印象深刻，但多年前，我从社会学家克里斯托弗·詹克斯那里了解到，如果人人都接受同样的教育，收入不平等（以标准差测量）只会减少约9%。其公式为$\sqrt{(1-r^2)}$，其中r为相关系数。

6. 当这两个变量都以标准分数测量时，情况就是这样——也就是说，通过减去平均值并用结果除以标准差来转换每个分数。

7. Howard Wainer, "The Most Dangerous Equation," *American Scientist* 95 (2007): 249–56.

第18章 驯服直觉性预测

1. 标准回归是预测问题的最优解，这一证明假设误差是通过与正确值的平方偏差进行加权求和得到的。这是公认的最小二乘准则。其他损失函数导致不同的解决方案。

第19章 理解的错觉

1. Nassim Nicholas Taleb, *The Black Swan: The Impact of the Highly Improbable* (New York: Random House, 2007).

2. 见第7章。

3. Michael Lewis, *Moneyball: The Art of Winning an Unfair Game* (New York: Norton, 2003).

4. Seth Weintraub, "Excite Passed Up Buying Google for $750 000 in 1999," *Fortune*, September 29, 2011.

5. Richard E. Nisbett and Timothy D. Wilson, "Telling More Than We Can Know: Verbal Reports on Mental Processes," *Psychological Review* 84 (1977): 231–59.

6. Baruch Fischhoff and Ruth Beyth, "I Knew It Would Happen: Remembered Probabilities of Once Future Things," *Organizational Behavior and Human Performance* 13 (1975): 1–16.

7. Jonathan Baron and John C. Hershey, "Outcome Bias in Decision Evaluation," *Journal of Personality and Social Psychology* 54 (1988): 569–79.

8. Kim A. Kamin and Jeffrey Rachlinski, "Ex Post ≠ Ex Ante: Determining Liability in Hindsight," *Law and Human Behavior* 19 (1995): 89–104. Jeffrey J. Rachlinski, "A Positive Psychological Theory of Judging in Hindsight," *University of Chicago Law Review* 65 (1998): 571–625.

9. Jeffrey Goldberg, "Letter from Washington: Woodward vs. Tenet," *New Yorker*, May 21, 2007, 35–38. Also Tim Weiner, *Legacy of Ashes: The History of the CIA* (New York: Doubleday, 2007); "Espionage: Inventing the Dots," *Economist*, November 3, 2007, 100.

10. Philip E. Tetlock, "Accountability: The Neglected Social Context of Judgment and Choice," *Research in Organizational Behavior* 7 (1985): 297–332.
11. Marianne Bertrand and Antoinette Schoar, "Managing with Style: The Effect of Managers on Firm Policies," *Quarterly Journal of Economics* 118 (2003): 1169–1208. Nick Bloom and John Van Reenen, "Measuring and Explaining Management Practices Across Firms and Countries," *Quarterly Journal of Economics* 122(2007): 1351–1408.
12. 我要感谢范德比尔特大学的詹姆斯·H.斯泰格教授，他在合理的假设下开发了一种算法来回答这个问题。斯泰格的分析表明，0.20和0.40的相关系数分别与43%和37%的逆转率有关。
13. 《光环效应》被《金融时报》和《华尔街日报》誉为年度最佳商业图书之一。Phil Rosenzweig, *The Halo Effect. . . . and the Eight Other Business Delusions That Deceive Managers* (New York: Simon& Schuster, 2007).见Paul Olk and Phil Rosenzweig, "The Halo Effect and the Challenge of Management Inquiry: A Dialog Between Phil Rosenzweig and Paul Olk," *Journal of Management Inquiry* 19 (2010): 48–54。
14. James C. Collins and Jerry I. Porras, *Built to Last: Successful Habits of Visionary Companies* (New York: Harper, 2002).
15. 事实上，即使你是首席执行官，你的预测也不会非常可靠。对内幕交易的广泛研究表明，高管在交易自己的股票时确实跑赢了市场，但他们跑赢大盘的幅度刚够支付交易成本。见H. Nejat Seyhun, "The Information Content of Aggregate Insider Trading," *Journal of Business* 61 (1988): 1–24; Josef Lakonishok and Inmoo Lee, "Are Insider Trades Informative?" *Review of Financial Studies* 14 (2001):79–111; Zahid Iqbal and Shekar Shetty, "An Investigation of Causality Between Insider Transactions and Stock Returns," *Quarterly Review of Economics and Finance* 42 (2002): 41–57。
16. Rosenzweig, *The Halo Effect*.
17. Deniz Anginer, Kenneth L. Fisher, and Meir Statman, "Stocks of Admired Companies and Despised Ones," working paper, 2007.
18. 杰森·茨威格说，对回归缺乏认识不利于首席执行官的招聘。陷入困境的公司往往会求助于外部人士，从近期回报率高的公司招聘首席执行官。随后，这位新上任的首席执行官会因其在新公司的改进举措而获得赞誉，至少能获得暂时的赞誉。（与此同时，其前公司的继任者则处境艰难，这让新老板相信他们雇用了"合适的人"。）每当首席执行官跳槽时，新公司都必须买断他在上家公司的股份（股票和期权），为未来的薪酬设定一个基准，而这与新公司的业绩无关。主要由向均值回归和光环效应驱动的"个人"成就将获得数千万美元的补偿（私人交流，2009年12月29日）。

第20章　有效性错觉

1. Brad M. Barber and Terrance Odean, "Trading Is Hazardous to Your Wealth: The Common Stock Investment Performance of Individual Investors," *Journal of Finance* 55

(2002): 773–806.

2. Brad M. Barber and Terrance Odean, "Boys Will Be Boys: Gender, Overconfidence, and Common Stock Investment," *Quarterly Journal of Economics* 116 (2006): 26–92.
3. 第32章进一步讨论了这种"处置效应"。
4. Brad M. Barber and Terrance Odean, "All That Glitters: The Effect of Attention and News on the Buying Behavior of Individual and Institutional Investors," *Review of Financial Studies* 21 (2008): 785–818.
5. 中国台湾的股票交易研究得出结论，个人向金融机构的财富转移占其地区生产总值的2.2%，这一比例令人震惊。Brad M. Barber, Yi- Tsung Lee, Yu- Jane Liu, and Terrance Odean, "Just How Much Do Individual Investors Lose by Trading?" *Review of Financial Studies* 22 (2009): 609–32.
6. John C. Bogle, *Common Sense on Mutual Funds: New Imperatives for the Intelligent Investor* (New York: Wiley, 2000), 213.
7. Mark Grinblatt and Sheridan Titman, "The Persistence of Mutual Fund Performance," *Journal of Finance* 42 (1992): 1977–84. Edwin J. Elton et al., "The Persistence of Risk- Adjusted Mutual Fund Performance," *Journal of Business* 52 (1997): 1–33. Edwin Elton et al., "Efficiency With Costly Information: A Re-interpretation of Evidence from Managed Portfolios," *Review of Financial Studies* 6 (1993): 1–21.
8. Philip E. Tetlock, *Expert Political Judgment:How Good is It? How Can We Know?* (Prince ton: Prince ton University Press, 2005), 233.

第21章　直觉与公式

1. Paul Meehl, "Causes and Effects of My Disturbing Little Book," *Journal of Personality Assessment* 50 (1986): 370–75.
2. 例如，在1990—1991年的拍卖季，一箱1960年的拉图酒庄的葡萄酒在伦敦的售价为464美元，而一箱1961年的葡萄酒（有史以来最好的葡萄酒之一）平均售价为5 432美元。
3. Paul J. Hoffman, Paul Slovic, and Leonard G. Rorer, "An Analysisof- Variance Model for the Assessment of Configural Cue Utilization in Clinical Judgment," *Psychological Bulletin* 69 (1968): 338–39.
4. Paul R. Brown, "Independent Auditor Judgment in the Evaluation of Internal Audit Functions," *Journal of Accounting Research* 21 (1983): 444–55.
5. James Shanteau, "Psychological Characteristics and Strategies of Expert Decision Makers," *Acta Psychologica* 68 (1988): 203–15.
6. Danziger, Levav, and Avnaim- Pesso, "Extraneous Factors in Judicial Decisions."
7. Richard A. DeVaul et al., "Medical- School Performance of Initially Rejected Students," *JAMA* 257 (1987): 47–51. Jason Dana and Robyn M. Dawes, "Belief in the Unstructured

Interview: The Persistence of an Illusion," working paper, Department of Psychology, University of Pennsylvania, 2011. William M. Grove et al., "Clinical Versus Mechanical Prediction: A Meta- Analysis," *Psychological Assessment* 12 (2000):19–30.

8. Robyn M. Dawes, "The Robust Beauty of Improper Linear Models in Decision Making," *American Psychologist* 34 (1979): 571–82.

9. Jason Dana and Robyn M. Dawes, "The Superiority of Simple Alternatives to Regression for Social Science Predictions," *Journal of Educational and Behavioral Statistics* 29 (2004): 317– 31.

10. Virginia Apgar, "A Proposal for a New Method of Evaluation of the Newborn Infant," *Current Researches in Anesthesia and Analgesia* 32 (1953): 260–67. Mieczyslaw Finster and Margaret Wood, "The Apgar Score Has Survived the Test of Time," *Anesthesiology* 102 (2005): 855– 57.

11. Atul Gawande, *The Checklist Manifesto: How to Get Things Right* (New York: Metropolitan Books, 2009).

12. Paul Rozin, "The Meaning of 'Natural': Process More Important than Content," *Psychological Science* 16 (2005): 652–58.

第22章 专家直觉何时可信？

1. Mellers, Hertwig, and Kahneman, "Do Frequency Representations Eliminate Conjunction Effects?"

2. Klein, *Sources of Power*.

3. 洛杉矶盖蒂博物馆邀请世界顶级的希腊雕塑专家来鉴定库罗斯——一尊阔步行走的青年大理石雕像。专家们的反应就是一种所谓的"直觉排斥"——他们有一种强烈的预感，认为库罗斯不是2 500年前的，而是现代赝品。没有一位专家能立即说出其判断的理由。最有理有据的是一位意大利艺术历史学家，他抱怨道，雕像的指甲"好像不对劲"，但他并不确定。一位著名的美国专家说，他首先想到的是"新"这个词。一位希腊专家直截了当地说："见过出土雕塑的人都能看出，那东西从没在地下埋过。"对于得出共同结论的原因，人们缺乏一致意见，这令人震惊，也让人觉得不可靠。

4. 西蒙是20世纪杰出的知识分子之一。他在20多岁的时候就写了一本关于组织决策的经典著作。在其他领域，他也成就斐然。他后来成为人工智能的创始人之一，以及认知科学的领军人物。他是科学发现过程中有影响力的研究者、行为经济学的先驱，顺便还拿了诺贝尔经济学奖。

5. Simon, "What Is an Explanation of Behavior?" David G. Myers, *Intuition: Its Powers and Perils* (New Haven: Yale University Press, 2002), 56.

6. Seymour Epstein, "Demystifying Intuition: What It Is, What It Does, How It Does It," *Psychological Inquiry* 21 (2010): 295–312.

7. Foer, *Moonwalking with Einstein*.

第23章 外部视角

1. 这两个术语经常被误解。许多作者认为，正确的术语是"内部人视角"和"外部人视角"，这与我们的观点不沾边。
2. Dan Lovallo and Daniel Kahneman, "Timid Choices and Bold Forecasts: A Cognitive Perspective on Risk Taking ," *Management Science* 39 (1993): 17– 31.Daniel Kahneman and Dan Lovallo, "Delusions of Success: How Optimism Undermines Executives' Decisions," *Harvard Business Review* 81 (2003): 56– 63.
3. Richard E. Nisbett and Lee D. Ross, *Human Inference: Strategies and Shortcomings of Social Judgment* (Englewood Cliffs, NJ: Prentice– Hall, 1980).
4. 对循证医学的质疑案例，见Jerome Groopman, *How Doctors Think* (New York: Mariner Books, 2008), 6。
5. Daniel Kahneman and Amos Tversky, "Intuitive Prediction: Biases and Corrective Procedures," *Management Science* 12 (1979): 313–27.
6. Rt. Hon. The Lord Fraser of Carmyllie, "The Holyrood Inquiry,Final Report," September 8, 2004, www.holyroodinquiry.org/FINAL_report/report.htm.
7. Brent Flyvbjerg, Mette K. Skamris Holm, and SØren L.Buhl, "How (In)accurate Are Demand Forecasts in Public Works Projects?" *Journal of the American Planning Association* 71 (2005): 131–46.
8. "2002 Cost vs. Value Report," *Remodeling*, November 20,2002.
9. Brent Flyvbjerg, "From Nobel Prize to Project Management: Getting Risks Right," *Project Management Journal* 37 (2006): 5–15.
10. Hal R. Arkes and Catherine Blumer, "The Psychology of Sunk Cost," *Organizational Behavior and Human Decision Processes* 35 (1985): 124–40. Hal R. Arkes and Peter Ayton, "The Sunk Cost and Concorde Effects: Are Humans Less Rational Than Lower Animals?" *Psychological Bulletin* 125 (1998): 591– 600.

第24章 资本主义的引擎

1. Miriam A. Mosing et al., "Genetic and Environmental Influences on Optimism and Its Relationship to Mental and Self– Rated Health: A Study of Aging Twins," *Behavior Genetics* 39 (2009): 597–604. David Snowdon, *Aging with Grace: What the Nun Study Teaches Us About Leading Longer , Healthier, and More Meaningful Lives*(New York: Bantam Books, 2001).
2. Elaine Fox, Anna Ridgewell, and Chris Ashwin, "Looking on the Bright Side: Biased Attention and the Human Serotonin Transporter Gene," *Proceedings of the Royal Society B* 276 (2009): 1747–51.

3. Manju Puri and David T. Robinson, "Optimism and Economic Choice," *Journal of Financial Economics* 86 (2007): 71–99.
4. Lowell W. Busenitz and Jay B. Barney, "Differences Between Entrepreneurs and Managers in Large Organizations: Biases and Heuristics in Strategic Decision-Making," *Journal of Business Venturing* 12 (1997): 9–30.
5. 失败的企业家之所以有信心，是因为他们可能错误地认为自己从经验中学到了很多。Gavin Cassar and Justin Craig, "An Investigation of Hindsight Bias in Nascent Venture Activity," *Journal of Business Venturing* 24 (2009): 149–64.
6. Keith M. Hmieleski and Robert A. Baron, "Entrepreneurs' Optimism and New Venture Performance: A Social Cognitive Perspective," *Academy of Management Journal* 52 (2009): 473–88. Matthew L. A. Hayward, Dean A. Shepherd, and Dale Griffin, "A Hubris Theory of Entrepreneurship," *Management Science* 52 (2006): 160–72.
7. Arnold C. Cooper, Carolyn Y. Woo, and William C. Dunkelberg, "Entrepreneurs' Perceived Chances for Success," *Journal of Business Venturing* 3 (1988):97–108.
8. Thomas Åstebro and Samir Elhedhli, "The Effectiveness of Simple Decision Heuristics: Forecasting Commercial Success for Early-Stage Ventures," *Management Science* 52 (2006): 395–409.
9. Thomas Åstebro, "The Return to Independent Invention: Evidence of Unrealistic Optimism, Risk Seeking or Skewness Loving?" *Economic Journal* 113 (2003): 226–39.
10. Eleanor F. Williams and Thomas Gilovich, "Do People Really Believe They Are Above Average?" *Journal of Experimental Social Psychology* 44 (2008):1121–28.
11. Richard Roll, "The Hubris Hypothesis of Corporate Takeovers," *Journal of Business* 59 (1986): 197–216, part 1. 在这种分析流行之前，这篇精彩的早期论文就放弃了理性假设，对并购进行了行为分析。
12. Ulrike Malmendier and Geoffrey Tate, "Who Makes Acquisitions? CEO Overconfidence and the Market's Reaction," *Journal of Financial Economics* 89 (2008): 20–43.
13. Ulrike Malmendier and Geoffrey Tate, "Superstar CEOs," *Quarterly Journal of Economics* 24 (2009), 1593–1638.
14. Paul D. Windschitl, Jason P. Rose, Michael T. Stalkfleet, and Andrew R. Smith, "Are People Excessive or Judicious in Their Egocentrism? A Modeling Approach to Understanding Bias and Accuracy in People's Optimism," *Journal of Personality and Social Psychology* 95 (2008): 252–73.
15. 在易贝卖家选择结束拍卖的时间点上，我们也观察到一种形式的竞争忽视。简单的问题是：哪个时间点投标人的人数最多？答案是：美国东部时间晚上7:00左右。卖家应该回答的问题更难：考虑到在高峰时段结束拍卖的卖家人数，看我拍卖的投标人在什么时候最多？答案是：中午时分，此时投标人的数量相对于卖家的数量来说很大。那些心中想着竞争并避开黄金时间的卖家会得到更高的价格。Uri Simonsohn, "eBay's Crowded

Evenings: Competition Neglect in Market Entry Decisions," *Management Science* 56 (2010): 1060–73.
16. Eta S. Berner and Mark L. Graber, "Overconfidence as a Cause of Diagnostic Error in Medicine," *American Journal of Medicine* 121 (2008): S2–S23.
17. Pat Croskerry and Geoff Norman, "Overconfidence in Clinical Decision Making," *American Journal of Medicine* 121 (2008): S24–S29.
18. Kahneman and Lovallo, "Timid Choices and Bold Forecasts."
19. J. Edward Russo and Paul J. H. Schoemaker, "Managing Overconfidence," *Sloan Management Review* 33 (1992): 7–17.

第25章 伯努利的错误

1. Clyde H. Coombs, Robyn M. Dawes, and Amos Tversky, *Mathematical Psychology: An Elementary Introduction* (Englewood Cliffs, NJ: Prentice–Hall, 1970)
2. 这条规则大致适用于感觉和知觉的许多维度。它被称为韦伯定律，以发现者德国生理学家恩斯特·海因里希·韦伯的姓氏命名。费希纳利用韦伯定律推导出了对数心理物理函数。
3. 伯努利的直觉是对的。在许多情况下，经济学家仍然使用收入或财富的对数。例如，安格斯·迪顿在将许多国家居民的平均生活满意度与这些国家的GDP进行比较时，使用了GDP的对数来衡量收入。事实证明，它们的关系极其密切：相比贫穷国家的居民，高GDP国家的居民对自己的生活质量更满意；无论富国还是穷国，收入翻一番带来的满足感几乎都一样。
4. 尼古拉斯·伯努利是丹尼尔·伯努利的堂弟，他问了一个问题，大意是："有人邀请你参与一场反复抛硬币的赌博。如果硬币正面朝上，你会获得2美元，每出现一次连续正面朝上，你的奖金就会翻一倍。如果第一次抛掷，硬币反面朝上，赌博结束。你会为这场赌博机会支付多少钱？"人们认为，这场赌博的价值不会超过几美元，尽管它的期望值是无限的——因为奖金会不断增加，每次抛掷的期望值会从1美元增长至无穷大。然而，奖金的效用增长要慢得多，这解释了为什么这场赌博没有吸引力。
5. 还有一些因素导致伯努利的理论长期存在。其中一个因素是，人们根据收益或损益在赌博之间做选择是很自然的事。很少有人考虑到所有选项都糟糕的选择，尽管我们绝非第一个观察到风险寻求的人。支持伯努利理论的另一个事实是，考虑财富的最终状态而忽略过去通常是非常合理的事。经济学家习惯关注理性选择，伯努利模型与他们的目标一致。

第26章 前景理论

1. Stanley S. Stevens, "To Honor Fechner and Repeal His Law," *Science* 133 (1961): 80–86. Stevens, *Psychophysics*.
2. 写这句话时我想到，价值函数图已被当作一种象征来使用了。每位诺贝尔奖获得者都会收到一张带有个性化图标的独特证书，大概是由委员会选择的。我的证书图标是图26-1的非写实再现。

3. Nathan Novemsky and Daniel Kahneman, "The Boundaries of Loss Aversion," *Journal of Marketing Research* 42 (2005): 119–28.

4. Peter Sokol-Hessner et al., "Thinking Like a Trader Selectively Reduces Individuals' Loss Aversion," *PNAS* 106 (2009): 5035–40.

5. 连续几年，我在同事伯顿·麦基尔的金融入门课上做客座演讲。每年我都会讨论伯努利理论的令人难以置信之处。第一次提到拉宾的证明时，我注意到同事的态度发生了明显的变化。现在，他打算更认真地看待这个结论。数学论证具有确定性，比诉诸常识更有说服力。经济学家对这一优势尤其敏感。

6. 这个证明的直观性可以通过一个例子来说明。假设一个人的财富是W，她拒绝了一场赌博，其中赢11美元与输10美元的概率相等。如果财富的效用函数曲线是凹的（向下弯曲），则其偏好表明，1美元的价值在21美元的区间内下降了9%以上！这个降幅非常大。赌博变得更加极端时，其效应稳步增加。

7. Matthew Rabin, "Risk Aversion and Expected- Utility Theory: A Calibration Theorem," *Econometrica* 68 (2000): 1281–92. Matthew Rabin and Richard H.Thaler, "Anomalies: Risk Aversion," *Journal of Economic Perspectives* 15 (2001): 219–32.

8. 一些理论家提出了后悔理论，这些理论建立在一个基础上，即人们能够预料到，未实现的选择和/或未做出的选择会如何影响其未来的体验。David E. Bell, "Regret in Decision Making Under Uncertainty," *Operations Research* 30 (1982): 961–81. Graham Loomes and Robert Sugden, "Regret Theory: An Alternative to Rational Choice Under Uncertainty," *Economic Journal* 92 (1982): 805–25.Barbara A. Mellers, "Choice and the Relative Pleasure of Consequences," *Psychological Bulletin* 126 (2000): 910–24. Barbara A. Mellers, Alan Schwartz, and Ilana Ritov, " EmotionBased Choice," *Journal of Experimental Psychology— General* 128 (1999): 332–45. 决策者在赌博之间的选择取决于他们是否希望知道他们未曾选择的赌博的结果。Ilana Ritov, "Probability of Regret: Anticipation of Uncertainty Resolution in Choice," *Organizational Behavior and Human Decision Processes* 66 (1966): 228–36.

第27章　禀赋效应

1. 损失厌恶理论分析预测了参考点处无差异曲线的明显缺陷。Amos Tversky and Daniel Kahneman, "Loss Aversion in Riskless Choice: A Reference- Dependent Model," *Quarterly Journal of Economics* 106 (1991): 1039–61. Jack Knetsch observed these kinks in an experimental study: "Preferences and Nonreversibility of Indifference Curves," *Journal of Economic Behavior & Organization* 17 (1992): 131–39.

2. Alan B. Krueger and Andreas Mueller, "Job Search and Job Finding in a Period of Mass Unemployment: Evidence from High- Frequency Longitudinal Data," working paper,

Princeton University Industrial Relations Section, January 2011.

3. 从专业角度看，由于经济学家所说的"收入效应"，该理论允许买入价略低于卖出价。买方和卖方的财富不一样，因为卖方多拥有一瓶酒。然而，这种情况下的影响可以忽略不计，因为50美元只是教授财富的一小部分。该理论预测，这种收入效应不会改变他哪怕一分钱的支付意愿。

4. 经济学家艾伦·克鲁格报告了一项研究，那是他带父亲看超级碗比赛时进行的。"我们询问了那些以325美元或400美元的价格购买两张门票的获奖粉丝，如果他们没中奖，是否愿意以3 000美元买一张门票；如果有人出3 000美元，他们是否会卖掉自己的门票。94%的人说他们不会以3 000美元的价格购买门票，92%的人说他们不会以这个价格卖掉门票。"他总结道："在超级碗比赛中，理性是短缺的。" Alan B. Krueger, "Supply and Demand: An Economist Goes to the Super Bowl," *Milken Institute Review: A Journal of Economic Policy* 3 (2001): 22–29.

5. 严格地说，损失厌恶是指预期的快乐和痛苦，它们决定了选择。在某些情况下，这些预期可能是错的。Deborah A. Kermer et al., "Loss Aversion Is an Affective Forecasting Error," *Psychological Science* 17 (2006): 649–53.

6. Novemsky and Kahneman, "The Boundaries of Loss Aversion."

7. 想象一下，所有参与者都按分配给他们的兑换价值排成一行。现在将代金券随机分配给队伍中一半的人。队伍前半排的人没有代金券，队伍后半排的人有代金券。预计这些人（占总数的一半）会通过相互交换位置来移动。最后，排在前半排的人都有代金券，他们后面的人都没有。

8. Brian Knutson et al., "Neural Antecedents of the Endowment Effect," *Neuron* 58 (2008): 814–22. Brian Knutson and Stephanie M. Greer, "Anticipatory Affect:Neural Correlates and Consequences for Choice," *Philosophical Transactions of the Royal Society B* 363 (2008): 3771–86.

9. 根据"100多年来16个国家的国际数据"对风险价格进行的回顾，研究者得出了2.3的估计值，该估计值"与有关个人决策的实验室实验得出的估计值惊人地一致"：Moshe Levy, "Loss Aversion and the Price of Risk," *Quantitative Finance* 10 (2010): 1009–22。

10. Miles O. Bidwel, Bruce X. Wang, and J. Douglas Zona, "An Analysis of Asymmetric Demand Response to Price Changes: The Case of Local Telephone Calls," *Journal of Regulatory Economics* 8 (1995): 285–98. Bruce G. S. Hardie, Eric J. Johnson, and Peter S. Fader, "Modeling Loss Aversion and Reference Dependence Effects on Brand Choice," *Marketing Science* 12 (1993): 378–94.

11. Colin Camerer, "Three Cheers—Psychological, Theoretical, Empirical—for Loss Aversion," *Journal of Marketing Research* 42 (2005): 129–33. Colin F. Camerer, "Prospect Theory in the Wild: Evidence from the Field," in *Choices,Values, and Frames,* ed. Daniel Kahneman and Amos Tversky (New York: Russell Sage Foundation, 2000), 288–300.

12. David Genesove and Christopher Mayer, "Loss Aversion and Seller Behavior: Evidence

from the Housing Market," *Quarterly Journal of Economics* 116(2001): 1233–60.

13. John A. List, "Does Market Experience Eliminate Market Anomalies?" *Quarterly Journal of Economics* 118 (2003): 47–71.

14. Jack L. Knetsch, "The Endowment Effect and Evidence of Nonreversible Indifference Curves," *American Economic Review* 79 (1989): 1277–84.

15. Charles R. Plott and Kathryn Zeiler, "The Willingness to Pay–Willingness to Accept Gap, the 'Endowment Effect,' Subject Misconceptions, and Experimental Procedures for Eliciting Valuations," *American Economic Review* 95 (2005): 530–45. 著名的实验经济学家查尔斯·普洛特一直对禀赋效应持怀疑态度，试图证明这不是"人类偏好的基本层面"，而是拙劣技术的结果。普洛特和蔡勒认为，表现出禀赋效应的参与者对他们真正看重的东西有一些误解，他们修改了原始实验的程序以消除这些误解。他们精心设计了一个培训程序，让参与者体验买家和卖家的角色，并明确告诉他们评估物品的真实价值。不出所料，禀赋效应消失了。普洛特和蔡勒认为其方法是对技术的重要改进。心理学家会认为这种方法存在重大缺陷，因为它向参与者传达了研究人员认为的适当行为的信息，而这些信息恰好与研究人员的理论一致。普洛特和蔡勒进行的尼奇交换实验的偏好版本实验也存在类似的偏差：实验不允许物品所有者实际拥有物品，这一点对效应来说至关重要。见Charles R. Plott and Kathryn Zeiler, "Exchange Asymmetries Incorrectly Interpreted as Evidence of Endowment Effect Theory and Prospect Theory?" *American Economic Review* 97 (2007): 1449–66. 对禀赋效应的探讨可能会出现僵局，双方都拒绝接受对方要求的方法。

16. 埃尔达尔·沙菲尔、辛德西尔·穆拉纳坦及其同事在对贫困状况下的决策的研究中，观察到贫困导致经济行为的其他例子。在某些方面，穷人的行为比富人群体的经济行为更现实、更理性。穷人更可能对真实的结果做出反应，而不是对描述做出反应。Marianne Bertrand, Sendhil Mullainathan, and Eldar Shafir, "Behavioral Economics and Marketing in Aid of Decision Making Among the Poor," *Journal of Public Policy & Marketing* 25 (2006): 8–23.

17. 那些比较富裕的人不会将购物款视为损失，这一结论很可能是正确的。关键一点可能是，你是否意识到，购买一件商品不会影响你购买另一件商品。Novemsky and Kahneman, "The Boundaries of Loss Aversion." Ian Bateman et al., "Testing Competing Models of Loss Aversion: An Adversarial Collaboration," *Journal of Public Economics* 89 (2005): 1561–80.

第28章　负面事件

1. Paul J. Whalen et al., "Human Amygdala Responsivity to Masked Fearful Eye Whites," *Science* 306 (2004): 2061. 杏仁核有局灶性病变的个体在其风险选择中几乎没有或完全没有损失厌恶：Benedetto De Martino, Colin F. Camerer, and Ralph Adolphs, "Amygdala Damage Eliminates Monetary Loss Aversion," *PNAS* 107 (2010): 3788–92.

2. Joseph LeDoux, *The Emotional Brain: The Mysterious Underpinnings of Emotional Life* (New York: Touchstone, 1996).
3. Elaine Fox et al., "Facial Expressions of Emotion: Are Angry Faces Detected More Efficiently?" *Cognition & Emotion* 14 (2000): 61–92.
4. Christine Hansen and Ranald Hansen, "Finding the Face in the Crowd: An Anger Superiority Effect," *Journal of Personality and Social Psychology* 54 (1988): 917–24.
5. Jos J. A. Van Berkum et al., "Right or Wrong? The Brain's Fast Response to Morally Objectionable Statements," *Psychological Science* 20 (2009): 1092–99.
6. Paul Rozin and Edward B. Royzman, "Negativity Bias, Negativity Dominance, and Contagion," *Personality and Social Psychology Review* 5 (2001): 296–320.
7. Roy F. Baumeister, Ellen Bratslavsky, Catrin Finkenauer, and Kathleen D. Vohs, "Bad Is Stronger Than Good," *Review of General Psychology* 5(2001): 323.
8. Michel Cabanac, "Pleasure: The Common Currency," *Journal of Theoretical Biology* 155 (1992): 173–200.
9. Chip Heath, Richard P. Larrick, and George Wu, "Goals as Reference Points," *Cognitive Psychology* 38 (1999): 79–109.
10. Colin Camerer, Linda Babcock, George Loewenstein, and Richard Thaler, "Labor Supply of New York City Cabdrivers: One Day at a Time," *Quarterly Journal of Economics* 112 (1997): 407–41. 这项研究的结论受到质疑: Henry S. Farber, "Is Tomorrow Another Day? The Labor Supply of New York Cab Drivers," NBER Working Paper 9706, 2003。研究者对苏黎世骑自行车送信的邮递员进行了一系列研究，为目标的影响提供了有力证据，其结果与对出租车司机的原始研究一致。Ernst Fehr and Lorenz Goette, "Do Workers Work More if Wages Are High? Evidence from a Randomized Field Experiment," *American Economic Review* 97 (2007):298–317.
11. Daniel Kahneman, "Reference Points, Anchors, Norms, and Mixed Feelings," *Organizational Behavior and Human Decision Processes* 51 (1992):296–312.
12. John Alcock, *Animal Behavior: An Evolutionary Approach* (Sunderland, MA: Sinauer Associates, 2009), 278–84, cited by Eyal Zamir, "Law and Psychology: The Crucial Role of Reference Points and Loss Aversion," working paper, Hebrew University, 2011.
13. Daniel Kahneman, Jack L. Knetsch, and Richard H. Thaler, "Fairness as a Constraint on Profit Seeking: Entitlements in the Market," *The American Economic Review* 76 (1986): 728–41.
14. Ernst Fehr, Lorenz Goette, and Christian Zehnder, "A Behavioral Account of the Labor Market: The Role of Fairness Concerns," *Annual Review of Economics* 1 (2009): 355–84. Eric T. Anderson and Duncan I. Simester, "Price Stickiness and Customer Antagonism," *Quarterly Journal of Economics* 125 (2010):729–65.
15. Dominique de Quervain et al., "The Neural Basis of Altruistic Punishment," *Science*

305 (2004): 1254–58.
16. David Cohen and Jack L. Knetsch, "Judicial Choice and Disparities Between Measures of Economic Value," *Osgoode Hall Law Review* 30 (1992):737–70. Russell Korobkin, "The Endowment Effect and Legal Analysis," *Northwestern University Law Review* 97 (2003): 1227–93.
17. Zamir, "Law and Psychology."

第29章 四重模式

1. 包括参与"荷兰赌",这是一种赌博形式,错误的偏好促使你接受它,而且注定会以失败告终。
2. 熟悉阿莱悖论的读者看得出这是个新版本。它比最初的悖论简单得多,而且冲突也更强烈。在问题A中,首选左侧选项。问题B是通过将更有价值的前景添加到左侧而不是右侧而产生的,但现在首选右侧选项。
3. 正如著名经济学家肯尼斯·阿罗所说的,与会者几乎没有注意到阿莱所谓的"阿莱小实验"。私人交流,2011年3月16日。
4. 该表显示了收益的决策权重。对损失的估计非常相似。
5. Ming Hsu, Ian Krajbich, Chen Zhao, and Colin F. Camerer, "Neural Response to Reward Anticipation under Risk Is Nonlinear in Probabilities," *Journal of Neuroscience* 29 (2009): 2231–37.
6. W. Kip Viscusi, Wesley A. Magat, and Joel Huber, "An Investigation of the Rationality of Consumer Valuations of Multiple Health Risks," *RAND Journal of Economics* 18 (1987): 465–79.
7. 在边际效用递减的理性模型中,人们应该支付至少2/3的费用来将事故频率从15个单位减少到5个单位,这是他们愿意支付的消除风险的费用。研究者观察到的偏好违背了这一预测。
8. Arthur Williams, "Attitudes Toward Speculative Risks as an Indicator of Attitudes Toward Pure Risks," *Journal of Risk and Insurance* 33 (1966): 577–86. Howard Raiffa, *Decision Analysis: Introductory Lectures on Choices under Uncertainty* (Reading, MA: Addison–Wesley, 1968).
9. Chris Guthrie, "Prospect Theory, Risk Preference, and the Law," *Northwestern University Law Review* 97 (2003): 1115–63. Jeffrey J. Rachlinski, "Gains, Losses and the Psychology of Litigation," *Southern California Law Review* 70 (1996): 113–85. Samuel R. Gross and Kent D. Syverud, "Getting to No: A Study of Settlement Negotiations and the Selection of Cases for Trial," *Michigan Law Review* 90 (1991): 319–93.
10. Chris Guthrie, "Framing Frivolous Litigation: A Psychological Theory," *University of Chicago Law Review* 67 (2000): 163–216.

第30章 罕见事件

1. George F. Loewenstein, Elke U. Weber, Christopher K. Hsee, and Ned Welch, "Risk as Feelings," *Psychological Bulletin* 127 (2001): 267–86.
2. 同上。Cass R. Sunstein, "Probability Neglect: Emotions, Worst Cases, and Law," *Yale Law Journal* 112 (2002): 61–107. 见第13章的注释1。Slovic, Finucane, Peters, and MacGregor, "The Affect Heuristic."
3. Craig R. Fox, "Strength of Evidence, Judged Probability, and Choice Under Uncertainty," *Cognitive Psychology* 38 (1999): 167–89.
4. 对一个事件及其替代事件的概率判断加起来并不总是100%。当人们被问及一个他们知之甚少的话题时（"明天中午曼谷气温超过38摄氏度的概率是多少？"），事件及其替代事件的概率判断加起来会不到100%。
5. 在逐渐完善的前景理论中，并未假设收益和损失的决策权重相等，就像我描述的前景理论的原始版本一样。
6. 关于两个罐子的问题是由戴尔·米勒、威廉·特恩布尔和凯西·麦克法兰提出的。Dale T. Miller, William Turnbull, and Cathy McFarland, "When a Coincidence Is Suspicious: The Role of Mental Simulation," *Journal of Personality and Social Psychology* 57 (1989): 581–89. 西摩·爱泼斯坦及其同事主张以两个系统来解释。Lee A. Kirkpatrick and Seymour Epstein, "Cognitive-Experiential Self-Theory and Subjective Probability: Evidence for Two Conceptual Systems," *Journal of Personality and Social Psychology* 63 (1992): 534–44.
7. Kimihiko Yamagishi, "When a 12.86% Mortality Is More Dangerous Than 24.14%: Implications for Risk Communication," *Applied Cognitive Psychology* 11 (1997): 495–506.
8. Slovic, Monahan, and MacGregor, "Violence Risk Assessment and Risk Communication."
9. Jonathan J. Koehler, "When Are People Persuaded by DNA Match Statistics?" *Law and Human Behavior* 25 (2001): 493–513.
10. Ralph Hertwig, Greg Barron, Elke U. Weber, and Ido Erev, "Decisions from Experience and the Effect of Rare Events in Risky Choice," *Psychological Science* 15 (2004): 534–39. Ralph Hertwig and Ido Erev, "The DescriptionExperience Gap in Risky Choice," *Trends in Cognitive Sciences* 13 (2009): 517–23.
11. Liat Hadar and Craig R. Fox, "Information Asymmetry in Decision from Description Versus Decision from Experience," *Judgment and Decision Making* 4 (2009):317–25.
12. Hertwig and Erev, "The Description-Experience Gap."

第31章 风险政策

1. 计算很简单。两种组合中的每一种都由一个确定事件和一场赌博组成。将确定事件添加到赌博的两个选项中，你会看到AD和BC。
2. Thomas Langer and Martin Weber, "Myopic Prospect Theory vs. Myopic Loss Aversion: How General Is the Phenomenon?" *Journal of Economic Behavior & Organization* 56 (2005): 25–38.

第32章 记分

1. 一项现场实验证实了这一直觉。在该实验中，研究者随机选择了一批学生，让他们以很便宜的价格买到了大学剧院的季票。对入场人数的跟踪调查显示，支付了全价门票的学生更有可能到场，尤其是在上半季。错过一场已付费的剧会让人产生关闭亏损账户的不悦体验。Arkes and Blumer, "The Psychology of Sunk Costs."
2. Hersh Shefrin and Meir Statman, "The Disposition to Sell Winners Too Early and Ride Losers Too Long: Theory and Evidence," *Journal of Finance* 40 (1985):777–90. Terrance Odean, "Are Investors Reluctant to Realize Their Losses?" *Journal of Finance* 53 (1998): 1775–98.
3. Ravi Dhar and Ning Zhu, "Up Close and Personal: Investor Sophistication and the Disposition Effect," *Management Science* 52 (2006): 726–40.
4. Darrin R. Lehman, Richard O. Lempert, and Richard E. Nisbett, "The Effects of Graduate Training on Reasoning: Formal Discipline and Thinking about Everyday–Life Events," *American Psychologist* 43 (1988): 431–42.
5. Marcel Zeelenberg and Rik Pieters, "A Theory of Regret Regulation 1.0," *Journal of Consumer Psychology* 17 (2007): 3–18.
6. Kahneman and Miller, "Norm Theory."
7. 法律哲学家哈特和奥诺雷探讨过一个著名的例子，搭便车问题受到了它的启发。"一位女士的丈夫患有胃溃疡，她可能认为他消化不良的原因是吃了欧洲萝卜。医生可能会认为溃疡是消化不良的原因，而吃了什么饭菜只是一次巧合。"不寻常的事件需要因果解释，也会引发反事实的想法，两者密切相关。同一事件可以与个人的常态进行对比，也可以与他人的常态进行对比，从而导致不同的反事实、不同的因果归因和不同的情绪（后悔或责备）。Herbert L. A. Hart and Tony Honoré, *Causation in the Law* (New York: Oxford University Press, 1985), 33.
8. Daniel Kahneman and Amos Tversky, "The Simulation Heuristic," in *Judgment Under Uncertainty: Heuristics and Biases*, ed. Daniel Kahneman, Paul Slovic, and Amos Tversky (New York: Cambridge University Press, 1982), 160–73.
9. Janet Landman, "Regret and Elation Following Action and Inaction: Affective Responses to Positive Versus Negative Outcomes," *Personality and Social Psychology Bulletin* 13 (1987): 524–36. Faith Gleicher et al., "The Role of Counterfactual Thinking in

Judgment of Affect," *Personality and Social Psychology Bulletin* 16 (1990): 284–95.
10. Dale T. Miller and Brian R. Taylor, "Counterfactual Thought, Regret, and Superstition: How to Avoid Kicking Yourself," in *What Might Have Been: The Social Psychology of Counterfactual Thinking*, ed. Neal J. Roese and James M.Olson (Hillsdale, NJ: Erlbaum, 1995), 305–31.
11. Marcel Zeelenberg, Kees van den Bos, Eric van Dijk, and Rik Pieters, "The Inaction Effect in the Psychology of Regret," *Journal of Personality and Social Psychology* 82 (2002): 314–27.
12. Itamar Simonson, "The Influence of Anticipating Regret and Responsibility on Purchase Decisions," *Journal of Consumer Research* 19 (1992): 105–18.
13. Lilian Ng and Qinghai Wang, "Institutional Trading and the Turn-of-the-Year Effect," *Journal of Financial Economics* 74 (2004): 343–66.
14. Tversky and Kahneman, "Loss Aversion in Riskless Choice." Eric J. Johnson, Simon Gächter, and Andreas Herrmann, "Exploring the Nature of Loss Aversion," *Centre for Decision Research and Experimental Economics, University of Nottingham, Discussion Paper Series*, 2006. Edward J. McCaffery, Daniel Kahneman, and Matthew L. Spitzer, "Framing the Jury: Cognitive Perspectives on Pain and Suffering," *Virginia Law Review* 81 (1995): 1341–420.
15. Richard H. Thaler, "Toward a Positive Theory of Consumer Choice," *Journal of Economic Behavior and Organization* 39 (1980): 36–90.
16. Philip E. Tetlock et al., "The Psychology of the Unthinkable: Taboo Trade-Offs, Forbidden Base Rates, and Heretical Counterfactuals," *Journal of Personality and Social Psychology* 78 (2000): 853–70.
17. Cass R. Sunstein, *The Laws of Fear: Beyond the Precautionary Principle* (New York: Cambridge University Press, 2005).
18. Daniel T. Gilbert et al., "Looking Forward to Looking Backward: The Misprediction of Regret," *Psychological Science* 15 (2004): 346–50.

第33章 逆转

1. Dale T. Miller and Cathy McFarland, "Counterfactual Thinking and Victim Compensation: A Test of Norm Theory," *Personality and Social Psychology Bulletin* 12 (1986): 513–19.
2. 对这一理解最早的贡献来自Max H. Bazerman, George F. Loewenstein, and Sally B. White, "Reversals of Preference in Allocation Decisions: Judging Alternatives Versus Judging Among Alternatives," *Administrative Science Quarterly* 37 (1992): 220–40。奚恺元引入了联合评估和单独评估的术语，提出了重要的可评估性假设，该假设提出一个观点来解释逆转，即某些属性只有在联合评估中才具有可评估性。"Attribute

Evaluability: Its Implications for Joint- Separate Evaluation Reversals and Beyond," in Kahneman and Tversky, *Choices, Values, and Frames*.

3. Sarah Lichtenstein and Paul Slovic, "Reversals of Preference Between Bids and Choices in Gambling Decisions," *Journal of Experimental Psychology* 89 (1971): 46–55. 林德曼也曾独立得出过相似的结果，见Harold R. Lindman, "Inconsistent Preferences Among Gambles," *Journal of Experimental Psychology* 89 (1971): 390–97。

4. 关于这次著名访谈的文本记录，见Sarah Lichtenstein an Paul Slovic, eds., *The Construction of Preference* (New York: Cambridge University Press, 2006)。

5. David M. Grether and Charles R. Plott, "Economic Theory of Choice and the Preference Reversals Phenomenon," *American Economic Review* 69 (1979): 623–28.

6. Lichtenstein and Slovic, *The Construction of Preference*, 96.

7. 库恩提出了一个著名观点，即物理科学也是如此：Thomas S. Kuhn, "The Function of Measurement in Modern Physical Science," *Isis* 52 (1961): 161–93。

8. 有证据表明，物种对人们的情感吸引力和人们为保护它们而捐款的意愿有相同的排名。Daniel Kahneman and Ilana Ritov, "Determinants of Stated Willingness to Pay for Public Goods: A Study in the Headline Method," *Journal of Risk and Uncertainty* 9 (1994): 5–38.

9. Hsee, "Attribute Evaluability."

10. Cass R. Sunstein, Daniel Kahneman, David Schkade, and Ilana Ritov, "Predictably Incoherent Judgments," *Stanford Law Review* 54 (2002): 1190.

第34章　框架与现实

1. Amos Tversky and Daniel Kahneman, "The Framing of Decisions and the Psychology of Choice," *Science* 211 (1981): 453–58.

2. Thaler, "Toward a Positive Theory of Consumer Choice."

3. Barbara McNeil, Stephen G. Pauker, Harold C. Sox Jr., and Amos Tversky, "On the Elicitation of Preferences for Alternative Therapies," *New England Journal of Medicine* 306 (1982): 1259–62.

4. 有些人批评说，没有必要贴上"亚洲"标签，这种标签有贬损的意味。我们今天可能不会这么说，但这个例子是20世纪70年代写的，对于群体标签问题，当时不如今天这般敏感。添加这个词是为了让例子更具体，让受访者记起1957年的亚洲流感疫情。

5. Thomas Schelling, *Choice and Consequence* (Cambridge, MA: Harvard University Press, 1985).

6. Richard P. Larrick and Jack B. Soll, "The MPG Illusion," *Science* 320(2008): 1593–94.

7. Eric J. Johnson and Daniel Goldstein, "Do Defaults Save Lives?" *Science* 302 (2003): 1338–39.

第35章 两个自我

1. Irving Fisher, "Is 'Utility' the Most Suitable Term for the Concept It Is Used to Denote?" *American Economic Review* 8 (1918): 335.
2. Francis Edgeworth, *Mathematical Psychics* (New York: Kelley, 1881).
3. Daniel Kahneman, Peter P. Wakker, and Rakesh Sarin, "Back to Bentham? Explorations of Experienced Utility," *Quarterly Journal of Economics* 112(1997):375–405. Daniel Kahneman, "Experienced Utility and Objective Happiness: A Moment- Based Approach" and "Evaluation by Moments: Past and Future," in Kahneman and Tversky, *Choices, Values, and Frames*, 673–92, 693–708.
4. Donald A. Redelmeier and Daniel Kahneman, "Patients' Memories of Painful Medical Treatments: Real-time and Retrospective Evaluations of Two Minimally Invasive Procedures," *Pain* 66 (1996): 3–8.
5. Daniel Kahneman, Barbara L. Frederickson, Charles A. Schreiber, and Donald A. Redelmeier, "When More Pain Is Preferred to Less: Adding a Better End," *Psychological Science* 4 (1993): 401–405.
6. Orval H. Mowrer and L. N. Solomon, "Contiguity vs. Drive Reduction in Conditioned Fear: The Proximity and Abruptness of Drive Reduction," *American Journal of Psychology* 67 (1954): 15–25.
7. Peter Shizgal, "On the Neural Computation of Utility: Implications from Studies of Brain Stimulation Reward," in *Well- Being: The Foundations of Hedonic Psychology*, ed. Daniel Kahneman, Edward Diener, and Norbert Schwarz (New York: Russell Sage Foundation, 1999), 500–24.

第36章 人生是个故事

1. Paul Rozin and Jennifer Stellar, "Posthumous Events Affect Rated Quality and Happiness of Lives," *Judgment and Decision Making* 4 (2009): 273–79.
2. Ed Diener, Derrick Wirtz, and Shigehiro Oishi, "End Effects of Rated Life Quality: The James Dean Effect," *Psychological Science* 12 (2001): 124–28.一系列同样的实验也检验了不幸福生活中的峰终定律，发现了类似的结果：如果珍痛苦地生活了60年而不是30年，人们不会认为她的不幸加倍了，但如果在她去世前多出了5年没那么痛苦的生活，人们会认为她的幸福感大大增强了。

第37章 体验幸福

1. 另一个经常被提及的问题是："综合来看，你如何评价近期的事情？你会说自己很幸福、非常幸福还是不太幸福？"这个问题被纳入了美国的一般社会调查，它与其他变量的相关性表明，满意和体验幸福是交织在一起的。盖洛普调查中使用的一种纯粹的生活评估方法是坎特里尔自我定位奋斗量表，在该量表中，受访者以阶梯的方式对自己当前的生活进行评分，0分表示"你可能过上的最悲惨的生活"，10分表示"你可能过上的最幸福的生活"。这种表述方式建议，人们应该专注于他们认为对自己来说可能的事情，但有证据表明，世界各地的人们对美好生活有共同的标准，这就是各国GDP与其公民平均幸福阶梯得分之间相关性极高（r=0.84）的原因。Angus Deaton, "Income, Health, and Well-Being Around the World: Evidence from the Gallup World Poll," *Journal of Economic Perspectives* 22 (2008): 53–72.

2. 经济学家是普林斯顿大学的艾伦·克鲁格，他以对异常数据的创新分析而闻名，心理学家是戴维·史凯德，他拥有方法论方面的专业知识；亚瑟·斯通是健康心理学、经验抽样和生态瞬时评估专家；诺伯特·施瓦茨是社会心理学家，也是调查方法专家，他发表了幸福研究的实验评论，包括复印机上的一角硬币影响随后的生活满意度报告的实验。

3. 在一些应用中，受试者还提供了生理信息，如连续的心率记录、偶尔的血压记录或用于化学分析的唾液样本。该方法被称为生态瞬时评估。Arthur A. Stone, Saul S. Shiffman, and Marten W. DeVries, "Ecological Momentary Assessment Well-Being: The Foundations of Hedonic Psychology," in Kahneman, Diener, and Schwarz, *Well-Being*, 26–39.

4. Daniel Kahneman et al., "A Survey Method for Characterizing Daily Life Experience: The Day Reconstruction Method," *Science* 306 (2004): 1776–80. Daniel Kahneman and Alan B. Krueger, "Developments in the Measurement of Subjective Well-Being," *Journal of Economic Perspectives* 20 (2006): 3–24.

5. 之前的研究已证明，以足够生动的细节提到过去的情形时，人们能够"重温"在过去情形中的感受。Michael D. Robinson and Gerald L. Clore, "Belief and Feeling: Evidence for an Accessibility Model of Emotional Self-Report," *Psychological Bulletin* 128(2002): 934–60.

6. Alan B. Krueger, ed., *Measuring the Subjective Well-Being of Nations: National Accounts of Time Use and Well-Being* (Chicago: University of Chicago Press, 2009).

7. Ed Diener, "Most People Are Happy," *Psychological Science* 7 (1996): 181–85.

8. 盖洛普致力于在幸福领域中的探索。多年来，我一直是参与其中的几位资深科学家之一。

9. Daniel Kahneman and Angus Deaton, "High Income Improves Evaluation of Life but Not Emotional Well-Being," *Proceedings of the National Academy of Sciences* 107 (2010): 16489–93.

10. Dylan M. Smith, Kenneth M. Langa, Mohammed U. Kabeto, and Peter Ubel, "Health, Wealth, and Happiness: Financial Resources Buffer Subjective WellBeing After the Onset of a Disability," *Psychological Science* 16 (2005): 663–66.

11. 在2010年2月的一次TED演讲中，我提到了6万美元的初步估计，后来做了更正。

12. Jordi Quoidbach, Elizabeth W. Dunn, K. V. Petrides, and Moïra Mikolajczak, " Money

Giveth, Money Taketh Away: The Dual Effect of Wealth on Happiness," *Psychological Science* 21 (2010): 759–63.

第38章 思考人生

1. Andrew E. Clark, Ed Diener, and Yannis Georgellis, "Lags and Leads in Life Satisfaction: A Test of the Baseline Hypothesis." Paper presented at the German Socio-Economic Panel Conference, Berlin, Germany, 2001.
2. Daniel T. Gilbert and Timothy D. Wilson, "Why the Brain Talks to Itself: Sources of Error in Emotional Prediction," *Philosophical Transactions of the Royal Society B* 364 (2009): 1335–41.
3. Strack, Martin, and Schwarz, "Priming and Communication."
4. 最早的研究来自诺伯特·施瓦茨的博士论文（德语）："Mood as Information: On the Impact of Moods on the Evaluation of One's Life" (Heidelberg: Springer Verlag, 1987)。很多论文提到该问卷，尤其是Norbert Schwarz and Fritz Strack, "Reports of Subjective Well-Being: Judgmental Processes and Their Methodological Implications," in Kahneman, Diener, and Schwarz, *Well-Being*, 61–84。
5. 威廉·G. 鲍恩和德里克·柯蒂斯·博克描述了这项研究，见William G. Bowen and Derek Curtis Bok, *The Shape of the River: Long-Term Consequences of Considering Race in College and University Admissions* (Prince ton: Prince ton University Press, 1998)。研究者报告了鲍恩和博克的某些发现，见Carol Nickerson, Norbert Schwarz, and Ed Diener, "Financial Aspirations, Financial Success, and Overall Life Satisfaction: Who? And How?" *Journal of Happiness Studies* 8 (2007): 467–515。
6. Alexander Astin, M. R. King, and G. T. Richardson, "The American Freshman: National Norms for Fall 1976," Cooperative Institutional Research Program of the American Council on Education and the University of California at Los Angeles, Graduate School of Education, Laboratory for Research in Higher Education, 1976.
7. 这些结果发表在2004年美国经济协会年会的一次演讲中。Daniel Kahneman, "Puzzles of Well-Being," paper presented at the meeting.
8. 今天的人们能在多大程度上预测百年后后代的感受，这一问题显然与应对气候变化的政策有关，但人们只能做出间接的研究，这正是我们的建议。
9. 在提出这个问题时，我对自己想要逃避的困惑感到内疚。幸福和生活满意不是同义词。生活满意是指你思考人生时的想法和感受，这种情况只是偶尔发生，包括在参与幸福感调查时。幸福描述的则是人们在日常生活中的感受。
10. 但我妻子从未让步。她说，只有北加州居民更幸福。
11. 亚裔学生对自己的生活满意度普遍较低，而在加州的样本中，亚裔学生所占比例远高于中西部。考虑到这种差异，我们可以说，这两个地区的生活满意度是相同的。
12. 徐静和诺伯特·施瓦茨发现，我们根据汽车质量（以蓝皮书给出的标准衡量）就可以预测车主对汽车兴致的一般问题的答案，也可以预测人们在驾驶过程中的乐趣。但汽车质量对人们正常通勤时的情绪没有影响。Norbert Schwarz, Daniel Kahneman, and Jing Xu, "Global and Episodic Reports of Hedonic Experience," in R. Belli, D. Alwin, and F. Stafford (eds.), *Using Calendar and Diary Methods in Life Events Research* (Newbury Park, CA: Sage), pp. 157–74.

13. 关于该研究更详细的描述见Kahneman, "Evaluation by Moments"。
14. Camille Wortman and Roxane C. Silver, "Coping with Irrevocable Loss, Cataclysms, Crises, and Catastrophes: Psychology in Action," *American Psychological Association, Master Lecture Series* 6 (1987): 189–235.
15. Dylan Smith et al., "Misremembering Colostomies? Former Patients Give Lower Utility Ratings than Do Current Patients," *Health Psychology* 25(2006): 688–95. George Loewenstein and Peter A. Ubel, "Hedonic Adaptation and the Role of Decision and Experience Utility in Public Policy," *Journal of Public Economics* 92(2008): 1795–1810.
16. Daniel Gilbert and Timothy D. Wilson, "Miswanting: Some Problems in Affective Forecasting," in *Feeling and Thinking: The Role of Affect in Social Cognition*, ed. Joseph P. Forgas (New York: Cambridge University Press, 2000), 178–97.

结　论

1. Paul Dolan and Daniel Kahneman, "Interpretations of Utility and Their Implications for the Valuation of Health," *Economic Journal* 118 (2008): 215–234. Loewenstein and Ubel, "Hedonic Adaptation and the Role of Decision and Experience Utility in Public Policy."
2. 英国的进步尤为迅速，幸福测量现已成为政府的官方政策。这些进步很大程度上要归功于理查德·莱亚德勋爵所著的《幸福的社会》，该书英文版于2005年首次出版。身为著名的经济学家和社会科学家，莱亚德与其同行致力于对幸福及其影响进行研究。以下是其他重要来源。Derek Bok, *The Politics of Happiness: What Government Can Learn from the New Research on Well-Being* (Princeton: Princeton University Press, 2010). Ed Diener, Richard Lucus, Ulrich Schmimmack, and John F. Helliwell, *Well-Being for Public Policy* (New York: Oxford University Press, 2009). Alan B. Krueger, ed., *Measuring the Subjective Well-Being of Nations: National Account of Time Use and Well-Being* (Chicago: University of Chicago Press, 2009). Joseph E. Stiglitz, Amartya Sen, and Jean-Paul Fitoussi, *Report of the Commission on the Measurement of Economic Performance and Social Progress*. Paul Dolan, Richard Layard, and Robert Metcalfe, *Measuring Subjective Well-being for Public Policy: Recommendations on Measures* (London: Office for National Statistics, 2011).
3. 该观点来自Dan Ariely, *Predictably Irrational: The Hidden Forces That Shape Our Decisions* (New York: Harper, 2008)。与我的观点没有太大区别，但我们对这个词的用法不同。
4. Gary S. Becker and Kevin M. Murphy, "A Theory of Rational Addiction," *Journal of*

Political Economics 96 (1988): 675–700. Nudge: Richard H. Thaler and Cass R. Sunstein, *Nudge: Improving Decisions About Health, Wealth, and Happiness* (New Haven: Yale University Press, 2008).

5. Atul Gawande, *The Checklist Manifesto: How to Get Things Right* (New York: Holt, 2009). Daniel Kahneman, Dan Lovallo, and Oliver Sibony, "The Big Idea:Before You Make That Big Decision…" *Harvard Business Review* 89 (2011): 50–60.

6. Chip Heath, Richard P. Larrick, and Joshua Klayman, "Cognitive Repairs: How Organizational Practices Can Compensate for Individual Shortcomings," *Research in Organizational Behavior* 20 (1998): 1–37.

致　谢

　　我的朋友很多，请他们帮忙不会觉得不好意思，这真是幸运的事。我与我的每位朋友联系，请他们提供信息，或提出编辑方面的建议，有些人我甚至麻烦了好几次。抱歉无法在这里将所有人的名字一一列出。在本书的出版过程中，有几位朋友发挥了重要作用。首先，我要感谢杰森·茨威格，他敦促我参与这个项目，耐心地尝试与我合作，直到我们都清楚，我不可能与其合作。自始至终，他都不遗余力地提供编辑方面的建议，他学识渊博且不吝赐教，书中有些内容来自他的建议。罗杰·莱温将一套讲座笔记转化为部分书稿。玛丽·希梅尔斯坦一直都在提供有价值的帮助。约翰·布罗克曼最初是经纪人，后来成为我信赖的朋友。拉恩·侯赛因在我最需要的时候向我提供了建议和鼓励。在漫长旅程的最后阶段，埃里克·钦斯基雪中送炭。他是法勒–斯特劳斯–吉鲁出版社的编辑，他比我更了解这本书，我们的合作很愉快——我想象不出，哪位编辑的工作量能与埃里克相较。我的女儿勒诺·肖姆帮我度过了忙碌的最后几个月，她为本书贡献了自己的才智，提出了批判性建议，"谈谈……"部分的许多句子都出自她手。我的妻子安妮·特瑞斯曼克服了重重困难，付出了很多努力。她聪明睿智，一如既往地支持我，给予我无限的耐心。如果没有她，我早就放弃了。